C. G. Finney
Lebenserinnerungen

C. G. Finney

LEBENSERINNERUNGEN

Verlag Gottfried Bernard
Solingen

© der deutschen Ausgabe 2001
  Verlag Gottfried Bernard
  Heidstr. 2a
  42719 Solingen

Satz: CONVERTEX, Aachen
Grafik: Thomas u. Manuela Sommerer, type + print, Nürnberg
Druck: Schönbach Druck, Erzhausen

ISBN 3-925968-99-7
Best.-Nr. 175899

Dieser sowie alle weiteren Titel aus dem Verlag Gottfried Bernard sind erhältlich bei:
Gerth Medien GmbH
D-35607 Asslar

INHALT

VORWORT

Mit tiefgefühltem Dank legen wir dieses Buch, das für Tausende der englischen Zunge ein Segen geworden ist, dem König der Heiligen zu Füßen. Es enthält die Lebensgeschichte Charles G. Finneys. Derselbe war ein Mann voll Glaubens und Heiligen Geistes. Er gehörte zu den Helden unseres Gottes, die ihr Leben nicht liebten bis an den Tod, sondern es Ihm rückhaltlos weihten und seine großen Interessen zu den ihrigen machten.

Es war schon seit Jahren unser herzliches Verlangen, diese Memoiren ganz so, wie sie aus seiner Feder geflossen sind (das abgerechnet, was etwa durch freie Übersetzung hineingekommen ist), den Freunden der Evangelisations- und Gemeinschaftsbewegung in die Hände zu legen. Der tiefernste Geist, der das Buch durchhaucht, läßt es wohl kaum jemand lesen, ohne daß tiefgehende Scheidungen und Entscheidungen im eigenen Leben zur Offenbarung kommen.

Finney war ein Evangelist von Gottes Gnaden. Er war ein gesalbter und heiliger Mann, der es verstand, zielbewußt, mit großer Energie und mit Aufopferung aller seiner Kräfte das Werk Immanuels zu treiben. Nichts konnte seinem geistesmächtigen Wort widerstehen. Weder der Unglaube gegen die Heilige Schrift in seinen verschiedenen Formen, noch der Leichtsinn der Welt oder die Lauheit und Unentschiedenheit des Volkes Gottes. Alles streckte die Waffen und gab Gott die Ehre.

Tausende, ja Millionen – wie ein berühmter Theologe meinte – sind durch die gesegnete Wirksamkeit Finneys mit ihrem Gott für Zeit und Ewigkeit in eine reale Lebensverbindung gekommen. Welchen Einfluß die Lebensgeschichte dieses Gotteshelden auf mein eigenes Leben ausgeübt hat, wird die Ewigkeit offenbaren. Das darf ich sagen, daß kein Buch neben der Bibel von mir mit mehr Segen gelesen wurde, als diese Biographie. Mein Leben, mein Charakter, meine Arbeit, meine Stellung zu Gott und Menschen bekam einen neuen Kurs durch das Lesen dieses Buches. Wir möchten jeden Christen ohne Bedenken mit großer Freude ermuntern, dieses Lebensbild still und betend zu lesen.

Selbstverständlich wünschen wir nicht, daß jemand dieses Original kopiere. Es gibt nur einen. Finney, und den kann niemand nachmachen. Jedoch kann jeder Leser lernen, was Gott aus einem Menschen machen kann, der sich rückhaltlos Ihm und seiner Gnade anvertraut.

Ach, möchten durch das Lesen dieser Seiten viele dahin kommen, daß Gott in ihrem Leben alles in allem werde; dann wird es in unserem lieben Vaterland nicht an Erweckungen und Neubelebungen fehlen.

Im Dienste für Gott kann man Gnade nicht ersetzen durch hohe Wissenschaft, Formen und Zeremonien. Diese Dinge sind gut, wenn sie Kanäle sind, in denen göttliches Leben pulsiert. Dies beweist Finneys Leben. Er war – obwohl er nie als Student eine hohe Schule besuchte – ein sehr gebildeter und wissenschaftlicher Mann. Die Wissenschaft und Bildung machten ihn aber nicht unbrauchbar für das Werk der Evangelisation – nein, im Gegenteil, sie befähigte ihn, allen Schichten seines Volkes das Evangelium zu predigen. Der einfachste Arbeiter wie der scharfsinnigste Advokat oder Richter verstand Finney und brach unter der Wucht seiner alles vor sich niederwerfenden Dialektik zusammen.

Hier kann mancher Reichgottesarbeiter lernen und sich in der Art seiner Wortverkündigung korrigieren, denn oft ist der Mißerfolg in der Evangelisation zurückzuführen auf die taktlose, unvernünftige und unvorbereitete Art der Wortverkündigung.

Kurz – lieber Leser, wer du auch seiest, Pfarrer, Prediger, Evangelist oder ein Mitarbeiter Gottes ohne Namen, nimm dieses Buch und gebrauche es zur Verherrlichung Gottes und zur Förderung deiner Seligkeit.

Jesus Christus aber sei Ehre, Preis und Dank für jeden seiner Mitarbeiter und besonders für den lieben, teuren Finney. Er möge unser Vaterland auch mit solchen Zeugen segnen, daß seine Auserwählten gesammelt und zubereitet werden für das Werk des Dienstes, für die Auferbauung des Leibes Christi, bis wir alle hingelangen zu der Einheit des Glaubens und der Erkenntnis des Sohnes Gottes (Epheser 4,12.13).

Jakob Vetter, Evangelist

GEBURT UND ERSTE JUGENDZEIT

Es hat dem Herrn gefallen, meinen Namen und meine Arbeit in Verbindung zu setzen mit einer Bewegung, die innerhalb der Kirche Christi stattgefunden und eine Erweckung geistlichen Lebens zur Folge gehabt hat. Diese Bewegung war einerseits zurückzuführen auf die Entwicklung einer nicht ganz gewöhnlichen Auffassung der Lehre und Praxis, andererseits auf die Anwendung gewisser bis dahin nicht gebräuchlich gewesener Mittel und Methoden in der Evangelisations-Arbeit. Es ist daher nicht verwunderlich, daß selbst ernste Christen der Sache fragend gegenüberstanden, ja, in gewissen Fällen sie sogar mit Macht zu bekämpfen suchten.

Ich habe von mir gesprochen als von einem, der an dieser Bewegung beteiligt war; doch war ich nur einer von den vielen Pastoren und anderen Knechten Gottes, die an deren Förderung arbeiteten. Ich weiß wohl, daß ich in gewissen Kreisen innerhalb der Kirche für den Anstifter neuer Lehren und Bestrebungen galt, und von vielen als derjenige bezeichnet wurde, der am meisten gegen die herkömmliche theologische Denk- und Ausdrucksweise eiferte und die Lehren des Evangeliums in eine neue Sprache kleidete.

Um den irrtümlichen Anschauungen, welche über die von mir verkündeten Lehren und bei der Arbeit angewandten Mittel herrschten, wirksam begegnen zu können, drangen die Freunde der Erweckung in mich, einen wahrheitsgetreuen Bericht über die betreffende Bewegung zu schreiben.

Nach langem Zögern habe ich mich endlich entschlossen, den wiederholten in Amerika und aus England an mich ergangenen Aufforderungen Folge zu leisten, obgleich mir die Sache aus mancherlei Gründen nicht ganz leicht ist. Da ich kein Tagebuch geführt habe, bin ich mit der Arbeit völlig auf mein Gedächtnis angewiesen. Dieses ist allerdings sehr treu und die Ereignisse, von denen ich Zeuge sein durfte zur Zeit der Erweckungen, haben einen so tiefen Eindruck auf mich gemacht, daß ich mich deren bis in die kleinsten Einzelheiten zeitlebens erinnern werde, und es einen dicken Band geben würde, wollte ich sie alle erzählen.

Da es mir hierzu an der nötigen Zeit mangelt, beabsichtige ich, nur einen gedrängten Bericht über meine damaligen Erlebnisse zu schreiben, doch so, daß sich der Leser ein ziemlich klares Bild von dem Charakter jener Erweckungen machen kann.

Ich bin jetzt (1867-1868) fünfundsiebzig Jahre alt und erinnere mich – wie das bei den meisten Leuten der Fall ist – der längst vergangenen Dinge weit genauer, als der erst kürzlich geschehenen. Was die von mir persönlich verkündeten Lehren und angewandten Mittel betrifft, halte ich eine irrtümliche Darstellung für ausgeschlossen.

Um es meinen Lesern nur einigermaßen verständlich zu machen, wie ich zu der Lehrweise und zu der ganzen Art meiner Evangelisationsarbeit geführt worden bin, muß ich einen kurzen Abriß meines Lebens schreiben. Auf die Einzelheiten meiner persönlichen Geschichte brauche ich nicht näher einzugehen; es genüge, die Schritte zu bezeichnen, die mich zu dem Standpunkt gebracht haben, auf dem ich heute stehe.

Ich wurde am 23. August 1792 zu Warren im Staate Connecticut geboren. Meine Eltern waren einfache Landleute. Ich mochte etwa das zweite Lebensjahr zurückgelegt haben, als sich mein Vater in der Landschaft Oneida, einem damals noch wenig bebauten Landstrich des Staates New York, ansiedelte, wo wenig oder kein religiöses Leben herrschte und weit und breit nicht einmal ein gutes Buch zu haben war. Die zumeist aus Neu-England eingewanderten Kolonisten wollten jedoch tun, was in ihren Kräften stand, um ihre Kinder nicht geistig verkümmern zu lassen und sorgten daher zunächst für die Errichtung von Elementarschulen. Eine dieser öffentlichen Lehranstalten besuchte auch ich bis in mein sechzehntes Jahr, und zwar mit solchem Erfolg, daß ich nach bestandener Abschlußprüfung für fähig erklärt wurde, selbst den Unterricht in einer dieser Schulen zu leiten.

Es war zu meiner geistigen Ausbildung geschehen, was geschehen konnte. Trotzdem wurde meine religiöse Erziehung gänzlich vernachlässigt; denn sowohl meine Eltern selbst wie auch unsere Nachbarn und Freunde waren nur dem Namen nach Christen und hatten wenig oder gar keinen Sinn für göttliche Dinge. Dann und wann kamen wohl auch sogenannte Wanderprediger in die Gegend; aber es waren dies in der Regel unwissende Leute, die so ungereimtes Zeug vorbrachten, daß sie ihre Zuhörer höchstens zum Lachen reizten, ohne irgend welchen tieferen Eindruck auf sie zu machen.

Eben war in der Nähe meiner Heimat ein Versammlungshaus errichtet und ein Prediger angestellt worden, als mein Vater seinen Wohnsitz änderte und sich in einer Wildnis niederließ, welche das Südufer des Ontariosees umgab. Hier hatte ich in den nächsten Jahren somit womöglich noch weniger Gelegenheit, Gottes Wort zu hören, als es in Oneida der Fall gewesen war.

Als ich zwanzig Jahre alt war, beschäftigte ich mich ernstlich mit dem Gedanken, zu meiner weiteren Ausbildung eine Universität zu besuchen. Einer meiner bisherigen Lehrer riet mir jedoch entschieden von dem Plan ab und machte mir den Vorschlag, mit ihm in einen der Südstaaten auszuwandern, um ihm dort bei der Gründung einer eigenen Lehranstalt zu helfen. Ich hatte große Lust, sein Angebot anzunehmen, hauptsächlich um unter seiner Leitung selbst weiterstudieren zu können. Als ich aber meinen Eltern, die ich schon vier Jahre nicht mehr gesehen hatte, mein Vorhaben schriftlich mitteilte, eilten beide, Vater und Mutter, herbei und beschworen mich, meine Absicht aufzugeben. Auf ihren dringenden Wunsch hin kehrte ich mit ihnen nach Hause zurück, um dann einige Wochen später in Adams im Staate New York bei einem Advokaten als Bürogehilfe einzutreten und unter dessen Leitung die Rechtswissenschaft theoretisch und praktisch zu erlernen. Das war im Jahre 1818.

Bis zu jener Zeit hatte ich nie in einer wahrhaft christlichen Gemeinschaft oder in einem Hause gelebt, wo der Geist des Gebets herrschte. Auch in New Jersey, wo ich drei Jahre lang teils selbst in einer Schule unterrichtete, teils eine höhere Lehranstalt besucht hatte, waren die wenigen englischen Gottesdienste, denen ich Gelegenheit hatte beizuwohnen, nicht dazu angetan gewesen, meine Aufmerksamkeit zu fesseln. Der Prediger, der sie leitete, war zwar ein gottesfürchtiger, allgemein beliebter Mann; aber er hatte durchaus nicht die Gabe, Leute, die der Religion gleichgültig gegenüberstanden, zu unterweisen oder sie zu gewinnen.

So kam es, daß ich in geistlichen Dingen fast ebenso unwissend war wie ein Heide als ich nach Adams kam.

Hier lernte ich nun zum ersten Mal ein geordnetes Gemeinde-leben kennen und fand Gelegenheit, regelmäßig das Wort Gottes zu hören. Kurz nach meiner Ankunft in dem Städtchen wurde Rev. George Gale zum Pastor der dortigen Presbyterianischen Gemeinde ernannt. Seine Predigten waren ganz nach der alten Schule, das heißt streng calvinistisch. Er galt natürlich für äußerst orthodox; doch schien er mir viel zu sehr von der Annahme auszugehen, daß seine Zuhörer mit den Grundlehren des Evangeliums bereits bekannt waren, so daß ich nicht die Unterweisung bei ihm fand, die meinen damaligen Bedürfnissen entsprochen hätte.

In meinen rechtswissenschaftlichen Studien fiel mir auf, daß sich die alten Schriftsteller häufig auf die Bibel beriefen, und viele der zur Zeit rechtskräftigen Gesetze auf diese oder jene mosaischen Einrichtungen zurückführten. Das erregte dermaßen meine Neugier, daß ich mir eine Bibel kaufte, die erste, die ich jemals besessen habe. Sobald in meinen Rechtsbüchern irgend eine Stelle vorkam, in der Bezug auf die Heilige Schrift genommen war, schlug ich im Worte Gottes nach und las den ganzen Abschnitt im Zusammenhang. Dadurch gewann ich Interesse für die Bibel, und ich las und studierte sie viel fleißiger, als ich es unter anderen Umständen getan haben würde.

Herr Gale machte es sich zur Gewohnheit, mich des Montags im Büro aufzusuchen, um zu hören, welchen Eindruck die Predigt des vorhergehenden Tages auf mich gemacht hatte. In der Regel nahm ich kein Blatt vor den Mund sondern sprach unverhohlen meine Ansicht aus und machte alle Einwände, die sich mir beim Hören seines Vortrags aufgedrängt hatten.

In diesen Unterredungen wurde mir bald klar, daß sich Herr Gale, wie ich bereits vermutet hatte, selbst nicht genau Rechenschaft von der Bedeutung dieser und jener Ausdrücke gab, deren er sich in seinen Predigten bediente. – Natürlich konnte er mir deren Sinn daher auch nicht so verständlich machen, daß ich ihn wirklich erfaßt hätte, und so mühte ich mich vergeblich mit allerlei schwierigen Fragen, wie z. B.: Ist die Buße ein Zustand oder eine Tat des Menschen? Bezeichnet sie ein bloßes Schmerzgefühl über die Sünde, oder drückt sie eine veränderte Willensrichtung ihr gegenüber aus? Was bedeutet der Ausdruck „Wiedergeburt"? Ist darunter das gleiche zu verstehen wie unter dem Worte „Bekehrung"? Bezieht sich dieser Akt auf eine innere Veränderung, die mit dem Menschen vorgeht? Wie ist diese Veränderung aufzufassen? Beruht sie auf einer Umgestaltung der geistigen Substanz des Menschen, zu der er selbst nichts beitragen kann und die er deshalb nur abzuwarten hat, oder wird sie durch freien Willensentschluß herbeigeführt? Wenn aber andererseits die Wiedergeburt mit dem Glauben in Verbindung gebracht wird, wie ist das zu verstehen? Ist der Glaube nur ein Wissen um die Wahrheit, ein bloßes Fürwahrhalten dessen, was in der Bibel steht? Und was bedeutet der Begriff „Heiligung"? Kann der Mensch irgendwie zu seiner Heiligung beitragen, oder hängt sie einzig und allein von Gott ab?

Diese und ähnliche Fragen beschäftigten mich Tag und Nacht; aber so sehr mich die Gespräche mit dem Herrn Pastor interessierten, kam ich doch dadurch zu keiner inneren Klarheit.

Eines jedoch fand statt: je länger ich die Bibel las, die Gebetsstunden und Gottesdienste besuchte und mich mit Herrn Gale und den Ältesten der Gemeinde besprach, desto unruhiger wurde ich in meinem Gewissen und desto mehr drängte sich mir die Überzeugung auf, daß ich in meinem gegenwärtigen Gemütszustand keinesfalls in den Himmel kommen würde. Ich fühlte, daß es eine Frage von größter Tragweite sei, ob ein Mensch Glauben habe oder nicht, und daß eine tiefe innere Umwandlung mit mir vorgehen müsse, wenn ich für den Himmel tüchtig werden wollte. Noch war ich nicht von der Echtheit des Wortes Gottes und der christlichen Religion überzeugt; aber der Gegenstand war mir von solcher Wichtigkeit geworden, daß ich mir um jeden Preis Klarheit über ihn verschaffen mußte.

Auch in den Gebetsversammlungen, die ich regelmäßig besuchte, türmten sich neue Schwierigkeiten vor meinem Geiste auf.

Besonders fiel mir auf, daß die Gebete, die ich Woche für Woche zu Gott emporschicken hörte, augenscheinlich nie Erhörung fanden, ja daß solche Erhörung von den Leuten, welche die Bitten vortrugen, offenbar gar nicht erwartet wurde.

Und doch stand in meiner Bibel ausdrücklich geschrieben, daß Jesus Christus gesagt habe: „Bittet, so wird euch gegeben;

suchet, so werdet ihr finden; klopfet an, so wird euch aufgetan. Denn wer da bittet, der empfängt; und wer da suchet, der findet; und wer da anklopft, dem wird aufgetan." Auch hatte ich gelesen, daß Christus versicherte: Gott sei viel eher bereit, seinen Heiligen Geist zu geben denen, die Ihn darum bitten, als sich ein irdischer Vater herablasse, seinen Kindern gute Gaben zu geben (vgl. Lk 11,13). Wie kam es dann, so fragte ich mich, daß in den Gebetsversammlungen beständig um eine neue Ausgießung des Heiligen Geistes gefleht, und ebenso oft über den Mangel an geistlichem Leben geklagt wurde? Jedes Mal, wenn die Gläubigen zusammenkamen, ermahnten sie einander, zu wachen und nüchtern zu sein, und anhaltend um eine Erweckung zu beten, indem sie hinzufügten, Gott werde sicherlich das Seine tun, wenn sie nur das Ihre täten. Dennoch mußte immer wieder bekannt werden, daß alles beim Alten geblieben sei.

Was sollte ich davon halten? Waren etwa die Beter nicht wirkliche Christen und erhörte Gott deshalb ihre Bitten nicht? Oder waren die Verheißungen der Heiligen Schrift nicht wörtlich zu nehmen? War die Bibel überhaupt nicht Gottes Wort? Es waren dies Fragen, die mich nahezu an der Wahrheit irre machten und mich in völligen Unglauben zu stürzen drohten.

Eines Tages, als ich wieder einmal einer Gebetsversammlung beiwohnte, wurde ich gefragt, ob ich nicht wünsche, daß persönlich für mich gebetet werde. Ich lehnte das Angebot jedoch mit aller Entschiedenheit ab, indem ich rundweg erklärte, daß ich mir wenig Nutzen von der Fürbitte solcher Leute versprechen könne, deren Gebete Gott allem Anschein nach niemals erhöre. „Wohl weiß ich, daß ich die Fürbitte dringend nötig hätte", sagte ich, „denn ich fühle die Last meiner Sünden; aber was soll mir eure Fürbitte helfen? Ihr betet ja beständig und erhaltet nie etwas! Seit ich hier bin, betet ihr um eine Erweckung, und noch ist nicht die Spur davon zu sehen. So anhaltend ihr auch schon um die Gabe des Heiligen Geistes gefleht habt, seht ihr euch immer wieder zu dem Bekenntnis genötigt, daß ihr sie nicht empfangen habt. Ihr habt so viele Bitten zu Gott emporgesandt, seit ich diesen Versammlungen beiwohne, daß ihr den Teufel längst aus Adams hättet vertreiben müssen, wenn eure Gebete irgend welche Kraft hätten. Aber ihr betet und betet, und bleibt doch immer auf dem gleichen Fleck." Es war mir bitterer Ernst mit diesen Worten; aber allerdings klang auch eine gewisse Gereiztheit aus denselben, die ohne Zweifel der inneren Unruhe entsprang, in der ich mich damals befand. Diese trieb mich mehr und mehr in die Schrift hinein, und durch eifriges Forschen im Worte wurde mir allmählich klar, daß die Ursache, weshalb die Gebete der Christen, mit denen ich zusammenzukommen pflegte, keine Erhörung fanden, darin lag, daß die Beter nicht die Bedingungen erfüllten, unter denen Gott die Erhörung zugesagt hatte – insbesondere, weil sie nicht im Glauben beteten, d. h. in der gewissen Zuversicht, daß sie das Erbetene erhalten würden.

War mir dieser Gedanke auch nicht so klar, daß ich ihn hätte in Worte fassen können, so beruhigte er mich doch insofern, als er meine Zweifel über die Glaubwürdigkeit der Bibel löste, und nach drei Jahren des Suchens und Ringens stand endlich das *eine* bei mir fest: Welche Irrtümer auch immer meinen eigenen Geist oder den meines Pastors oder anderer Menschen beherrschen mögen, so ist doch die Heilige Schrift die einzige und untrügliche Quelle der Wahrheit.

Hiermit sah ich mich aber nun vor die Frage gestellt, ob ich Christus als meinen Erlöser annehmen oder mein Leben nach dem Laufe der Welt weiterführen wolle. Die Wahl wurde mir nicht leicht; aber der Geist Gottes drängte mich zu einer völligen Entscheidung, wie ich später deutlich erkannte.

BEKEHRUNG

An einem Sonntagabend im Herbst 1824 beschloß ich endlich, ernst zu machen, um mit Gott ins Reine zu kommen. Da schon die Bürogeschäfte viel Zeit erforderten, nahm ich mir vor, geflissentlich alles zu vermeiden, was meine Aufmerksamkeit irgendwie ablenken könnte und war bestrebt, mich ausschließlich mit dem Heile meiner Seele zu beschäftigen. Diesen Vorsatz führte ich so konsequent wie möglich durch. Zwar mußte ich in den nächsten Tagen viel im Büro sein; aber ich war durch Gottes Gnade meist ungestört und fand reichlich Zeit, in der Bibel zu lesen und zu beten.

Bei dieser Gelegenheit kam ich vielem auf die Spur, wovon ich bisher keine Ahnung gehabt hatte. Zum Beispiel hatte ich mich für völlig frei von Menschenfurcht gehalten und mir eingebildet, es sei mir höchst gleichgültig, was die Leute von mir denken oder sagen mochten. Nun entdeckte ich zu meinem Erstaunen, daß mir der Gedanke, es möchte jemand meinen Seelenzustand erraten, sehr unangenehm war. Wollte ich beten, so verstopfte ich vorher das Schlüsselloch und sprach nur im Flüsterton, damit ja niemand etwas davon gewahr wurde. Früher hatte ich die Bibel offen auf meinem Tisch liegen, und es war mir gar nicht eingefallen, mich zu schämen, wenn man mich darin lesen sah; seit ich mich aber ernstlich mit meinem Seelenheil beschäftigte, versteckte ich die Heilige Schrift eilens unter meinen anderen Büchern, sobald ich jemand kommen hörte. Anstatt rückhaltlos wie vorher über geistliche Dinge zu reden, wann und wo sich Gelegenheit bot, ging ich solchen Gesprächen aus dem Wege. Auch vermied ich es absichtlich, mit meinem Pastor oder einem der Ältesten in Berührung zu kommen, so sehr fürchtete ich mich einerseits, sie könnten mir anmerken, was in meiner Seele vorging, und anderseits, sie könnten mich irgendwie irreleiten. Demnach war ich durch Gottes Gnade einzig und allein darauf angewiesen, mir in der Bibel Rat zu holen.

Montag und Dienstag kam mir meine Verdammungswürdigkeit mehr und mehr zum Bewußtsein; aber zugleich schien mein Herz immer härter zu werden. Ich konnte weder weinen noch beten, und doch fühlte ich mitunter das Bedürfnis, meinem Jammer durch lautes Rufen zu Gott Luft zu machen. Nur die Furcht, die Aufmerksamkeit anderer auf meinen Seelenzustand zu lenken, hielt mich davon ab.

Dienstag abend war ich völlig erschöpft, und in der Nacht überkam mich plötzlich die Angst, ich müsse sterben und sei doch nicht bereit, vor Gottes Richterstuhl zu treten. Nur mit Mühe gelang es mir, mich soweit zu beruhigen, daß ich im Bette bleiben konnte, bis es endlich Tag wurde.

In aller Frühe machte ich mich auf den Weg ins Büro; aber ehe ich dort anlangte, war es mir, als frage mich im tiefsten Innern eine Stimme: „Worauf wartest du? Hast du Gott nicht versprochen, Ihm dein Herz zu geben? Weshalb mühst du dich so vergeblich ab? Suchst du dir etwa selbst das Heil zu erwirken, deine eigene Gerechtigkeit aufzurichten?" In demselben Augenblick enthüllte sich mir in wunderbarer Weise das Geheimnis der Erlösung. Ich glaube, nie in meinem Leben habe ich deutlicher die Wirklichkeit und Vollkommenheit des Versöhnungswerkes erkannt, als damals. Ich sah ein, daß die Erlösung eine vollendete Tatsache war, und daß ich mich demütig unter Gottes Ordnung zu beugen und die mir von Christus erworbene Gerechtigkeit anzunehmen habe, anstatt irgend etwas Selbstgewirktes vor Gott bringen zu wollen. Ich hatte weiter nichts zu tun, als meine Sünden aufzugeben und Christus als meinen Erlöser anzunehmen. Das Heil war nicht etwas, was ich mir zu erarbeiten hatte, sondern es war einzig und allein in Jesus Christus zu finden, der sich mir zum Heiland und Retter anbot.

Ohne mir dessen bewußt zu sein, war ich mitten auf dem Weg stehen geblieben, an der Stelle, wo die entscheidenden Fragen plötzlich in mir aufgetaucht waren. Eine Weile stand ich wie festgewurzelt da und konnte mich nicht losreißen von dem Bilde, das der Geist Gottes – wie ich später erkannte – vor meinen Augen entrollt hatte. Dann hieß es weiter in meinem Inneren: „Willst du das Heil annehmen? – heute? – in diesem Augenblick?" „Ja", antwortete ich, „heute noch, und sollte ich darüber sterben!"

Im Norden des Städtchens lag auf einem Hügel ein Wäldchen, in dem ich bei schönem Wetter fast täglich spazieren ging. Dahin lenkte ich meine Schritte, anstatt, wie ich beabsichtigt hatte, ins Büro zu gehen; denn ich fühlte ein dringendes Bedürfnis, allein zu sein, fern von den Augen und Ohren der Menschen, um mein Herz ungestört vor Gott ausschütten zu können.

Aber wieder regte sich mein Stolz. Während ich den Hügel hinanstieg, kam mir der Gedanke, es könnte mich jemand sehen und meine Absicht erraten. Hastig bog ich daher vom Wege ab und schlich scheu die Hecken entlang, bis ich an einen Pfad kam, der quer durch den Wald führte und nur selten betreten wurde. Nach einem viertelstündigen Marsch kam ich an den entgegengesetzten Abhang des Hügels, wo mir ein paar übereinandergestürzte Bäume ein sicheres Versteck zu bilden schienen. Ich kroch hinein, warf mich auf die Knie und wollte beten. Aber, obwohl ich mir unterwegs fest vorgenommen hatte, nicht wieder hinunter zu gehen, bis ich Gott wirklich mein Herz gegeben habe, brachte ich kein Wort über die Lippen. Mein Herz war wie erstorben. Versuchte ich dennoch, eine Bitte zu stammeln, so klang sie hohl und nichtssagend, und sobald der Wind nur ein wenig die Blätter bewegte, hielt ich erschrocken inne, um nachzusehen, ob nicht etwa jemand in der Nähe sei, der mich hören könnte.

Endlich überkam mich eine namenlose Angst. „Ich kann nicht beten", sagte ich mir. „Mein Herz ist kalt und tot; es will nicht beten." Hatte ich mir nur eingebildet, ich wolle mich endlich meinem Gott ausliefern und fehlte es mir an der rechten Lauterkeit, nun es darauf ankam, mein Vorhaben auszuführen? „Es ist zu spät", stöhnte ich. „Gott hat mich dahingegeben; es ist keine Hoffnung mehr für mich." Jetzt machte ich mir die bittersten Vorwürfe, daß ich gelobt hatte, den Ort nicht zu verlassen, ehe ich Frieden gefunden hatte. Es kam mir wie Vermessenheit vor, ein solches Versprechen gemacht zu haben, und doch fühlte ich, ich dürfe es nicht zurücknehmen. Schließlich war ich so erschöpft, daß mir buchstäblich die Knie wankten und ich nahe daran war, alles aufzugeben und unverrichteter Sache heimzukehren.

Noch war ich zu keinem Entschluß gekommen, da glaubte ich wieder, ein Geräusch zu hören und stand hastig auf, um nachzusehen, ob jemand in der Nähe sei. In demselben Augenblick wurde mir klar, daß mein Stolz das Hindernis war, das mich nicht zum Frieden kommen ließ. Da überkam mich plötzlich ein so überwältigendes Gefühl von der Verkehrtheit meines Herzens beim Gedanken, daß ich mich schämte, von einem meiner Mitmenschen auf den Knien überrascht zu werden, daß ich mit lauter Stimme ausrief: „Wie, ein so abscheulicher Sünder wie ich, der ich nicht wert bin, meine Augen zu dem heiligen Gott zu erheben, schämt sich noch beim Gedanken, es könnte ihn ein anderer ebenso fluchwürdiger Sünder auf den Knien liegen sehen, um Gott seiner schweren Schuld wegen um Verzeihung zu bitten! Nein, ich gehe nicht von hier fort, sollten mich auch alle Menschen der Welt und alle Teufel der Hölle umgeben!" Mein Stolz erschien mir so schrecklich, daß ich wie gebrochen vor meinem Gott niedersank.

Alsbald fiel mir wie ein Lichtstrahl das Wort ins Herz: „Dann werdet ihr mich anrufen und hingehen, und mich bitten, und ich will euch erhören. Ihr werdet mich suchen und finden. Denn so ihr mich von ganzem Herzen suchen werdet, so will ich mich von euch finden lassen." Ich erfaßte die Verheißung sofort mit meinem innersten Wesen als *mir* geltend und erfuhr zum erstenmale in meinem Leben, was Glauben heißt. Hatte ich längst nicht mehr an der Echtheit der Bibel gezweifelt, so war mein Glaube doch ein bloßes Fürwahrhalten gewesen, nicht aber ein rückhaltloses Vertrauen. Jetzt war mir die Treue Gottes unumstößlich gewiß; eher hätte ich daran zweifeln können, daß ich lebte, als an der Wahrhaftigkeit Gottes. Obwohl ich mich nicht erinnerte, das Wort, das mir plötzlich in den Sinn gekommen war, je gelesen zu haben, war mir sofort klar, daß es eine Stelle aus der Heiligen Schrift sei, und daß mir Gott selbst die Verheißung ins Herz gegeben hatte. Mich mit aller Macht daran klammernd, wie sich der Ertrinkende an einen Strohhalm festhält, rief ich aus: „Herr, ich nehme dich beim Worte! Du weißt, daß ich dich jetzt von ganzem Herzen suche und daß ich hierher gekommen bin, um dich anzurufen, und du hast verheißen, mich zu erhören." Damit war die Frage, ob ich noch am selben Tage sofort mein Gelübde halten könne, für mich gelöst. Immer wieder tönte es in meinem Innern: „Wenn ihr mich von ganzem Herzen suchen werdet, so werdet ihr mich finden", und in dem Bewußtsein, daß ich die Bedingung zur Stunde erfüllte, hielt ich dem Herrn sein Wort vor und sagte Ihm: da Er nicht lügen könne, erwarte ich zuversichtlich von Ihm, daß Er sich von mir finden lassen werde und zwar jetzt gleich.

Daraufhin bekam ich eine Verheißung nach der anderen, bald aus dem Alten, bald aus dem Neuen Testament, von denen sich die meisten auf den Herrn Jesus Christus bezogen. Wie köstlich mir diese waren, vermag ich nicht in Worte zu kleiden. Ich erfasste sie nicht mit dem Verstande, sondern sie sanken mir tief ins Herz, und ich hielt mich daran fest wie an die untrüglichen Aussprüche des Gottes der Wahrheit.

Lange fuhr ich fort, abwechselnd zu beten und mir die Verheißungen anzueignen, die mir geschenkt wurden; wie lange, wußte ich nicht zu sagen. Endlich stand ich auf und machte mich auf den Heimweg. Die Frage, ob ich nun bekehrt sei, war mir gar nicht gekommen; aber ich erinnere mich deutlich, daß ich bei mir dachte, während ich den Waldpfad entlang schritt: „Wenn ich mich je bekehre, so werde ich ein Prediger des Evangeliums."

Als ich mich dem Städtchen näherte und mir von dem Vorgefallenen Rechenschaft zu geben suchte, fiel mir auf, wie merkwürdig still es in mir geworden war, und ich fragte mich erschrocken: „Was soll das bedeuten? Der Geist Gottes scheint sich von mir zurückgezogen zu haben; denn alles Schuldgefühl ist verschwunden und ich bin gar nicht mehr um mein Seelenheil bekümmert. Sicherlich hat mich Gott dahin gegeben." Ich suchte mir klar zu werden, was ich zu Gott gesagt hatte, als ich vor Ihm auf den Knien lag, und je länger ich darüber nachgrübelte, um so mehr drängte sich mir die Überzeugung auf, daß es sich für einen Sünder, wie ich war, nicht schickte, Gott beim Wort zu nehmen, ja daß das an Gotteslästerung grenzte. Kein Wunder, wenn ich damit den Heiligen Geist vertrieben und am Ende gar die Sünde begangen hätte, von der es hieß, daß sie dem Menschen niemals vergeben werde!

Trotzdem eine Menge derartiger Gedanken in meiner Seele aufstiegen, wanderte ich unbekümmert weiter. Es war so still in mir, daß es mir vorkam, als lausche die ganze Natur andächtig. Nie schien mir die Sonne so hell geleuchtet zu haben. Als ich in die Stadt kam, war es zu meinem Erstaunen Essenszeit – ich hatte also mehrere Stunden im Wald zugebracht, und doch war es mir, als sei ich nur ganz kurze Zeit weggeblieben.

Hätte ich mir nur die Ruhe erklären können, die plötzlich über mich gekommen war! Vergeblich bemühte ich mich, das frühere Schuldbewußtsein wieder in mir wach zu rufen. Es wollte mir nicht gelingen. Auch alle Bemühungen, wenigstens darüber betrübt zu sein, daß mir so gar nicht mehr bange um mein Seelenheil war, blieben fruchtlos. Ich mochte tun, was ich wollte, nichts störte den tiefen Frieden, der in meiner Seele herrschte. Der Gedanke an Gott war mir unaussprechlich süß, anstatt mich wie früher zu beängstigen.

Zu Hause angelangt, setzte ich mich zu Tische, konnte aber nichts essen. Da Herr W. nicht im Büro war, nahm ich meine Geige zur Hand, um ein geistliches Lied zu spielen, wie ich oft getan hatte. Kaum hatte ich jedoch die ersten Worte gesungen, so brach ich in Tränen aus. Mein Herz war wie Wachs und meine Gemütsstimmung eine derartige, daß ich beim Klang meiner eigenen Stimme tief gerührt und nicht imstande war, die Tränen zurückzuhalten. Nachdem ich mich vergeblich bemüht hatte, meine Gefühle zu beherrschen, legte ich das Instrument weg und hörte auf zu singen.

Da das Büro in ein anderes Zimmer verlegt werden sollte, gab es am Nachmittag viel mit Umräumen der Bücher und Umstellen der Möbel zu tun, so daß wenig Zeit zur Unterhaltung mit anderen blieb. Bei aller Arbeit wurde meine Seele jedoch in tiefem Frieden bewahrt; mein Geist war ganz in Gott versenkt und ein Gefühl unaussprechlicher Freude und Wonne hatte sich meiner bemächtigt. Selbst nach außen hin schien mir alles nach Wunsch zu gehen und es war mir zu Mute, als könne mich nichts mehr aus der Ruhe bringen.

Gegen Abend war das neue Büro eingerichtet und ich zündete mir ein Feuer an, in der Hoffnung, den Rest des Tages ungestört daselbst verbringen zu können. Sobald es dunkel wurde, wünschte mir mein Prinzipal gute Nacht und ging nach Hause. Ich hatte ihn an die Tür begleitet und hinter ihm zugeschlossen; noch waren seine Schritte nicht verhallt, da übermannten mich plötzlich meine Gefühle. Es war, als zerschmelze mein Herz, und ich konnte dem Drange nicht widerstehen, es vor meinem Gott auszuschütten. Wie von einer innernen Macht getrieben, eilte ich ins anstoßende Zimmer und sank auf die Knie.

Es war weder Feuer noch Licht in dem betreffenden Raum; dennoch erschien er mir lichterfüllt. Klar und deutlich, von wunderbarem Glanz umstrahlt, stand das Bild Jesu Christi vor meiner Seele, so daß ich Ihn von Angesicht zu Angesicht zu sehen meinte. Der Gedanke, daß die Erscheinung nur ein Spiegelbild meiner Phantasie sein könnte, kam mir gar nicht, sondern es schien mir, als stehe der Herr wirklich leibhaftig vor mir. Er sagte kein Wort, aber sah mich mit einem Blick an, der mich vor Ihm in den Staub warf. Wie gebrochen sank ich zu Seinen Füßen nieder und weinte wie ein Kind, indem ich in abgerissenen Worten das Herz vor Ihm ausschüttete. Ich hatte den Eindruck, als benetzte ich Seine Füße mit Tränen und doch kann ich mich nicht erinnern, Ihn berührt zu haben.

Wie lange ich so in Beugung und Anbetung vor Ihm auf den Knien lag, weiß ich nicht, ... jedenfalls war das Holz, das ich aufs Feuer gelegt hatte, beinahe verglüht, als ich ins Büro zurückkehrte. Soeben war ich im Begriff, mir einen Stuhl zu holen, um mich an den Kamin zu setzen, da strömte plötzlich der Geist Gottes auf mich nieder und überflutete mich ganz und gar ... nach Geist, Seele und Leib, ohne daß ich je von einer Geistestaufe gehört, geschweige denn eine solche für mich erwartet oder erfleht hatte. Es war mir, als stehe ich unter dem Einfluss eines elektrischen Stromes, der mir durch und durch ging. Liebeswelle auf Liebeswelle schien sich über mich zu ergießen ... anders kann ich es nicht beschreiben. Es war wie ein Lebenshauch von oben und ich fühlte mich wie von unsichtbaren Schwingen hin und her bewegt.

Die wunderbare Liebe, die sich in mein Herz ergoß, läßt sich nicht mit Worten schildern. Ich weinte laut vor Freude, ja mußte meinen Gefühlen schließlich durch Schreien Ausdruck geben, denn sie drohten mir das Herz zu zersprengen. Unaufhörlich wogte es über mich hin, bis ich endlich ausrief: „Wenn es so weiter geht, muß ich sterben. Halte inne, Herr!" Und doch fürchtete ich mich nicht im geringsten vor dem Tode.

Spät abends kam ein Mitglied des von mir geleiteten Männerchors, um etwas mit mir zu besprechen. Als er mich laut weinend antraf, fragte er bestürzt: „Was fehlt Ihnen, Herr Finney?" Und da ich nicht sogleich antwortete, fügte er hinzu: „Haben Sie Schmerzen?" Mich ermannend, erwiderte ich: „Nein; nur bin ich so glücklich, daß ich es kaum zu ertragen vermag." Schweigend verließ der Mann das Büro und kehrte nach einigen Minuten mit einem gegenüber wohnenden Kirchenältesten zurück, einem ernsten Christen, den ich selten hatte lachen sehen. Nachdem ich diesem auf seine Frage, was mit mir los sei, meinen Zustand zu erklären versucht hatte, brach er in krampfhaftes Lachen aus, und es dauerte eine geraume Weile, ehe er sich wenigstens einigermaßen fassen konnte.

Bald darauf kam ein junger Student, mit dem ich besonders befreundet war, und dem ich daher rückhaltloser als irgend einem anderen mein Herz geöffnet hatte. Da ich mit dem Rücken gegen die Tür saß, hatte ich ihn nicht eintreten sehen, oder wenigstens kaum beachtet. Erstaunt hörte er einen Augenblick zu, während ich den beiden anderen klar zu machen suchte, was sich mit mir zugetragen hatte; dann fiel er plötzlich auf die Knie und rief in größter Seelenangst: „Betet für mich!" Der Gemeindeälteste und das Mitglied des Männerchors knieten neben ihm nieder und flehten für ihn um Gnade, und nachdem auch ich den Herrn für ihn angerufen hatte, standen wir allesamt auf und meine Besucher entfernten sich stillschweigend.

Kaum war ich wieder allein, so erhob sich in meinem Innern die Frage: „Weshalb hat der Älteste B. gelacht?" Hat er nicht etwa gemeint, ich sei plötzlich verrückt geworden?" Dieser Gedanke beunruhigte mich einen Augenblick und ich erwog ernstlich, ob es nicht Anmaßung gewesen sei, daß ein Sünder, wie ich einer gewesen war, für den jungen Studenten gebetet hatte. Eine Wolke schien plötzlich über mir herauf zu ziehen; ich hatte nichts, worauf ich mich stützen konnte, und nach einer Weile ging ich, wenn auch nicht gerade beklommenen Herzens, so doch ohne völlige Gewißheit meiner Annahme bei Gott zu Bett.

Bald war ich eingeschlafen, erwachte jedoch fast ebenso schnell wieder von dem Liebesfeuer, das in meiner Seele brannte. Das wiederholte sich verschiedene Male, bis ich endlich in einen langen, erquickenden Schlummer fiel.

Als ich am nächsten Morgen erwachte, schien die Sonne hell in mein Zimmer. Beim Anblick der goldenen Strahlen, die sich durch das Fenster ergossen, ward mir ganz eigentümlich zu Mute und ich empfing abermals eine Geistestaufe genau in der gleichen Weise, wie abends zuvor. Ich kniete in meinem Bett nieder und weinte laut. Völlig überwältigt von der Kraft Gottes, die mich durchströmte. Wie ein leiser Vorwurf klang es aus dem Wehen des Geistes heraus: „Willst du noch zweifeln? Kannst du noch zweifeln?" „Nein", rief ich, „ich kann nicht, ich will nicht zweifeln." Im dem Augenblick war mir alles klar geworden, und es wäre mir tatsächlich unmöglich gewesen, ferner zu zweifeln, daß der Geist Gottes Besitz von mir genommen hatte.

Zugleich war mir mit einem Male das Verständnis für die Lehre der Rechtfertigung durch den Glauben aufgegangen. Ich wußte nun aus eigener Erfahrung, was die Stelle bedeutete:

„Nun wir denn gerechtfertigt sind durch den Glauben, haben wir Frieden mit Gott durch unsern Herrn Jesus Christus."

Ich begriff, daß in dem Augenblick, in dem ich mich droben im Walde Gott ausgeliefert und Ihn im Glauben ergriffen hatte, alles Schuldgefühl von mir gewichen war und zwar so vollständig, als hätte ich niemals gesündigt.

Gerade diese Erkenntnis, daß die Rechtfertigungslehre durch den Glauben der Kernpunkt des Evangeliums ist und sozusagen den Ausgangspunkt für das neue Leben aus Gott bildet, war mir bisher abgegangen und nun da ich deren Richtigkeit an mir selbst erfahren hatte, strömte mein Herz über von Dankbarkeit und heiliger Gottesliebe. Zunächst redete ich mit keinem Menschen von dem, was mit mir vorgegangen war, sondern bewegte es nur still im Herzen.

BEGINN DER ARBEIT

Tief ergriffen hatte ich am Morgen nach jener denkwürdigen Nacht eben wieder das Büro betreten, als Herr W., mein Prinzipal, ins Zimmer kam. Ich richtete einige ernste Worte bezüglich seines Seelenheils an ihn. Betroffen blieb er einige Augenblicke gesenkten Hauptes stehen und verließ dann, ohne ein Wort zu sagen, das Haus. Meine Bemerkung war ihm, wie ich später erfuhr, durchs Herz gegangen und er fand nicht eher Ruhe, bis auch er sich seinem Gott ganz ausgeliefert hatte.

Kaum hatte Herr W. das Geschäftszimmer verlassen, so klopfte es und Gemeindediakon B. trat ein. Er hatte einen Prozeß mit einem weitläufigen Verwandten und ich hatte ihm versprochen, ihm als Rechtsanwalt zur Seite zu stehen; nun kam er, mich an die auf 10 Uhr anberaumte Verhandlung zu erinnern. „Wollen Sie sich bereit machen, Herr Finney?" fragte er. „Ich hole Sie im Vorbeigehen ab, wenn es Ihnen recht ist." Ich erklärte ihm hierauf mit kurzen Worten, was mit mir vorgegangen war und schloß mit der Bemerkung: „Sie müssen sich einen anderen Rechtsanwalt suchen, denn ich bin in den Dienst des Königs aller Könige getreten und kann keine andere Sache mehr führen als die Seine." Er senkte den Kopf gerade wie Herr W. und verließ gleich ihm schweigend das Zimmer. Als ich einige Minuten später am Fenster vorüberkam, sah ich ihn tief in Gedanken versunken mitten auf der Straße stehen. Anstatt in die Verhandlung ging er dann zu seinem Gegner, söhnte sich mit ihm aus und zog seine Klage zurück. Zu Hause angelangt, fiel er auf seine Knie nieder und übergab sich völliger denn je seinem Heiland.

Bald trieb es mich aus dem Büro hin zu den Leuten, um mit ihnen über ihr Seelenheil zu reden. Ich hatte den Eindruck, Gott wolle, daß ich das Evangelium verkündige und zwar ohne Verzug. Ich hätte ebensowenig sagen können, woher mir diese Überzeugung kam, wie woher ich wußte, daß ich eine Geistestaufe empfangen hatte; aber die Sache war mir unumstößlich gewiß.

Als ich angefangen, mich mit meinem Seelenheil zu beschäftigen, hatte mir der Gedanke viel Not gemacht: wenn ich mich bekehrte, müßte ich am Ende meinen mir lieb gewordenen Beruf aufgeben und Prediger werden. Meiner Ansicht nach hatte ich zu viel Zeit und Mühe auf das Rechtsstudium verwandt, um plötzlich umzusatteln; schließlich übergab ich mich Gott bedingungslos, es völlig Ihm anheimstellend, in welchem Beruf ich Ihm dienen dürfe. Wie schon erwähnt, kam mir der Gedanke, Verkündiger des Evangeliums zu werden, erst wieder auf dem Heimweg vom Wald.

Mit der Geistestaufe, die ich empfangen, hatten alle Dinge dieser Welt – Ehre, Ansehen, Reichtum und irdische Vergnügungen – ihren Reiz für mich verloren. Jesus füllte mein ganzes Herz aus und ich wußte mir keine liebere Beschäftigung, als Seelen für meinen Heiland zu gewinnen.

Unter diesem Eindruck verließ ich das Haus, um mich sogleich an die Arbeit zu machen. Mein erster Gang war zu einem Schuhmacher, von dem ich wußte, daß er ein entschiedener Christ und treuer Beter war. Als ich in die Werkstatt trat, fand ich den Meister in ernstem Gespräche mit einem gebildeten jungen Manne, dem Sohn eines unserer Gemeindeältesten, der seine ganze Beredtsamkeit aufbot, um zu beweisen, daß der Mensch auch ohne Buße und Glauben an den Herrn Jesus selig werden könne. Auf des Schuhmachers Bitte hin übernahm ich es, mit dem jungen Mann das Gespräch weiterzuführen, und es gelang mir, ohne die geringste Mühe, ihn von der Haltlosigkeit seiner

Behauptungen zu überzeugen. Ohne ein Wort zu erwidern, stand er auf und verließ die Werkstatt; aber anstatt die Straße hinabzugehen, bog er um die Ecke und lenkte seine Schritte querfeldein dem Walde zu, von wo er gegen Abend als versöhntes Gotteskind heimkehrte und fröhlich rühmte, was der Herr in den Stunden der Einsamkeit an seiner Seele getan hatte.

Ich fand an jenem Tage noch mehrfach Gelegenheit, mit Leuten über ihr Seelenheil zu sprechen und der Geist Gottes bekannte sich sichtlich zu meinen Worten. Denn so viel ich mich erinnere, blieb nicht ein einziger, mit dem ich damals redete, unbekehrt. Gegen Abend suchte ich einen Bekannten auf, der einen jungen Branntweindestillateur in Kost und Logis hatte. Da sich die Familie soeben zu Tische setzen wollte, wurde ich aufgefordert, an der Mahlzeit teilzunehmen. Der Hausherr und seine Frau waren gläubige Leute; aber die Schwester der letzteren war unbekehrt und der schon erwähnte junge Mann, ein weitläufiger Verwandter der Familie, ein entschiedener Gottesleugner. Nachdem wir uns niedergesetzt hatten, bat mich der Hausherr, das Tischgebet zu sprechen. Ich hatte es bisher nie getan, zögerte aber keinen Augenblick, sondern rief Gottes Segen auf die Mahlzeit herab. Kaum hatte ich angefangen, so fiel mir der Seelenzustand der anwesenden, unbekehrten jungen Leute so schwer aufs Herz, daß ich in Tränen ausbrach und nicht imstande war, weiter zu beten. Sprachlos vor Verwunderung blickten mich meine Tischgenossen an; der junge Mann jedoch schob hastig seinen Stuhl zurück, stürzte aus dem Zimmer, die Treppe hinauf und schloß sich in seine Stube ein. Niemand sah ihn mehr an jenem Tage, und als er am nächsten Morgen zum Frühstück kam, bekannte er freimütig, Frieden mit Gott gefunden zu haben. Er ist jahrelang danach ein treuer Diener Jesu Christi gewesen.

Die Kunde von meiner Bekehrung hatte sich unterdessen wie ein Lauffeuer im Städtchen verbreitet und maßloses Erstaunen hervorgerufen. Wie ich später hörte, hatten einige Gemeindeglieder kurz vorher vorgeschlagen, mich zum Gegenstand besonderer Fürbitte zu machen, aber Pastor Gale hatte ihnen abgeraten und gesagt, er fürchte, es sei Hopfen und Malz an mir verloren. Er habe häufig mit mir über mein Seelenheil gesprochen und den Eindruck gewonnen, daß ich nicht nur selbst dem Gerichte der

Verstockung anheimgefallen sei, sondern einen höchst nachteiligen Einfluß auf sämtliche jüngere Gemeindeglieder ausübe und sie hindere, zum Herrn zu kommen.

Zu meinem nicht geringen Kummer erfuhr ich, daß sich die Ungläubigen des Städtchens mit mir *ausredeten*, wenn irgend jemand in sie drang, sich zu bekehren. So hatte z. B. ein Mann, der eine entschiedene Christin zur Frau hatte, letzterer auf ihre Ermahnung hin, sich doch endlich mit seinem Seelenheil zu befassen, zur Antwort gegeben: „Bekehrt doch einmal den Finney, wenn euer Glaube echter Art ist; gelingt euch das, so will ich mich auch bekehren."

Ein alter Jurist hatte sogar behauptet, als ihm die Kunde von meiner Bekehrung zu Ohren gekommen war, ich mache mir sicherlich nur einen Scherz mit den Leuten, um zu sehen, wie weit die Leichtgläubigkeit der sogenannten Frommen gehe.

Als es Abend wurde, drängte sich alles zum Versammlungslokal, wo die Gemeinde ihre Gebets- und Bibelstunden zu halten pflegte, und auch ich fühlte mich unwiderstehlich dahin gezogen. Als ich in den Saal kam, fand ich ihn voll besetzt.

Der Pastor und alle hervorragenden Gemeindeglieder waren zugegen, desgleichen die beiden vorhin erwähnten Männer; aber keiner machte Miene, die Versammlung zu eröffnen. Da stand ich auf und erzählte mit kurzen Worten, was Gott an meiner Seele getan hatte und wie ich zur Heilsgewißheit gelangt war. Was ich sagte, machte einen tiefen Eindruck auf die Mehrzahl der Zuhörer. Den alten Juristen hielt es nicht mehr auf seinem Platz. Er stand auf und eilte zur Tür hinaus. „Es ist ihm sichtlich ernst", rief er ein- über das andere Mal; „aber er ist verrückt. Das ist klar!" Bald darauf verließ auch der andere den Saal, seinen Hut zurücklassend.

Nachdem ich geendet hatte, erhob sich der Pastor und bekannte demütig vor der versammelten Gemeinde seinen Mangel an Glauben. Er war ein aufrichtiger Mann und der Gedanke lag ihm schwer auf der Seele, Anstoß damit gegeben zu haben, daß er Gott nicht zugetraut hatte, mit einem Manne, wie ich war, fertig zu werden. Auf seine Aufforderung hin schloß ich die überreich gesegnete Versammlung mit Gebet, doch wurde festgesetzt, daß wir uns am nächsten Abend und eine Zeitlang alle Tage in dem gleichen Raum einfinden wollten.

Da ich mir eines gewissen Einflusses auf die jungen Leute bewußt war, hielt ich es für meine Pflicht, in erster Linie zu versuchen, auf sie einzuwirken, und beraumte daher sofort eine Versammlung an, zu der sie sich vollzählig einfanden. Der Herr segnete die Arbeit an ihren Seelen in reichem Maße und bald bekehrte sich einer nach dem anderen aus dem Kreise meiner Bekannten.

Das Werk breitete sich unter allen Schichten der Bevölkerung, ja sogar bis in die Umgegend des Städtchens aus. Das Herz war mir so voll, daß ich über eine Woche lang kaum das Bedürfnis hatte, zu schlafen oder zu essen. Schließlich fühlte ich, daß es so nicht fortgehen konnte und zwang mich fortan, regelmäßig Nahrung zu mir zu nehmen und mir die nötige Ruhe zu gönnen.

Gottes Wort hatte eine so wunderbare Kraft, daß es wie ein Pfeil die Herzen der Zuhörer durchbohrte, und ich mußte nur immer staunen, welche durchschlagende Wirkung es auf die Einzelnen hatte.

Nach einiger Zeit trieb es mich, meine Eltern zu besuchen, die damals in nicht zu weiter Entfernung von Adams lebten. Mein Vater war noch unbekehrt, und mein jüngster Bruder der einzige von der ganzen Familie, der sich entschieden zu Gott gewandt hatte. Ersterer kam mir bis ans Tor entgegen und begrüßte mich mit den Worten: „Willkommen, Karl! Wie geht es dir?" „Gut, Vater, und zwar an Leib und Seele", antwortete ich. „Aber du, Vater, bist nun ein alter Mann; deine Kinder sind allesamt erwachsen und haben das Elternhaus verlassen, ohne daß du jemals mit ihnen gebetet hättest." Der Greis senkte den Kopf, brach in Tränen aus und stammelte: „Ja, Karl, so ist es; komm herein und bete jetzt du." Ich folgte der Aufforderung ohne Säumen. Vater und Mutter waren tief ergriffen und es dauerte nicht lange, so waren beide gründlich bekehrt, und nicht sie allein, sondern von meinem Elternhaus aus teilte sich die Bewegung auch anderen Kreisen mit und bald stand ganz Henderson unter dem Einfluß des Geistes Gottes. Besonders in einer der sonst äußerst lau gewesenen Gebetsversammlungen wurden die Leute so mächtig ergriffen, daß sie laut weinend ihre Sünden bekannten und gebrochenen Herzens vor ihren Gott in den Staub sanken. Wie Adams, so wurde hier Henderson der Mittelpunkt für eine sich in der Gegend ringsum verbreitende Geistesarbeit. – Ich kehrte wieder nach Adams zurück.

Wie schon erwähnt, war es ein nahe bei Adams gelegenes Wäldchen, in das ich, um zu beten, am Morgen des Tages meiner Bekehrung gegangen war, und aus dem ich als begnadigtes Gotteskind in die Stadt zurückkehren durfte. Ähnlich wie mir ging es nun noch verschiedenen anderen Personen, und sie bezeugten einer nach dem anderen, daß sie droben im Buchenhain Frieden mit Gott gefunden hätten.

Als Herr W., mein Prinzipal, diese Leute in den Versammlungen ihre Erfahrungen mitteilen hörte, nahm er sich fest vor, nicht da hinauf zu gehen, sondern daheim im Kämmerlein zu beten, um nicht das Gleiche dann berichten zu müssen, wie die anderen alle. Obwohl es nun an und für sich durchaus nicht von Belang war, wo er sich seinem Gott auslieferte, war das offenbar der Punkt, wo sich sein Stolz und Eigenwille festgesetzt hatten, und wollte er sich wirklich bekehren, so mußte er gerade in diesem Punkt nachgeben.

Ich habe in meiner langen Amtstätigkeit oft die Erfahrung gemacht, daß ein erweckter Sünder seinen Stolz darin setzte, in irgend einer, vielleicht an sich ganz unwesentlichen Frage, seinen Kopf durchzusetzen. So lange er diesen Stolz nicht fahren ließ, blieb ihm das Reich Gottes verschlossen. Ich habe Leute wochenlang in größter Seelennot einhergehen und den Himmel mit Bitten bestürmen sehen, aber der Geist Gottes widerstand ihnen mit aller Macht, bis sie sich in dem eigenwillig behaupteten Punkt auslieferten. Bei Herrn W. machte ich diese Beobachtung zum ersten Mal.

Nach seiner Bekehrung erzählte er mir, wie verzweifelt er sich dagegen gewehrt hatte, sich vom Geist Gottes überzeugen zu lassen, daß der Stolz ihn abhielt, wie so viele andere im Buchenwäldchen Gott um Gnade zu bitten. Von Woche zu Woche verschlimmerte sich sein Seelenzustand und doch konnte er sich nicht entschließen, in der einen Hinsicht seinen Widerstand aufzugeben.

Eines Nachmittags saß ich mit zwei der Gemeindeältesten in meinem Büro, da kam plötzlich der junge Mann, den ich in der Werkstatt des Schuhmachers getroffen hatte, mit dem Ruf hereingestürzt: „Herr W. ist bekehrt! Ich stand auf der Anhöhe jenseits der Stadt und blickte ins Tal hinab, als ich jemanden im Buchenhain laut rufen hörte. Dem Klange der Stimme folgend, traf ich gerade auf Herrn W., der in freudigster Stimmung zwischen den Bäumen auf- und abging und dabei ein über das andere mal jubelte: ‚Ich will frohlocken in dem Gott meines Heils‘." Noch hatte der junge Mann nicht ausgeredet, da sahen wir schon meinen Prinzipal selbst die Anhöhe herabkommen. Wenige Minuten später öffnete sich die Tür und er rief uns schon auf der Schwelle entgegen: „Ich habe Ihn! Ich habe Ihn!" Dann fiel er auf die Knie nieder und lobte Gott mit lauter Stimme. Hierauf erzählte er uns, wie er in seiner Seelennot endlich in den Wald gerannt sei und sich dort niedergeworfen habe, um zu beten. Sofort sei alsdann der Geist Gottes über ihn gekommen, und es sei eine solche Freude in sein Herz geströmt, daß er dieselbe nicht in sich halten konnte sondern laut aufjauchzen mußte. Von Stund an nahm Herr W. natürlich entschieden Stellung für Gott.

Gegen das Frühjahr hin fing der Eifer der alternden Gemeindeglieder merklich an zu erkalten. Ich hatte mich mit einer Anzahl Brüder verabredet, jeden Morgen mit ihnen zum gemeinschaftlichen Gebet in der Kapelle zusammen zu kommen. Eine Zeitlang fanden sich alle regelmäßig ein; dann aber verschlief bald der eine, bald der andere, und eines Tages waren außer Pastor Gale und mir nur einige wenige anwesend.

Ersterer stand noch auf der Türschwelle und ich ging soeben auf ihn zu, als mich plötzlich in wunderbarer Weise die Herrlichkeit des Herrn umleuchtete und ein so heller Lichtstrahl in meine Seele fiel, daß er mich fast zu Boden warf. Es war mir, als sehe ich in diesem Lichte die ganze Schöpfung, mit Ausnahme des Menschen, Gott loben und preisen. Es war heller als das Sonnenlicht, und ich erinnere mich, daß ich vor seinem überirdischen Glanz die Augen niederschlug und in Tränen ausbrach beim Gedanken, daß die Menschen die einzigen Kreaturen waren, die Gott die schuldige Anbetung versagten. Ich glaube, ich machte damals eine ähnliche Erfahrung wie seinerzeit der Apostel Paulus auf dem Weg nach Damaskus, und ich konnte ihm fortan nachfühlen, daß er geblendet zu Boden fiel; denn auch ich hätte den Lichtglanz nicht einen Augenblick länger ertragen können.

„Was ist dir, Bruder Finney?" fragte Herr Gale, als er mich weinen sah. Offenbar hatte er das Licht nicht bemerkt und konnte sich meine tiefe Bewegung daher nicht erklären. Unter diesen Umständen hielt ich es für geraten, möglichst wenig zu sagen. In der Tat hätte es mir an Worten zur Schilderung der wunderbaren Erscheinung gefehlt, wie ich zu jener Zeit überhaupt nach ähnlichen Gnadenmitteilungen seitens meines Gottes gewöhnlich den Eindruck hatte, daß es besser sei, über seine Begegnungen mit mir zu schweigen. Ließ ich mich dennoch dann und wann hinreißen, mit diesem oder jenem Bruder von dem zu sprechen, was zwischen dem Herrn und meiner Seele vorging, so fand ich in der Regel, daß ich mißverstanden wurde oder man ungläubig den Kopf schüttelte. So wurde ich schließlich äußerst zurückhaltend in derartigen Mitteilungen.

Ich verbrachte viel Zeit im Gebet, ja betete zuweilen buchstäblich „ohne Unterlass. Dann und wann widmete ich auch einen Tag unter Fasten und Beten ausschließlich dem ungestörten Verkehr mit Gott, und ging entweder in den Wald oder an irgend einen anderen Ort, wo ich hoffen konnte, allein mit dem Herrn zu sein. Hierbei machte ich eine mir ganz neue, überaus wichtige Erfahrung. Pastor Gale sprach viel vom Nutzen genauer Selbstprüfung, und ich versuchte daher, an solchen Tagen des Alleinseins mit Gott mich in mein Herz zu vertiefen, um völlige Klarheit über meinen Seelenzustand zu erlangen und die Beweggründe meines Tuns und Lassens zu prüfen. Zu meinem Erstaunen bemerkte ich, daß ich fortan wenig oder keinen Nutzen von den Stunden der Einsamkeit hatte, und bald wurde mir klar, weshalb sie nicht mehr zur Förderung meines inneren Lebens dienten wie früher. Damit, daß ich den Blick von Christus weg auf mich selbst richtete, trat etwas zwischen mich und meinen Herrn, die Quelle meines Lebens und meiner Freude, und der Friedensstrom, der meine Seele einem an Wasserbächen gepflanzten Garten gleich gemacht hatte, versiegte. Überließ ich mich hingegen völlig dem Wirken des Geistes Gottes, so führte mich dieser stets dem Urquell allen Lichtes näher. Ich fühlte mehr und mehr, daß ich ohne bewußte Gemeinschaft mit Gott nicht leben konnte; war diese Gemeinschaft nur im geringsten getrübt, so war ich unfähig zu allem, bis wieder aus dem Wege geräumt war, was mein Verhältnis zu Gott irgendwie getrübt hatte.

Ich war mit Leib und Seele bei meinem Beruf gewesen; doch mit dem Augenblick meiner Bekehrung hatte ich nicht nur alles Interesse dafür verloren, sondern der Gedanke, jahraus, jahrein anderer Leute Prozesse führen zu sollen, war mir je länger je mehr unerträglich geworden.

Der Herr lehrte mich in diesem Anfangsstadium meines Christenlaufs viele wichtige Wahrheiten über den Geist des Gebets.

Einmal, kurz nach meiner Bekehrung, trat der Bruder des Advokaten, bei dem ich mich auf die Rechtspraxis hatte vorbereiten wollen, ins Büro und teilte mir mit, daß seine Frau, die dem Glauben noch ferne stand, nach Ausspruch der Ärzte, nur noch einige Stunden zu leben habe. Die Kunde ging mir um so mehr zu Herzen, als ich die Dame persönlich kannte und früher sogar unter einem Dach mit ihr gewohnt hatte. Ihr Zustand legte sich mir schwer auf die Seele, und ich konnte die Last nicht wieder los werden. Ein unwiderstehlicher Drang, für die Kranke zu beten, bemächtigte sich meiner, so daß ich alles liegen und stehen ließ und in den Betsaal eilte, um dort ungestört mein Herz vor Gott auszuschütten. So inbrünstig ich aber auch flehte, es wurde mir nicht leichter zu Mute. Ich kehrte ins Büro zurück, fand jedoch keine Ruhe. Nachdem ich eine Weile für die Kranke ringend im Zimmer auf und ab gegangen war, begab ich mich wieder in den Saal und warf mich dort auf die Knie. Wiederum umsonst, wie mir schien! Erst als ich nach anhaltendem, vergeblichem Schreien daheim zum dritten Mal das Versammlungslokal betrat, fühlte ich Kraft, in voller Zuversicht des Glaubens zu beten, konnte die Last getrost von meinem Herzen weg auf Gottes Herz werfen und erhielt die innere Gewißheit vom Herrn – wenn ich auch nicht sagen kann, auf welche Weise – daß die Kranke nicht ohne Glauben sterben, sondern auch des ewigen Lebens teilhaftig werden würde.

Freudig kehrte ich hierauf an meine Arbeit zurück und konnte auch die Nacht über ruhig und ungestört schlafen. Am anderen

Morgen in aller Frühe kam der Gatte der Kranken zu mir ins Büro. „Wie geht es Ihrer Frau?" rief ich ihm entgegen. „Sie lebt", antwortete er lächelnd, „und allem Anschein nach ist eine Wendung zum Besseren eingetreten." „Bruder W.", erwiderte ich, „verlassen Sie sich darauf, sie wird nicht sterben, ehe sie Jesus kennen gelernt hat." Und wirklich! – Die Frau genas wieder und wurde eine lebendige Christin.

Anfangs konnte ich nicht verstehen, weshalb mich der Zustand der Kranken dermaßen niedergedrückt und ich den Eindruck hatte, als kämen meine Bitten nicht bis an das Herz Gottes. Erst als mir ein Bruder sagte: „Wahrscheinlich hat der Herr sehen wollen, ob es dir auch heiliger Ernst war mit deiner Fürbitte, so daß du nicht nachlassen konntest mit Ringen", ging mir ein Licht auf, besonders nachdem ich verschiedene, sich auf diesen Gegenstand beziehende Schriftstellen nachgeschlagen hatte.

Eine ähnliche Erfahrung durfte ich kurze Zeit darauf an einer jungen Dame meiner Bekanntschaft machen, der einzigen, an welcher die in Adams hervorgerufene Bewegung spurlos vorübergegangen zu sein schien. Der Widerstand, den sie dem Einfluß ihrer Umgebung entgegensetzte, erregte allgemeines Aufsehen. Sie war nicht nur von Natur außerordentlich anziehend und sehr begabt sondern hatte auch viel Erkenntnis von Gott und göttlichen Dingen, verschloß aber ihr Herz gegen die Wahrheit.

Da verband ich mich mit einem der Gemeindeältesten, anhaltend für sie zu beten, bis es zu irgend einer Entscheidung mit ihr komme. Je länger ich mich im Geiste mit ihr beschäftigte, um so mehr fühlte ich mich zur Fürbitte getrieben, und ich versäumte keine Gelegenheit, sie auf ihr Seelenheil aufmerksam zu machen und eingehend mit ihr zu sprechen. Alle meine Bemühungen schienen ohne Erfolg zu bleiben, dennoch verzagte ich nicht, sondern betete nur um so eifriger.

Als ich mich eines Abends wieder nach ihr umsehen wollte, klangen mir durch ihre Zimmertür aufgeregte, weibliche Stimmen entgegen, und nachdem ich einige Augenblicke gewartet hatte, kam die Frau des Hauses, die Schwester des jungen Mädchens, bleich und an allen Gliedern zitternd, aus dem Zimmer. Sie hatte die Hälfte eines Buches in der Hand, das sie augenscheinlich ihrer Schwester entrissen hatte, während diese die andere Hälfte festgehalten. Als sie mich erblickte, reichte sie mir die Blätter und ich mußte nachher zu meinem Schmerze sehen, daß es eine Apologie gegen das Christentum war.

Bis ins innerste Herz getroffen, kehrte ich an der Tür um, eilte heim und sank auf meine Knie nieder. Die Entdeckung, daß das Mädchen, für das ich so lange im Gebet gerungen hatte, anstatt sich zu bekehren, im Begriff war, sich völlig dem Unglauben in die Arme zu werfen, nahm mir beinahe alle Hoffnung für sie. Es war mir, als stünde eine Wolke zwischen mir und meinem Gott, und doch konnte ich nicht ablassen, einen Stoßseufzer nach dem andern für das Mädchen empor zu schicken im festen Vertrauen, daß, obschon ich nicht imstande war, meine Bitten in Worte zu kleiden, der Geist meiner Schwachheit aufhelfen und mein Anliegen bei Gott vertreten werde.

Ich mußte jedoch zu Bett gehen, ohne den Ausgang der Sache zu sehen. Als ich mit Tagesanbruch erwachte, war es mein erstes, Gott wieder um Gnade für das verirrte Mädchen anzuflehen. Ohne Verzug stand ich auf und fiel auf die Knie. Kaum hatte ich angefangen zu beten, so wurde es licht in meiner Seele und ich erhielt die langersehnte Antwort vom Herrn. Hätte Er mir mit lauter Stimme „Ja" zugerufen, so hätte ich der Erhörung nicht gewisser sein können. Sofort war alle Unruhe weg; Friede und Freude zogen wieder in mein Herz ein und ich wußte mit aller Bestimmtheit, daß das Mädchen gerettet war.

Allerdings wurde mein Glaube noch eine Weile auf die Probe gestellt, und die Bekehrung ließ noch mehrere Monate auf sich warten, so daß ich mich allen Ernstes zu fragen begann, ob Gott wirklich mein Flehen erhört, oder ob ich mich am Ende getäuscht hatte. Später werde ich Gelegenheit haben, auf die Bekehrung dieser Seele zurück zu kommen.

Sehr bedeutsam war mir folgendes Ereignis, da es vielleicht mehr als irgend ein anderes geeignet war, mir einen Einblick in das Wesen und die Wirkung der Fürbitte zu verschaffen.

Kurz nach meiner Bekehrung wurde mein Hauswirt, einer der angesehensten Männer der Stadt, erweckt und kam zu einer tiefen Sündenerkenntnis. Sobald ich das bemerkte, machte ich ihn mehr denn je zum Gegenstand ernster Fürbitte und forderte ihn dringend auf, sich völlig und vertrauensvoll dem Herrn auszulie-

34

fern. Sein Schuldbewußtsein wurde immer größer und doch kam es zu keiner Entscheidung bei ihm. Das bekümmerte mich tief und trieb mich zu immer ernsterer Fürbitte.

Der Mann war Mitglied der Kammer des Staates New York. Eines Nachmittags besuchten ihn seine Kollegen und politischen Freunde und hatten eine lange Unterredung mit ihm. Am Abend des gleichen Tages fühlte ich mich mehr denn je gedrungen, für ihn zu beten. Selten hatte ich die Gnadennähe meines Gottes lebhafter empfunden als in jener Stunde, und ich stand so sehr unter dem Eindruck seiner Güte, daß mir Freuden- und Dankestränen über die Wangen rollten. Kaum fing ich jedoch an, für meinen Hauswirt zu beten, so waren meine Lippen wie versiegelt; ich konnte kein Wort hervorbringen. Es war, als sagte der Herr zu mir: „Ich will nichts mehr von der Sache hören; sprich mir nicht mehr davon.“ Ich dachte anfangs, es sei eine Versuchung vom Feinde, der mich von der Fürbitte abhalten wolle; aber es war mir unmöglich durchzudringen, und so sehr es mich schmerzte abzubrechen, mußte ich den Gegenstand fallen lassen.

Am nächsten Morgen traf ich meinen Freund und ermahnte ihn aufs eindringlichste, doch endlich ernst zu machen mit seiner Übergabe an Gott. Da antwortete er verlegen: „Herr Finney, ich bin zu der Überzeugung gekommen, daß ich die Frage für den Augenblick ruhen lassen muß. Ich habe meinen Parteigenossen gegenüber Verpflichtungen übernommen, die sich mit einem entschiedenen Christentum nicht vertragen und habe ihnen daher das Versprechen gegeben, mich erst nach meiner Rückkehr aus New York mit der Sache zu befassen.“

Nun war mir alles klar. Er hatte dem Drängen des Geistes Gottes so lange widerstanden, daß ihn dieser schließlich verlassen hatte, und damit war auch alles Schuldbewußtsein von ihm gewichen. Bald war er völlig unbekümmert um sein Seelenheil, und es war keine Möglichkeit mehr, ihm irgendwie nahe zu kommen. Als er im Frühling aus New York zurückkehrte, war er in allerlei wahnwitzige Ideen verfallen und es ging stufenweise abwärts mit ihm, bis er, wie ich später hörte, als körperlich und geistig ruinierter Mensch starb, ohne daß ihm die Augen über sich selbst aufgegangen waren.

Kurze Zeit nach meiner Bekehrung hatte ich eines Tages eine lange Auseinandersetzung mit meinem Pastor über die Versöhnungslehre. Letzterer hatte in Princeton studiert und dort die Anschauung gewonnen, daß sich Gottes Heilsplan und Christi Erlösungswerk auf die Erwählten beschränke. Ferner behauptete er, daß die Gesamtschuld aller Erwählten von Adam an Jesus Christus vollgültig vom Vater zugerechnet worden sei, d. h. daß Gott seinem Sohn genau in dem Maß seinen Zorn zu fühlen gegeben und Ihn bestraft habe, wie es alle Erwählten insgesamt verdienten. Ihre Schuld sei demnach völlig abgetragen und nach den Grundsätzen des strengsten Rechtsverfahrens getilgt. Dieser Erlösung werden die Erwählten teilhaftig durch den Glauben. In demselben wird ihnen nämlich der Gehorsam, den Christus dem göttlichen Gesetz leistete, zugerechnet, so daß sie angesehen werden als solche, die die Gebote Gottes tatsächlich erfüllt haben. Sodann werde ihnen auch Christi Tod angerechnet und sie werden betrachtet, als hätten sie selbst alles bezahlt, was sie jemals verschuldet haben, ja auch für die Erbsünde sei vollständige Sühnung getan. Durch den Glauben hätten die Erwählten also in Christus nicht nur alle Forderungen des Gesetzes erfüllt, sondern auch die ganze Strafe für ihre Sünden abgebüßt.

Ich konnte mich dieser Ansicht unmöglich anschließen, sondern wandte entrüstet ein: „Somit müßten die Erwählten ja in Christus leiden, als hätten sie nicht Gehorsam geleistet in Ihm. Wie kann man behaupten, Christus habe dem Gesetz Genüge getan und die Strafe auf sich genommen – und dennoch verlangen, daß die Erwählten für ihre Sünden noch Buße tun sollen, gleichsam als wäre die Schuld nicht getilgt – und obendrein die Vergebung der doppelt abgetragenen Schuld als eine besondere Gnadentat betrachten? Wird nicht überhaupt bei jeder rechtlichen Auffassung der Versöhnung das Walten der Gnade ausschließlich auf die Heilstat Christi beschränkt, während die Mitteilung der Sündenvergebung an den Einzelnen nur die rechtliche Folge dieser Heilstat ist, die Gott seinen Auserwählten einfach nicht vorenthalten kann?“

Pastor Gale war tief bekümmert, daß ich seine Anschauungen nicht teilte; aber ich glaubte aus meiner Bibel deutlich zu ersehen, daß die Erlösung nicht nur für einige wenige Bevorzugte sondern für alle Menschen da sei. Meines Freundes Auslegung schien mir gänzlich der richtigen Logik zu entbehren; auch konnte er keinen meiner Einwände in einer mich befriedigenden Weise widerlegen. Meine Behauptung, daß ausdrücklich von allen Hörern des Evangeliums Glauben verlangt werde nach dem Wort: „Wer da glaubet, wird errettet werden", mußte er gelten lassen. – Aber wie sollten sie glauben und sich eine Erlösung aneignen können, die gar nicht für sie bestimmt war?

Solche Diskussionen wiederholten sich häufig zwischen uns, ohne zu irgend einem Ziel zu führen. Ich glaube, Pastor Gale war felsenfest von meiner aufrichtigen Bekehrung überzeugt; aber es schmerzte ihn tief, daß ich, ein junger, in theologischen Fragen gänzlich unbewanderter Mann, mich nicht dem Urteil der berühmten Gelehrten unterwerfen wollte, die nach reiflichem Studium zu den in Frage stehenden Schlußfolgerungen gekommen waren.

Es galt als ausgemachte Sache für ihn, daß ich ein Prediger des Evangeliums werden müsse, und er gab sich alle Mühe, mir in allen Tonarten einzuschärfen, daß der Herr meine Arbeit niemals segnen und Sein Geist sich nicht zu meiner Predigt bekennen werde, wenn ich nicht die reine, lautere Wahrheit verkündige. Daran zweifelte ich keinen Augenblick! Aber es war mir das durchaus kein Beweis für die Richtigkeit seiner Anschauungen; denn er hatte mir bei einer anderen Gelegenheit offen gestanden, daß seines Wissens durch ihn noch nie ein Mensch zur Bekehrung gekommen sei.

Wie schon erwähnt, begannen gegen das Frühjahr hin die älteren Gemeindeglieder in ihrem Eifer für die Reichsgottessache merklich zu erlahmen. Das bedrückte die Neubekehrten und mich sehr. Nun kam mir eines Tages in einer Zeitschrift ein Artikel zu Gesicht, der überschrieben war: „Wiederbelebung einer Erweckung". Der Schreiber desselben erzählte, daß an einem gewissen Orte im Winter eine Erweckung stattgefunden habe, die allmählich wieder eingeschlafen, aber auf inbrünstige Bitte um eine neue Ausgießung des Heiligen Geistes neu belebt worden sei. Überwältigt von dem Gefühle, wie unaussprechlich gütig es von Gott war, sich also zu den Gebeten seiner Menschenkinder herabzulassen, eilte ich mit dem Artikel zu Pastor Gale, bei dem ich zur Zeit wohnte, und teilte ihm unter Tränen das Gelesene mit, indem ich die Zuversicht aussprach, daß Gott auf unsere Bitte hin sein Werk auch in Adams neu beleben werde. Pastor Gale war sichtlich erstaunt über meine tiefe Bewegung, und doch machte der Artikel auf ihn durchaus nicht denselben Eindruck wie auf mich.

In der nächsten Jugendversammlung schlug ich vor, daß wir die Wiederbelebung des Werkes Gottes in Adams zum Gegenstand ernsten Gebets machen wollten. Wir verbanden uns, jeder in seinem Teile eine Woche lang die Sache früh, mittags und abends im Kämmerlein vor Gott zu bringen; danach wollten wir sehen, was sich weiter tun ließe. Kein anderes Mittel wurde in Bewegung gesetzt; aber sofort bemächtigte sich der Geist des Gebets der Neubekehrten in wunderbarer Weise. Ehe die Woche vergangen war, hörte ich, daß einige von ihnen, sobald sie sich anschickten, die festgesetzten Gebetszeiten einzuhalten, sich so mächtig ergriffen fühlten, daß sie weder sitzen, stehen, noch knien konnten, sondern wie von einer unsichtbaren Gewalt zu Boden geworfen wurden. Buchstäblich im Staube liegend seufzten sie alsdann zu Gott um Ausgießung des Heiligen Geistes.

Das Flehen wurde erhört, und noch vor Wochenschluß strömten die Leute in die Versammlung und das Interesse für die Religion war größer denn je.

Da wurde zu meinem tiefen Schmerz von einigen der älteren Gemeindeglieder ein Fehler oder vielmehr eine Sünde begangen. Wie ich später hörte, widerstanden ihrer etliche der unter den Neubekehrten stattfindenden Bewegung, offenbar aus Eifersucht. Sie wußten nicht, was sie aus der Sache machen sollten und fanden, daß sich die jungen Leute viel zu sehr hervortaten. Das betrübte den Geist Gottes. Es dauerte nicht lange, so entstanden unter den älteren Gemeindegliedern Spaltungen; doch gereichten diese eigentlich nur denen zum Schaden, welche die Erweckung zu dämpfen gesucht hatten.

Die jungen Leute hielten Stand und erwiesen sich, soviel mir bekannt, samt und sonders als echte Christen.

Im Frühling des Jahres 1822 tat ich dem Presbyterium meine Absicht kund, Prediger zu werden. Auf wiederholtes Drängen verschiedener Geistlicher, ich solle wegen der nötigen theologischen Studien nach Princeton gehen, erklärte ich schließlich unumwunden, wenn auch mit möglichster Schonung, daß ich durchaus nicht gewillt sei, mich unter den gleichen Einfluß zu stellen, unter dem sie gestanden. Ich sei überzeugt, daß sie eine verkehrte Ausbildung genossen hätten und ich mir ihre Amtstätigkeit daher nicht zum Vorbild nehmen könne. Es wurde mir sauer, ihnen das offen heraus zu sagen, aber ich fühlte, ich dürfe ihnen die Wahrheit nicht vorenthalten. Nach reiflicher Überlegung wurde Pastor Gale alsdann mit der Überwachung meiner Studien beauftragt, zu denen er mir seine Bibliothek zur Verfügung stellte. Ich war nun redlich bemüht, mir den Standpunkt meines Lehrers anzueignen – aber umsonst. Seine Anschauungen über Versöhnung, Wiedergeburt, Buße, Glauben, Knechtschaft des Willens usw. schienen mir durchaus schrift- und vernunftwidrig, und ich war oft nahe daran, die Absicht, Prediger zu werden, gänzlich fahren zu lassen.

Oft, wenn ich von einer langen Besprechung mit Pastor Gale zurückkam, warf ich mich, mit der Bibel in der Hand, auf die Knie und blieb so vor meinem Gott liegen, bis Er mir über diesen oder jenen Punkt Klarheit geschenkt hatte. Überhaupt verbrachte ich in jenen Tagen des Ringens und Kämpfens möglichst viel Zeit in der Stille und Sammlung; nur einem Manne schüttete ich mein Herz aus – einem Vorsteher der Gemeinde, von dem ich wußte, daß er in innigem Gebetsumgang mit Gott stand. Zwar war er auch in Princeton erzogen und ein strenger Calvinist; aber nachdem ich mich oft und eingehend ihm gegenüber ausgesprochen hatte, gewann er die Überzeugung, daß meine Ansichten mit dem Worte Gottes übereinstimmten, und er wurde mir von Stund an ein treuer Freund, der mich unablässig im Gebete unterstützte und zum Weiterstudieren ermutigte.

Oft traf er mich in tiefer Niedergeschlagenheit, wenn ich gerade von Pastor Gale zurückkam; dann ging er mit mir ins Kämmerlein und flehte zuweilen bis spät in die Nacht mit mir um Licht und Kraft zum Ausharren, obwohl er noch einen weiten Heimweg zu machen hatte. Gott allein weiß, welche Stütze mir der alte Mann damals war. Auch späterhin hat er meine Arbeit auf fürbittendem Herzen getragen und mir besonders in Zeiten der Verfolgung manches ermutigende Wort zugesprochen.

Eines Nachmittags hatte ich, wie so häufig, ein paar Stunden lang mit Pastor Gale über das Wesen der Versöhnung gesprochen, als die Zeit für die Abendversammlung im Betsaal nahte. Wir setzten unterwegs die Unterredung fort und waren noch vollständig im Gespräch vertieft, als wir im Versammlungslokal ankamen. Da erst wenige Leute anwesend waren, unterhielten wir uns ruhig weiter, ohne zu bemerken, daß sich der Saal füllte und die Gemeindeglieder mit der größten Spannung unseren Verhandlungen lauschten. Als Pastor Gale endlich abbrach, um die Versammlung zu eröffnen, baten ihn die Zuhörer dringend, das Gespräch fortzusetzen, was denn auch geschah, und zwar zur sichtlichen Erbauung der Gemeinde. Natürlich behandelten wir die Streitfragen im Geiste brüderlicher Liebe, wenn gleich jeder von uns unverhohlen seine Meinung äußerte.

Einige Monate nachher erkrankte Pastor Gale so schwer, daß er lange nicht imstande war zu predigen. Gerade um diese Zeit drang ein Irrlehrer in die Gemeinde ein, der behauptete, Gott, der die Liebe sei, könne nicht zugeben, daß jemand verloren gehe; es müßten daher schließlich alle selig werden, jedenfalls aber werde nach seiner Meinung die Höllenstrafe nicht ewig währen.

Nach der tiefgehenden Erweckung, die in Adams stattgefunden hatte, waren diejenigen Leute im Ort, die sich nicht zu Jesus bekannt hatten, natürlich nur zu schnell bereit, sich einer Lehre zuzuwenden, die wenig oder kein Gewicht auf sofortige Entscheidung legte; aber auch unter den Neubekehrten gab es verschiedene, die im Glauben wankend wurden.

Unter diesen Umständen forderte mich Pastor Gale im Verein mit den Gemeindevorstehern auf, den Irrlehrer öffentlich zu widerlegen. Ich hielt darauf an zwei Abenden in überfülltem Saal Vorträge über die göttliche Strafgerechtigkeit und bewies auf Grund der Heiligen Schrift die Falschheit der neuen Lehre, zwar so, daß meine Zuhörer allgemein den Eindruck gewannen, der Universalist könne sich nun nicht länger in Adams halten. Kaum bemerkte dieser jedoch, wie die Sache stand, so änderte er seine Taktik und nahm, anstatt wie bisher die Sünde nur als zeitliche

Verirrung darzustellen und zu behaupten, sie könne daher nur zeitliche Strafen zur Folge haben, die Lehre von der Versöhnung, wie sie Pastor Gale vertrat, zum Ausgangspunkt seiner Beweisführung. Sie sei nicht nur vernünftig sondern vollkommen biblisch, sagte er – doch habe Jesus nicht nur der Auserwählten sondern aller Menschen Schuld abgetragen und getilgt; wie sollte Gott daher diejenigen bestrafen, deren Schuld durch Christi Versöhnungstod gesühnt ist? Nicht bloß Gottes Liebe sondern auch seine Gerechtigkeit erfordere demnach die endgültige Rettung der gesamten Menschheit.

Pastor Gale war in großer Verlegenheit; aber die Fürsorge für das Seelenheil seiner Gemeindeglieder siegte über alle anderen Bedenken. „So dürfen wir die Sache nicht weiter gehen lassen", bemerkte er mir gegenüber. „Sagen Sie ihm meinetwegen, was sie wollen, selbst auf die Gefahr hin, daß ich diesen und jenen Punkt nachträglich zu berichtigen habe." Der Gemeinde wurde danach ein Vortrag von mir angekündigt, der den Zweck haben sollte, die Behauptungen des Universalisten auf Grund der Heiligen Schrift zu widerlegen. Dies nahm zwei Abende in Anspruch, und es ist mir, glaube ich, vollständig gelungen zu beweisen, daß die Versöhnung nicht, wie der Universalist lehrte, in der buchstäblichen Zahlung der Schuld der Sünder bestehe, sondern einfach die Rettung aller Menschen ermögliche, ohne Gott an und für sich zur Rettung eines jeden zu verpflichten. Ferner erklärte ich es als unrichtig, daß Christus genau das erlitt, was diejenigen, für die Er das Leben ließ, zu erleiden verdienten; daß diese Auffassung weder den Lehren der Bibel noch der Wirklichkeit entspreche, daß Christus im Gegenteil nur starb, um Gott ein unübersteigbares Hindernis zur Rettung der Sünder aus dem Wege zu räumen und es Ihm möglich zu machen, eine allgemeine Amnestie zu verkündigen, unter der Bedingung, daß die Sünder Buße tun, an Christus glauben und das Heil annehmen; daß Christus, anstatt der Strafgerechtigkeit Genüge getan und genau das Maß von Strafe erduldet zu haben, das dem Sünder gebührt hätte, durch seinen Gehorsam, sowie durch sein Leiden und Sterben nur den Forderungen des mosaischen Gesetzes nachgekommen sei und dadurch Gott den Weg gebahnt habe, die Sünden aller und jedes einzelnen Menschen zu vergeben, der Buße tue und

an Ihn glaube. Ich behauptete, daß Christus mit seinem Versöh-
nungswerk nur die Möglichkeit der Sündenvergebung schuf,
nicht aber die Verpflichtungen der Sünder in der Weise aufgehoben habe, daß dieselben nicht mehr existieren.

Der Erfolg dieser beiden Vorträge war ein durchschlagender
und machte dem Treiben des Universalisten ein Ende. Dieser
mußte das Feld räumen, ohne seinen Zweck erreicht zu haben.
Am merkwürdigsten aber war mir, daß meine Auseinandersetzungen die Bekehrung der jungen Dame bewirkten, die dem Geiste Gottes so lange widerstanden und für deren Seelenheil ich so
ernstlich im Gebet gerungen hatte. So sehr Pastor Gale auch darüber erstaunt war, mußte er darin doch den Beweis erblicken, daß
sich Gott zu den von mir vertretenen Ansichten von der Versöhnung bekannt hatte, und da er ein aufrichtiger Mann war, kamen
ihm von Stund an ernste Bedenken über die Richtigkeit seiner
eigenen Auffassung von dem Versöhnungswerke Christi.

Nach zweijährigem eifrigen Studium legte ich im März 1824
mein Examen ab hinsichtlich meiner Befähigung zum Predigtamt. Ich hatte mich auf einen harten Stand mit meinen Examina-
toren gefaßt gemacht, fand sie aber äußerst freundlich und ent-
gegenkommend. Wohl wußten sie, daß unsere Anschauungen in
gewissen Punkten weit auseinander gingen; aber da sie einsahen,
daß Gottes Segen auf meiner Arbeit ruhte und Er sich meiner als
Werkzeug zur Bekehrung vieler bediente, vermieden sie sorgfältig jeden Anlaß, der irgendwie eine Kollision der verschiedenen
Anschauungen hätte hervorrufen können.

So verlief das Examen zur allgemeinen Zufriedenheit, und
nachdem ich noch die Predigten gehalten, die ich für die Prü-
fungskommission hatte ausarbeiten müssen, wurde mir seitens
des Presbyteriums einstimmig das Recht zuerkannt, in der reformierten Kirche Amerikas das Amt eines Predigers zu bekleiden.

EVANGELISATIONSARBEIT

Da ich keine regelrechte theologische Ausbildung genossen
hatte, glaubte ich, den Anforderungen, die Gemeinden in großen
Städten an ihre Prediger stellen, nicht genügen zu können und

hielt mich daher mehr für die Evangelisationsarbeit geeignet. Meine Absicht war, die Botschaft vom Sünderheiland auf den Dörfern, neugegründeten Kolonien, in Schulhäusern und Scheunen, ja wenn nötig, auch unter freiem Himmel zu verkündigen.

Deshalb stellte ich mich kurz nach bestandener Prüfung einem Evangelisationskomitee zur Verfügung und erhielt von diesem den Auftrag, der kleinen Gemeinde zu Evans' Mills zu dienen, die bis dahin ohne geistlichen Führer ein kümmerliches Dasein gefristet hatte. Es war weder Kirche noch Betsaal im Ort, so daß die Gottesdienste im Schulhaus abgehalten werden mußten. Der Saal bot zwar hinlänglich Raum, die Gemeinde konnte ihn aber nur einen Sonntag um den anderen benutzen, weil derselbe auch von der sich ebenfalls in Evans' Mills befindlichen Baptistengemeinde in Anspruch genommen wurde. Abends allerdings konnte ich das Lokal benutzen so oft ich wollte. Unter diesen Umständen beschloß ich, an den Sonntagen, an denen das Schulhaus anderweitig vergeben war, in einer etwa sechs Stunden nördlich gelegenen Ortschaft namens Antwerpen zu predigen.

Im Namen Gottes machte ich mich also frisch ans Werk. Die kleine Gemeinde in Evans' Mills hieß mich aufs herzlichste willkommen und drängte sich ins Schulhaus zur Predigt. Alle waren hoch erfreut über das Wort, welches ich ihnen verkündigte, und sprachen die Hoffnung aus, daß bald eine Erweckung im Dorf stattfinden werde. In jeder Predigt wurden Leute von ihrer Sündhaftigkeit überzeugt, aber es kam nicht zu durchschlagenden Entscheidungen.

Von diesem Zustand unbefriedigt, drängte es mich, den Leuten klar zu machen, weshalb ich eigentlich zu ihnen gekommen sei. Nachdem ich etwa sechs Wochen unter ihnen gearbeitet hatte, sagte ich ihnen beim Abendgottesdienst unumwunden: Ich wisse wohl, daß sie meine Predigten gern hörten; aber es sei mir nicht um den Beifall der Menschen sondern um ihr Seelenheil zu tun. Was liege mir an ihrer Liebe und Verehrung, wenn sie meinen Herrn und Meister verwürfen? Es stehe entweder um sie oder um mich nicht richtig, daß das Wort keine durchschlagende Wirkung habe; mit einer blossen Anerkennung meiner Predigten sei gar nichts gewonnen, und wollten sie das Evangelium nicht annehmen, so sei es eitel Zeitverlust, wenn ich länger unter ihnen weile. Hierauf schloß ich mit den Worten Eliesers, des Knechtes Abrahams: „Und nun, so ihr wollt an meinem Herrn Freundschaft und Treue beweisen, so saget mir's; wo aber nicht, so saget mir's auch, damit ich mich wende zur Rechten oder zur Linken." „Habt ihr nicht die Absicht, euch für Christus zu entscheiden und in seinen Dienst zu treten, so tut es mir kund, damit ich nicht vergeblich unter euch arbeite. Ihr gebt zu, daß ich euch das reine lautere Evangelium verkündige und behauptet, daran zu glauben; wollt ihr euch nun darunter beugen und es annehmen oder frei heraus sagen, daß ihr ihm euch nicht zu unterwerfen gedenkt? Ihr müßt doch wissen, was ihr tun wollt. Nachdem ihr mir das Zeugnis gebt, daß ich die Wahrheit verkündige, darf ich mit Recht erwarten, daß ihr euch dieser Wahrheit unterwerft. Diese Verpflichtung könnt ihr nicht leugnen, wollt ihr sie nun erfüllen und euch eurem Herrn und Heiland ausliefern? Wenn nicht, so saget es mir, daß ich mich wende zur Rechten oder zur Linken." Nachdem ich mich überzeugt hatte, daß mich meine Zuhörer verstanden hatten, fuhr ich fort: „Ich bitte nun diejenigen unter euch, die fest entschlossen sind, sich entschieden zu Christus zu wenden, und sich unbedingt ihrem Gott zu unterwerfen, mir dies kund zu tun, indem sie sich erheben; diejenigen hingegen, die Christus nicht annehmen wollen, es dadurch öffentlich zu erklären, daß sie sitzen bleiben."

Die Leute sahen einander an; aber keiner rührte sich von der Stelle, genau, wie ich erwartet hatte.

Ich ließ den Blick einige Sekunden lang prüfend auf ihnen ruhen; dann sagte ich feierlich: „Ihr habt also entschieden, welchen Stand ihr einnehmen wollt. Ihr habt Christus und sein Evangelium verworfen; des ist einer Zeuge gegen den anderen und Gott gegen euch alle. Nun möget ihr euch euer Leben lang daran erinnern, daß ihr euch öffentlich gegen Christus erklärt und durch euer Verhalten bekannt habt: Wir wollen nicht, daß dieser über uns herrsche."

Bei diesen Worten verwandelte sich das Erstaunen meiner Zuhörer in Wut. Sie erhoben sich wie ein Mann und drängten der Türe zu. Als ich daraufhin mit Reden inne hielt, wandten sie die Köpfe nach mir um, um zu sehen, weshalb ich nicht fortfuhr.

Da sagte ich: „Es ist mir leid um euch; so der Herr will, werde ich morgen abend noch einmal zu euch reden."

Wenige Minuten später war der Saal leer. Nur einer war bei mir geblieben, ein Diakon der Baptistengemeinde. Dieser trat auf mich zu, drückte mir die Rechte und sagte: „Sie haben sie nun in der Hand, Bruder Finney. Das halten sie nicht lange aus; darauf können sie sich verlassen. Allerdings sind die Brüder sehr bestürzt und meinen, es sei nun alles aus; aber nur getrost! Ich glaube, Sie haben ganz richtig gehandelt und wir werden den Erfolg bald sehen."

Das war auch meine Überzeugung. Nicht umsonst hatte ich sie in die Lage gebracht, sich mit Zittern der Verantwortlichkeit bewußt zu werden, die sie auf sich geladen hatten. Kein Wunder, daß sie darüber anfänglich ganz außer sich geraten waren! Der Diakon und ich verbanden uns nun, den nächsten Tag in Fasten und Beten zu verbringen, und zwar des Morgens jeder für sich allein und des Nachmittags gemeinschaftlich.

Unterdessen berieten sich die aufgebrachten Leute, wie sie sich an mir rächen könnten. Der eine schlug dies, der andere das vor; einige fluchten mir sogar und sagten unumwunden, ich habe sie veranlaßt, öffentlich zu erklären, daß sie sich Gott nicht unterwerfen wollten. Kurz, es kam genau so, wie ich erwartet hatte.

Am nächsten Nachmittag gingen der Diakon und ich, wie verabredet, in den Wald, um unser Flehen gemeinschaftlich vor Gott zu bringen. Wir konnten die Abendversammlung getrost in seine Hand legen und schließlich mit voller Siegesgewißheit ins Dorf zurückkehren. Zur festgesetzten Stunde betraten wir das Schulhaus, wo sich schon nahezu die ganze Bevölkerung von Evans' Mills eingefunden hatte, und wer noch nicht dort war, ließ alles liegen und stehen, um uns nachzueilen, als man uns zum Schulhaus gehen sah.

Wie gewöhnlich zu jener Zeit, hatte ich mich nur durch Gebet auf die Versammlung vorbereitet, ja nicht einmal einen Text gewählt, an den ich meine Ansprache knüpfen wollte, in der festen Zuversicht, der Heilige Geist werde mir im entscheidenden Augenblick das richtige Wort in den Mund legen. Kaum war der Saal voll, so daß niemand mehr hineinging, so erhob ich mich und eröffnete die Versammlung mit den Worten des Propheten:

„Predigt den Gerechten, daß sie es gut haben; denn sie werden die Frucht ihrer Werke gemessen. Wehe aber den Gottlosen, denn sie sind boshaftig, und es wird ihnen vergolten werden, wie sie es verdienen!" Der Geist Gottes kam mit solcher Gewalt über mich, daß es mir war, als eröffne ich ein mächtiges Geschützfeuer auf meine Zuhörer. Das Wort strömte von meinen Lippen gleich einer unaufhaltsamen Flut, die alles vor sich niederwarf. Es wurde in Wahrheit zum Hammer, der Felsen zerschmeißt, und zum zweischneidigen Schwert, das durch Mark und Bein dringt. Es dauerte nicht lange, so sah ich, daß die Mehrzahl der Anwesenden bis ins Innerste getroffen waren. Gesenkten Hauptes saßen sie da, von dem Bewußtsein ihrer Schuld schier zu Boden gedrückt. Ich forderte sie an diesem Abend weder zur Zurücknahme der tags zuvor getroffenen, noch zu einer neuen Entscheidung auf, sondern sprach mit ihnen als mit solchen, die sich endgültig entschieden hatten, und zwar gegen den Herrn. Nach etwa anderthalb Stunden schloß ich die Versammlung, kündigte aber zugleich eine neue für den nächsten Abend an.

Während sich die Zuhörer zerstreuten, bemerkte ich, daß sich in einer Ecke des Saales ein Häuflein Menschen um eine Frau versammelten. In der Meinung, letztere sei ohnmächtig geworden, ging ich auf sie zu, fand aber alsbald, daß es sich um eine um ihr Seelenheil bekümmerte Person handelte. Sie war keines Wortes fähig und ihr Gesicht hatte den Ausdruck tiefster Seelenqual. Ich riet den anwesenden Frauen, sie heimzubringen und mit ihr zu beten, das Weitere werde sich dann finden. Wie ich später hörte, war es Mrs. G., die Schwester eines wohlbekannten Evangelisten, und sie hatte seit Jahren für eine fromme Christin gegolten.

Ich selbst hatte in der betreffenden Nacht, gegen meine sonstige Gewohnheit, anstatt nach Hause zu gehen, bei Bekannten übernachtet, die mich dringend gebeten hatten, zu ihnen zu kommen. Früh morgens erfuhr ich, daß in der Nacht Leute in meiner Wohnung angefragt hatten, ob ich ihre sich in großer Seelennot befindlichen Familienglieder nicht besuchen wolle. Das veranlaßte mich, Hausbesuche zu machen und ich traf nun viele Seelen, die zu tiefer Sündenerkenntnis gekommen und ernstlich um ihr Seelenheil bekümmert waren.

Nachdem Mrs. G. etwa sechzehn Stunden lang ohne zu sprechen dagelegen hatte, gab ihr der Herr ein neues Lied in den Mund, und ihre Lippen taten sich auf, um sein Lob zu verkündigen. Sie war aus der grausamen schlammigen Grube der Sünde und des Zweifels herausgezogen und auf einen Felsengrund gestellt worden. Das hatten viele gesehen und es war sie darüber eine heilige Furcht angekommen. Auf eingehendes Fragen der Gemeindeglieder, was mit ihr vorgegangen sei, erklärte sie, sie habe acht Jahre lang in dem Wahn gelebt, sie sei ein begnadigtes Kind Gottes und sich der Gemeinde angeschlossen; nun aber seien ihr in der Versammlung vom vorhergehenden Tage die Augen erst gründlich aufgegangen. Sie habe eingesehen, daß sie Gott nie als den erkannt habe, der Er in Wirklichkeit ist. Nach meiner Predigt über die Heiligkeit und Gerechtigkeit Gottes sei nun ihr Vertrauen auf ihre vermeintliche Gotteskindschaft zu nichte geworden, wie eine dem Lichte zu nahekommende Motte.

Unter den Bewohnern von Evans' Mills befanden sich eine Anzahl Deisten, von denen etliche angesehene Stellungen in der Gemeinde bekleideten und sich durch hohe Begabung auszeichneten. Diese verbündeten sich, den Fortgang der Erweckung auf alle erdenkliche Weise zu hintertreiben. Als ich mich des Standpunktes, den sie einnahmen, vergewissert hatte, suchte ich in meiner nächsten Predigt ihren Einwänden zu begegnen; denn ich wußte, daß sie in der Regel unter meinen Zuhörern waren. Der Text, den ich wählte, lautete: „Harre noch ein wenig, ich will dir's zeigen, denn ich habe noch von Gottes wegen etwas zu sagen. Ich will mein Wissen weit hervorholen und beweisen, daß mein Schöpfer recht habe" (Hiob 36,2.3). Gott ließ es mir gelingen, ihre Ansichten Punkt für Punkt zu widerlegen und ich hatte die Freude, daß ihr Führer nach der Versammlung auf mich zukam, mir die Hand drückte und sagte: „Herr Finney, ich sehe meinen Irrtum ein; Sie haben alle meine Schwierigkeiten beseitigt. Dürfte ich Sie wohl bitten, mit mir heimzukommen, damit ich mich eingehender mit Ihnen aussprechen kann?" Von Stund an war der Widerstand der Leute gebrochen und, soviel ich hörte, waren in kurzer Zeit alle oder doch die meisten von ihnen bekehrt.

Es war unter anderen auch ein alter Mann im Dorf, der niemals die Versammlungen besuchte, ja sogar öffentlich der Religion spottete. Diesem war die Erweckung ein Dorn im Auge. Während er eines Tages seinem Ärger in höchster Erregung Luft machte, fiel er plötzlich vom Schlag getroffen vom Stuhl. Nachdem ihn der herbeigerufene Arzt untersucht und von der Gefahr, in der er schwebte, in Kenntnis gesetzt hatte, stammelte er mit Aufgebot seiner letzten Kraft: „Lassen Sie Finney nicht an meinem Sarg beten." Mit seinem Tod war dem Widerstand gegen die Erweckung in Evans' Mills ein Ende gemacht.

Zu jener Zeit wurde ich auf eine Kranke aufmerksam gemacht, die sich wohl der Baptistengemeinde angeschlossen, aber den Leuten wenig Vertrauen eingeflößt hatte. Nun lag sie im letzten Stadium der Schwindsucht und ich wurde gebeten, sie zu besuchen. Ich ging hin und hatte ein langes Gespräch mit ihr. Bei dieser Gelegenheit erzählte sie mir einen Traum, den sie in ihrer Jugend gehabt und aus dem sie geschlossen habe, daß ihr ihre Sünden vergeben seien. Damit beruhigte sie sich, ohne der Sache irgendwie auf den Grund zu gehen. Alle Bemühungen, ihr klar zu machen, daß besagter Traum keinerlei Garantie für ihre Bekehrung enthalte, blieben fruchtlos. Ich erklärte ihr unumwunden, wenn auch so schonend wie möglich, daß sie nach dem einstimmigen Urteil ihrer Bekannten und Verwandten nie durch ihren Wandel Zeugnis von einer wirklichen Umgestaltung abgelegt habe, und bat sie dringend, ihre falsche Hoffnung fahren zu lassen und sich ihrem Heilande rückhaltlos auszuliefern, so lange es Zeit sei. Anstatt auf meinen treugemeinten Rat zu hören, verschloß sie aber ihr Herz und beschuldigte mich der Grausamkeit, daß ich einer Schwerkranken, wie sie war, die Seelenruhe zu nehmen suchte. Erst als sie kurz darauf in den letzten Zügen lag, fielen ihr die Schuppen von den Augen – aber zu spät! Gottes Heiligkeit und Gerechtigkeit, sowie ihre eigene Sündhaftigkeit erschienen ihr in einem solchen Licht, daß sie eine entsetzliche Furcht vor der Hölle ankam und sie aus dem Leben schied, ohne das Heil erfaßt zu haben.

Eines Nachmittags kam ein Bruder zu mir und bat mich, seine ebenfalls hochgradig lungenkranke Schwester zu besuchen, die durch ihren Mann, einen schroffen Universalisten, auf Abwege geraten war. Da sein Schwager nicht wünschte, daß seine Frau innerlich beunruhigt werde, hatte er gewartet mich zu holen, bis jener auf einige Tage verreiste. Kaum hatte ich ein paar Worte mit der Kranken gewechselt, so bemerkte ich, daß ihr bei den von ihrem Mann eingesogenen Anschauungen durchaus nicht wohl war, und als ich mich verabschiedete, hatte sie letztere fahren lassen und sich Jesus in die Arme geworfen. Durch des Herrn Gnade wird sie, wie ich sicher annehme, im Frieden heimgegangen sein.

Als am Abend der Mann nach Hause kam und erfuhr, was vor sich gegangen war, geriet er in äußerste Wut und schwor, er wolle mich umbringen. Wirklich versah er sich mit einer geladenen Pistole und begab sich in die Versammlung, die für den Abend anberaumt war. Der Saal war wie gewöhnlich gedrängt voll, und der Geist Gottes bekannte sich zu meinem Zeugnis. Mitten in meiner Rede sah ich plötzlich einen kräftig gebauten Mann am anderen Ende des Saales mit dem Schrei: „Ich bin verloren! Ich bin verloren!" vom Stuhl sinken. Ich hatte ihn meines Wissens nie gesehen, sonst kannten ihn aber wohl die meisten der Anwesenden als den erwähnten Universalisten, den erzürnten Gatten der lungenkranken Frau, und die Sache erregte natürlich großes Aufsehen. Es blieb mir nichts übrig, als die Versammlung zu schließen und die noch übrige Zeit zur Fürbitte für den um sein Seelenheil Bekümmerten zu verwenden. Bekannte führten den tieferschütterten Mann heim. Als ich mich tags darauf nach ihm erkundigte, hörte ich, daß er nach einer schlaflosen Nacht mit Sonnenaufgang das Haus verlassen habe und fortgegangen sei, niemand wisse wohin.

Als ich gegen zehn Uhr die Straße hinab ging, sah ich den Vermißten des Weges kommen. Kaum hatte er mich bemerkt, so sprang er auf mich zu, umschlang mich mit beiden Armen, hob mich in die Höhe und setzte mich dann wieder nieder. Auf meine Frage, was mit ihm vorgegangen sei, erzählte er mir, er sei nach einer entsetzlichen Nacht in aller Frühe in den Wald gegangen, um ungestört zu Gott schreien zu können; es sei ihm aber unmöglich gewesen zu beten. „In der Meinung, der Heilige Geist sei gänzlich von mir gewichen und es sei das Gericht der Verstockung bei mir eingetreten, stellte ich es Gott anheim, mit mir anzufangen, was Er wolle", sagte er; „denn ich sah ein, daß ich die ewige Verdammnis verdient und Er das Recht habe, mich in die unterste Hölle zu werfen." „Und dann?" fragte ich. „Als ich nach einer Weile aufstand", antwortete er, „war alles Schuldbewußtsein wie weggeblasen und es war so still in meiner Seele, daß ich nicht wußte, was ich von der Sache denken sollte. Als ich Sie aber die Straße herabkommen sah, wurde mir eigentümlich wohl ums Herz, und anstatt wie bisher Ihnen aus dem Wege zu gehen, zog es mich mit Macht zu Ihnen hin." Nachdem wir noch einige Worte gewechselt hatten, verließ er mich, und als ich wieder von ihm hörte, war es ein Neues mit ihm geworden, und sein ganzes Wesen legte Zeugnis von der mit ihm vorgegangenen Umwandlung ab.

Eine ähnliche Erfahrung durfte ich an einem anderen Mann machen, der für einen der erbittertsten Feinde der Bewegung galt. Er war Gastwirt, und sein Haus diente als Sammelplatz der verkommensten Leute, die sich dem Einfluß des Wortes Gottes absolut entzogen. Er selbst war ein schamloser Gotteslästerer, der öffentlich über die Erweckung spottete, alles Heilige in den Kot trat, fluchte und sehr zornig wurde, sobald er einen entschiedenen Christen sah. Besonders arg setzte er einem der Neubekehrten zu, der in seiner Nachbarschaft wohnte, so daß dieser allen Ernstes überlegte, ob er nicht am besten sein Anwesen verkaufen und fortziehen sollte, um den fortwährenden Anfeindungen zu entgehen.

Das Treiben des Schankwirts machte den ernsten Christen viel Kummer; besonders einer von ihnen, Vater Nash, konnte nicht darüber wegkommen. Derselbe war Kirchenältester und hatte den Geist des Gebets wie wenige. Nach einem kurzen Aufenthalt in Evans' Mills verließ er den Ort wieder, versprach aber, nicht abzulassen mit Bitten und Flehen, bis der Widerstand des Schankwirts gebrochen sei.

Eines Abends, als ich wieder vor einer großen Zuhörerschaft predigte, öffnete sich die Tür und der Betreffende trat ein. Alles wandte sich nach ihm um und meinte, er sei in der Absicht gekommen, die Versammlung zu stören. Ich sah ihn forschend an und bemerkte sofort, daß er sich in größter Seelennot befand. Er saß gebeugt auf seinem Platz und konnte keinen Augenblick still bleiben. Nach einer Weile stand er auf und bat mit zitternder Stimme, ein paar Worte sagen zu dürfen. Nachdem er hierzu Erlaubnis erhalten hatte, legte er ein Sündenbekenntnis ab, wie ich kaum je ein ergreifenderes gehört habe.

Und es blieb nicht beim bloßen Bekenntnis. Bald bot sein Wirtshaus, die frühere Sündenhöhle, einen völlig veränderten Anblick dar. Abend für Abend versammelten sich die Neubekehrten dort zum Gebet, und diese täglichen Zusammenkünfte fanden noch nach Jahren statt.

Dieses Ereignis machte auch auf die Unbußfertigen einen tiefen Eindruck und trug nicht wenig zur Ausbreitung der Erweckung bei.

FOLGEN DER ERWECKUNG IN EVANS' MILLS

In einiger Entfernung von Evans' Mills war eine deutsche Kolonie; die dortige Gemeinde hatte aber keinen Geistlichen und dementsprechend auch keine regelmäßigen Gottesdienste. Einmal des Jahres kam ein Prediger aus der Umgebung, um die Kinder zu taufen und zu konfirmieren und das heilige Abendmahl auszuteilen. Wußten die Knaben und Mädchen Bescheid im Katechismus, und konnten sie gewisse Fragen beantworten, so wurden sie zum Sakrament zugelassen und in die Reihen der mündigen Christen aufgenommen. So war es von jeher Brauch in der Gemeinde gewesen; nachdem die einzelnen Glieder nun aber gesehen hatten, was in Evans' Mills vor sich gegangen war, baten sie mich, auch bei ihnen zu predigen. Ich folgte der Aufforderung und sprach über den Text: *„Ohne Heiligung wird niemand den Herrn sehen."*

Die Kolonisten erschienen sehr zahlreich, und das Schulhaus war fast zu klein für die Scharen, welche von allen Seiten herbeiströmten. Zuerst erklärte ich ihnen, was Heiligung nicht ist, und versuchte an Hand von praktischen Beispielen sie von ihrer irrigen Meinung über das Wesen des Christentums und der Heiligung zu überzeugen. Zweitens zeigte ich ihnen, was Gottes Wort unter Heiligung versteht, drittens, was es heißt, „den Herrn sehen", und viertens, weshalb niemand ohne Heiligung den

Herrn sehen könne, nicht in Seine Nähe zugelassen, noch von Ihm angenommen werde. Daran knüpfte ich zum Schluß einige Bemerkungen, von denen ich hoffen durfte, daß sie meinen Zuhörern durchs Herz gehen würden. Und ich sollte mich durch Gottes Gnade nicht täuschen. Das Wort verfehlte seine Wirkung nicht sondern schlug zur Rechten und zur Linken ein wie ein zweischneidiges Schwert.

In wenigen Tagen waren Kirchenälteste und Gemeindeglieder überwältigt von dem Bewußtsein ihrer Unheiligkeit und ersuchten mich um weitere Belehrung. Natürlich entsprach ich dem Wunsch von Herzen gern und beraumte für den nächsten Tag um ein Uhr eine Besprechungsstunde an. Obwohl es Erntezeit war, war der Saal gedrängt voll. Die Leute ließen alles liegen und stehen und strömten ins Schulhaus.

Selten habe ich eine interessantere, segensreichere Versammlung gehalten. Auf meine Bitte sprachen sich die Anwesenden rückhaltlos aus, stellten Fragen und antworteten mir mit großer Offenheit.

Unter anderem fiel mir eine Frau auf, die spät gekommen war und in der Nähe der Tür saß. Ihr übles Aussehen bemerkend ging ich auf sie zu und fragte, ob sie krank sei. „Ja", antwortete sie, „ich bin seit langer Zeit bettlägerig gewesen, aber da ich Gottes Wort nicht selbst lesen kann und doch so gerne mehr davon wissen möchte, bin ich aufgestanden und habe mich hierher geschleppt." „Wo wohnen Sie?" forschte ich weiter. „Etwa drei englische Meilen von hier entfernt antwortete sie. Im Laufe des Gesprächs stellte sich heraus, daß sie eine tiefe Sündenerkenntnis hatte und sich mit seltener Klarheit Rechenschaft von der aufrührerischen Stellung gab, die sie bisher Gott gegenüber eingenommen hatte. Es dauerte nicht lange, so war sie gründlich bekehrt und in wunderbarer Weise vom Geist des Gebets erfüllt. Höchst merkwürdig war die Bibelkenntnis, die in ihren Gebeten zum Ausdruck kam.

Eine andere Frau, nach deren Seelenzustand ich mich erkundigte, erzählte mir, es sei ihr, nachdem sie ihr Herz Gott gegeben habe, schwer auf die Seele gefallen, daß sie ihre Bibel nicht lesen könne und sie habe den Herrn gebeten, es sie zu lehren. Voll zuversichtlicher Freude sei sie dann aufgestanden, habe das Neue

Testament ihrer Kinder zur Hand genommen – und wirklich, es sei ihr gelungen, verschiedene Abschnitte, die sie von den Kindern hatte lesen hören, nach zu buchstabieren! „Und nun kann ich selbst meine Bibel lesen", schloß sie freudestrahlend.

Die Sache war mir so merkwürdig, daß ich mich bei den Nachbarn erkundigte, was es damit für eine Bewandtnis habe. Diese gaben der Frau ein sehr gutes Zeugnis und bestätigten, daß sie vor ihrer Bekehrung keine Silbe hatte lesen können. Die Tatsachen sprechen für sich selbst, da bedarf es weiterer Beifügungen nicht.

Die unter den Deutschen ausgebrochene Erweckung führte zu der Bekehrung der ganzen Kolonie und gehörte zu den wunderbarsten, die ich erleben durfte.

Nach meiner Rückkehr nach Evans' Mills wurde ich vor versammeltem Presbyterium ordiniert. Die beiden Gemeinden hatten sich dermaßen gekräftigt und vergrößert, daß jede ihre eigene Kirche baute, und soviel ich weiß, herrscht bis zum heutigen Tage dort lebendiges Christentum.

Ich habe mich in meinem Bericht über jene Erweckung auf die Erzählung einiger besonders in die Augen fallender Ereignisse beschränkt. Erwähnung verdient noch die Tatsache, daß ein wunderbarer Geist des Gebets und der Eintracht unter den Gläubigen herrschte. Sie hatten sich nach dem ersten Schrecken rasch wieder gesammelt und die Arbeit nach ihren schwachen Kräften unterstützt. So wuchsen sie zusehends in der Gnade und Erkenntnis ihres Herrn und Heilandes Jesus Christus.

Ich tat, was ich konnte, um das begonnene Werk weiterzuführen. Vor allem richtete ich Versammlungen für Erweckte ein; denn es galt meiner Meinung nach in erster Linie, tief eingewurzelte Vorurteile nach Möglichkeit zu beseitigen. Bisher war den Leuten, die um ihr Seelenheil bekümmert waren, gewöhnlich der Rat gegeben worden, um ein neues Herz zu beten, die Gnadenmittel fleißig zu benutzen, fleißig in der Schrift zu forschen, im übrigen aber zu warten, bis Gott ihr Gebet erhören und sie bekehren werde. Diese Art der Unterweisung mußte die Erweckten naturgemäß auf den Gedanken bringen, daß sie völlig bereit seien, die Gnade anzunehmen, daß aber Gott mit derselben zurückhalte, und es nun ihre Aufgabe sei, Gott durch Bitten und

Flehen zu deren Darreichung zu bewegen. Um diesem Irrtum zu begegnen, stellte ich Gottes Bereitwilligkeit, dem bußfertigen Sünder Gnade zu erweisen, möglichst hell ins Licht und suchte ihnen klar zu machen, daß es nun und nimmermehr Gottes Schuld sei, wenn in einem Menschenherzen das Licht der Gnade nicht aufgehe; sondern daß sich in diesem Falle der Sünder selbst den Zugang verschließe. Auch bei einem nach Gnade Suchenden könne es noch an der völligen Bereitwilligkeit fehlen, sich seinem Gott rückhaltlos auszuliefern. Ohne gänzliche Übergabe aber sei die Bekehrung unmöglich; denn Gott könne nichts für den Sünder tun, es sei denn, dieser habe sich ihm bedingungslos übergeben. Mit einem Worte, ich war bemüht, die suchenden Seelen in ihr eignes Herz zu führen, deckte ihnen den letzten Rest von Widerstand, der sich bei ihnen geltend machte, auf und nötigte sie, denselben sofort und für immer aufzugeben und Christus ohne Verzug als ihren Erlöser und Herrn anzunehmen. Jeden Aufschub bezeichnete ich als einen Versuch, dem Willen Gottes geheimen Widerstand entgegenzusetzen und schließlich in falscher Demut Gott für die Folgen der Auflehnung verantwortlich zu machen. Ich sagte ihnen frei heraus, es sei eitel Heuchelei und Selbstbetrug, vorzugeben, man wolle sich bekehren, solange man Gott bewußtermaßen irgend etwas vorenthalte.

Während der sechs Monate, die ich in jener Gegend verbrachte, ritt ich von einem Ort zum anderen und predigte das Evangelium. Als ich anfing zu arbeiten, war meine Gesundheit so geschwächt, daß ich Blut spie, und mir Pastor Gale aufs strengste empfahl, nicht öfter als einmal in der Woche zu predigen. Trotzdem ich die Weisung nicht nur nicht befolgte sondern mir sozusagen Tag und Nacht keine Ruhe gönnte, war ich nach Verlauf von sechs Monaten vollkommen hergestellt, und meine Lunge hatte sich dermaßen gekräftigt, daß ich stundenlang unausgesetzt sprechen konnte, ohne irgend welche nachteilige Folgen zu verspüren.

Im Anfang meiner Amtstätigkeit hatte ich besonders seitens der Geistlichen manche schroffe Zurechtweisung zu erfahren. Meine Art zu predigen sagte ihnen durchaus nicht zu, und sie hatten alles mögliche daran auszusetzen, unter anderem, daß ich meine Gedanken durch Beispiele aus dem täglichen Leben zu erläutern suchte und in einer auch dem einfachsten Arbeiter verständlichen Sprache zu den Leuten redete.

Vor meiner Bekehrung hatte ich gerade die entgegengesetzte Neigung, mich sowohl mündlich wie schriftlich möglichst gewählt auszudrücken. Von dem Augenblick an aber, da ich anfing, das Wort Gottes zu verkündigen, war es mir sehr darum zu tun, von meinen Zuhörern verstanden zu werden, weshalb ich allen Fleiß anwendete, einerseits alles Triviale zu vermeiden, andererseits meine Gedanken so klar und bündig wie möglich auszudrücken.

Kurz ehe ich Evans' Mills verließ, fand eine Versammlung aller Geistlichen des Kirchsprengels statt, der ich auf besonderen Wunsch der Brüder beiwohnte. Gegen Mittag war der geschäftliche Teil der Zusammenkunft erledigt, und am Nachmittag sollten verschiedene Ansprachen gehalten werden. Da ich keine Ahnung von der Absicht meiner Kollegen hatte, nahm ich im dichtgedrängten Saal unter den Zuhörern Platz.

Wie erstaunte ich daher, als einer derselben aufstand und sagte: „Ich möchte mir die Freiheit erlauben, Herrn Finney als Festredner vorzuschlagen." Sofort gaben alle anwesenden Brüder ihre Zustimmung, so daß ich deutlich merkte, daß das Ganze eine abgekartete Sache war, um mich auf die Probe zu stellen, ob ich wirklich – wie es hieß – ohne irgend welche Vorbereitung predigen könne. Ohne einen Einwand zu erheben, trat ich vor; als ich aber sah, wie hoch und schmal die Kanzel und daß sie in einem Winkel des Gotteshauses an der Mauer errichtet war, blieb ich in der Mitte des Raumes stehen und las den Text vor, über den ich zu sprechen gedachte: „Ohne Heiligung wird niemand den Herrn sehen." Der Herr half mir, und ich verspürte, daß das Wort von den Leuten abgenommen wurde.

Nach der Versammlung kam einer der Brüder auf mich zu und sagte: „Bruder Finney, wollen Sie einmal, wenn Sie Ihr Weg bei uns vorüberführt, in meiner Gemeinde predigen? Allerdings würde ich Ihnen nicht gerne die Kirche zur Verfügung stellen; aber in den Dörfern meines Sprengels sind meist geräumige Schulhäuser, die Ihnen zu Diensten stehen." Ich erwähne das, um zu zeigen, was sie von meiner Predigtweise dachten. Sie klagten, daß ich die Würde, die ein Prediger auf der Kanzel zu beobachten habe, außer acht ließ, hielten mir vor, ich spreche eher wie ein Advokat vor versammeltem Gerichtshof als wie ein Geistlicher vor seiner Gemeinde; ferner: ich predige zu persönlich und dränge meine Zuhörer zu sehr, tadle auch viel zu viel. Ein Doktor der Theologie sagte: er fühle sich viel eher gedrungen, über die Sünder zu weinen, als sie zu schelten. „Kein Wunder, wenn sie sich dann höchst bemitleidenswert vorkommen daß sie so sündhaft sind, und sich gar nicht die Mühe nehmen, umzukehren!" antwortete ich.

Später, nachdem ich erfahren hatte, daß der Herr meine Arbeit allenthalben segnete, pflegte ich Kollegen, die mich über meine Art zu predigen zur Rede stellten, zu sagen: „Könnt ihr mir beweisen, daß ihr mit eurer Predigtweise bessere Resultate erzielt, als ich mit der meinigen, so will ich mich gern von euch belehren lassen; bis dahin aber werde ich mir erlauben, meine Methode beizubehalten."

Mit der Zeit bemerkte man, daß unter meiner Predigt nicht nur unwissende, sondern auch eine Menge vornehme und gebildete Leute zur Bekehrung kamen, und ließ mich gewähren.

Bemerkungen über meine Predigtweise

Ich hoffe, meine Brüder werden in nachstehenden Mitteilungen nichts anderes sehen als wohlwollendes Interesse für ihre seelsorgerliche Tätigkeit, wie auch ich der ihrerseits an mir geübten Kritik stets nur freundliche Beweggründe zuerkannt habe. Nun bin ich ein alter Mann und der Erfolg, den ich mit meiner Methode erzielt, ist allgemein bekannt – sollte ich unter diesen Umständen nicht das Recht haben, ein freimütiges Wort über den Gegenstand zu sprechen? Es sei mir gestattet, an dieser Stelle zu wiederholen, was mir einmal ein angesehener Jurist sagte, nämlich: „Die Geistlichen lassen sich in der Behandlungsweise ihrer Zuhörer nicht vom gesunden Menschenverstand leiten. Sie fürchten sich viel zu sehr vor Wiederholungen, bewegen sich in zu gewählten Ausdrücken, welche die Mehrzahl der Leute nicht verstehen, und die Beispiele, die sie gebrauchen, sind meist zu hoch für ihre Zuhörer. Würden es die Juristen ebenso machen, so wäre es um ihren Erfolg und ihren Ruf geschehen. In meiner juristischen Laufbahn habe ich hinreichend Gelegenheit gehabt, die Erfahrung zu machen, daß ich nur auf Gelingen rechnen durfte, wenn ich die hauptsächlichsten Momente, Rechtspunkte und Beweisgründe mehrere Male wiederholt und nach allen Richtungen hin beleuchtet und mit Beispielen erläutert hatte. Wir Juristen haben vor allen Dingen die Aufgabe, die Geschworenen in die Lage zu versetzen, sich ein selbständiges, klares, unparteiisches Urteil über den in Frage stehenden Fall zu bilden und müssen darauf hinarbeiten, daß sie dieses Urteil fassen können, ehe sie die Geschworenenloge verlassen. Dazu ist in erster Linie nötig, daß wir ihre Vorurteile und Unwissenheit, ja in gewisser Weise sogar ihr Interesse an dem Angeklagten, zu besiegen suchen. Würden es die Geistlichen ihren Zuhörern gegenüber ebenso machen, so hätten sie sicherlich einen ganz anderen Erfolg zu verzeichnen, als dies der Fall ist. Anstatt es aber in ihren Predigten vor allem darauf abzusehen, die Leute zu einer sofortigen oder baldigen Entscheidung für Christus zu drängen, scheinen sie in erster Linie leider oft die Entfaltung einer glänzenden Beredtsamkeit im Auge zu haben."

Ich war weit davon entfernt, von jemand zu verlangen, daß man meine Anschauungen und Methoden für die allein maßgebenden halte. Im Gegenteil, ich war mir ihrer Unvollkommenheit bewußt und davon überzeugt, daß ich meinen Amtsbrüdern in der richtigen theologischen Ausbildung zur Ausübung der pastoralen Tätigkeit, wie sie gerade für die größeren Städte vonnöten ist, weit nachstehe. Darum beabsichtigte ich auch nichts weiteres, als nur in den neuen Niederlassungen oder an Orten, wo sonst niemand das Evangelium verkündigte, zu arbeiten. Als aber doch so viele gebildete Leute Geschmack und Segen an meiner Predigt fanden, war niemand mehr als ich selbst darüber erstaunt. Es übertraf eben bei weitem nicht nur die Erwartungen meiner Kollegen sondern auch die meinigen, ja, es war mehr, als ich je zu hoffen gewagt hatte. Entdeckte ich, daß ich mich irgendwie geirrt hatte, so gab ich mir alle Mühe, es besser zu machen; aber je länger ich meines Amtes waltete, um so weniger Grund hatte ich zu der Annahme, daß mein Irrtum nach der Seite hin lag, wo ihn meine Kollegen suchten.

Je mehr Erfahrung ich gewann, je mehr ich den Erfolg meiner Predigt sah, je mehr ich mich mit Vornehmen und Geringen, Gebildeten und Ungebildeten aussprach, um so klarer wurde mir, daß mich Gott geleitet, unterwiesen und mir die richtige Einsicht geschenkt habe, auf welche Weise die Seelen am besten für Ihn zu gewinnen seien. Nie hätten mir das Menschen beibringen können; es muß mir also von Gott geschenkt worden sein, und ich konnte in Wahrheit mit dem Apostel Paulus sagen, daß ich das Evangelium von keinem Menschen empfangen oder gelernt habe, sondern daß es durch die Offenbarung Jesu Christi mir zuteil geworden ist, und zwar in so gründlicher Weise, daß mich keiner der vielen Einwände meiner Amtsbrüder jemals irre machen konnte.

Ich fühle mich gedrungen, das hervorzuheben; denn ich bin heute noch wie damals der festen Überzeugung, daß die theologischen Hochschulen allein es absolut nicht ausmachen. Angehende Prediger haben heutzutage viel mehr Gelegenheit zu gründlicher theologischer Ausbildung und lernen in Bezug auf Geschichte, Wissenschaft und Schrifterkenntnis weit mehr als zu irgend welcher früheren Zeit; aber sie verstehen nicht, ihre Gelehrsamkeit zu verwerten. Es ergeht ihnen in dieser Beziehung wie David, als er Sauls Waffenrüstung angelegt hatte. Das Predigen muß eben durch die Praxis gelernt werden.

Was den Predigern aber vor allen Dingen not tut, ist ein einfältiges Auge. Sind sie noch um ihren Ruf besorgt, so werden sie wenig oder nichts ausrichten. Vor Jahren mußte ein mir bekannter lieber Pastor einmal aus Gesundheitsrücksichten verreisen, und während seiner Abwesenheit hatte ein junger Kandidat der Theologie seine Stelle zu vertreten. Dessen Predigten waren mit aller Sorgfalt ausgearbeitet und nach allen Regeln der Redekunst vorgetragen; doch die Frau Pastorin faßte sich eines Tages ein Herz und sagte freundlich: „Sie predigen über die Köpfe der Leute hinweg. Ihre Beispiele sind ihnen gänzlich unverständlich und Ihre Ansprachen sind viel zu gelehrt." „Ich muß suchen, mir einen schwunghaften Stil aneignen" erwiderte der Kandidat; „die Predigten, die ich hier halte, sollen eine Art Vorbereitung für meine spätere Amtstätigkeit unter einer gebildeten Zuhörerschaft sein, daher kann ich mich unmöglich den Bedürfnissen der hiesigen kleinen Landgemeinde anpassen."

Ich habe seither den betreffenden jungen Mann im Auge behalten, aber nie seinen Namen im Zusammenhang mit einer der verschiedenen Erweckungen nennen hören, die in den letzten Jahrzehnten bald an diesem, bald an jenem Ort stattfanden. Es wird das auch niemals der Fall sein, wenn er nicht ganz andere Anschauungen bekommen hat und sich beim Predigen jetzt nicht von anderen Beweggründen leiten läßt als dazumal.

Es fällt mir nicht ein, die theologischen Fakultäten oder Predigerseminare heruntersetzen zu wollen; nur finde ich die Art und Weise, wie die jungen Leute dort oft vorbereitet werden, in mancher Beziehung höchst mangelhaft. Anstatt daß man sie anhält, während ihrer Studienzeit in der Umgebung das Gelernte praktisch zu verwerten, da und dort extempore zu predigen und Auge in Auge mit den Leuten über ihr Seelenheil zu reden, läßt man sie Predigten schreiben, die sie dann ihren Professoren und Mitstudierenden zur Kritik vorlesen müssen. Diese sogenannten Predigten arten unter der Feile der Kritik in literarische Aufsätze aus. Als solche mögen sie diesem und jenem gefallen; aber die Bedürfnisse des Herzens werden sie nicht befriedigen, noch Seelen für den Heiland gewinnen. Was hilft der schwungvolle Stil, wenn die wahre Beredtsamkeit fehlt, die, direkt aus dem Herzen kommend, den Zuhörern wiederum zum Herzen geht?

Wer sich die Mühe nimmt, über die Sache nachzudenken, wird zugestehen müssen, daß Meisterwerke der Gelehrsamkeit und Rhetorik durchaus nicht am Platze sind, wo es sich um unsterbliche Seelen handelt, die am Rande der ewigen Verdammnis stehen. Wie sollen letztere den Ernst ihrer Situation herausfühlen, wenn ihnen ein solch literarisches Kunstwerk vorgetragen wird? Spornt der Anführer einer Feuerwehrabteilung seine Leute etwa durch Vorlesen eines Aufsatzes über die Löscharbeiten zum Rettungswerke an, wenn er die Flammen aus einem Hause herausschlagen sieht? Mit nichten! Es ist Not am Mann; darum muß so praktisch wie möglich vorgegangen werden, und es wird dem Anführer vor allem darum zu tun sein, seinen Untergebenen so verständlich wie möglich Anleitung zur Hilfeleistung zu geben. Jedes seiner Worte ist von Belang, und es wird angesichts der dringenden Gefahr niemandem einfallen, seine Ausdrucksweise zu kritisieren.

Ist es jemand ernst, so wird seine Rede immer kurz, bündig und streng sachlich sein. Sie wird die Zuhörer packen und zum sofortigen Handeln aneifern – das ist das Geheimnis des überraschenden Erfolges, und das ist auch die Ursache, weshalb die unwissenden Methodisten- und ernsten Baptistenprediger seiner Zeit oft viel mehr erreichten, als die gelehrtesten Theologen. Die begeisterten, aus dem tiefsten Inneren hervorquellenden Worte eines ganz einfachen Mannes wirken in der Regel weit mächtiger auf eine Versammlung als die schönsten Kunstwerke der Beredtsamkeit. Stilvollendete Predigten veranlassen die Zuhörer, dem Prediger Lob zu spenden, Worte, die direkt aus dem Herzen kommen, dienen hingegen zur Verherrlichung unseres hochgelobten Herrn und Meisters.

In unserem Kolleg zu Oberlin sind die Studenten angehalten worden, ihre Predigten niederzuschreiben, und ich habe ihrer nur wenige dazu bringen können, sich ein Herz zu fassen, aus dem Stegreif zu reden.

Die Geistlichen können sich nicht entschließen, einfach mit den Leuten zu sprechen; sie meinen immer, sie müßten predigen und deshalb müssen sie ein Thema zuerst sorgfältig ausarbeiten und niederschreiben. Von diesem Gesichtspunkt aus betrachtet, habe ich niemals gepredigt; allerdings hat man mir auch oft gesagt: „Sie predigen ja nicht, Sie sprechen einfach mit den Leuten." Einst wurde ein Gottesleugner in einer meiner Versammlungen mächtig vom Geist Gottes ergriffen und von der Sünde überzeugt. Als ihn seine Frau so niedergedrückt heimkommen sah, sagte sie zu ihm: „Du hast gewiß Herrn Finney predigen hören?" Da antwortete er: „Ich bin in seiner Versammlung gewesen, aber predigen habe ich ihn nicht hören; er hat nur *erklärt*, was andere predigen." Ähnliche Bemerkungen sind mir oft zu Ohren genommen. „So wie Sie predigen, könnten wir es auch", haben mir die Leute wieder und immer wieder gesagt. „Sie sprechen ja, als säßen Sie daheim in Ihrem Zimmer und als kennten Sie jeden einzelnen persönlich. Man hat immer den Eindruck, als redeten Sie Auge in Auge mit einem."

In der Regel vermeiden die Geistlichen ängstlich, etwas zu sagen, wodurch sich der einzelne getroffen fühlen könnte. Anstatt die Zuhörer persönlich zu packen und ihnen ins Gewissen hineinzurufen: „Du bist der Mann! Dies und das verlangt Gott von dir!" reden sie nur so im allgemeinen von der Sünde und den Sündern und scheuen sich, die Dinge beim Namen zu nennen. Ich hingegen habe es für meine Pflicht gehalten, den Leuten zuweilen rund heraus zu sagen: „Ich spreche nicht von diesem oder jenem sondern ich meine dich und dich und dich."

Meine Amtsbrüder haben mir anfangs oft gesagt, meine Zuhörer würden sich das nie und nimmer gefallen lassen sondern einfach zur Tür hinausgehen und nie wieder in die Versammlung kommen; aber sie haben sich gründlich getäuscht. Es kommt alles auf den Geist an, in dem man so etwas sagt. Fühlen die Leute den Geist der Liebe, das persönliche Interesse und den sehnlichen Wunsch, ihnen zu helfen, heraus, so lassen sie sich viel gefallen. Mag sein, daß der eine oder andere anfangs böse wird und gegen den Stachel lockt; aber wenn er es aufrichtig meint, wird es ihm schließlich zum Heil dienen.

Ich meinerseits habe die Erfahrung gemacht, daß man mit der Ehrlichkeit immer am weitesten kommt, auch was das „sich persönlich beliebt machen" anbelangt. Will ein Prediger seinen Zuhörern Vertrauen, Liebe und Achtung einflößen, so muß er ihnen gegenüber rückhaltlos wahr sein und ihnen zeigen, daß er nicht um ihre Gunst buhlt, sondern daß es ihm einzig und allein um ihr Seelenheil zu tun ist. Im Grunde haben die Leute viel mehr Respekt vor einem Prediger, der ihnen als echter Knecht Gottes redlich die Wahrheit sagt, als vor einem Mann, dessen glatten Reden man abfühlt, daß seine Hauptsorge ist, es ja mit niemandem zu verderben.

Der Haupteinwand, der gegen meine Predigtweise erhoben wurde, war der, daß ich den Leuten nicht viel Belehrung bieten könne, wenn ich meine Predigten nicht niederschreibe. Ich studiere sie nicht genügend, hieß es; folglich könne ich allenfalls als Evangelist Erfolg haben, weil ich als solcher immer nur kurz an einem Ort bleibe, zum Kanzelredner oder ständigen Geistlichen werde ich mich aber niemals eignen.

Meiner Ansicht nach ziehen die Zuhörer lange nicht so viel Belehrung aus niedergeschriebenen Abhandlungen, wie die Prediger glauben, weil sie sich dieselben nicht merken können. Wie oft habe ich die Klage gehört: „Ich kann gar nichts mit nach Hause nehmen, wenn die Predigt vorgelesen wird!" Hingegen haben mir die Leute wiederholt gesagt: „Wir erinnern uns immer des Textes und der Art und Weise, wie Sie ihn behandelt haben."

Es ist durchaus nicht nötig, daß eine Predigt niedergeschrieben werde, um lehrreich oder durchstudiert zu sein, und ich glaube nicht, daß meine Zuhörer in der Regel weniger gut in den Heilswahrheiten unterrichtet sind, als die der regelrechten Kanzelredner.

Anstatt mich bei Ausarbeitung des Schrifttextes, den ich zu behandeln gedachte, auf gewisse Tage und Stunden zu beschränken, beschäftigte ich mich im Geist beständig mit dem Wort, das mir zur Grundlage dienen sollte und überlegte, auf welche Weise ich es meinen Zuhörern am besten nahe bringen könne. Ich besuchte die Leute, um ihre Bedürfnisse kennen zu lernen; dann wählte ich im Aufblick zum Heiligen Geist das Wort, von dem ich mir am meisten Nutzen für sie versprechen zu dürfen glaubte. Über dieses Wort dachte ich ernstlich nach, betete viel darüber, besonders am Sonntag morgen, erwog es nach allen Richtungen hin, bis ich es mir ganz zu eigen gemacht hatte, und sprach dann aus vollem Herzen zu den Leuten. Hat man die Predigt niedergeschrieben, so liest man sie vielleicht Samstag abend oder Sonntag früh noch einmal durch und damit fertig. Man kann dann ganz ruhig sein; denn, vorausgesetzt, es versagen die Augen und die Stimme nicht, so hat es mit dem Predigen keine Not. Es bedarf dazu keiner besonderen Salbung von oben, die nur auf den Knien errungen wird; aber allerdings sprudelt das Wort auch nicht frisch aus der Lebensquelle, sondern ist mehr dem abgestandenen Wasser einer Zisterne zu vergleichen.

Ich glaube, ich darf getrost sagen, daß ich, gerade weil ich meine Predigt nicht niederschrieb, sie um so mehr studierte. Ich war dadurch genötigt, mich mit dem Gegenstand, den ich zu behandeln gedachte, gründlich vertraut zu machen, um so aus vollem Herzen zu meinen Zuhörern reden zu können.

Gewöhnlich notierte ich mir in aller Kürze die Hauptpunkte, die ich hervorheben wollte, sowie die Reihenfolge der verschiedenen Abschnitte und die Schlüsse, die ich aus dem Texte zog. Meiner Überzeugung nach lernen die Leute mehr aus einer wöchentlichen halbstündigen Ansprache, wenn dieselbe treffend, voll heiligen Ernstes und durchaus logisch ist, als aus zwei mühsam ausgearbeiteten Sonntagspredigten. Bei ersterer würden jedenfalls ihre Gedanken viel weniger abschweifen als bei letzteren, und sie wären dadurch eher imstande, etwas mitzunehmen, über das sie dann daheim in Ruhe nachdenken könnten.

In den ersten zwölf Jahren meiner Amtstätigkeit notierte ich mir gar nichts und bereitete mich in der Regel nur durch Gebet auf die Predigt vor. Oft bestieg ich die Kanzel, ohne zu wissen, welchen Text ich nehmen, geschweige denn, was ich sagen werde. Ich wußte, der Heilige Geist werde mir im rechten Augenblick nicht nur die richtigen Worte in den Mund legen, sondern es mir auch aufschließen, und sicherlich hat sich Gott nie mächtiger und wirksamer zu meinem Zeugnis bekannt als damals. Wenn mir die Predigten nicht von oben eingegeben wurden, so kann ich mir nicht erklären, wie ich überhaupt imstande gewesen bin zu predigen. Gewöhnlich wurde der Gegenstand in wunderbarer Weise meinem Geist erschlossen, und es kam mir eine solche Fülle von Gedanken, Worten und Beispielen in den Sinn, daß ich Mühe hatte, sie alle zum Ausdruck zu bringen. Als ich anfing, Notizen zu machen, geschah dies *nach* nicht *vor* der Predigt, und zwar nur, weil ich die mir in obiger Weise vom Geist Gottes gegebenen klaren Winke über dieses oder jenes Thema nicht hätte behalten können, wenn ich sie nicht niedergeschrieben hätte. Doch konnte ich diese Notizen nie wieder benutzen, ohne daß mir der Heilige Geist das betreffende Thema noch von einem anderen Gesichtspunkt aus beleuchtet hätte. Meistens bekam ich die Botschaft, die ich meinen Zuhörern zu bringen hatte, wenn ich im Gebet auf den Knien lag, und mein Geist war in der Regel von dem Eindruck dermaßen überwältigt, daß ich an allen Gliedern zitterte und kein Wort über die Lippen brachte. War mir das zu behandelnde Thema auf eine so Mark und Bein erschütternde Weise gegeben worden, so genügten mir einige Minuten zum Notieren der Hauptpunkte, und ich machte die Erfahrung, daß die Botschaft dann bei den Zuhörern auch ihren Eindruck nicht verfehlte.

Ich erwähne das nicht zu meiner eigenen Verherrlichung sondern zum Lob und Preis meines Gottes. Waren doch die Predigten, die die Menschen so gewaltig nannten, nicht mein eigenes Produkt sondern mir nahezu Wort für Wort durch den Heiligen Geist eingegeben! Und halte doch ja niemand die Behauptung, daß meine Predigten vom Geiste Gottes inspiriert gewesen seien, für Anmaßung! Jeder Geistliche hat ein Recht, Eingebung von oben zu erwarten. Meiner Überzeugung nach sollte und kann jeder berufene Diener Christi so vom Geist Gottes inspiriert sein, daß er in Wahrheit sagen kann: „Nicht ich bin es, der da redet, sondern der Geist Gottes, der in mir ist." Was anderes sollten Christi Worte heißen: „Gehet hin und lehret alle Welt" und „Siehe, ich bin bei euch alle Tage, bis an der Welt Ende"?, was jene anderen sich auf den Heiligen Geist beziehenden Worte: „Er wird es von dem Meinen nehmen und euch verkündigen"? Ferner: „Er wird euch erinnern alles dessen, was ich euch gesagt habe?" Was bedeutet sonst die Verheißung: „Wer an mich glaubt, von dessen Leib werden Ströme lebendigen Wassers fließen?" „Das sagte Er aber von dem Geiste, welchen empfangen sollten, die an Ihn glaubten." Alle Prediger sollten so voll Heiligen Geistes sein, daß sich ihre Zuhörer der Überzeugung nicht erwehren können: „Wahrlich, Gott selbst spricht aus ihnen."

DIE ERWECKUNG IN ANTWERPEN

Ich will nun einen kurzen Bericht von meiner Arbeit in dem etwa sechs Stunden nördlich von Evans' Mills gelegenen Antwerpen geben.

Der Ort war in religiöser Hinsicht gänzlich vernachlässigt, daher fühlte ich mich gedrungen, wenigstens den Versuch zu machen, den Bewohnern das Heu nahe zu bringen. Zwar hatte der Gründer von Antwerpen, ein reicher Gutsbesitzer namens P. bei der Anlage des Marktfleckens, um Kolonisten heranzuziehen, sogleich auch einen Betsaal gebaut; aber nur wenige der Ansiedler fühlten das Bedürfnis nach christlicher Erbauung, und der einzige in der Gemeinde, der geeignet schien, die Leitung der Gottesdienste zu übernehmen, wohnte über eine Stunde weit von Antwerpen entfernt. Wollte dieser zur Versammlung kommen, so mußte er – anders ging es nicht – eine Ortschaft passieren, deren Einwohner dem Aufkommen einer christlichen Gemeinde in ihrer Nachbarschaft solchen Widerstand entgegensetzten, daß sie dem Diakon auf alle Weise den Weg zu verlegen suchten. Sie gingen sogar so weit, daß sie ihm die Räder vom Wagen wegnahmen; kurz, trieben allen erdenklichen Unfug, bis er es schließlich aufgab, sonntags nach Antwerpen zu kommen. Bald hörten dann dort die Versammlungen auf; der Betsaal wurde geschlossen und der Bürgermeister nahm den Schlüssel in Verwahrung.

Bei meinem ersten Besuch in Antwerpen erkundigte ich mich, ob es gläubige Leute am Ort gebe. Daraufhin wurden mir drei Personen genannt, Frauen angesehener Männer, nämlich die Gattin des Bürgermeisters, die eines reichen Kaufmanns und eines Arztes. Ich ging zu ihnen und fragte, ob sie wünschten, daß ich eine Versammlung am Ort hielte. Sie persönlich begrüßten den Vorschlag mit Freuden, bezweifelten aber, ob sich sonst jemand einfinden werde. Auf mein Anerbieten, selbst im Flecken herumzugehen, um die Leute einzuladen, stellte mir eine der Damen ihren Salon zur Verfügung. Rasch entschlossen machte ich mich ans Werk und forderte alle auf, die ich auf der Straße traf, der Abendversammlung beizuwohnen. Allerdings kamen nur dreizehn Personen; aber ich ließ mich dadurch nicht entmutigen, sondern verkündigte ihnen das Wort mit Freudigkeit. Zum Schluß erbot ich mich, am folgenden Sonntag im Schulsaal zu sprechen, wenn mir derselbe geöffnet werde. Ein Besuch, den ich tags darauf beim Schulvorsteher machte, hatte die gewünschte Wirkung; das Lokal wurde mir zur Verfügung gestellt.

Auf meinen Wanderungen durch den Ort hatte ich Gelegenheit, einen tieferen Einblick in dessen religiöse und sittliche Verwahrlosung zu tun. Was ich dort sehen und hören mußte, machte mich schaudern, und ich kann wohl sagen, ähnliches war mir in meinem Leben nicht vorgekommen. Die Leute fluchteten, wo sie gingen und standen, auf der Straße wie in den Werkstätten, beim Spiel wie bei der Arbeit. Man glaubte sich an den Abgrund der

Hölle versetzt und fühlte sich wie von einem Gifthauch berührt. Wie eine Zentnerlast legte sich mir der Seelenzustand der armen Bewohner aufs Herz.

Als ich heimkam, schloß ich mich in mein Zimmer ein und rang im Gebet zu Gott, bis ich die Antwort bekam: „Fürchte dich nicht, sondern rede und schweige nicht, denn ich bin mit dir, und niemand soll sich unterwinden, dir zu schaden; denn ich habe ein großes Volk in dieser Stadt." Wunderbar ermutigt stand ich nach dieser Zusage der göttlichen Hilfe von den Knien auf.

Bei der Kunde, daß eine religiöse Versammlung stattfinden sollte, geriet die ganze Ortschaft in Aufregung. Die wenigen Gläubigen daselbst fürchteten sehr, daß es zu ernsten Ausschreitungen kommen werde, so groß war die Feindschaft gegen das Christentum; ich aber hatte zu den Füßen meines Herrn und Meisters eine solche Gewißheit des endgültigen Sieges erlangt, daß ich völlig ruhigen Herzens in die Versammlung gehen konnte. Der Saal war bis auf den letzten Platz gefüllt, und auf aller Mienen drückte sich große Spannung aus. Ich nahm die Bibel zur Hand und las als Text die Worte Johannes 3,16: „Also hat Gott die Welt geliebt, daß Er seinen eingeborenen Sohn gab, auf daß alle, die an Ihn glauben, nicht verloren werden, sondern das ewige Leben haben." Natürlich kann ich mich nach so langer Zeit des Inhalts meiner Ansprache nicht mehr genau erinnern; nur weiß ich noch, daß ich dem Gefühl Ausdruck gab, das sich mir in Antwerpen mehr denn je aufgedrängt hatte: mit welchem Undank doch die Welt Gott für seine unaussprechliche Liebe lohne. Ich selbst war so ergriffen von diesem Gedanken, daß mir die Tränen aus den Augen strömten, während ich meinem übervollen Herzen Luft machte. Unter den Zuhörern waren einige von den Männern, die ich tags zuvor die schrecklichsten Verwünschungen gegeneinander hatte ausstoßen hören. Diese bezeichnete ich vor der ganzen Versammlung mit Namen und wiederholte, was sie gesagt hatten. Jeden von ihnen faßte ich persönlich an und erinnerte ihn an die Bedeutung der Flüche, die ich aus seinem Munde gehört hatte. Das Zeugnis blieb nicht ohne Wirkung; die Leute waren bis ins innerste Mark getroffen und zitterten unter dem Bewußtsein ihrer Schuld, anstatt sich beleidigt zu fühlen. In der ganzen Versammlung war kaum ein Auge trocken.

Unter den Anwesenden befand sich auch der Bürgermeister. Derselbe hatte mir tags zuvor die Bitte, Sonntagsgottesdienst im Betsaale halten zu dürfen, rundweg abgeschlagen; nun aber erklärte er nach der Morgenversammlung aus freien Stücken, er werde für den Nachmittag den schon so lange geschlossenen Betsaal öffnen.

Dort drängte sich zur bestimmten Stunde Jung und Alt zum Hören des göttlichen Wortes heran, und der Herr schenkte mir in wunderbarer Weise Zugang zu den Herzen. Was ich sagte, war eine Fortsetzung der am Vormittag gehaltenen Ansprache; doch die Entrüstung und das tiefe Weh, das sich meiner bemächtigte beim Gedanken an den schnöden Undank, den sich der Gott der Liebe seitens der Geschöpfe gefallen lassen mußte, machte meine Worte zu scharfen Pfeilen, die den Zuhörern durchs Herz gingen. Es war, als ringe ich mit den Seelen in heißem Kampf; so geharnischt meine Worte aber waren, konnte niemand verkennen, daß sie von inniger Liebe und tiefstem Mitleid diktiert waren. Ich glaube, ich bin nie in meinem Leben strenger gewesen, und doch hat mich niemand der Härte beschuldigt.

Schon am ersten Tag war der Sieg entschieden. Weitaus die Mehrzahl der Bevölkerung war zur Erkenntnis ihrer Sünden geführt, und es entbrannte ein Hunger nach Gottes Wort, wie ich ihn selten gesehen hatte. Wo und auf welche Stunde ich eine Versammlung anberaumen mochte, immer war das Lokal gedrängt voll. Ich tat, was in meinen Kräften stand, predigte sonntags zweimal im großen Betsaal, leitete täglich eine Gebetsversammlung und sprach außerdem um fünf Uhr nachmittags in einer der Schulen der Nachbarschaft, da auch die Umgegend mit in die Bewegung hineingezogen worden war.

Am dritten Sonntag meines Aufenthalts in Antwerpen wurde ich von einem alten Mann aufgefordert, doch auch in seinem in kleiner Entfernung liegenden Ort zu predigen, da dort nie ein Gottesdienst stattfände. Auf sein dringendes Bitten hin sagte ich sofort für den folgenden Tag zu und versprach, gegen fünf Uhr nachmittags einzutreffen.

Der Montag war ein ungewöhnlich heißer Tag. Ich ließ mein Pferd daheim und ging zu Fuß, um unterwegs ungehindert da und dort einen Besuch machen zu können. Ehe ich jedoch am Ziel war, drohten meine Kräfte zu erlahmen und ich mußte eine Zeitlang ausruhen, um mich zu erholen. Die Arbeit des vorhergehenden Tages hatte mich dermaßen angestrengt, daß ich nur mit Aufgebot meiner ganzen Willenskraft noch zur rechten Zeit meinen Bestimmungsort erreichte.

Bei meiner Ankunft war der Saal schon so voll, daß ich mich genötigt sah, an der Tür stehen zu bleiben. Ich sagte ein Lied vor und forderte die Versammlung auf, es zu singen. Nachdem ich angestimmt hatte, fielen die Leute wirklich ein; schrien aber so, ein jeder auf seine Manier und ohne jeglichen harmonischen Zusammenklang, daß man merkte, sie hatten seit Jahr und Tag kein geistliches Lied gesungen. Ich mußte mir die Ohren zuhalten, sonst hätte ich es unmöglich in ihrer Nähe aushalten können. Als das Gebrüll endlich verstummte, warf ich mich, der gänzlichen Ermattung nahe, auf die Knie und schüttete mein Herz im Gebet vor Gott aus. Da kam der Geist Gottes mit Macht über mich und neue Lebenskraft durchströmte mich nach Leib, Seele und Geist.

Ich hatte den Text zu meiner Ansprache noch nicht gewählt, weil ich zuvor sehen wollte, welchen Eindruck die Versammlung auf mich machen werde. Kaum war ich vom Gebet aufgestanden, so kamen mir die Worte in den Sinn, die Lot am Abend vor seiner Flucht aus Sodom an seine Schwiegersöhne richtete: „Machet euch auf und gehet aus diesem Ort, denn der Herr wird diese Stadt verderben!"

Hierauf erklärte ich das verwandtschaftliche Verhältnis, in dem Abraham und Lot zu einander standen; den Grund, weshalb sie sich trennten. Erzählte, wie sich Lot in Sodom niedergelassen, und sprach von der unerhörten Sünde der Sodomiter und dem Strafgericht, welches der Herr über ihre Stadt zu verhängen beschloß. Ich schilderte, wie Abraham für die Stadt betete und immer kühner wurde, bis ihm der Herr versprach, die Stadt zu schonen selbst für den Fall, daß sich nur zehn Gerechte darin befänden. Aber es war nur ein einziger am Ort, nämlich Lot, Abrahams Neffe. An diesen ließ der Herr die Aufforderung ergehen, sich und die Seinen zu retten, ehe Er die Stadt mit Feuer verbrenne.

Während ich diese Geschichte erzählte, bemerkte ich, daß sich bittere Wut in den Mienen meiner Zuhörer malte. Ihrer viele waren in Hemdärmeln gekommen und ihr Äusseres war durchaus nicht vertrauenerweckend, und als ich die bösen Blicke sah, die sie bald miteinander wechselten, bald mir zuwarfen, machte ich mich gefaßt, daß sie jeden Augenblick über mich herfallen würden. Ich hatte keine Ahnung, womit ich sie beleidigt hatte, und doch steigerte sich ihre Erbitterung je länger je mehr. Dennoch ließ ich mich nicht irre machen, bis die Geschichte zu Ende war und begann dann, sie auf meine Zuhörer anzuwenden, indem ich ihnen frei heraus sagte, was ich von Leuten hielt, die jahraus, jahrein keinem Gottesdienst beiwohnten. Noch hatte ich keine Viertelstunde in dieser Weise gesprochen, so ward es feierlich still in der großen Versammlung, und im nächsten Augenblick lagen allenthalben Leute auf den Knien und schrien um Erbarmen. Hätte ich in jeder Hand ein Schwert gehabt, so hätte ich sie nicht schneller niederwerfen können. In wenigen Minuten waren fast alle Anwesenden auf den Boden hingestreckt, und wer überhaupt eines Wortes fähig war, betete mit lauter Stimme.

Mit der Predigt war es nun natürlich vorbei; denn niemand hörte mehr auf mich. Der einzige, der aufrecht mitten im Saal saß, war der Greis, der mich aufgefordert hatte, zu kommen. „Können Sie nicht beten?" rief ich dem verwundert Dreinblickenden zu. Sofort fiel er auf die Knie und flehte zu Gott um Gnade für die so plötzlich aus dem Sündenschlaf Erwachten; aber man achtete ebensowenig auf ihn wie auf mich. Nun versuchte ich selbst noch einmal, mit lauter Stimme auf Jesus, den Sünderheiland, zu verweisen, bei dem Gnade und viel Vergebung ist – aber umsonst! Niemand schenkte mir Gehör; aber mein Herz war übervoll, und ich mußte mich bezwingen, um nicht beim Anblick des Wunderwirkens Gottes vor Freude laut aufzujauchzen.

Nachdem ich mich einigermaßen gefaßt hatte, wandte ich mich einem jungen Mann zu, der neben mir kniete, legte ihm die Hand auf die Schulter, um seine Aufmerksamkeit auf mich zu ziehen, und verkündigte ihm Jesus, den Sündentilger, der auch seine Schuld am Kreuz gebüßt. Er glaubte der Botschaft, pries und lobte Gott für seine Errettung und tat dann Fürbitte für seine

Brüder und Schwestern. Wie mit ihm, so machte ich es, und zwar mit dem gleichen Erfolg, mit einem zweiten, dritten, vierten und anderen, bis ich fort mußte, um zur rechten Zeit zu einer in der Stadt verabredeten Zusammenkunft einzutreffen.

Ehe ich ging, beauftragte ich den Alten mit der Leitung der Versammlung; aber viele der Anwesenden befanden sich in solcher Seelennot, daß es nicht geraten war, sie in diesem Zustand heimgehen zu lassen, und ihrer etliche blieben sogar, bis der Saal am nächsten Morgen für die Schulkinder geräumt werden mußte.

Am Nachmittag, als ich wiederkam, erfuhr ich, weshalb die Leute tags zuvor so böse geworden waren, als ich ihnen die Geschichte Sodoms erzählte. Merkwürdigerweise hieß ihre Ortschaft nämlich „Sodom", und der Greis, der mich veranlaßt hatte zu kommen, wurde von ihnen spottweise nur „der fromme Lot" genannt. Natürlich war man der Meinung, ich wisse um diese Einzelheiten und habe deshalb den betreffenden Text gewählt. Es war allerdings ein eigentümliches, man kann wohl sagen, von Gott also gefügtes Zusammentreffen, denn *ich* hatte es nicht eingefädelt.

Die Erweckung in Sodom war so plötzlich gekommen und von so ungewöhnlichen Erscheinungen begleitet gewesen, daß, menschlich gesprochen, zu befürchten stand, es könnte früher oder später eine verhängnisvolle Reaktion unter den Erweckten und Neubekehrten eintreten und den gesamten Erfolg der Bewegung in Frage stellen. Durch Gottes Gnade traf das jedoch nicht ein. Wie die Sündenerkenntnis der Erweckten eine gründliche und durchschlagende war, so faßte auch der Glaube tiefe Wurzeln in ihren Herzen und führte zu einem göttlichen Leben. Erst vor wenigen Jahren durfte ich eine Frucht meines damaligen Wirkens in Sodom sehen.

Eines Tages, während ich in Syrakus, im Staate New York, arbeitete, stellte sich mir ein berühmter Prediger vor und erzählte mir, daß er in jener denkwürdigen Versammlung, die ich soeben beschrieben habe, bekehrt worden sei. Zugleich übergab er mir als nachträgliches Dankopfer einen Hundertdollarschein für das Predigerseminar zu Oberlin.

Es galt nun noch, die Gemeinde von Antwerpen neu zu konstituieren und die Neubekehrten in dieselbe aufzunehmen, was mit großer Feierlichkeit geschah und eine Quelle neuen Segens für viele wurde.

In jene Erweckungszeit in Antwerpen fiel auch die plötzliche Heilung zweier Geisteskranker. Als ich eines Sonntagnachmittags in die Versammlung kam, fiel mir eine Frau in tiefer Trauer auf, die augenscheinlich in großer Seelennot war und von ihren Begleiterinnen gehalten werden mußte, um nicht zum Saal hinauszulaufen. Eine der Damen, die ihre Lebensgeschichte kannte, erzählte mir, sie sei Methodistin, meine aber, sie sei aus der Gnade gefallen, und die Verzweiflung, in die sie dadurch geraten, sei schließlich in Geisteskrankheit ausgeartet. Ihr Mann, ein berüchtigter Trinker aus einem mehrere Meilen entfernten Dorfe, habe sie hier im Versammlungssaale unterzubringen gesucht, bis er aus der Schenke zurückkomme. Ich sprach einige Worte mit ihr; als ich aber sah, daß alles an ihr abprallte, riet ich ihren Begleiterinnen, sie nicht aus den Augen zu lassen und stieg dann auf die Kanzel. Anfangs war die Kranke sehr unruhig und wollte durchaus fort; aber allmählich wurde sie ganz still. Der Herr gab mir den Text Hebräer 4, 16: „Lasset uns hinzutreten mit Freudigkeit zu dem Gnadenstuhl, auf daß wir Barmherzigkeit empfangen und Gnade finden auf die Zeit, wenn uns Hilfe not sein wird."

Während sie zuerst gesenkten Hauptes und traurig vor sich hinstarrend dagesessen hatte, richtete sie sich je länger je mehr in die Höhe und sah mich unverwandten Auges an, als ich die Anwesenden eindringlich ermahnte, Mut zu fassen und sich in rückhaltlosem Vertrauen auf das Verdienst unseres großen Hohenpriesters ihrem Gott auf Gnade und Ungnade in die Arme zu werfen. Plötzlich sank sie mit einem lauten Schrei auf die Knie, bedeckte das Gesicht mit den Händen und zitterte an allen Gliedern, so daß ihre Begleiterinnen sie stützen mußten. Nach einer Weile richtete sie sich wieder auf und ihre früher von Kummer und Verzweiflung verzerrt gewesenen Züge strahlten von triumphierender Freude und dem Frieden Gottes. Selten habe ich auf einem menschlichen Angesicht einen so überirdischen Glanz gesehen. Sie konnte kaum den Schluß der Predigt abwarten, um Zeugnis abzulegen von dem, was der Herr an ihrer Seele getan hatte. Als ich ihr nach zwei Jahren wieder begegnete, war sie noch des Lobes und Preises voll über dem, was der Herr an ihr getan hatte.

Bei der zweiten Heilung einer Geisteskranken war ich nicht zugegen, hörte aber, sie sei ebenso plötzlich und in Verbindung mit einer mächtigen Geistestaufe erfolgt. Man behauptet oft, plötzliche Erweckungen machten die Leute verrückt, meine Erfahrung hingegen ist, daß sie verrückte Menschen zurechtbringen.

Während in Antwerpen diese wunderbare Bewegung vor sich ging, boten die Einwohner der etwa zwölf Meilen entfernten Stadt Gouverneur alles auf, um die Bewegung zu hintertreiben. Natürlich ließ ich mich in keiner Weise irre machen, erwähne es aber, weil ich später von einer dort stattgefundenen Erweckung berichten werde. Nachdem ich die Neubekehrten den verschiedenen Gemeinden einverleibt und einen jungen treuen Pastor als Stellvertreter gefunden hatte, verließ ich Antwerpen zu Beginn des Herbstes.

Rückkehr nach Evans' Mills

Meine Absicht war nun, auch für Evans' Mills einen gläubigen Seelsorger zu suchen, wie ich ihn für Antwerpen gefunden hatte; aber die Gemeinde ließ nicht nach mit Bitten, bis ich mich bereit erklärte, wenigstens auf ein Jahr lang selbst das Predigtamt zu übernehmen. Im Oktober 1824 reiste ich nach Whitistown, der Heimat meiner Braut, um daselbst Hochzeit zu feiern, kehrte aber schon nach wenigen Tagen nach Evans' Mills zurück, in der Absicht, die nötigen Vorbereitungen für ihre Ankunft und den Transport der Möbel zu treffen. Sobald ich eine passende Wohnung gefunden, wollte ich ihr entgegenreisen und sie heimführen, aber es sollte anders kommen, als ich geplant hatte. Als ich am Sonntag meine Predigt beendet hatte, ging mir aus Perch River, einem einige Stunden nordwestlich von Evans' Mills entfernten Ort, die Nachricht zu, daß daselbst hoffnungsvolle Anzeichen einer Erweckung in Erscheinung traten, und ich wurde dringend gebeten, mich ohne Verzug dorthin zu begeben, um den Heilsverlangenden die Botschaft des Evangeliums zu verkündigen. Ich versprach, am Dienstag abend dort einzutreffen, fand aber den Boden so wohl vorbereitet, daß ich meine Abreise von Tag zu Tag hinausschob und schließlich den Gedanken, noch in dieser Woche zu meiner Frau zurückzukehren, fallen ließ und fortfuhr, in der Umgebung zu predigen. Wenige Tage später hatte sich die Bewegung dem einige Meilen südwestlich von Perch River gelegenen Orte Brownville mitgeteilt, und ich wurde von der dortigen Gemeinde aufgefordert, auch ihr das Brot des Lebens zu bringen. Innerlich gedrängt, dem Rufe Folge zu leisten, schrieb ich meiner Frau, wie die Sachen standen, und vertröstete sie auf den Augenblick, da mir Gott die Rückkehr zu ihr ermöglichen werde.

In Brownville gab es sehr viel Arbeit, so daß ich den ganzen Winter über da blieb und mein möglichstes tat. Aber trotzdem wurden nur sehr wenige erweckt. Dazu mochte wohl die in der Gemeinde herrschende große Unwissenheit in göttlichen Dingen beigetragen haben, die aber sicherlich zum großen Teil durch die Weltförmigkeit des dort angestellten Pastors und seiner Frau verursacht sein dürfte. Meine Unterkunft fand ich bei einem der Gemeindeältesten, einem Herrn B., dem intimsten Freund jenes Pastors. Als ich eines Tages im Begriff war auszugehen, bat mich mein Hauswirt, einen Augenblick in sein Zimmer zu kommen, und legte mir die Frage vor: „Herr Finney, was würden Sie von einem Mann halten, der Woche für Woche um den Heiligen Geist bittet und keine Erhörung findet?" – „Ich würde denken, wahrscheinlich seien seine Beweggründe nicht lauter", antwortete ich. „Nennen Sie das einen unlauteren Beweggrund, wenn man den Heiligen Geist haben will, um glücklich zu sein?" forschte der Mann weiter. – „Aus diesem Beweggrund könnte selbst der Teufel um den Heiligen Geist bitten", sagte ich und führte ihm das Psalmwort an: „Rüste mich mit einem freudigen Geist aus, so will ich die Übertreter deine Wege lehren, daß sich die Sünder zu dir bekehren." „Sie sehen", fuhr ich fort, „der Psalmist hat nicht den Heiligen Geist haben wollen, um glücklich zu sein, sondern um die Sünder zu Christus führen zu können." Mit diesen Worten verließ ich das Zimmer; er aber drehte sich auf dem Absatz um und trat an das Fenster.

Als ich mittags heimkam, ging er mir bis zur Haustür entgegen und sagte: „Herr Finney, ich muß Ihnen etwas bekennen. Ihre Worte von heute morgen hatten mich geärgert, und ich wünschte von ganzem Herzen, Sie nie wieder zu sehen. Unerbittlich drängte sich mir die Überzeugung auf, daß ich mich nie wirklich bekehrt und bisher nur meine eigene Befriedigung in der Religion gesucht habe. Der Gedanke, daß meine Mitmenschen erfahren könnten, in welcher Selbsttäuschung ich befangen gewesen bin, war mir so unerträglich, daß ich Gott bat, mich aus der Welt zu nehmen." – Nun war sein Stolz jedoch gebrochen, und er war in Wirklichkeit ein neuer Mensch geworden.

Seine Bekehrung wurde vielen zum Segen, und es wäre noch manches Interessante aus jener Erweckungszeit in Brownville zu erzählen; aber um der betrübenden Erfahrungen willen, die ich an dem dortigen Pastor und dessen Frau zu machen hatte, will ich lieber darüber schweigen.

Zu Beginn des Frühjahrs 1825 verließ ich endlich den Ort und machte mich auf, um meine Frau abzuholen. Wir waren beinahe sechs Monate getrennt gewesen und hatten der schlechten Postverbindung wegen auch nur höchst selten voneinander gehört.

Mein Weg führte mich nach Le Rayville in der Nähe von Evans' Mills, dem Schauplatz meiner früheren Tätigkeit. Gern wäre ich unerkannt weitergefahren, aber da die Hufe meines Pferdes schadhaft geworden waren, mußte ich mich entschließen, hier Station zu machen, um letzteres neu beschlagen zu lassen. Natürlich erkannten mich die Leute, und ich wurde nun von vielen Seiten bestürmt, doch bei ihnen zu bleiben und um ein Uhr im Schulhause zu predigen. Ein anderes Lokal war im Dorf nicht zu haben.

Lange vor der festgesetzten Stunde war der Saal gedrängt voll, und während der Predigt des göttlichen Wortes kam der Heilige Geist mit Macht auf die Zuhörer, und der Segen strömte in solcher Fülle nieder, daß ich mich auf allseitiges dringendes Zureden entschloß, dort über Nacht zu bleiben, um am Abend noch eine Versammlung halten zu können. Die Bewegung teilte sich weiteren Kreisen mit, so daß ich mich genötigt sah, meine Weiterreise aufzugeben und einen der Brüder zu bitten, meine

Frau statt meiner abzuholen. Das geschah denn auch, und ich konnte ungestört die Arbeit fortsetzen.

Wie Paulus im Gesicht den bestimmten Ruf nach Mazedonien erhielt (Apg. 16,9), so wurde mir vom Herrn offenbart, daß Er seinen Geist über Gouverneur ausgießen wolle, und daß ich dorthin gehen und daselbst predigen müsse. Auf welche Weise und aus welchem Grund mir der Geist Gottes das klar machte, kann ich nicht sagen; aber *daß* es mir Gott selbst im Gebet kund tat, wußte ich damals aufs allerbestimmteste.

Kurz darauf teilte ich einem Gemeinde-Ältesten von Gouverneur, der zum Besuch in Le Rayville weilte, mit, was mir vom Herrn kund getan war, und beauftragte ihn, die Brüder, davon zu benachrichtigen und alles auf mein Kommen vorzubereiten. Aus seinen Mitteilungen über die kirchlichen Verhältnisse in seinem Heimatort schloß ich, daß das religiöse Leben dort sehr vernachlässigt und der Mann selbst fern von Gott war.

Doch zurück zu meiner Arbeit in Le Rayville. Nach wenigen Wochen war die Mehrzahl der Bewohner der kleinen Ortschaft als bekehrt anzusehen, unter ihnen der Amtsrichter, einer der begabtesten und einflußreichsten Männer der ganzen Gegend, der es sich nicht nehmen ließ, meine Frau und mich während unseres Aufenthaltes in Le Rayville zu beherbergen.

Es dauerte nicht lange, so ergingen neue Rufe aus benachbarten Gemeinden an mich. Unter anderem wurde ich dringend aufgefordert, in dem etwa eine Stunde von meiner Wohnung entfernten Rutland zu predigen. Ich sagte für den Nachmittag zu. In der Kirche langte ich nun geraume Zeit vor der festgesetzten Stunde an und nahm etwa in der Mitte des Gotteshauses meinen Platz ein. Bald füllte sich der Raum, aber mir waren alle Leute vollkommen fremd.

Nach einer Weile kam eine junge Dame herein, die aller Augen auf sich zog. Sie war von sehr einnehmendem Äußeren, eine hohe, schlanke, vornehme Erscheinung. Offenbar war sie sich ihrer Schönheit bewußt, denn sie schritt mit selbstgefälliger Miene durch den Saal und wiegte bei jedem Schritt leise, fast unmerklich den Kopf, so daß sich die langen Straußenfedern auf ihrem Hut graziös hin- und herbewegten. Dabei sah sie sich nach allen Seiten um, welchen Eindruck sie auf die Anwesenden machte. Dicht hinter mir setzte sie sich nieder. Die Gefallsucht, die aus ihrem ganzen Wesen sprach, berührte mich sehr schmerzlich. Ich wandte mich um und musterte sie von oben bis unten. Unter diesem tadelnden Blick schlug sie verlegen die Augen nieder, und als ich sie leise aber in feierlich-ernstem Tone fragte: „Sind Sie hierhergekommen, um die Aufmerksamkeit der Leute vom Gottesdienst ab- und auf sich zu ziehen?" senkte sie den Kopf und erbebte. Nachdem ich noch einige Worte hinzugefügt hatte, die ihr die Sündhaftigkeit ihres Benehmens klar vor Augen stellen sollten, stand ich auf und ging auf die Kanzel. Sobald sie das sah und also entdeckte, daß ich der erwartete Prediger war, nahm ihre Erregung dermaßen überhand, daß sie dieselbe nicht mehr zu verbergen vermochte.

Der Geist Gottes wirkte mächtig in der Versammlung, so daß ich, ganz gegen meine sonstige Gewohnheit, diejenigen, die willens waren, sich völlig und unverzüglich Gott zu ergeben, aufforderte, vorzutreten. Kaum hatte ich das getan, so erhob sich jene junge Dame, eilte wie in Verzweiflung nach vorne, fiel auf die Knie und flehte laut um Gnade. Sie schien alles um sich her vergessen zu haben und sich nur noch der Gegenwart Gottes bewußt zu sein. Ihrem Beispiel folgend, wagten sich noch viele andere hervor. Eine Menge Leute fanden an jenem Tage Frieden, unter ihnen die vorerwähnte junge Dame.

Nach vielen Jahren erkundigte ich mich einmal nach ihr und hörte zu meiner Freude, daß sie eine entschiedene Christin und eine treue Dienerin des Herrn sei.

Ich predigte noch verschiedene Male in Rutland, bis mir innerlich klar wurde, daß nunmehr die Zeit für Gouverneur gekommen sei. Da ich noch allerlei in der Gegend zu tun hatte, sandte ich einstweilen den schon mehrfach genannten Bruder Nash voraus, um die nötigen Vorbereitungen zu treffen. Als aber der verabredete Tag kam, schien es mir wegen des außergewöhnlich starken Regens nahezu unmöglich zu sein, mein Versprechen zu halten, denn ich hatte noch fast acht Stunden weit zu reiten. Während der Regen ein Weilchen aussetzte, gelangte ich bis Antwerpen, mußte dort aber wieder ein paar Stunden warten, weil es aufs neue heftig zu regnen anfing. Gegen Nachmittag hellte sich endlich das Wetter auf und ich hatte gerade noch Zeit, im Galopp

nach Gouverneur zu gelangen, als Bruder Nash soeben im
Begriff stand, die Versammlung zu entlassen, weil allgemein
angenommen wurde, ich habe des starken Regens wegen nicht
Wort halten können.

DIE ERWECKUNG IN GOUVERNEUR

Nachdem mich Bruder Nash vorgestellt hatte, sagte ich einige
Worte der Begrüßung und lud dann die Gemeinde zu einer
Abendversammlung ein.

Zur festgesetzten Zeit fanden wir den Saal gefüllt. Die Leute
hatten viel für und wider mich reden hören, um neugierig genug
auf meine Person geworden zu sein, und die Menge strömte herbei, mich zu sehen. Der Herr schenkte mir ein freimütiges Auftun
des Mundes, und sein Wort wirkte gewaltig. Das mußte jedermann spüren, selbst solche, die sich absichtlich der Wahrheit verschlossen, und deren waren nicht wenige. Kaum mehrten sich die
Bekehrungen und zogen die allgemeine Aufmerksamkeit auf
sich, so setzten die Baptisten der Bewegung allen erdenklichen
Widerstand entgegen und fingen an, sie öffentlich zu bekämpfen.
Dadurch ermutigt, verbündeten sich eine Anzahl junger Leute,
ebenfalls alles aufzubieten, um das Weiterumsichgreifen der
Erweckung zu verhindern; und wirklich standen dieselben dem
Fortschritt des Werkes hemmend im Wege, so daß Bruder Nash
und ich nach reiflicher Überlegung zu dem Entschluß kamen, den
Widerstand durch gemeinschaftliches Gebet zu besiegen. Eine
andere Waffe gab es nicht. Wir zogen uns in ein nahes Wäldchen
zurück und ließen nicht nach mit Bitten und Flehen, bis wir die
Gewißheit erlangt hatten, daß keine Macht der Welt oder der
Hölle die Erweckung auf die Dauer werde verhindern können.

Am nächsten Sonntag abend war Gebetsstunde, der auch jene
jungen Leute beiwohnten. Zwar wagte keiner, eine wirkliche Störung zu machen, aber man sah es ihnen deutlich an, welche Stellung sie zu der Sache einnahmen, und daß sie dem Wirken des
Geistes offenbar widerstanden. Schließlich wandte sich Vater
Nash direkt an sie und redete ihnen mit feierlichem Ernst ins
Gewissen und machte sie auf die Gefahr, der sie sich aussetzten,

aufmerksam. Tief erschüttert schloß er endlich mit den Worten: „Merket wohl auf, was ich euch sage, ihr jungen Leute! Ehe die Woche zu Ende ist, wird Gott eure Reihen durchbrochen haben, indem Er entweder euer etliche bekehrt oder aber vor seinen Richterstuhl geladen haben wird. So wahr Er, der Herr, mein Gott ist, wird Er das tun!" Bei diesen Worten ließ er die erhobene Rechte auf das Pult niederfallen, daß es zitterte, dann sank er auf seinen Stuhl zurück, barg das Gesicht in den Händen und weinte.

Totenstille herrschte im Saale. Fast alle Anwesenden saßen gesenkten Hauptes da, und auch die jungen Leute waren sichtlich betroffen. Ich meinerseits bedauerte, daß Bruder Nash so weit gegangen war; doch war ich der festen Überzeugung, daß ihn der Geist Gottes dazu getrieben hatte, und überließ die Folgen daher ruhig meinem Herrn. Und siehe, schon am nächsten Dienstag kam der Anführer der Gesellschaft in tiefster Seelennot zu mir, und nachdem ich ihm den Heilsweg noch einmal klar auseinandergesetzt hatte, nahm er einfältig wie ein Kind die Botschaft der Gnade an und übergab sich vertrauensvoll seinem Heiland. Kaum hatte er Frieden gefunden, so fragte er demütig: „Was soll ich nun tun, Herr Finney?" – „Gehen Sie ohne Verzug zu Ihren Gefährten", antwortete ich, „und ermahnen Sie dieselben, sich ebenfalls dem Herrn zu übergeben." Er tat es, und vor Wochenschluß waren fast sämtliche jungen Leute bekehrt.

In Gouverneur lebte ein Kaufmann, namens S., ein fein gebildeter, äußerst liebenswürdiger Mann, aber ein Gottesleugner. Der Vater seiner zweiten, sowie der seiner ersten Frau waren presbyterianische Geistliche gewesen und beide hatten alles aufgeboten, ihn zu Christus zu bringen. Die Bücher aber, die sie ihm zum Lesen gaben, bewirkten gerade das Gegenteil von dem, was sie bezwecken sollten: je mehr er sie studierte, um so mehr gewann er die Überzeugung, daß die Bibel unmöglich Gottes Wort sein könne.

Auf dringendes Bitten seiner Frau versprach ich, ihn zu besuchen, obwohl sie mir offen sagte, er sei so sehr in seinem Unglauben verstrickt, daß nicht viel Hoffnung bestehe, ihm irgendwie nahe zu kommen. Als ich mich bei ihm melden ließ, weigerte er sich anfangs, mich zu empfangen und schützte eine notwendige

Arbeit vor. „Überdies", sagte er zu seiner Frau, die ihn von meiner Ankunft in Kenntnis setzte, „was kommt bei dem vielen Reden heraus? Ich habe schon mit so und so vielen Geistlichen gesprochen und bin um kein Haar klüger geworden. Ich weiß im voraus, was mir der Mann sagen wird, und es geht mir ganz gegen das Gefühl, die Sache immer wieder zu besprechen."

Endlich, auf vieles Zureden seiner Frau, gab er ihr zuliebe nach und kam ins Wohnzimmer herüber, wo ich mittlerweile gewartet hatte. Nachdem uns Frau S. miteinander bekannt gemacht und dann allein gelassen hatte, sagte ich freundlich: „Herr S., ich habe durchaus nicht die Absicht, mit Ihnen zu diskutieren; doch würde es mich von Herzen freuen, sollte es mir gelingen, einige der Fragen zu lösen, die Ihnen so große Schwierigkeiten zu bereiten scheinen." Diese Worte erreichten ihren Zweck; Herr S. überwand sein Vorurteil gegen mich, rückte mir näher und antwortete mit großer Rückhaltlosigkeit: „Ich will mich nicht in lange Erörterungen über den Gegenstand einlassen, denn das wäre vollkommen nutzlos; aber, wenn Sie es wünschen, Herr Finney, will ich Ihnen in wenigen Worten meine Einwände gegen die christliche Religion klarlegen, obwohl ich im voraus weiß, daß Sie ebensowenig imstande sein werden, mir zu anderen Anschauungen zu verhelfen, wie ihre Kollegen."

Auf meine Bitte, sich dennoch offen auszusprechen, begann er etwa folgendermaßen: „Wir glauben beide, daß es einen Gott gibt, Schöpfer Himmels und der Erde." „Ja", antwortete ich. „Und daß derselbe allweise, allgütig und allmächtig ist." „Ja." „Daß Er uns mit dem Lebensodem ein gewisses Gefühl für das, was gut und böse, und was gerecht und was ungerecht ist, eingepflanzt hat." „Ja", sagte ich wiederum. „Gut, auch darin werden Sie mit mir übereinstimmen, daß von dem allweisen, allgütigen Gott nur Weisheit und Güte kommen können." „Ja", erwiderte ich abermals. „Nun lehrt aber die Bibel, daß wir nach Vorausbestimmung Gottes völlig sündhaft und zum Guten unfähig sind, daß Er aber dennoch unbedingten Gehorsam und ein Ihm wohlgefälliges Leben von uns fordere, und das unter Androhung ewiger Strafe für die Übertreter." „Haben Sie eine Bibel zur Hand, Herr S. ...?" fragte ich. „Wollen Sie mir nicht zeigen, wo das geschrieben steht?" „Ist nicht nötig", versetzte er. „Sie geben doch zu, daß die Bibel das lehrt, nicht wahr?" „Nein", antwortete ich, „das glaube ich entschieden nicht." „Ferner", fuhr er fort, „lehrt die Bibel, daß Gott dem ganzen Menschengeschlecht ohne Unterschied Adams Fall zurechnet und sie um dessentwillen der ewigen Verdammnis preisgibt. Das mag meinetwegen lehren, wer will, oder es mag geschrieben stehen, wo es will, ich kann nicht annehmen, daß diese Lehre von Gott kommt: denn sie steht in direktem Widerspruch zu der Gerechtigkeit Gottes und zu meinem eigenen Rechtsgefühl." „Auch zu dem meinigen", erwiderte ich. „Aber bitte, zeigen Sie mir die Stellen in der Bibel, die das lehren."

Er führte wie schon mehrmals zuvor den Katechismus an. Als ich ihn darauf aufmerksam machte, sagte er: „Sie sind doch auch ein presbyterianischer Geistlicher? Demnach müssen Sie doch den Katechismus anerkennen ... wie?" „Gegenwärtig handelt es sich nicht um den Katechismus sondern um die Frage: enthält die Bibel die Wahrheit oder nicht. Können Sie mir beweisen, daß die Lehre, von der Sie sprechen, in der Bibel steht? Er sagte weder ja noch nein, aber führte noch verschiedene andere Lehren an, die seiner Meinung nach allem Rechtsgefühl Hohn sprechen, und fügte erregt hinzu: „Nie und nimmer kann ich ein Buch, das solche Widersprüche enthält, für Gottes Wort halten!" „Es sind das auch nicht biblische Lehren, sondern menschliches Machwerk", entgegnete ich. „Wenn Sie mir noch eine Weile Gehör schenken wollen, will ich Ihnen aus Gottes Wort die von Ihnen erhobenen Einwände einzeln widerlegen." Daraufhin suchte ich ihm an Hand der Bibel den Unterschied zwischen Gesetz und Evangelium klar zu machen. Als ich ihm Wesen, Zweck, Vollgültigkeit und Unbegrenztheit des Erlösungswerkes Christi vor Augen stellte und die Botschaft von der freien Gnade verkündigte, bemächtigte sich seiner eine solche Bewegung, daß er das Gesicht mit den Händen bedeckte, um seine Tränen zu verbergen. Als ich das sah, stand ich schweigend auf und verließ das Zimmer. Wie ich später hörte, fand er noch am gleichen Tag Frieden mit Gott. Zum nicht geringen Erstaunen der Gemeindeglieder kam er am Abend mit seiner Frau in die Gebetsversammlung. Letztere erzählte mir, daß er auf dem Heimweg zu ihr gesagt habe: „Wo ist mein Unglaube hingekommen? Er ist wie weggeblasen und ich kann nicht begreifen, wie ich jemals so törichte Anschauungen vertreten konnte. Wahrlich, ich hätte für die Art und Weise, wie ich meinen Gott behandelte, reichlich die ewige Verdammnis verdient."

Seine Bekehrung war sehr entschiedener Art. Er trat rückhaltlos auf des Herrn Seite und suchte die Erweckungsbewegung zu fördern, wo er konnte. Mit der Zeit wurde er Diakon und arbeitete bis an sein Lebensende an der Ausbreitung des Reiches Gottes.

Eine höchst bedenkliche Störung erlitt die Erweckung, als sich Sektengeist und konfessionelle Zwistigkeiten in dieselbe mengten.

Bisher hatte ich von derartigen Schwierigkeiten wenig oder nichts erfahren. In Evans' Mills wirkte, wie schon erwähnt, die Baptistengemeinde und ihr Pastor mit mir Hand in Hand für die Sache Gottes – ganz anders aber war es in Gouverneur. Zuerst setzte dort die Baptistengemeinde mit ihrem Pastor der Bewegung einen hartnäckigen, wenngleich passiven Widerstand entgegen, bis ich mich genötigt sah, dem Pastor unter vier Augen sein und seiner Gemeinde Unrecht vorzuhalten, was ihn veranlaßte, sich bis zu einem gewissen Grade vor Gott zu beugen und auch mich persönlich um Verzeihung zu bitten. Danach verlegte er sich jedoch, seinem ausdrücklichen Versprechen zuwider, samt seiner Gemeinde dermaßen aufs Proselytenmachen, daß bald unter den Christen in Gouverneur aller Friede schwand, und mit ihm der Geist des Gebets. Bekehrte und Unbekehrte beschäftigten sich nur noch mit der Tauffrage, anstatt mit ihrem eigenen Seelenheil. Im Verlaufe von sechs Wochen kam kaum eine einzige Bekehrung vor. Da fühlte ich, daß dem Übel nur durch freie Besprechung des strittigen Punktes entgegen gesteuert werden könne, und hielt daher an zwei aufeinanderfolgenden Tagen Vorträge über Form, Verwaltung und Bedeutung der Taufe, welche auf beide Parteien einen so durchgreifenden Eindruck machten, daß der Streit damit für völlig beendet anzusehen war. Weder auf der einen noch auf der anderen Seite fühlte sich jemand berufen, ihn weiterzuspinnen. Fast augenblicklich kehrte der Geist des Gebets wieder und die Erweckung gewann eine solche Ausdehnung, daß man in der langen, dichtbevölkerten

Straße eigentlich nur noch von einem einzigen Unbekehrten wußte, der sich aber schließlich ebenfalls von ganzem Herzen zu Gott wandte. Die beiden Gemeinden arbeiteten fortan Hand in Hand in ununterbrochenem Frieden, und gerade die Einigkeit des Geistes, welche unter den Christen beider Denominationen herrschte, wurde zur Quelle großen Segens.

Die Familie, bei der ich während meines Aufenthalts in Gouverneur zu Gast war, hatte ihren reichen Anteil an diesem Segen. Sie bestand aus dem Hausvater, der Hausmutter, Tante Lucy genannt, und etwa zehn jungen Leuten, die das kinderlose Ehepaar nach und nach adoptiert und erzogen hatte.

Diese alle hatten sich gründlich bekehrt und standen in der ersten Liebe, so daß es eine wahre Freude war, sie zu sehen.

Bei dem überaus glücklichen Zustand der Söhne geriet nun Tante Lucy auf den Gedanken, sie sei nie wirklich bekehrt gewesen, weil sie nie die gleiche Wonne und Seligkeit verspürt hatte. Trotzdem ich mir alle Mühe gab, ihr auseinanderzusetzen, daß sich nicht alle Bekehrungen in absolut gleicher Weise vollziehen müßten, und daß der Grad der Seligkeit durchaus nicht maßgebend sei für die Echtheit der Bekehrung, verfiel sie allmählich in einen Zustand, der an Schwermut grenzte und sowohl ihrem Manne wie auch mir ernstliche Befürchtungen nahe legte.

In der Straße, in der wir wohnten, war schließlich, wie gesagt, nur ein Unbekehrter übrig, ein junger Mann, namens B. H., der dem Geist Gottes mit aller Macht widerstrebte, so daß sich die ganze Nachbarschaft gedrungen fühlte, in heißem Bitten und Flehen um seine Seele zu ringen.

Auch Tante Lucy lag der Jüngling schwer auf dem Herzen. „Ach, was wird aus ihm werden, Herr Finney?" sagte sie eines Tages. „Wenn er in seinem Widerstand beharrt, wird er sicherlich seine Seligkeit verscherzen." Nachdem ich ihr eine Weile ruhig zugehört hatte, sah ich sie ernst an und erwiderte: „Wenn Sie und B. H. sterben, Tante Lucy, wird Gott eine Extraabteilung in der Hölle machen und Ihnen einen ganz besonderen Unterkunftsort anweisen müssen." „Aber Herr Finney!" entgegnete sie, indem sie mit ihren großen blauen Augen vorwurfsvoll zu mir aufblickte. „Natürlich", versetzte ich. „Meinen Sie denn, Gott werde eine so himmelschreiende Ungerechtigkeit begehen und Sie beide an ein und denselben Ort tun – ihn, einen Gottesverächter und Sie, die der bloße Gedanke, dem Geist Gottes widerstanden zu haben, an den Rand der Verzweiflung gebracht hat?" Bei diesen Worten sah ich sie unverwandt an. Mit einem Mal hellten sich ihre Züge auf, und nach langer Zeit flog zum ersten Mal wieder ein Lächeln über ihr Gesicht. Von Stund an wich ihre Schwermut und sie war wieder ein fröhliches, seliges Gotteskind. Auch B. H. wurde später bekehrt.

Ich erinnere mich nicht genau, wie viele in jener Erweckung zum Glauben kamen; jedenfalls aber waren es fast sämtliche Bewohner der nicht unbedeutenden und sehr wohlhabenden Stadt.

DIE ERWECKUNG IN DE KALB

Nachdem ich zu der Überzeugung gelangt war, daß meine Arbeit in Gouverneur beendet sei, verließ ich den Ort, um die Botschaft des Evangeliums auch in dem etwa vier Stunden nördlicher gelegenen De Kalb zu verkündigen. Auch hier schien der Boden wenig für eine Erweckung geeignet. Einige Jahre vorher hatte in dem Städtchen eine Erweckung unter den Methodisten stattgefunden, welche viel Widerspruch seitens der Presbyterianer erfahren hatte, weil diesen die Art und Weise, wie der Geist Gottes hin und wieder die Sünder ergriff und zu Boden warf, nicht zusagte. Daraus war eine sehr gereizte Stimmung zwischen den Christen beider Denominationen entstanden, und die Methodisten beschuldigten die Presbyterianer – nicht ganz mit Unrecht – dem Werk Gottes hindernd in den Weg getreten zu sein.

Noch hatte ich nicht lange in der Stadt gearbeitet, da sank eines Abends am Schluß der Predigt ein Herr, allem Anschein nach vom Schwert des Geistes getroffen, von seinem Sitz. Nach beendigtem Gottesdienst erfuhr ich, daß der betreffende Herr ein sehr einflußreiches Glied der presbyterianischen Kirche sei, und merkwürdigerweise, so oft sich späterhin besagtes Vorkommnis wiederholte, handelte es sich um Presbyterianer, denen die Augen über ihre bisherige Stellung zu Christus geöffnet wurden. Man sprach sich gegenseitig aus und trat einander näher. Daraus ergab sich bald ein herzliches Einvernehmen beider Gemeinden, das nicht wenig zum gesegneten Fortgang der Erweckung beitrug.

Auch diesmal wurde die Umgegend von der Erweckung berührt. So kam eines Tages aus dem vier Stunden von De Kalb entfernten Ogdenburgh ein Ältester der dortigen Gemeinde, ein sehr wohlhabender und wohlwollender Herr, herüber, um sich persönlich von dem Stand der Dinge in De Kalb zu überzeugen. Was er sah und hörte, ergriff ihn so mächtig, daß er mir den Vorschlag machte, in seinem Auftrag und auf seine Kosten in der dortigen Gegend als Evangelist zu arbeiten. Da ich mich in keiner Weise binden wollte, ging ich jedoch nicht auf seinen Wunsch ein.

Eine eigentümliche Erscheinung in dieser Erweckung war, daß sie meist zuerst die bis dahin unentschiedenen, halbherzigen oder in Selbsttäuschung lebenden Gemeindeglieder ergriff. Unter anderem brach einer der Ältesten namens B. völlig zusammen und wurde von Stund an ein anderer Mensch.

An einem Samstagabend kam ein deutscher Schneider im Auftrag eines Herrn F., um mir einen neuen Anzug anzumessen. Einige Zeit vorher hatte ich dem Herrn gesagt, daß mein alter Rock anfange, recht fadenscheinig zu werden, dann aber die Sache einstweilen auf sich beruhen lassen. Nun erkannte ich in dem Kommen des Schneiders die Antwort auf mein Gebet. Ich fragte ihn, ob er nicht über den Sonntag in De Kalb bleiben und erst am Montag das Maß nehmen könne. „Denn", fügte ich hinzu, „heute wird es für Sie doch zum Heimgehen zu spät, und lasse ich mir den Anzug noch diesen Abend anmessen, so würden Sie morgen reisen, und das möchte ich verhüten." Er ging darauf ein und so blieb er auf meine Bitte da, besonders nachdem ich erklärte, ich wolle lieber auf den Anzug verzichten, als die Veranlassung sein, daß er am Sonntag reise.

An dem gleichen Nachmittag kamen, durch die Berichte des Ältesten F. veranlaßt, noch andere Leute von Ogdenburgh, unter denen sich ein Kollege desselben mit seinem Sohn, einem noch unbekehrten jungen Mann, befand.

Nach dem Morgengottesdienst wurde ersterer von einem der Ältesten von De Kalb zum Mittagessen eingeladen. Er ging mit ihm und empfing unterwegs einen so tiefen Eindruck von der Fülle des Geistes, die sein Wirt besaß, daß ihm die niedere Stufe christlichen Lebens, auf der er selbst stand, und die Kälte seines eignen Herzens um so schmerzlicher zu Bewußtsein kam. Bei Tisch fragte er den Hausherrn: „Wie haben Sie diesen Segen bekommen?" „Gott hat ihn mir geschenkt sobald ich aufhörte, Ihm etwas vorzulügen", antwortete jener. „Seit ich mich zu Christus bekannte, hatte ich mir und anderen alles mögliche vorgespiegelt, und Gott um Dinge gebeten, die ich eigentlich gar nicht wünschte sondern mitmachte, weil ich andere darum bitten hörte – mit einem Worte: ich war vor meinem Gott nicht aufrichtig. Sobald ich innerlich entschlossen war, nie mehr um etwas zu beten, was ich nicht aufrichtigen Herzens wollte, kam der Geist Gottes auf mich."

Der Fremde hatte mit atemloser Spannung den Worten seines Wirtes gelauscht, und kaum hatte dieser geendet, so schob er seinen Stuhl zurück, sank auf die Knie und bekannte unter Tränen, daß auch er viele heuchlerische Bitten vor seinen Gott gebracht und den Heiligen Geist vielfach durch Unlauterkeit betrübt habe. Und siehe, auch auf ihn kam sofort der Geist Gottes herab und erfüllte ihn nach Geist, Seele und Leib.

Als ich am Nachmittag im Begriffe war, die Versammlung mit Gesang zu eröffnen, traten die beiden Männer in den Saal, und der mir gänzlich unbekannte Älteste aus Ogdenburgh eilte mit freudestrahlendem Gesicht auf mich zu und schloß mich in die Arme, indem er tiefbewegt ausrief: „Gott segne Sie! Gott segne Sie, Herr Finney!" Dann wandte er sich an die Versammlung und legte mit beredten Worten Zeugnis ab von dem, was der Herr an seiner Seele getan hatte. Der Mann schien wie umgewandelt, so daß ihn seine Freunde kaum wiedererkannten. Sein eigener Sohn wollte bestürzt aus dem Saale eilen; aber der Vater rief ihm nach: „Geh nicht fort, mein Junge; denn nie habe ich dich so zärtlich geliebt, wie in diesem Augenblick!" Nach diesen Worten fuhr er fort zu erzählen, was mit ihm vorgegangen war. Der Eindruck dieses geistesmächtigen Zeugnisses war ein so gewaltiger, daß viele von denen, die dem Wirken Gottes noch bisher widerstanden hatten, zusammenbrachen und sich Gott übergaben, auch sein eigener Sohn kam an demselben Abend zum Glauben.

Im Laufe dieser Versammlung erhob sich auch der Ogden-burgher Schneider und sagte: „Auch ich fühle mich gedrungen zu bekennen, was mit mir vorgegangen ist. Ich bin als Katholik aufgewachsen und als solcher von klein auf vor der Bibel gewarnt worden. Meine Glaubensgenossen redeten mir vor: der Teufel werde mir leibhaftig erscheinen und mich mit sich in die Hölle schleppen, wenn ich in dem ketzerischen Buch lese. Wagte ich dennoch einmal darin zu blättern, so war es mir, als stehe der Teufel hinter mir und sehe mir über die Schulter. Nun weiß ich, daß das Teufelsspuk war." Hierauf bezeugte er, daß ihm Gott an jenem Nachmittag klar gezeigt, wo allein das Heil zu finden sei, und daß er die Erlösung durch Christi Blut im Glauben angenommen habe. Wer den Mann reden hörte, mußte den Eindruck gewinnen, daß er vom Tod zum Leben hindurchgedrungen war.

Die Versammlung nahm einen ganz unerwarteten Verlauf; aber ich fühlte, daß der Herr auf dem Plane war und blieb ruhig sitzen, während sich einer nach dem anderen erhob und erzählte, was der Herr an seiner Seele getan hatte. Das Walten des Geistes Gottes war mächtig und ich werde mit Dank zeitlebens auf jene Tage zurückblicken.

Im Oktober reiste ich mit meiner Frau nach Utika, um der Synode der presbyterianischen Gemeinden beizuwohnen und meinen in der Nähe lebenden Schwiegereltern einen kurzen Besuch zu machen. Nach kurzem Aufenthalt brachen wir wieder auf; denn es drängte mich, an meine Arbeit zurückzukehren.

Kaum waren wir eine Strecke weit gefahren, so rief mir eine wohlbekannte Stimme zu: „Grüß Gott, Bruder Finney!" Einen Augenblick später hielt ein Wagen neben dem unseren und ihm entstieg mein alter Lehrer, Pastor Gale. Er hatte bald nach meiner Abreise von Adams seine dortige Stellung aus Gesundheitsrück-sichten aufgegeben und bewohnte nun in einer benachbarten Stadt, namens Western, ein Landgut, wo er ein paar junge Leute zum Predigtamte vorbereitete. Wie er mir mitteilte, hatte er sich in Adams nach meiner Adresse erkundigt und war soeben auf dem Weg nach Utika, in der Absicht, mich dort zu treffen. Nun bestürmte er mich, ihn nach Western zu begleiten, da er mir durchaus sagen müsse, was er erlebt hatte in den letzten Jahren. Er ließ nicht nach mit Bitten, bis ich schließlich einwilligte.

Ich weiß nicht, ob ich in meinen bisherigen Berichten über die in der Grafschaft Jefferson und St. Laurence stattgefundenen Erweckungen genügend auf das in diesen Bewegungen in Erscheinung getretene Wirken des Heiligen Geistes hingewiesen habe. Denn es liegt mir viel daran hervorzuheben, daß ohne direktes Eingreifen Gottes durch seinen Geist eine durchgreifende Arbeit auf religiösem Gebiete unmöglich ist. Er selbst muß die Leitung gänzlich in Händen haben, sonst ist auch mit den besten Mitteln nichts ausgerichtet.

Ich habe schon zu wiederholten Malen betont, daß eins der Hauptmerkmale jener Erweckungszeiten war, daß allenthalben der Geist des Gebets herrschte. Es kam z. B. vor, daß sich Neubekehrte dermaßen zur Fürbitte für die Unbekehrten gedrungen fühlten, daß sie ganze Nächte hindurch auf den Knien lagen, bis ihre Kräfte völlig erschöpft waren. Der Heilige Geist legte den Gläubigen die Sorge für das Heil unsterblicher Seelen aufs Herz und trieb sie zu feierlichem Ernst und äußerster Wachsamkeit in Wort und Wandel an. Anstatt sich, wie früher, über nebensächliche Dinge zu unterhalten, wenn sie zusammenkamen, beugten sie gemeinsam ihre Knie und flehten Gott um Gnade für ihre unbekehrten Brüder und Schwestern an. Auf Grund der Verheißung: „Wo zwei unter euch eins werden auf Erden, worum es ist, daß sie bitten wollen, das soll ihnen widerfahren von meinem Vater im Himmel", verabredeten sich manche, für diese oder jene Seele besonders einzustehen, und der Erfolg war in der Regel wunderbar. Die Gebetserhörungen mehrten sich in so auffallender Weise, daß unmöglich an Gottes Willigkeit „zu geben über Bitten und Verstehen" gezweifelt werden konnte. Kam irgend etwas vor, was den Fortschritt der Bewegung zu gefährden drohte, schoß eine Wurzel der Bitterkeit irgendwo auf, oder regte sich die Neigung zu Fanatismus und dergleichen, so brachten die Gläubigen die Sache vor ihren Gott, und man konnte nur staunen, wie völlig und auf welche Weise der Herr die Hindernisse aus dem Weg räumte.

Was mich persönlich betraf, so machte ich die Erfahrung, daß meine Wirksamkeit lahm gelegt war, und ich weder durch Predigen noch durch seelsorgerlichen Verkehr mit den Leuten das geringste ausrichtete, wenn der Geist des Gebets nicht mehr freien Raum in mir hatte.

Kurz vor meiner Reise nach Utika lag mir das Heil der unsterblichen Seelen so sehr am Herzen, daß ich Tag und Nacht nicht ablassen konnte, im Gebet für sie mit Gott zu ringen, ja mich zuweilen zu einem beinahe ungestümen Drängen hinreißen ließ, das mich nachträglich geradezu beunruhigte. Ich war so fest überzeugt, daß Er um der in seinem Wort gegebenen Verheißungen willen meine Bitten erhören mußte, daß ich Ihm mehr als einmal sagte: „Es kann nicht dein Wille sein, mir eine abschlägige Antwort zu geben, denn du hast dich eidlich verpflichtet zu erhören. Du kannst dein Wort nicht brechen." Nie war mir der Unglaube so töricht erschienen, als gerade zu dieser Zeit; obwohl ich auch keine Ahnung hatte, *wie* oder *wann* die Erhörung kommen würde, so wußte ich doch mit aller Bestimmtheit, daß sie eintreffen werde. Diese unerschütterliche Überzeugung trug viel zur Stärkung des göttlichen Lebens in meiner eigenen Seele bei, so daß ich mich zum Kampfe gegen die Mächte der Finsternis gewappnet wußte und ein immer größeres Maß des Heiligen Geistes erwartete.

EINE ERWECKUNG IN WESTERN

Ich habe von meinem Besuch in Western gesprochen. Dort fanden die sogenannten „Westerner Erweckungen" statt, die nicht nur allgemeines Aufsehen sondern den Widerspruch hervorragender Geistlicher im Osten erregten, und es sie notwendig erachten ließ, Maßregeln dagegen zu ergreifen.

Es erschienen allerlei Flugschriften, die den Zweck hatten, die Bewegung in den Augen der Gläubigen zu verdächtigen, so daß auch aufrichtige Seelen dadurch irregeführt wurden, und selbst da, wo sie tatsächliche Erweckungen nicht leugnen konnten, die vermeintlich dabei unterlaufenden Unregelmäßigkeiten und schlimmen Folgen tief beklagten.

Ihre Anschauungen beruhten, wie gesagt, auf Irrtum, zu dessen Aufklärung ich nun so genau wie möglich über die charakteristischen Merkmale jener Erweckungen, sowie über die Mittel, die zur Förderung derselben gebraucht wurden, berichten und deren eigentliche Beschaffenheit und Resultate nach bestem Vermögen ins Licht stellen werde.

Und nun zurück nach Western, wo jene Erweckung begann. Ich hatte Pastor Gale auf sein dringendes Bitten dahin begleitet und mich bereit erklärt, am Nachmittag mit ihm in die allwöchentlich im Schulhaus stattfindende Gebetsstunde zu gehen. Zu meiner nicht geringen Verwunderung waren dort kaum ein Dutzend Menschen versammelt, und ich sah bald, daß sich die Gemeinde Western in einer sehr traurigen Verfassung befand. Ein ständiger Pastor war nicht am Ort, und Pastor Gale, der als Privatmann in ihrer Mitte wohnte, war zu leidend, um die Amtsverwaltung zu übernehmen, so daß die seelsorgerliche Tätigkeit in den Händen der Gemeindeältesten lag. Alles Leben, aller Mut, alle Hoffnung war aus der Gemeinde geschwunden; Bekehrungen kamen überhaupt nicht mehr vor, und das Trachten nach Heiligung war zur leeren Phrase geworden.

Als mich Pastor Gale den Ältesten vorstellte, baten mich diese, die Leitung der Versammlung zu übernehmen; da ich aber nur diesen einen Tag in Western zu verweilen gedachte, lehnte ich ab. Darauf eröffnete einer der Ältesten die Stunde mit Vorlesung eines Schriftwortes und Gesang und hielt dann eine lange Rede, von der ich nicht wußte, ob ich sie ein Gebet, eine Ansprache oder eine Erzählung nennen sollte. Er klagte dem Herrn, wie lang nun schon allwöchentlich diese Gebetsversammlung gehalten werde, ohne daß das geringste dabei herausgekommen sei – kurz, er machte Geständnisse, die mich aufs äußerste befremdeten. Als er endlich schwieg, nahm ein zweiter den Faden auf und spann daran weiter; dann erhob sich der dritte und erzählte, was die beiden anderen etwa übergangen hatten.

Mittlerweile konnte ich mit dem Apostel Paulus sagen, daß mir das Herz brannte. Ich vermochte kaum mehr an mich zu halten; als mich daher einer der Ältesten fragte, ob ich nichts hinzuzufügen habe, stand ich auf, wiederholte die Worte, Bitten und Bekenntnisse, die ich von ihren eigenen Lippen gehört hatte, und zerlegte sie vor ihnen. „Seid ihr hierher gekommen, um eures Gottes zu spotten, oder um zu Ihm zu beten?" fragte ich sie. „Heißt das nicht, den Allerhöchsten schmähen, wenn ihr euch gebärdet, als sei Er schuld, daß es so übel um euch steht, wie ihr soeben bekannt habt?" Wohl bemerkte ich die unwilligen Blicke der Anwesenden, und daß mehrere willens waren, aufzustehen und hinauszugehen; aber ich ließ mich nicht einschüchtern, sondern fuhr fort, ihnen unerschrocken und unerbittlich ihre Schuld vor Augen zu stellen, bis der erste, der geredet hatte – der einflußreichste Mann in der Gemeinde – auf die Knie sank und ausrief: „Sie haben recht, Bruder Finney. Es ist alles wahr." Damit war der Widerstand gebrochen: Männer und Frauen fielen auf die Knie nieder und bekannten unter Tränen, daß sie mit der Gnade gespielt hatten und deshalb der Geist Gottes von ihnen gewichen sei.

Sobald sie etwas ruhiger wurden, baten sie mich zu bleiben und am folgenden Sonntag zu predigen. Ich sah das als einen Ruf vom Herrn an und willigte ein. Den nächsten Tag fühlte ich mich unaufhörlich zum Gebet getrieben und hatte große Freimütigkeit am Thron der Gnade. Die Kunde, daß ich den Sonntagsgottesdienst zu halten gedachte, hatte sich wie ein Lauffeuer in der Umgegend verbreitet, und am Sonntag strömten die Leute in die Kirche. Während der Verkündigung des göttlichen Wortes kam der Geist Gottes mit Macht auf die Zuhörer, so daß man nicht mehr zweifeln konnte, daß das Gnadenwerk begonnen hatte. Ich kündigte an, daß ich im Laufe der Woche in verschiedenen Stadtvierteln, Schulhäusern und sonstigen Zentralstellen Versammlungen zu halten gedenke, und die Bewegung breitete sich zusehends aus.

Mittlerweile fühlte ich mich mächtig zum Gebet angetrieben und machte auch die Beobachtung, daß besonders unter den Frauen der Gebetsgeist herrschte. Die Frauen der Gemeindeältesten B. und H. waren aus jener ersten Gebetsstunde, die ich beschrieben habe, tief ergriffen heimgekehrt und hatten von Stund an mit solchem Ernst um die Errettung ihrer unbekehrten Familienglieder mit Gott gerungen, daß ich mit froher Zuversicht auf Erhörung wartete.

Als ich eines Tages zu Herrn H. kam, fand ich ihn seiner Frau wegen sehr besorgt, „Ich fürchte, sie wird ihre Kräfte gänzlich aufreiben, Bruder Finney", sagte er. „Sie gönnt sich Tag und Nacht keine Ruhe sondern betet unaufhörlich. Das hält ihr zarter

Körper nicht aus." Frau H., die meine Stimme gehört hatte, trat einige Minuten später ins Zimmer. Ein wahrhaft überirdischer Glanz lag auf ihrem Gesicht und sie rief mir voll freudiger Erregung zu: „Bruder Finney, der Herr ist auf dem Plan. Die Bewegung wird sich über die ganze Gegend verbreiten! Eine Segenswolke schwebt über unsern Häuptern, und es werden sich Gnadenströme von bisher ungeahnter Fülle über uns ergießen." Ihr Gatte war vor Verwunderung keines Wortes fähig; mir aber war die Erfahrung nichts Neues, daß Gott auf anhaltendes gläubiges Gebet seinen Kindern zuweilen sozusagen den Himmel auftat und sie schauen ließ, was Er zu tun vorhatte.

Die Bewegung griff immer weiter um sich, besonders in der Richtung von Elmer's Hill, einer kleinen, auf dem Wege nach Rom und Utika gelegenen Ortschaft. Dort hatte ich von Western aus allwöchentlich im Schulhaus eine Versammlung abgehalten, der auch Leute aus Rom und der drei englische Meilen nördlicher gelegenen Niederlassung Wright beiwohnten.

Ehe ich jedoch weitergehe, will ich noch einige meiner in Western gemachten Erlebnisse erzählen. Die bereits erwähnte Frau B. hatte mehrere unbekehrte Kinder, die alle von Natur ungewöhnlich begabt und liebenswürdig waren. Die Perle der Familie aber war die älteste Tochter, ein in den Augen ihrer Angehörigen nahezu fehlerloses Wesen. Ich hatte wiederholt mit ihr gesprochen und alles aufgeboten, sie zu der Erkenntnis zu bringen, daß alle eigene Gerechtigkeit und sogenannte Tugend vor Gott nichts gelte, und sie wie jedes andere sündige Menschenkind zu Christus kommen und bei Ihm Gnade suchen müsse, wenn sie nicht ewig verloren gehen wolle – aber umsonst. Die zweitälteste Tochter, die einmal bei einem solchen Besuch zugegen war, sagte schüchtern: „Ich glaube, Sie sind zu streng mit meiner Schwester, Herr Finney. Ich würde solche harten Worte eher verdienen als sie." Daraufhin nahm ich mir vor, eine Gelegenheit abzuwarten, da ich die jüngere Tochter allein sprechen könnte, und bald bot sich eine solche. Nach einer längeren Unterredung unter vier Augen war es durch Gottes Gnade gelungen, sie von ihrer Sündhaftigkeit und ihrem Bedürfnis eines Erlösers zu überzeugen. Der Heilige Geist ließ ihr fortan keine Ruhe mehr, bis sie nach einigen Tagen heißen Kampfes vor Gott zusammenbrach und demütig die ihr dargebotene Gnadenhand erfaßte. Ihre Bekehrung war eine tiefgehende, durchschlagende, und sie wurde ein leuchtendes Vorbild für ihre Umgebung.

Kurz darauf wurde auch die Schwester ernstlich um ihr Seelenheil bekümmert; doch kam es merkwürdigerweise lange nicht zu einem entscheidenden Durchbruch. Offenbar widerstrebte sie noch in irgend einem Punkte dem Zuge des Geistes. Auf meine Frage, wie es um sie stehe, antwortete sie mir eines Tages: „Ich weiß nicht, wie es kommt, Herr Finney, aber das Schuldbewußtsein ist nahezu von mir gewichen, und es ist mir lang nicht mehr so bange um mein Seelenheil als früher. In demselben Augenblick trat die Mutter ins Zimmer und ich wiederholte ihr, was das Mädchen soeben gesagt hatte. Tiefbekümmert sank die Frau auf die Knie und rang mit Gott um die Seele ihres Kindes mit einer Glaubenszuversicht, die mich hoffen ließ, daß die Erhörung nicht mehr lange auf sich warten lassen werde. Wenige Minuten später wurde C. so mächtig vom Geist Gottes ergriffen, daß sie im Gefühl ihrer schweren Schuld bußfertig zusammenbrach und um Gnade flehte. Großer Friede strömte in ihr Herz, und sie stand als seliges Gotteskind von den Knien auf. Bald war von der ganzen Familie B. nur noch das jüngste Kind unbekehrt.

Aus jener Erweckungszeit steht unter anderem auch ein Fall vor mir, der mir viel zu denken gab. Ich hatte mehrmals mit einem jungen Mädchen gesprochen, das fast täglich die Versammlungen besuchte, obwohl es in ziemlich weiter Entfernung wohnte. Trotz tiefer Sündenerkenntnis konnte sie nicht zu einem gläubigen Erfassen des Heils kommen sondern kam im Gegenteil der Verzweiflung nahe, so daß ich vermutete, es müsse bei ihr daheim irgend etwas nicht in Ordnung sein. Ich fragte daher, ob ihre Eltern gläubig seien. „Sie sind in die Gemeinde aufgenommene antwortete es. „Wohnen sie regelmässig den Gottesdiensten bei?" forschte ich weiter. „Ja, des Sonntags", erwiderte es. „Sonst nicht?" fuhr ich fort. „Nein", lautete die Antwort. „Halten sie Morgen- und Abendandacht mit ihren Hausgenossen?" fragte ich. „Nein", entgegnete das Mädchen, „früher taten sie es, aber jetzt schon lange nicht mehr." Nun war ich dem Hindernis auf die Spur gekommen und nahm mir vor, ohne Verzug zu den Eltern zu gehen.

Als ich tags darauf meinen Vorsatz ausführte, fand ich das Mädchen der Schwermut nahe. „Der Geist Gottes kämpft mit Ihrer Tochter", sagte ich zu der Mutter. „Stehen Sie im Gebet für sie ein?" Die Antwort, die sie mir gab, zeigte mir nur zu deutlich, daß sie keinen Begriff hatte, was „wirklich beten" heißt. Auf meinen Wunsch ließ sie ihren Mann vom Felde holen, und als er kam, fragte ich ihn: „Sehen Sie nicht, in welchem Zustand sich Ihre Tochter befindet? Halten Sie die Augen offen und beten Sie für sie?" Aus seiner Erwiderung ging klar hervor, daß er entweder niemals bekehrt gewesen oder jämmerlich zurückgegangen war, und daß von Gebetsgemeinschaft mit Gott keine Rede mehr bei ihm sein konnte. „Wie ich höre, haben Sie keine Hausandachten mehr", fuhr ich fort. „Nein", antwortete er kleinlaut. „Nun wundert es mich nicht mehr", sagte ich, „daß Ihre Tochter von Tag zu Tag tiefer in Nacht versinkt, anstatt zum Licht durchzubrechen. Steht es so in ihrem Elternhaus, so ist das gar nicht anders möglich. Sie haben ihr das Himmelreich verschlossen. Nicht nur, daß Sie nicht in dasselbe eingehen sondern Sie hindern auch Ihre Tochter daran. Ihr Unglaube und Ihre Weltförmigkeit versperren sowohl ihr wie Ihnen den Weg. Sie müssen Buße tun über Ihre Sünde, und zwar unverzüglich. Ich werde nicht von der Schwelle gehen, bis Sie und Ihre Frau gründlich Buße getan und freie Bahn für die Bekehrung Ihrer Tochter gemacht haben. Sie müssen den Familienaltar wieder aufrichten und morgens und abends wieder gemeinsam mit ihren Hausgenossen die Knie beugen. Wollen Sie mir versprechen, daß Sie von ganzem Herzen zu Ihrem Gott zurückkehren?"

Es war mir heiliger Ernst mit dem, was ich sagte; denn ich hatte den Eindruck, es war keine Zeit zu verlieren. Ich warf mich auf die Knie und fing an zu beten. Bald bekannten beide tiefgebeugt ihre Sünden, und ehe wir aufstanden, war die Tochter zum Frieden durchgedrungen und konnte sich Gottes, ihres Heilandes, freuen. Ähnliche Erfahrungen durfte ich unzählige in jener Erweckungszeit in Western erleben.

Wie schon erwähnt, war ich durch ein Presbyterium zum Prediger ordiniert worden, das die natürliche und moralische Unfähigkeit des Menschen zu allem Guten lehrte. Auch Pastor Gale, der im Auftrag seiner Amtsbrüder meine theologischen Studien überwachte, behauptete steif und fest, der Sünder könne von sich aus unmöglich etwas dazu beitragen, daß er zu Gott komme und ein neuer Mensch werde. In seinen und den Predigten seiner Kollegen wurden die Zuhörer angehalten, Gottes Zeit abzuwarten, ehe sie sich bekehren könnten. Waren sie unter den Auserwählten, so würde sie der Geist Gottes zur rechten Stunde zu finden wissen, andernfalls aber konnten weder sie selbst noch andere irgendwie etwas zu ihrer Bekehrung tun.

Sie hielten dafür, daß der Mensch von Natur sittlich entartet und wohl frei sei, das Böse zu wählen, aber gänzlich unfähig, sich für das Gute zu entscheiden; daß die vom Heiligen Geist gewirkte Umwandlung des Herzens ein physischer Vorgang im innersten Wesen des Menschen sei, und daß letzterer gar nichts zu seiner Wiedergeburt tun könne, bis der Geist Gottes ein neues Prinzip in ihn gepflanzt habe.

In meinen vielen Unterredungen mit Pastor Gale hatte ich ihm in diesen Ansichten stets widersprochen; denn ich ging im Gegenteil von der Annahme aus, daß der Mensch für sein Tun und Lassen sittlich verantwortlich sei, und es von seinem freien Willen abhänge, ob er den Lüsten und Begierden des Fleisches oder dem Gesetze Gottes gehorcht. Der Einfluß des Heiligen Geistes müsse daher ein rein moralischer sein, d. h. er müsse den Zweck haben, den Menschen durch Unterweisung in göttlichen Dingen und durch inneres Locken und Drängen zur Erkenntnis seiner Schuld und zur Annahme des Heils in Christus zu bringen.

Ferner stellte ich der Anschauung, daß von seiten des Menschen auch nicht das Geringste zur Bekehrung des Sünders geschehen könne, die Behauptung entgegen: Das Wort Gottes sei darauf berechnet, die Seele zur Drangabe des Bösen und rückhaltlosen Auslieferung an Gott zu führen. Sache des Priesters sei es daher, die biblischen Wahrheiten auf den Sünder in Anwendung zu bringen, seinen Verstand zu erleuchten, ihm die Torheit seiner Wege und deren Folgen vor die Augen zu stellen und ihm danach die Botschaft des Heils zu verkündigen. Ist das treulich und im Aufblick zu Gott geschehen, so darf man mit aller Bestimmtheit erwarten, daß der Heilige Geist kräftig darauf hinwirken wird, unseren schwachen Bemühungen den Erfolg zu sichern.

Überdies setzte ich voraus, daß der Geist Gottes im Prediger selbst wirkt und ihn befähigt, die göttlichen Wahrheiten den Leuten in der rechten Weise und der richtigen Reihenfolge vor Augen zu stellen, so daß sie ihren Zweck erreichen. Der Auftrag Christi an seine Apostel: „Gehet hin und lehret alle Völker und taufet sie im Namen des Vaters und des Sohnes und des Heiligen Geistes ... und siehe, ich bin bei euch alle Tage bis an der Welt Ende" galten damals und gelten meiner Ansicht nach heute noch allen Predigern des Evangeliums ohne Unterschied. Ich sah und sehe darin die Verheißung, daß, wenn wir uns einfältigen Auges und betenden Herzens ans Werk machen, Christus durch seinen Geist bei uns sein und unsere Bemühungen, Seelen zu retten, mit Erfolg krönen wird. Der große Fehler, den Prediger und sonstige Reichsgottesarbeiter meines Erachtens machten, war der, daß sie nicht die geeigneten Mittel anwandten, um auf zweckmäßige Weise ihr Ziel zu erreichen. Es war mir das nicht nur in Pastor Gales Predigten aufgefallen, sondern in den meisten, die ich zu hören je Gelegenheit hatte, und es nahm mich nicht wunder, daß niemand durch solche Ansprachen bekehrt wurde. Augenscheinlich erwarteten die Betreffenden selbst diese nicht. Als ich einmal mit Pastor Gale über den Gegenstand zu reden kam, sagte ich ihm rund heraus, daß nach meiner Ansicht die Religion die unfähigsten Advokaten habe. Würden die Rechtsanwälte die Sache ihrer Klienten vor Gericht nicht besser geltend machen als die meisten Prediger Christi Ansprüche dem Sünder gegenüber vertreten, so würden sie nie einen Prozeß gewinnen.

Damals konnte Pastor Gale so wenig wie seine Kollegen einsehen, daß die Erreichung des Ziels durch zweckmäßige Anwendung der richtigen Mittel bedingt ist. Wie die meisten konnte er daher auch nicht verstehen, daß es mir besonders in Zeiten der Erweckung durchaus nicht einerlei war, wer an meiner Stelle predigte. Angesichts der dringenden Bedürfnisse der Einzelnen mußte ich, selbst auf die Gefahr hin, anzustoßen, die Leitung und Unterweisung möglichst selbst in der Hand behalten. Aus diesem Grunde wurde mir häufig der Vorwurf gemacht, ich glaube, besser predigen zu können als andere. Und in gewisser Beziehung war dem also. Wer hätte den Bedürfnissen der Leute besser entsprechen können als ich, der ich sie genau kannte, und wäre es unter diesen Umständen nach Christi Sinn gewesen, wenn ich die mir speziell aufs Herz gelegten Seelen einem anderen zur Unterweisung anvertraut hätte? Ich handelte in solchen Fällen genau so, wie ich wünschte, daß andere mir gegenüber handeln möchten. Arbeitete einer meiner Kollegen an der Ausbreitung einer Erweckung, so erlaubte ich mir nicht, irgendwie einzugreifen, wenn ich die Bedürfnisse der Leute nicht genau kannte.

Wie ich bereits erwähnte, logierte ich während meines Aufenthaltes in Western bei Pastor Gale, wodurch ich Gelegenheit hatte, zu beobachten, welche innere Umwandlung mit meinem alten Freunde vorgegangen war. Er bekannte mir offen, daß es ihm schweres Kopfzerbrechen gemacht habe, sehen zu müssen, wie der Herr meine Arbeit segne, und daß er sich allen Ernstes gefragt habe, ob seine Anschauungen über die Heilslehre nicht etwa doch auf Irrtum beruhten. Wohl sei es ihm schwer geworden, das so lang Geglaubte und Gelehrte fallen zu lassen, aber schließlich habe doch die Wahrheit den Sieg davongetragen. Es sei zu einem entscheidenden Durchbruch bei ihm gekommen, und seitdem sei es wunderbar licht in seiner Seele geworden. Ein Friede, eine Freude und Kraft, wie er sie nie zuvor gekannt hatte, beglückten ihn nun. Er sei dem Herrn besonders dankbar, daß Er es verhütet habe, seinen lähmenden Einfluß auf meine Überzeugung auszuüben, wodurch meiner Wirksamkeit als Seelsorger jedenfalls geschadet worden wäre.

DIE ERWECKUNG IN ROM

Unter denen, die aus benachbarten Ortschaften nach Western kamen, um die dort stattfindende Bewegung aus eigener Anschauung kennen zu lernen, waren auch der Pastor Gillet der Kongregationalistengemeinde aus Rom, einer kleinen Stadt, und ein Fräulein H., eines der einflußreichsten Glieder der Gemeinde.

Gottes wunderbares Wirken machte einen tiefen Eindruck auf beide; ich sah, daß sie bis ins Innerste ergriffen waren. Einige Tage später kamen sie wieder, und Pastor Gillet sagte zu mir:

„Die Bibel ist ein ganz neues Buch für mich geworden, Bruder Finney; nie habe ich mir die Verheißungen so persönlich zueignen können wie jetzt, ich kann sie gar nicht mehr aus dem Sinn bringen." Je länger ich mit ihm sprach, umso klarer wurde mir, daß ihn der Herr zur segensreichen Arbeit in seiner eigenen Gemeinde zubereitete. Schließlich bat er mich, an einem der nächsten Sonntage mit ihm zu tauschen und anstatt seiner in Rom zu predigen.

Nach reiflicher Überlegung ging ich auf seinen Vorschlag ein und begab mich am nächsten Sonnabend nach Rom, um tags darauf den Gottesdienst zu halten. Ich predigte am Sonntag dreimal und suchte den Gedanken: „Fleischlich gesinnt sein ist eine Feindschaft gegen Gott" nach jeder Richtung hin zu beleuchten. Tiefer Ernst lag auf allen Gesichtern, und manches gesenkte Haupt zeugte davon, daß der Geist Gottes in der Gemeinde zu wirken anfing. Als ich dies sah, wartete ich am Montag Pastor Gillets Rückkehr aus Western ab, um ihm meine Beobachtungen mitzuteilen.

Gillet wollte an einen so raschen Erfolg nicht glauben; um aber zur Gewißheit zu gelangen, schlug er vor, eine besondere Versammlung für Erweckte zu halten. Auf seine Bitte willigte ich ein, daran teilzunehmen, doch unter der Bedingung, daß die Leute nicht von meinem Kommen benachrichtigt würden, damit niemand von bloßer Neugierde getrieben der Versammlung beiwohne. Eines der Gemeindeglieder hatte seinen Salon zur Verfügung gestellt. Als Pastor Gillet und ich zur festgesetzten Stunde den Saal betraten, war er bereits bis aufs letzte Plätzchen besetzt. Mein Kollege war sprachlos vor Verwunderung, zumal die Anwesenden meist den besten Familien des Ortes angehörten, und besonders viele junge Leute zugegen waren, die angesehene Stellungen in der Stadt bekleideten.

Anfangs wollte ich, wie ich sonst bei derartigen Gelegenheiten zu tun pflegte, persönlich mit den einzelnen sprechen; doch ich überzeugte mich bald, daß die meisten so tief ergriffen waren, daß es auf diese Weise zu einer allgemeinen Geistesbewegung kommen müsse. Und doch war weder in dieser Stunde noch an dem vorangehenden Tag etwas gesagt oder getan worden, was darauf berechnet gewesen wäre, die Leute aufzuregen. Die bloße

Verkündigung des einfachen, lauteren Evangeliums hatte diese Wirkung hervorgebracht. Jemand, der einer solchen Szene noch nicht beigewohnt hat, wird sich kaum einen Begriff machen können, welche Macht der Wahrheit innewohnt, wenn sie unter Beweisung des Geistes und der Kraft aus der Höhe verkündigt wird. In diesem Falle war sie buchstäblich ein zweischneidiges Schwert, das Herzen und Nieren durchbohrte.

Pastor Gillet wurde immer unruhiger; sein Erstaunen war groß. Ich legte ihm die Hand auf die Schulter und flüsterte ihm zu: Daraufhin ging die Versammlung auseinander, die meisten unter Schluchzen und heißen Tränen.

Am nächsten Morgen kamen schon in aller Frühe Leute ins Pfarrhaus, um uns zu bitten, ihre um ihr Seelenheil bekümmerten Familienglieder zu besuchen. Kaum zeigten Pastor Gillet und ich uns auf der Straße, so eilte fast aus jedem Hause jemand auf uns zu und forderte uns zur Einkehr auf; denn allenthalben waren Trost- und Unterweisungsbedürftige, die bei unserem Eintritt zusammenströmten, um dem Wort des Lebens zu lauschen.

So gingen wir bis Mittag von Haus zu Haus; doch hatte ich den tiefen Eindruck, daß wir nicht viel erreichten, da es unmöglich war, auf diese Weise den so verschiedenartigen Bedürfnissen gerecht zu werden.

Pastor Gillet und ich beschlossen demnach, eine weitere Versammlung für Erweckte anzuberaumen. Der Besitzer des ersten Gasthofes der Stadt stellte uns auf Ansuchen seinen Speisesaal zur Verfügung, und die gerade heimkehrenden Schulkinder brachten die Kunde von dem auf ein Uhr festgesetzten Gottesdienst unter die Leute. Bis wir vom Mittagessen kamen, war das sehr geräumige Lokal übervoll, und noch immer strömten Männer, Frauen und Kinder von allen Seiten herbei. Die Versammlung war reich gesegnet, und der Geist Gottes arbeitete spürbar an den Seelen. Nicht nur wurden ihrer viele aufs neue bis ins Innerste ergriffen, sondern eine große Anzahl, die tags zuvor erweckt worden war, fand Frieden im Blut des Lammes.

Am Abend predigte ich noch einmal, und Pastor Gillet kündigte zum Schluß für den nächsten Morgen eine Versammlung im Rathaussaal an; aber auch dieser Raum erwies sich als unzulänglich, so daß wir von da an auch für die Wochengottesdienste morgens und abends die Kirche öffnen mußten. Die Gebets- und Besprechungsstunden fanden meines Erinnerns in dem größten Schulhaus des Ortes statt. Bald griff die Bewegung weiter um sich, und es herrschte allenthalben eine so feierliche, ehrfurchtsvolle Stimmung, daß man den Eindruck hatte: die Leute waren sich der Gegenwart Gottes tief bewußt.

Von allen Seiten kamen Prediger und einflußreiche Gemeindeglieder herbei, um sich mit eigenen Augen von Gottes wunderbarem Tun in dieser Stadt zu überzeugen. Die Bekehrungen mehrten sich in so erstaunlicher Weise, daß es unmöglich war, die einzelnen Fälle festzustellen. Nach Schluß der Abendversammlungen forderte ich daher alle diejenigen, die tagsüber zum Frieden gelangt waren, auf, vorzutreten, damit wir Gelegenheit hätten, mit ihnen zu sprechen.

Eines Tages kam ein unbekehrter Kaufmann ins Versammlungslokal, während ich sprach, und setzte sich ganz vorne hin, da sonst kein Platz mehr war. Plötzlich sank er, wie von einem Pfeil getroffen, zu Boden. Ein ungläubiger Arzt, der neben ihm saß, untersuchte ihn genau und fühlte ihm Puls und Herzschlag; dann wandte er sich schweigend ab, und lehnte, selbst sichtlich ergriffen, den Kopf an einen Pfeiler. Wie er später bekannte, war angesichts der entsetzlichen Seelenqual des so plötzlich vom Geist Gottes Erfaßten sein Unglaube völlig gewichen. Es dauerte nicht lange, so war er selbst gründlich bekehrt, und auch der Kaufmann durfte als begnadigtes Gotteskind fröhlich seines Weges ziehen.

Ein anderer Arzt, ein höchst liebenswürdiger, aber ebenfalls ungläubiger Mann, hatte eine Frau die in lebendiger Gemeinschaft mit Gott stand, und ein einziges Töchterlein. Die Kleine war erst acht bis neun Jahre alt; doch hatte eine tiefe Sündenerkenntnis in ihr schon Platz gegriffen. Darüber freute sich die Mutter von Herzen, der Vater hingegen erklärte es für Verrücktheit und Fanatismus und war wütend, daß das Kind mit solchen Dingen vertraut gemacht worden war. Nach einer stürmischen Aussprache mit seiner Frau ritt er über Land, um einen Patienten zu besuchen. Wie er später erzählte, wurde ihm unterwegs der Heilsplan Gottes in Christus Jesus plötzlich so klar, daß er nicht mehr begriff, wie er je hatte zweifeln können, da ihn sogar ein kleines Kind zu verstehen vermag. Die harten Worte, die er zu seiner Frau gesagt hatte, brannten ihm auf der Seele, und es drängte ihn, sie so schnell wie möglich zurückzunehmen. Als er abends heimkam, war er ein neuer Mensch geworden und konnte sein Töchterlein dem Heiland zuführen, der ihm unterwegs begegnet, und in dem er Heil und Frieden gefunden hatte. Vater und Kind wurden an einem Tag bekehrt, und die kleine Familie diente fortan gemeinsam ihrem Herrn und Meister.

Aber auch hier wie an anderen Orten übte Gott dann und wann ein unerbittliches Strafgericht, wenn Seelen absichtlich widerstrebten oder die Bewegung zu hintertreiben suchten. Eines Tages wurde Pastor Gillet unter anderem in ein Haus gerufen, wo ein Mann plötzlich am Schlagfluß gestorben war. Bei seiner Rückkehr erzählte er Folgendes: Drei offenkundige Gegner des Werkes hatten den Sonntag mit einem Zechgelage gefeiert und dabei weidlich über die Erweckung losgezogen, bis plötzlich einer von ihnen tot zu Boden gefallen war. Als Pastor Gillet mit diesen Einzelheiten bekannt gemacht wurde, sagte er mit feierlichem Ernst zu den vor Schrecken wie betäubt dastehenden Gefährten des Unglücklichen: „Ohne Zweifel ist das Gottes Hand, und euer Genosse steht nun vor dem Richterstuhl des Allmächtigen." Von den beiden Überlebenden wagte keiner ein Wort zu erwidern, denn sie fühlten offenbar, daß sie das über den Toten ergangene Strafgericht mit heraufbeschworen hatten.

Nach und nach wurde fast die ganze Einwohnerschaft in die Bewegung hereingezogen. Kaufleute, Ärzte, Gerichtsbeamte, sowie viele andere Leute aus allen Ständen der Stadt unterwarfen sich ungeteilten Herzens ihrem Gott, und nach Pastor Gillets eingehendem Bericht fanden während meines zwanzigtägigen Aufenthalts in Rom etwa fünfhundert Bekehrungen statt.

Die wunderbare Bewegung, die in Rom vor sich ging, erregte natürlich in immer weiteren Kreisen Aufsehen und wurde besonders in Utika viel bespöttelt. Einer der hervorragendsten Bürger Roms, namens H., war bei der ersten Predigt, die ich daselbst hielt, zugegen gewesen und hatte danach zu seinen Angehörigen gesagt: „Dieser Finney ist verrückt. Sollte mich gar nicht wundern, wenn er eines schönen Tages die Stadt an allen vier Ecken anzündete." In den nächsten vierzehn Tagen ließ er sich nicht mehr blicken, beobachtete aber mit wachsender Unruhe den Fort-gang der Bewegung aus der Ferne.

Er war Teilhaber einer Bank in Utika und pflegte als solcher den wöchentlichen Sitzungen der Direktoren beizuwohnen. Auf die spöttische Bemerkung eines der Herren, daß bald die ganze Einwohnerschaft Roms fürs Irrenhaus reif sei, antwortete er: „Sie mögen sagen was Sie wollen, meine Herren, aber es gehen wun-derbare Dinge in Rom vor sich. Keine Macht der Welt noch menschliche Beredtsamkeit kann derartiges in Szene setzen. Mir ist die Sache rein unbegreiflich. Allerdings, die tiefe Erre-gung, die sich aller Gemüter bemächtigt hat, wird sich mit der Zeit legen, und muß sich legen, sollen die Leute nicht samt und sonders verrückt werden. Aber meine Herren, diese Vorgänge in der Stadt lassen sich meiner Ansicht nach nur dadurch erklären, daß Gott die Hand im Spiele hat."

Nachdem Herr H. etwa vierzehn Tage lang von den Versamm-lungen fern geblieben war, kamen wir eines Nachmittags zusam-men, um ihn zum Gegenstand unserer Fürbitte zu machen. Wäh-rend des Gebets gab uns der Herr die feste Glaubenszuversicht, daß Er sein Werk bereits in des Mannes Seele begonnen hatte. Am selben Abend kam er in die Versammlung und wurde bis ins Innerste Wesen vom Geist Gottes ergriffen. Als ich zum Schluß alle diejenigen, die sich entschieden zu Gott gewandt hatten, auf-forderte hervor zu treten, war Herr H. einer der ersten, der dem Ruf Folge leistete und demütig bekannte, daß er sich Christus ausgeliefert habe und fortan Ihm allein leben wolle.

Das Werk Gottes in Rom vertiefte sich je länger je mehr, so daß schließlich auch alle, die von auswärts in die Stadt kamen, spürten, daß etwas Besonderes vor sich ging, und daß Gott sich in überraschender, wunderbarer Weise offenbarte. Ich will das mit einem Beispiel erläutern. Eines Tages hatte der Oberrichter der Landschaft in Geschäften daselbst zu tun, und nahm sich vor, die gute Gelegenheit zu benutzen, um selbst die in Utika so vielfach besprochene und ins Lächerliche gezogene Bewegung zu sehen. In fröhlicher, sorgloser Stimmung fuhr er auf Rom zu; kaum aber langte er innerhalb des Stadtgebiets an, so ergriff ihn ein heiliger Schauer, als spüre er die Gegenwart Gottes. Als er in dem Gast-hof abstieg, dessen Besitzer uns seinen Saal zur Verfügung gestellt hatte, fiel ihm sofort der tiefe, feierliche Ernst auf, der aus der Miene des Hausknechts sprach, und auch die Herren, mit denen er zu verhandeln hatte, waren alle sichtlich ergriffen. Er selbst war kaum imstande, seine Gedanken zu sammeln, sondern mußte wiederholt ans Fenster eilen, um seine Bewegung niederzukämpfen. Ähnlich schien es allen zu ergehen, mit denen er in Berührung kam. Dergleichen war ihm in seinem Leben noch nicht begegnet, und er kehrte sobald wie möglich nach Utika zurück. Die Lust, über die Erweckung zu scherzen, war ihm gründlich vergangen, und es dauerte nicht lange, so hatte auch er sich ungeteilt seinem Heiland zum Eigentum übergeben. Auf die Einzelheiten seiner Bekehrung werde ich später zurückkommen.

Besonders hervorgehoben sei noch, daß trotz der furchtbaren Erregung, die sich aller Kreise der Einwohnerschaft bemächtigt hatte, es nicht zu einer einzigen Ausschreitung kam. Viele von denen, die in jener Erweckungszeit Frieden mit Gott fanden, leben heute noch und können bezeugen, daß die größte Ordnung und heiliger Ernst in den Versammlungen herrschte, und daß alles, was irgendwie hätte Anstoß erregen können, sofort unterdrückt wurde.

Das Wirken des Geistes Gottes war von Anfang an ein so überwältigendes, daß es bei der Leitung der Versammlungen der allergrößten Vorsicht und Weisheit bedurfte, um unliebsame Gefühlsausbrüche und sonstige Unnüchternheiten fern zu halten; andernfalls hätte leicht eine Reaktion eintreten können. Durch Gottes Gnade wurde letzteres verhindert. Die zu jener Zeit auf die früheste Morgenstunde anberaumte Gebetsversammlung wurde nach Verlauf eines Jahres noch ebenso gut besucht, und der Geist Gottes wirkte in denselben noch ebenso mächtig wie damals. Der Wandel der Neubekehrten zeugte von der Echtheit ihres Christentums, und Pastor Gillet sagte mir mehr als einmal, daß die Stadt kaum wieder zu erkennen sei. Nirgends konnte die Sünde in irgend welcher Form mehr ungestraft ihr Haupt erheben. Was ich aus jener wunderbaren Erweckungszeit in Rom berichtete, sind nur Einzelheiten; wollte ich genau auf die näheren Umstände eingehen, so müßte ich ein ganzes Buch damit füllen. Doch möchte ich noch einige Worte über den Gebetsgeist sagen, der zu jener Zeit in Rom herrschte. Gleich in der ersten Versammlung nach meiner Ankunft an jenem Samstagnachmittag suchte ich meinen Zuhörern begreiflich zu machen, daß Gott ihre Bitten gewähren werde, wenn sie auf die Bedingungen eingingen, unter denen er die Gebetserhörung zugesagt habe, und wenn sie vor allem gläubigen Herzens zum Gnadenthrone kämen. Als ich sah, mit welcher Spannung die Leute meinen Worten lauschten und welch tiefgehendes Verlangen sich auf ihren Gesichtern malte, fügte ich zum Schluß die Bemerkung hinzu: „Ich bin überzeugt, wenn ihr heute nachmittag gemeinsam in einfältigem Glauben Gott um sofortige Ausgießung des Heiligen Geistes bittet, so wird Er euch vom Himmel herab schneller die Antwort senden, als euch eine solche mit wendender Post von Albany zukommen könnte." Die Worte waren mir heiliger Ernst; denn ich hatte so oft in meinem Leben erfahren, daß dem Gebet des Glaubens unmittelbar die Erhörung folgte, daß ich nicht einen Augenblick zweifelte, es werde auch hier der Fall sein. Meine Bemerkung hatte auf mehrere der Gemeindeglieder einen so tiefen Eindruck gemacht, daß sie beschlossen, Gott beim Wort zu nehmen, um zu sehen, ob er wirklich zu seiner Verheißung stehe: „Ehe sie rufen, will ich hören; wenn sie noch reden, will ich antworten." Einer von ihnen erzählte mir später, es sei plötzlich eine wunderbare Glaubensgewißheit in ihre Herzen gekommen, daß der Herr nicht mit der Erhörung verziehen werde, „und", fügte er hinzu, „die Antwort war tatsächlich schneller da, als wir sie mit wendender Post hätten aus Albany erhalten können."

Es wurde sozusagen allenthalben und ohne Unterlaß gebetet. Fanden sich irgendwo Kinder Gottes zusammen, so wurden die Knie gebeugt, und es wurde mit Gott um die Bekehrung der noch unbegnadigten Sünder gerungen. Besonders wurde für jene Seelen eingestanden, die dem Wirken des Geistes Gottes persönlich widerstrebten oder sonstwie der Erweckung Widerstand entgegensetzten. In der Regel ließ in solchen Fällen die Erhörung nicht lange auf sich warten; ja häufig kam sie sofort.

Zum Schluß will ich noch die Bekehrung der Frau Pastor Gillet erwähnen. Sie war von sehr einnehmendem Äusseren und meines Kollegen zweite Frau. Wie mir ihr Mann erzählte, war sie kurz vor ihrer Verheiratung ein paar Wochen lang ernstlich angefasst gewesen, hatte aber das Heil nicht ergriffen und war infolgedessen, im Gedanken, sie gehöre nicht zu den Auserwählten, dem Rande der Verzweiflung nahe gekommen. Als die Erweckung in Rom ihren Anfang nahm, wirkte der Geist Gottes wiederum stark in ihr. Da ich Gast in ihrem Hause war, hatte ich vielfach Gelegenheit, mit ihr über ihren Seelenzustand zu reden, kam aber nie auf den Gedanken, daß Putzsucht das Hindernis zu ihrer Bekehrung sein könnte. Ihre Seelenangst nahm je länger je mehr zu und Pastor Gillet fürchtete ernstlich, sie möchte in ihre frühere Schwermut zurückverfallen. Auch mir wurde die Sache bedenklich; da ich jedoch den Eindruck hatte, daß sie sich in ihrer Not zu sehr auf mich stützte, suchte ich ihr soviel wie möglich aus dem Wege zu gehen. Als sie daher eines Tages, wie schon so oft, zu mir kam und mich aufforderte, mit ihr zu beten, sagte ich: das sei vollkommen nutzlos; denn sie verlasse sich auf meine Gebete, folglich würden ihr diese gar nichts helfen. Mit diesen Worten verließ ich hastig das Zimmer. Einige Minuten später kam sie mir in den Salon nach und rief freudestrahlend: „O, Herr Finney, ich habe den Heiland gefunden! Glauben Sie nicht auch, daß meine goldenen Haarnadeln das Hindernis zu meiner Bekehrung waren? So oft ich betete, kamen sie mir in den Sinn und es war mir, als solle ich sie herausnehmen; aber ich dachte, um solche kleine Dinge könne sich Gott unmöglich kümmern. Erst als Sie mich vorhin so plötzlich verließen, und mir die Nadeln wieder einfielen, sobald ich mich auf die Knie warf, um mich meinem Gott zu übergeben, zog ich sie aus dem Haar und beschloß, sie nie wieder zu tragen. Alsobald offenbarte sich der Herr meiner Seele, und es wurde mir mit einem Mal klar, daß ich es allein meiner Putzsucht zuzuschreiben hatte, daß ich nicht schon vor Jahren zum Frieden kam."

EINE ERWECKUNG IN UTIKA, GRAFSCHAFT NEW YORK

Nachdem ich etwa drei Wochen in Rom gearbeitet hatte, starb in Utika, dem wenige Stunden entfernt gelegenen Hauptort der

Grafschaft New York, ein Ältester der dortigen presbyterianischen Gemeinde, der dem Herrn mit Treue und Aufopferung gedient hatte. Ich nahm an der Beerdigung teil und erfuhr bei dieser Gelegenheit von Pastor Alken, dem Seelsorger des Ortes, daß sich nicht nur in seiner Gemeinde, sondern in der ganzen Stadt unverkennbar der Geist des Gebets rege. Er erzählte mir, der Zustand der sogenannten Namenchristen und Unbekehrten sei einer der Gläubigen so schwer auf die Seele gefallen, daß sie zwei Tage und zwei Nächte lang fast unablässig für sie zu Gott geschrien habe, bis ihre Kräfte ganz erschöpft gewesen seien. Daraus schloß ich, daß der Geist Gottes bereits in Utika auf dem Plan war, und ging bereitwillig auf den Vorschlag meines Kollegen ein, sofort mit ihm an die Arbeit zu gehen.

Pastor Alken hatte sich nicht getäuscht. Der Herr selbst hatte vorgearbeitet, und es bedurfte nur eines Anstoßes, um die tiefgehendste Erweckung hervorzurufen. Die Versammlungen waren von Anfang an überfüllt und das Werk breitete sich sehr aus, besonders in den beiden presbyterianischen Gemeinden, zwischen welchen ich denn auch meine Kräfte teilte.

Eines Abends, gerade vor Beginn der Predigt, machte mich Pastor Alken auf einen etwa in der Mitte des Saales sitzenden Herrn aufmerksam und bezeichnete ihn mir als den Landrichter der Grafschaft, der bei seinem Besuch in Rom seinerzeit einen so tiefen Eindruck von der Gegenwart Gottes bekommen hatte.

Kaum hatte ich einige Bemerkungen gemacht, so sah ich, wie sich jener Herr erhob, seinen Mantel um sich schlug und sich umwandte, aber anstatt heimzugehen, vor seinem Sitz niederkniete und in dieser Stellung verharrte, bis der Gottesdienst zu Ende war. Dann ging er, tief in Gedanken versunken, nach Hause, schloß sich in sein Zimmer und suchte sich Rechenschaft von dem Gehörten zu geben. Ich hatte die Gemeinde ermahnt, Christus anzunehmen, wie Er uns im Evangelium vor Augen gestellt wird, und hatte erklärt, in welcher Beziehung Christus zu dem Sünder und der Sünder wiederum zu Christus steht. Wie mir der Landrichter später erzählte, hatte er sich in der Einsamkeit seines Zimmers Punkt für Punkt ins Gedächtnis zurückgerufen und sich dann feierlich folgende Fragen vorgehalten: „Willst du nun ja sagen, meine Seele? Willst du Christus annehmen und dir selbst und der Sünde den Abschied geben, von diesem Augenblick an?" Es habe ihn einen harten Kampf gekostet, „ja" zu sagen, und er habe sich in seiner Herzensangst aufs Bett geworfen, endlich aber doch mit Aufgebot seiner ganzen Willenskraft ausgerufen: „Ja, Herr, ich übergebe mich dir jetzt in diesem Augenblick! Sofort, erzählte er mir, sei ihm die Last vom Herzen gefallen und er sei fest eingeschlafen. Als er nach einigen Stunden erwachte, habe der Friede Gottes seine Seele erfüllt und er habe im Erlösungswerke Christi ruhen können. Von Stund an wurde er ein eifriger Mitarbeiter im Weinberg des Herrn.

Seine Bekehrung übte einen gewaltigen Einfluß aus auf das erste Hotel der Stadt, in dem er als Junggeselle seine Wohnung aufgeschlagen hatte. Zunächst wurde der Gastwirt selber für den Herrn gewonnen und dann dessen Angehörige und Gäste. Fortan konnte kein Fremder mehr in der Stadt verkehren, ohne auf die eine oder andere Weise in die Bewegung hineingezogen zu werden. Selbst Reisende, welche nur für eine Nacht oder eine Mahlzeit im Gasthaus abstiegen, kamen zum Glauben und trugen den erhaltenen Segen in ihre Heimat. Auf diese Weise kam es auch an entfernteren Orten zu Erweckungen.

So logierte z. B. ein Kaufmann aus Lowville in genanntem Hotel. Da er ein unbekehrter Mann war, langweilte es ihn, da fast von nichts anderem als von Religion gesprochen wurde und er beschloß, noch denselben Abend heimzureisen, anstatt zu übernachten, wie er vorgehabt hatte. „Die Leute sind so verrückt, daß man zur Zeit keine Geschäfte mit ihnen machen kann", sagte er ärgerlich. Mehrere der Neubekehrten hatten diese Äußerung gehört und standen sofort im Gebet für des Mannes Seele ein. Der Fremde gedachte die spät abends von Utika abfahrende Postkutsche zu benutzen und wollte daher seine Hotelrechnung bezahlen, ehe der Besitzer zur Ruhe ging. Letzterem fiel bei dieser Gelegenheit auf, daß sich seines Gastes eine merkwürdige Unruhe bemächtigt hatte, und er ließ sich daher mit ihm ins Gespräch ein. Die Unterredung wurde immer ernster und endete mit der Bekehrung des mächtig vom Geist Gottes Angefaßten. Diesem legte sich sofort der Zustand seiner unbekehrten Angehörigen so schwer aufs Herz, daß er wirklich mit der Postkutsche heimfuhr. Kaum war er zu Hause angelangt, so rief er die Seinen zusammen, erzählte ihnen, was sich mit ihm zugetragen hatte und betete mit ihnen. Da er einer der angesehensten Männer der Stadt war, machte sein offenes Bekenntnis einen tiefen Eindruck auf seine Mitbürger und hatte eine gewaltige Erweckung in Lowville zur Folge.

In einer so bedeutenden Stadt wie Utika ging es natürlich nicht ohne Widerspruch gegen die Bewegung ab. Erweckungen waren in jener Gegend etwas neues; daher war ein großer Teil der Bevölkerung geneigt, nur eine rasch vorübergehende Gefühlsaufwallung in ihnen zu erblicken, die eher zu dämpfen als irgendwie zu ermutigen sei.

Meine Freunde und ich hielten es für das beste, die teils in der Presse, teils auf Pastoralkonferenzen gegen die Bewegung geschleuderten Angriffe gänzlich zu ignorieren und ruhig weiter zu arbeiten. War das Werk doch des Herrn Sache; wir konnten es Ihm demnach getrost überlassen, es vor den Augen der Menschen zu rechtfertigen, wo es Ihm notwendig schien. Tatsächlich griff Er zuweilen in überraschender Weise ein, wenn es galt, seines Namens Ehre zu retten.

Das war z. B. in einer Versammlung der Fall, welche die presbyterianischen Gemeinden in Utika abhielten, als die Bewegung gerade in vollem Gange war. Unter den anwesenden Geistlichen war auch ein Schotte, der schon als ziemlich bejahrter Mann nach Amerika gekommen war und noch nicht lange dort lebte. Dieser konnte sich durchaus nicht in das finden, was um ihn her vorging. Er hatte nie einer Erweckung beigewohnt und betrachtete das tiefe religiöse Interesse, das sich allenthalben geltend machte, als Überspanntheit. Daß fast überall von nichts anderem gesprochen wurde als von göttlichen Dingen, und daß auf allen Gesichtern feierlicher Ernst zu lesen war, langweilte und ärgerte ihn. Als den Mitgliedern daher nach Schluß der Verhandlung Gelegenheit zu freier Aussprache gegeben wurde, erhob er sich und hielt eine heftige Schmährede gegen die Erweckung. Die zahlreich anwesenden Freunde des Werkes, teils Geistliche des Bezirks, wußten nichts anderes zu tun, als aus der Tiefe ihrer Herzen zu Gott zu schreien, daß Er in Gnaden alle üblen Folgen der vorgebrachten, völlig ungerechtfertigten Anschuldigungen verhüten möge. Am Abend, nachdem die Versammlung beendigt war, vereinigten sich diejenigen, denen das Werk des Herrn am Herzen lag, nochmals zum Gebet, ja ihrer viele flehten die ganze Nacht hindurch zu Gott um Hilfe. Am nächsten Morgen wurde der Schotte tot in seinem Bett gefunden.

Da ich für meine Arbeit in Utika besonnene und eifrige Mitarbeiter fand, konnte ich meine Tätigkeit auch auf benachbarte Gemeinden ausdehnen. Unter anderem predigte ich ziemlich häufig in New Hartford und Whitesboro, wo ebenfalls ein Werk der Gnade im Gange war. In der Nähe von Whitesboro war eine große Baumwollfabrik, die einem zwar noch unbekehrten, aber dem Evangelium freundlich gesinnten Herrn gehörte. Technischer Leiter des Betriebes war damals mein Schwager. Auf wiederholte Aufforderung des Besitzers predigte ich eines Abends in dem geräumigen Schulzimmer des Dorfes vor dichtgedrängtem Publikum. Das Wort machte sichtlichen Eindruck, und besonders schienen viele der anwesenden Arbeiter und Arbeiterinnen tief ergriffen zu sein.

Am nächsten Morgen führten mich der Eigentümer und mein Schwager durch die Fabrik, um mir deren Betrieb zu zeigen. Auf unserem Rundgang durch die Säle bemerkte ich, daß mich zwei der jungen Mädchen, die an den Webstühlen beschäftigt waren, anschauten und dann sichtlich erregt miteinander sprachen, ihre Bewegung jedoch durch ein Lächeln zu verbergen suchten. Langsam ging ich auf sie zu, tat aber, als beachte ich sie nicht. Dennoch sah ich deutlich, daß sich ihrer eine steigende Unruhe bemächtigte, ja, daß die Hand der einen zu sehr zitterte, um einen abgerissenen Faden wieder anknüpfen zu können. Kaum war ich noch einige Schritte von ihr entfernt, so sah ich sie feierlich ernst an. Der Blick ging ihr durchs Herz; sie sank zu Boden und brach in Tränen aus. Ihr Beispiel wirkte auf die anderen. In wenigen Minuten war in dem Saale kaum ein Auge trocken. Als der Besitzer den Stand der Dinge sah, sagte er zu dem Verwalter: „Lassen Sie die Arbeit einstellen. Es ist wichtiger, daß Seelen gerettet werden, als daß ich Geld verdiene." Dem Befehl wurde sofort Folge geleistet. Alle Arbeiter und Arbeiterinnen versammelten sich im größten Saale der Fabrik, und ich durfte dort eine der herrlichsten Erweckungen erleben, die ich je gesehen habe. In wenigen Tagen waren fast sämtliche Bedienstete der Fabrik zum Glauben durchgedrungen.

Eine der wunderbarsten Bekehrungen, welche in Utika stattfanden, war die eines Studenten namens Weld. Da der Fall viel von sich reden machte, wird es gut sein, wenn ich etwas näher darauf eingehe. Der junge Mann war der Sohn eines hervorragenden Geistlichen in Neu-England und hatte eine entschiedene, lebendige Christin zur Tante. Dieselbe hielt ihn für bekehrt, und wenn er bei ihr zu Besuch war, pflegte er morgens und abends die Familienandacht zu leiten. Kurz vor Ausbruch der Erweckung war er wegen weiterer Ausbildung ins sogenannte Hamilton-Colleg in Chinton eingetreten, wo er vermöge seiner ungewöhnlichen Begabung bald großen Einfluß auf seine Mitstudenten gewann. Als er von den Vorgängen in Utika hörte, wurde er sehr erregt und zum Widerspruch gereizt. Wie ich erfuhr, schmähte er das Werk in unverantwortlichster Weise. Als dies seiner Tante zu Ohren kam, fiel es ihr schwer aufs Herz und sie forderte ihn auf, den nächsten Sonntag bei ihr zu verbringen, um ihm eine Gelegenheit zu bieten, mich predigen zu hören. Anfangs schlug er die Einladung rundweg aus, veranlaßte aber schließlich eine Anzahl Studenten, ihn nach Utika zu begleiten, „um sich das überspannte Getreibe anzusehen". Er kam mit dem festen Entschluß, nur dem Morgengottesdienst beizuwohnen, den Pastor Alken in der Regel hielt; mich aber wollte er um keinen Preis hören.

Als seine Tante dies Pastor Alken mitteilte, schlug er mir vor, mit ihm zu tauschen und anstatt abends am Vormittag zu predigen, worauf ich bereitwillig einging. Der junge Mann war mir persönlich fremd, aber Pastor Alken zeigte ihn mir, als er mit Frau C. und deren Familie in die Kirche kam. Nachdem mein Kollege den Gottesdienst wie gewöhnlich mit Gesang und Gebet eröffnet hatte, stand ich auf und verlas meinen Text: „Ein einziger Bube verderbet viel Gutes." Ich hatte in meinem Leben nicht über dieses Wort gesprochen; aber es kam mir so lebhaft in den Sinn, daß ich mich entschloß, es zum Gegenstand meiner Predigt zu machen. Zunächst suchte ich durch Beispiele zu erläutern, wie viele Seelen tatsächlich durch den Einfluß eines einzigen Menschen der ewigen Verdammnis anheimfallen können, und es mochte meine Schilderung ein ziemlich treffendes Bild von Weld gewesen sein, denn er wurde sichtlich unruhig und hatte sich am liebsten aus dem Staube gemacht.

Am nächsten Tage, als ich in ein großes Warenlager ging, um mit einigen dort angestellten jungen Leuten zu reden, traf ich Weld. Dieser fiel ohne weiteres über mich her und schleuderte wohl eine Stunde lang die heftigsten Schmähungen gegen mich, und zwar mit einer solchen Zungengeläufigkeit, daß ich gar nicht zu Worte kam. Allmählich hatten sich aus den benachbarten Geschäftshäusern und von der Straße her Scharen von Zuhörern um uns gesammelt, und aller Aufmerksamkeit war auf uns gerichtet. Nachdem ich lange alles hatte schweigend über mich ergehen lassen, fragte ich kurz: „Herr Weld, ist das Ihrer Meinung nach eine geziemende Aufführung für den Sohn eines Predigers?" Ich sah, daß ihm die Worte nicht einerlei waren; doch machte er noch eine trotzige Entgegnung und ging dann seines Weges.

Kaum war ich zu Hause angelangt, so schellte es, und als ich die Tür öffnete, weil der Diener gerade nicht in der Nähe war, stand Herr Weld vor mir. Er sah tief beschämt aus und stammelte errötend eine Entschuldigung, daß er mich so schmählich behandelt habe. Ich drückte ihm herzlich die Hand, versicherte ihm, daß ich ihm die Sache in keiner Weise nachtrage und ermahnte ihn allen Ernstes, Gott sein Herz zu geben. Nachdem ich noch mit ihm gebetet hatte, ging er, und ich hörte an jenem Tage nichts mehr von ihm.

Später erfuhr ich von seiner Tante, daß er in einer unbeschreiblichen Aufregung nach Hause gekommen war und sich der Widerstand in seinem Herzen aufs äußerste gesteigert hatte. Er verbrachte die Nacht in einer fürchterlichen Gemütsstimmung. Auflehnung gegen Gott, Zorn, Trotz und tiefes Schuldbewußtsein stritten in seinem Herzen um die Herrschaft. Gegen Morgen – erzählte er selbst – war es plötzlich, als drücke ihn eine unsichtbare Macht gewaltsam zu Boden, und eine Stimme schien ihm zuzurufen: „Tue Buße, und zwar ohne Verzug!" Er sank nieder, und als seine Tante ein paar Stunden später in sein Zimmer kam, fand sie ihn völlig gebrochen auf der Erde liegen.

In der Abendversammlung legte er öffentlich ein reumütiges, tief ergreifendes Bekenntnis ab, um wenigstens so viel in seinen

Kräften stand wieder gut zu machen, was er durch Mißbrauch des ihm zu Gebote stehenden Einflusses gesündigt hatte. Mit der Zeit wurde er einer meiner tüchtigsten Mitarbeiter.

So verbreitete sich die Bewegung von Rom und Utika aus über die ganze Grafschaft. Was jene Dame, die ich seiner Zeit erwähnte, erbeten und vorausgesehen hatte, war buchstäblich in Erfüllung gegangen. Als die presbyterianischen Gemeinden des Distrikts nach einiger Zeit diejenigen der Neubekehrten, die den Wunsch geäußert hatten, sich ihnen anzuschließen, aufnahmen, waren ihrer dreitausend. Ich kann mich nicht mehr der Namen der einzelnen Ortschaften erinnern, wo ich längere oder kürzere Zeit wirkte. Die Pastoren der verschiedenen Gemeinden beteiligten sich von Herzen an dem Werke und arbeiteten mit treuester Selbsthingabe an dessen Förderung, wofür sie Gott reichlich belohnte.

In dieser wie in allen anderen Erweckungszeiten wurde unsererseits vor allem auf die Notwendigkeit sofortiger, rückhaltloser Auslieferung an Gott hingewiesen. Wir suchten den Sündern klar zu machen, daß sie bei allem Bitten und Betteln um den Heiligen Geist ihm tatsächlich widerstrebten, so lange sie nicht seinem Drängen gehorchten, Buße täten, Gott ihr Herz gäben, gläubig das ihnen dargebotene Heil annähmen und sich in Demut, Liebe und Gehorsam Christus zum Dienste übergäben.

Der Geist Gottes bekannte sich zu dieser Lehre, obwohl sie mit den Anschauungen vieler meiner Amtsbrüder total im Widerspruch stand. Jene schienen es im Gegenteil für das Kennzeichen einer besonders gründlichen Bekehrung zu halten, wenn ein Mensch wochen-, ja monatelang unter dem Druck des Schuldbewußtseins einherging. Ich meinerseits sah darin eine große Gefahr, in Selbstgerechtigkeit zu verfallen, da der Sünder dadurch leicht auf den Gedanken kommen konnte, er habe Gott durch seine Bußtränen und Gebete erweicht. Mein Streben war daher, den Leuten verständlich zu machen, daß jedes Hinausschieben der Bekehrung Empörung gegen Gott ist, und wo sie das erfaßten, waren sie nicht selten in wenigen Minuten vom Tod zum Leben hindurchgedrungen. Solche plötzlichen Bekehrungen erregten bei vielen Brüdern Besorgnis, und sie prophezeiten unvermeidlichen Rückfall; die Folge lehrte jedoch gerade das Gegenteil.

DIE ERWECKUNG IN AUBURN

Der Pastor der ersten presbyterianischen Gemeinde in Auburn, Dr. Lansing, hatte mich bei Gelegenheit eines Besuches in Utika aufgefordert, auch eine Zeitlang unter seinen Leuten zu arbeiten. Im Sommer 1826 entsprach ich diesem Wunsch; doch kaum war ich in Auburn, so bemerkte ich, daß die Professoren des dortigen theologischen Seminars eine unverhohlen feindliche Stellung mir gegenüber einnahmen. Allerdings hatte ich gewußt, daß infolge der falschen Gerüchte, welche ausgestreut worden waren, die Geistlichen des Ostens von Bedenken und Vorurteilen gegen die Erweckung erfüllt waren und es nicht gern sahen, wenn sich dieselbe auch auf ihre Gemeinden ausdehnte; aber erst in Auburn wurde mir klar, welche weitgehenden Vorbereitungen getroffen worden waren, um mein Wirken lahm zu legen. Man hatte Laurer damit beauftragt, mich zu beobachten und alles aufzugreifen, was irgendwie als Mittel gegen die Bewegung ausgebeutet werden könnte. Wie mir mitgeteilt wurde, hatten sich die Geistlichen und Gemeindeglieder der Umgegend verbunden, ihre ganze Kraft aufzubieten, um meiner Wirksamkeit so weit wie möglich Schranken zu setzen. Zu diesem Zweck kam kurz nach meiner Ankunft in Auburn einer meiner Hauptgegner, ein gewisser Herr Nettleton nach Albany, einer nahegelegenen Stadt. Er glaubte sich seiner Sache so gewiß, daß er bereits triumphierend äußerte, mein Wirken in Auburn werde bald zu Ende sein.

Das alles berührte mich um so schmerzlicher, als es mir völlig unerwartet kam und ich dieses hinterlistige Treiben im Blick auf die Sache des Herrn nicht für ganz ungefährlich hielt. In der Überzeugung, daß ich diese Angelegenheit zunächst nur vor meinem Gott auszumachen habe, vermied ich sorgfältig, öffentlich oder privat davon zu sprechen, brachte sie aber um so ernstlicher vor den Herrn. Augenblick für Augenblick suchte ich von Ihm Weisung und die nötigen Winke für die mir anvertraute Arbeit zu erhalten und flehte Ihn um Bergung und Hilfe an.

Die Erhörung sollte auch nicht ausbleiben. Nie werde ich jenen Vorgang in Dr. Lansings Gastzimmer vergessen, wo der Herr vor meinem Geistesauge vorüberziehen ließ, was mir bevorstand. Während ich auf meinen Knien lag und mein Herz vor Ihm ausschüttete, trat Er mir näher und immer näher, sodaß ich bis ins innerste Wesen erbebte. Nie hatte ich Gottes Gegenwart in so überwältigender Weise empfunden, wie in jenem Augenblick. Anfangs war es mir, als stehe ich nicht sowohl unter dem Schatten des Kreuzes, als vielmehr unter dem Gesetzesdonner des Sinai.

Nie hatte mich das Bewußtsein der Gegenwart Gottes so tief gedemütigt und mit solchem heiligen Schauer erfüllt, und doch dachte ich nicht daran, ihr zu entfliehen, sondern ich fühlte mich mehr und mehr zu ihr hingezogen. Nachdem ich mich bis in den Staub gebeugt hatte, wurde ich wunderbar erquickt und aufgerichtet. Gott schenkte mir die innere Gewißheit, daß Er mit mir sein und mich halten werde, daß ich in der ganzen Sache nichts zu tun habe, als ruhig weiter zu arbeiten und seines Heils zu warten.

Was in jener Stunde zwischen Gott und meiner Seele vorging, läßt sich nicht mit Worten wiedergeben; doch beruhigte es mich nicht nur vollkommen, sondern ermöglichte mir auch, den Brüdern, die sich in mißverstandenem Eifer gegen mich verbündet hatten, stets in ungefälschter Liebe entgegenzukommen. Ich wußte, daß der Herr für mich stritt und ich in Ihm ruhen durfte. Selbst in Augenblicken, wenn der Sturm am heftigsten wütete, konnte mir nichts mehr die Zuversicht rauben, daß Gott alles herrlich hinausführen werde. Sogar als sich sämtliche Gemeinden des Landes, mit Ausnahme derer, in denen ich bereits gearbeitet hatte, dahin verbündeten, mir ihre Kirchen zu verschließen, beunruhigte mich das nicht im geringsten, geschweige denn, daß es mich auch nur eine Stunde den Schlaf gekostet hätte.

Immer wieder kam mir in jener Zeit folgender Abschnitt im zwanzigsten Kapitel des Propheten Jeremia in den Sinn: „Herr, du hast mich überredet, und ich habe mich überreden lassen; du bist mir zu stark gewesen und hast gewonnen; aber ich bin darüber zum Spott geworden täglich, und jedermann verlachet mich. Denn seit ich geredet, gerufen und gepredigt habe von der Plage und Verstörung, ist mir des Herrn Wort zum Hohn und Spott geworden täglich. Da dachte ich: Wohlan, ich will sein nicht mehr gedenken und nicht mehr in seinem Namen predigen. Aber es ward in meinem Herzen wie ein brennend Feuer, in meinen Gebeinen verschlossen, daß ich's nicht leiden konnte, und wäre schier vergangen. Denn ich höre, wie mich viele schelten und schrecken um und um. ‚Hui, verklagt ihn! Wir wollen ihn verklagen!' sprechen alle meine Freunde und Gesellen; ‚ob wir ihn übervorteilen und ihm beikommen mögen und uns an ihm rächen'. Aber der Herr ist bei mir wie ein starker Held; darum werden meine Widersacher fallen und nicht obliegen; sie sollen sehr zu Schanden werden, darum, daß sie so töricht handeln; ewig wird die Schande sein, der man nicht vergessen wird. Und nun, Herr Zebaoth, der du die Gerechten prüfest, Nieren und Herz siebest, lass mich deine Rache an ihnen sehen; denn ich habe dir meine Sache befohlen" (Jer. 20,7-12).

Ich will nicht sagen, daß dieser Abschnitt meinen Fall buchstäblich schilderte oder genau meine Gefühle wiedergab, aber er passte in so vieler Hinsicht auf meine damalige Lage, daß er mir immer wieder einfiel. Der Herr ließ mein Vertrauen nicht zu Schanden werden. Trotz allen Widerspruchs nahm auch in Auburn sein Werk einen gesegneten Fortgang, besonders in Dr. Lansings Gemeinde, die eine der zahlreichsten in der Stadt war und viele gebildete Männer zu ihren Mitgliedern zählte.

Unter den vielen, die zu jener Zeit eine wunderbare Umwandlung erfuhren, war ein gewisser Dr. S. Der Mann war Gemeindeältester, hatte aber selbst so wenig wirkliches Leben aus Gott, daß er jeglichen Einfluß auf andere entbehrte, und eigentlich ein recht trauriges Christentum führte. Es dauerte nicht lange, so öffnete ihm der Geist Gottes die Augen über seinen Seelenzustand, und er geriet in solche Bekümmernis über seine Sünden, daß er beinahe in Schwermut verfiel. Wochenlang ging er tief gebeugt einher, bis er sich eines Tages im Glauben das Erlösungswerk Christi aneignete. In demselben Augenblick strömte der Friede Gottes in sein Herz und er empfing eine wunderbare Taufe des Geistes.

Infolge öffentlichen Widerspruchs, den ich seitens meiner Amtsbrüder zu erfahren hatte, nahm eine Anzahl der angesehensten Männer der Stadt Stellung gegen meine Arbeit; um so mächtiger aber bekannte sich der Herr zu derselben.

Mancher Hausvater verbot seiner Frau und seinen Kindern aufs nachdrücklichste den Besuch der Versammlungen, und ich hielt es für meine Pflicht, ein solches Verfahren öffentlich an den Pranger zu stellen. Nachdem ich eines Sonntags geschildert hatte, auf welche Weise gewisse Leute sich und andere um ihr Seelenheil zu bringen pflegen, sagte ich: „Wäret ihr mir persönlich bekannt, so könnte ich manchen unter euch mit Namen nennen, der es seinen Angehörigen bisher genau so gemacht hat, wie ich soeben beschrieben habe." Da rief einer mitten aus der Versammlung heraus: „Nennen Sie mich nur!" und ließ dann, bebend vor innerer Erregung, den Kopf auf die Banklehne sinken. Später bekannte er, daß ihn meine Worte bis ins Innerste Herz getroffen und ihm den Ausruf: „Nennen Sie mich nur!" wider Willen abgerungen hatten. Ich fürchte, zu einer wirklichen Umkehr ist es in diesem Falle nicht gekommen.

Es lebte in Auburn ein Hutmacher namens H., ein Universalist und entschiedener Gegner der Erweckung. Dieser verbot seiner Frau, einer lebendigen Christin, den Besuch der Versammlungen. Sie blieb dann auch mehrere Tage daheim.

Eines Abends aber, als es wieder zur Kirche läutete, fiel sie auf die Knie und schüttete ihr um die Seele ihres Mannes tiefbekümmertes Herz vor Gott aus.

Kaum war sie aus ihrem Kämmerlein ins Wohnzimmer zurückgekehrt, so trat auch ihr Gatte ein und sagte zu ihr, wenn sie in die Versammlung gehe, wolle er sie begleiten. Später teilte er ihr mit, er habe sich mitzugehen entschlossen, weil er hoffte, aus meinen Worten irgend eine Waffe gegen seine Frau schmieden zu können oder Gelegenheit zu finden, das Werk ins Lächerliche zu ziehen.

Zur Zeit hatte ich natürlich keine Ahnung von der ganzen Sache, hatte auch den Tag über nicht einen ruhigen Augenblick gehabt, um mich auf die Predigt vorbereiten zu können. Erst während des Gesanges wurden mir vom Herrn selbst als Text die Worte jenes Mannes mit dem unreinen Geist gegeben: „Laß ab; was habe ich mit dir zu schaffen, du Sohn des Allerhöchsten?" Während ich in der Kraft Gottes in möglichst anschaulicher Weise jene Klasse von Menschen schilderte, die gleich dem Manne im Evangelium nichts mit Jesu zu tun haben wollten, drang plötzlich ein markerschütternder Schrei an mein Ohr, und ich sah einen der Zuhörer wie vom Blitz getroffen vom Stuhl sinken.

Der Vorgang rief so allgemeine Bestürzung hervor, daß ich zur Beruhigung der Gemüter in meiner Predigt innehielt und mich persönlich nach dem Mann umsah. Es war der schon erwähnte Herr H., den der Geist Gottes so ergriffen hatte, daß er schluchzend wie ein Kind, demütig seine Sünden bekannte. Der Heilige Geist hatte seine Aufmerksamkeit so völlig in Beschlag genommen, daß ich den Versuch, mit ihm zu sprechen, aufgab. Als die Anwesenden die Sachlage erfaßten, wurden sie tief bewegt, und ihrer viele brachen in Tränen aus; denn der Mann war wegen seiner Feindschaft gegen das Christentum in der ganzen Stadt bekannt und gefürchtet. An ein Weiterpredigen war bei dem Stand der Dinge nicht zu denken; aber nie werde ich den Ausdruck heiliger Siegesfreude vergessen, der aus den Mienen der überglücklichen Gattin sprach.

Nachdem mehrere Brüder gebetet hatten, verabschiedete ich die Versammlung. Zu Hause angelangt, ließ Herr H. sofort verschiedene seiner Freunde, mit denen er über das Gnadenwirken Gottes gespottet hatte, zu sich bitten und bekannte ihnen tief gebeugten Herzens seine Schuld, ermahnte sie aber auch, sich reumütig ihrem Herrn und Erlöser in die Arme zu werfen, um dem zukünftigen Zorn zu entfliehen. Sobald er wieder imstande war auszugehen, beteiligte er sich gehorsamen Geistes mit allem Ernst an der Arbeit. Bald darauf wurde er zum Kirchenältesten gewählt. Seine Umwandlung war eine so gründliche, in die Augen fallende, daß sie viel dazu beitrug, die Gegner der Erweckung zum Schweigen zu bringen.

Noch muß ich eine äußerst merkwürdige Begebenheit erwähnen, die sich kurz nach meiner Ankunft in Auburn zutrug. Dr. Lansings Gemeinde stand bei den Unbekehrten im Ruf großer Weltförmigkeit, besonders was die Kleidung betraf. Sollte eine gründliche Erweckung stattfinden, so mußte sie innerhalb der Kirche beginnen. Ich hielt daher der Gemeinde eines Sonntags so eindringlich wie möglich ihre weltliche Gesinnung vor. Das

Wort machte augenscheinlich einen tiefen Eindruck auf die Zuhörer.

Zum Schluß forderte ich wie gewöhnlich Dr. Lansing auf, zu beten. Dieser war so ergriffen von der Predigt, daß er anstatt dessen das von mir Gesagte mit einer ernsten Mahnung bekräftigte. Da erhob sich einer der Anwesenden und sagte mit weithin vernehmbarer Stimme: „Dr. Lansing, ich fürchte, Ihre Bemerkungen werden nicht viel fruchten, solange Sie einen Diamantring am Finger tragen und Ihre Frau und Töchter wie die leibhaftigen Modepuppen vor uns sitzen." Die Worte gingen Dr. Lansing durchs Herz. Er entgegnete nichts, sondern setzte sich und weinte wie ein Kind. Die Gemeinde folgte seinem Beispiel, und bald hörte man nur noch Weinen und Schluchzen. Nach einer Weile stand ich auf und schloß die Versammlung mit Gebet.

Ich ging mit dem lieben, tiefgebeugten Pastor heim. Nachdem seine Angehörigen von der Kirche zurück waren, zog er seinen Ring vom Finger und sagte, seine erste Frau habe ihm, als sie auf ihrem Sterbebett lag, denselben angesteckt mit der Bitte, er möge ihn zum Andenken an sie tragen. Das habe er getan, ohne zu ahnen, daß irgend jemand daran Anstoß nehmen könnte. „Aber", fügte er hinzu, „nachdem ich damit Ärgernis gegeben habe, will ich ihn nie mehr anstecken." Er war ein treuer Knecht Gottes und ein ausgezeichneter Seelsorger.

Unmittelbar nach dieser Begebenheit fühlte sich die Gemeinde gedrungen, freimütig vor aller Welt zu bekennen, daß sie sich bisher im Zustand des Abfalls befunden habe und im Glaubensleben schmählich zurückgefallen sei. Es wurde im Namen der einzelnen Gemeindeglieder ein reumütiges Geständnis verfaßt und nach dem Gottesdienst öffentlich verlesen, wobei die gesenkten Köpfe und die nassen Augen der Anwesenden deutlich bewiesen, daß man es hier nicht mit einer wertlosen Form sondern mit wahrer Herzensbuße zu tun hatte.

Auf dieser gründlichen Selbstdemütigung ruhte sichtlich Gottes Segen; nicht nur die Gemeinde wurde neu belebt, sondern auch den Gegnern wurde großenteils der Mund gestopft, und ihrer viele kamen mit der Zeit zur Bekehrung.

DIE ERWECKUNG IN TROY
UND NEU-LIBANON

Im Herbst des Jahres 1826 ging ich auf Dr. Bemaus dringende Aufforderung nach Troy, um mit ihm an der Neubelebung seiner Gemeinde zu arbeiten. Selbst der Umstand, daß ich damit dem Aufenthaltsort meines Gegners Nettleton bedenklich nahe kam, konnte mich nicht von der Annahme der mir zugegangenen Einladung abschrecken. Im Gegenteil, ich erhoffte mir alles Gute von einer Begegnung mit dem allgemein geachteten Mann und dachte, eine eingehende persönliche Unterredung zwischen uns beiden werde genügen, um ihn aus einem Feinde zu einem Freunde und Förderer der Bewegung zu machen.

Kaum war ich daher in Troy angelangt, so machte ich mit einem Freund und Studiengenossen Nettletons, der zur Zeit Richter in Troy war, einen Ausflug nach Albany, um Nettleton zu besuchen. Dieser wohnte bei einer mir bekannten Familie, und ich hatte demnach Gelegenheit, mehrere Stunden mit ihm in gegenseitigem Austausch unserer theologischen Anschauungen zu verbringen. Zu meinem Erstaunen stimmten wir hierin fast durchgängig überein, doch merkte ich, daß Nettleton sich so kurz wie möglich faßte und vor allem aufs sorgfältigste vermied, die Erweckungsfrage zu berühren. Er hielt sich in gemessener Entfernung von mir, und als ich ihm sagte, daß ich für den Abend in Albany zu bleiben gedenke, um seiner Predigt beiwohnen zu können, wurde er sichtlich unruhig und gab mir zu verstehen, daß er nicht in meiner Gesellschaft gesehen zu werden wünsche. Diese Äußerung, und mehr noch, was ich in der Abendversammlung von ihm hörte, öffnete mir die Augen über die Stellung, die der Mann mir gegenüber einnahm, und ich wußte nun, was ihn nach Albany geführt hatte. Es dauerte nicht lange, so machte sich auch sein und Dr. Beechers Einfluß in Troy selbst geltend. Durch sie aufgestachelt, stellten sich mehrere einflußreiche Mitglieder von Dr. Bemans Gemeinde der durch mein Zeugnis hervorgerufenen gewaltigen Bewegung entgegen. Der Widerstand wurde immer heftiger, und schließlich kam es so weit, daß einige der Gemeindeglieder bei dem Presbyterium des Distrikts Klage gegen Dr. Beman einreichten. Nach mehrwöchiger gründlicher

Untersuchung endete die Sache natürlich mit einer glänzenden Rechtfertigung des Doktors. Das erbitterte die Kläger so sehr, daß sie sich von der Gemeinde lossagten und zur Bildung einer neuen schritten. Die Macht des Widerstandes aber war gebrochen, was wohl in erster Linie der treuen Fürbitte der Freunde der Bewegung zu verdanken war.

In dieser wie in allen vorhergehenden Erweckungen herrschte ein reger Gebetsgeist, und es fand täglich um elf Uhr bald in diesem, bald in jenem Haus eine Gebetsstunde statt. Bei dieser Gelegenheit wurden die Unbekehrten dem Herrn so dringend ans Herz gelegt, daß sich in der Regel das Wirken des Geistes Gottes alsbald an ihren Seelen spürbar machte. So war es unter anderem bei dem Vater des Richters C., der mich auf dem Ausflug nach Albany begleitet hatte. Der alte Herr war zu Besuch bei seinem Sohn und hatte sich zeitlebens durch einen streng rechtlichen Wandel ausgezeichnet. Sein Haus war der Sammelplatz für alle gläubigen Geistlichen der Umgegend, und er galt im allgemeinen nicht nur für einen Ehrenmann sondern auch für einen gediegenen Christen und äußerst liebenswürdigen Menschen. Unter diesen Umständen sah er durchaus keine Notwendigkeit, sich wie andere arme Sünder zu bekehren, und die Seinigen waren in großer Besorgnis, daß ihn seine Selbstgerechtigkeit schließlich noch sein Seelenheil kosten werde.

Eines Sonntagmorgens legte mir der Geist Gottes den Zustand des Mannes dringend aufs Herz und zeigte mir zugleich, auf welche Weise ich ihm nahe kommen könne. Nachdem ich die Frau und den Sohn von meiner Absicht verständigt und sie zu ernstlicher Fürbitte aufgefordert hatte, folgte ich der göttlichen Eingebung in der Wahl des Textes, und das Wort der Predigt ging ihm so tief zu Herzen, daß er eine schlaflose Nacht verbrachte. Seine Selbstgerechtigkeit war gänzlich dahin; er suchte und fand in seiner Verzweiflung den Weg zum Sünderheiland.

Zu Anfang des Jahres 1827 kam eine junge Dame aus Neu-Libanon, Columbia, nach Troy, um sich dort ein neues Ballkleid für ein bevorstehendes Tanzkränzchen zu kaufen. Sie war die Tochter eines Gemeindeältesten; aber sowohl in ihrem Elternhaus, wie in ihrer ganzen Vaterstadt sah es traurig um die Religion aus. Die Alten waren durchgängig lau und lässig und die

Jungen beinahe ausnahmslos unbekehrt. Während ihres Aufenthaltes in Troy wohnte die Dame bei einer jungen Verwandten, die kürzlich zum Herrn gekommen war und nichts sehnlicher wünschte, als anderen zu dem gleichen Glück zu verhelfen. Auf ihre Aufforderung nahm ihr Gast an den Versammlungen teil; doch hatten diese zunächst nur die Wirkung, sie zu erbittern. Am liebsten wäre sie so schnell wie möglich wieder abgereist; aber auf inständiges Bitten ihrer Cousine blieb sie einen Tag nach dem anderen, und als sie endlich heimkehrte, brachte sie anstatt eines neuen Ballkleides ein neues Herz mit nach Hause. Natürlich legte sie fortan mit Wort und Wandel Zeugnis von der ihr widerfahrenen Gnade ab, und zwar vor allem in ihrem eigenen Familienkreis. Als ihr Vater sah, was mit seinem Augapfel, seiner einzigen Tochter, vorgegangen war, wachte er auf aus dem Sündenschlaf und übergab sich auch seinem Heiland. Bald darauf bekehrte sich auch die Freundin des jungen Mädchens, eine Tochter des zwar wohlgesinnten, aber sehr unbedeutenden Predigers am Orte. Beide verbanden sich nun zu gemeinsamem Gebet und zu gemeinsamer Arbeit für den Herrn. Sie gingen von Haus zu Haus und suchten bei den Leuten das Interesse für ihr Seelenheil zu wecken, und wirklich, schon nach acht Tagen war ein solches Suchen und Verlangen nach dem Worte Gottes entstanden, daß Fräulein S. im Auftrag des Pastors und einer großen Anzahl Gemeindeglieder wiederum nach Troy reiste, um mich zu einem Besuch nach Neu-Libanon einzuladen. Ich folgte dem Ruf ohne Verzug, denn ich sah, daß der Boden vorbereitet war. Der Geist Gottes wirkte mit Macht, und bald war eine große Erweckung im Gang, die in kurzem eine gründliche Umwandlung auf religiösem Gebiete in Neu-Libanon und Umgebung bewirkte. Bei dem tiefen Eindruck, den die Gemeinde bei dem dringenden Bedürfnis nach einer Erneuerung ihres religiösen Lebens hatte, ging alles harmonisch von statten, und die Leute begrüßten es mit dankbarer Freude, daß sich Gott in Gnaden zu ihnen herabließ. Tag für Tag kamen die herrlichsten Bekehrungen vor, und das gerade unter den angesehensten Männern der Stadt.

Der durchschlagende Erfolg der Predigt des Evangeliums in Neu-Libanon ist zum Teil dem Umstand zuzuschreiben, daß ich dort außerhalb des Bereichs von Dr. Beechers und Nettletons Einflußsphäre war. Allerdings wurden auch in der Synode des Presbyteriums von Columbia über die Zuträglichkeit meines Wirkens innerhalb seines Aufsichtskreises Zweifel laut. Um zuverlässige Berichte über den Charakter der Bewegung zu erhalten, beschloß es daher die Abordnung zweier Bevollmächtigter; ein Schneesturm verhinderte diese jedoch am Kommen. Stattdessen forderte mich einer von ihnen mit aller Herzlichkeit auf, ihn in Chatham, dem Ort, wo er Prediger war, zu besuchen, um sich über Art, Mittel und Methode der Erweckung mit mir zu besprechen. Zugleich bat er mich, am darauffolgenden Sonntag für ihn den Gottesdienst zu halten.

Bereitwillig ging ich auf seinen Vorschlag ein, und wir harmonierten so vollständig in unseren Anschauungen, daß er nach meiner Rückkehr nach Columbia in vorurteilsfreiester Weise an sein Presbyterium berichtete und vor allen Dingen hervorhob: da sich der Herr zu dem Werk bekenne, rate er dringend, daß sich doch ja niemand unterstehen möge, demselben entgegenzuarbeiten. Damit war die Sache erledigt. Ich habe von dieser Seite niemals wieder den geringsten Widerstand erfahren; vielmehr wandte die Geistlichkeit Columbias dem Werk je länger je mehr ihr Wohlwollen zu.

Nachdem ich in Neu-Libanon meine Wirksamkeit beendigt hatte, fand ich wiederum in der Nähe Utikas ein reich gesegnetes Feld der Tätigkeit, jedoch nur für kurze Zeit; dann führte mich eine äußerst wichtige Sache nach Libanon zurück.

Es war nämlich der Vorschlag gemacht worden, daß sowohl Freunde und Gegner der Erweckungsbewegung als auch andere tüchtige Kirchenmänner eine Zusammenkunft abhalten sollten, die den Zweck hätte, sich über Entstehung, Leitung und Bedeutung der Erweckungen zu besprechen und gegenseitig aufzuklären. Der Vorschlag war mit bedeutender Stimmenmehrheit angenommen, und Neu-Libanon als der geeignetste Ort für eine solche Konferenz befunden worden. Als Termin wurde der Juli 1827 anberaumt. Die Konferenz bestand nicht etwa aus offiziellen Vertretern irgend welcher Kirchen, sondern sie war eine freiwillige Vereinigung von Leuten, die sich gedrungen fühlten, näheren Aufschluß über eine Sache zu suchen, die zur Zeit die Gemüter allenthalben beschäftigte. Wirklich fand sich eine Anzahl der bedeutendsten Männer des Landes zusammen. Die Vertreter der östlichen Landschaften, in welche die Erweckung bis dahin noch nicht vorgedrungen war, konnten im allgemeinen als Gegner der Bewegung angesehen werden, während die der westlichen Distrikte der Mehrzahl nach als ihre Freunde und Förderer zu betrachten waren. Unter letzteren waren meine Mitarbeiter und ich, unter ersteren Dr. Beecher und Nettleton, doch auch der im Westen als Gegner der Erweckung bekannte und bereits von mir erwähnte Pastor Weeks.

Ich hatte zuversichtlich gehofft, daß es nur der Begegnung der verschiedenen Brüder von Ost und West und der richtigen Klarstellung des eigentlichen Tatbestandes bedürfe, um völliges Einvernehmen herzustellen, und wirklich herrschte in der Konferenz durchwegs der Geist brüderlichen Entgegenkommens. Nur die Herren Beecher und Nettleton zeigten durch ihr Verhalten von Anfang an, daß es ihnen nicht um die Erzielung eines Einverständnisses mit den Führern der Bewegung zu tun war, sondern im Gegenteil um deren Verurteilung seitens der Konferenzmitglieder. Es stand ihrer Meinung nach ihre Ehre auf dem Spiel, wenn sie nicht Recht behielten. Besonders unversöhnlich erwies sich Nettleton, ein ungewöhnlich reizbarer alter Herr, der es nie gelernt hatte, auf seinen eigenen Willen zu verzichten, wie sogar sein Freund Dr. Beecher in seiner Lebensbeschreibung zugeben mußte.

Selbst diese unsere bedeutendsten Gegner betrachteten indes meine Freunde und ich nur als Leute, die in einem unfreiwilligen Irrtum befangen waren, und kamen ihnen daher mit aller Liebe entgegen. Um Klarheit in die Sache zu bringen, war es uns in erster Linie darum zu tun zu erfahren, durch wen ihnen die entstellten Berichte, auf denen sie fußten, zugegangen waren. Gelang es uns, den Brüdern aus Ost und West den unwiderleglichen Beweis zu liefern, daß wir verleumdet worden waren, so war viel gewonnen.

Unserer Ansicht nach war der Ursprung der gegen uns ausgestreuten Anschuldigungen vor allem bei dem schon mehrfach erwähnten Pastor Weeks zu suchen. Ehe wir uns deshalb in irgend eine Diskussion einließen, fragten wir unsere Gegner, aus welcher Quelle sie die einzelnen Tatsachen, auf die sie ihre Anklagen gründeten, erfahren hätten. Dr. Beecher verweigerte nicht nur jegliche Auskunft sondern stellte sogar den Antrag, daß bei Prüfung der betreffenden Vorkommnisse von dem Zeugnis aller an der Bewegung persönlich Beteiligten abgesehen werden solle, da diese sozusagen die Stellung von Angeklagten einnähmen und demnach nicht als unparteiisch betrachtet werden könnten. Dagegen erhoben jedoch sämtliche Mitglieder der Konferenz aufs entschiedenste Protest, und Dr. Humphrey, der Präsident der Versammlung, erklärte rundweg: „Meiner Ansicht nach können wir gar keine besseren Zeugen finden, als solche, die persönlich an der Bewegung teilgenommen haben. Gerade der Umstand, daß wir es hier mit Männern zu tun haben, die wissen, was sie tun, und nach bestimmten Grundsätzen handeln, bürgt uns für die Glaubwürdigkeit ihrer Darstellung der Tatsachen." Beecher und Nettleton fühlten sich durch diese Worte tief gekränkt; denn sie kamen in ihren Augen einer Verurteilung ihrer Angriffe gleich. Sämtliche Brüder aus dem Osten hingegen waren begierig, den wahren Sachverhalt kennen zu lernen, und gaben, sobald sie diesen erfuhren, bereitwillig ihre Vorurteile gegen die Erweckungsbewegung auf. Ganz anders verhielt es sich mit Dr. Beecher und Nettleton. Letzterer geriet in eine solche Reizbarkeit, daß er nur selten imstande war, den Sitzungen beizuwohnen, während sich ersterer in eine geradezu maßlose Heftigkeit hineinsteigerte.

In einer der letzten Sitzungen erschien zum Schluß noch einmal Herr Nettleton und sagte in augenscheinlicher Erregung: er sei der Versammlung schuldig, daß er ihr vor ihrem Auseinandergehen die Gründe seines Verhaltens auseinandersetze. Hierauf las er einen Brief vor, in dem alle Anschuldigungen, welche jemals gegen die Bewegung und besonders gegen meine eigene Person erfunden worden, eingehend besprochen wurden. Jener „historische Brief", wie ihn Nettleton nannte, war mir durchaus nicht neu; vielmehr war mir schon vor langer Zeit seitens eines befreundeten Pastors eine Kopie zugegangen, die ich bei mir hatte, um sie den Brüdern bei der ersten passenden Gelegenheit vorzulegen. Das von Nettleton eingeschlagene Verfahren war daher ganz in meinem Interesse. Kaum hatte er zu Ende gelesen, so stand ich auf und widerlegte Punkt für Punkt die einzelnen Anschuldigungen. Dann fügte ich hinzu: „Sämtliche Brüder, mit denen und in deren Gemeinden ich gearbeitet habe, sind hier gegenwärtig. Sie müssen wissen, ob die in dem Brief gegen mich gemachten Anklagen auf Wahrheit beruhen. Ist letzteres der Fall, so bitte ich sie, es rund heraus zu sagen und zwar ohne Verzug, hier vor der ganzen Versammlung."

Einstimmig bezeugten alle die Richtigkeit meiner Angaben; selbst Pastor Weeks erhob nicht den geringsten Widerspruch, ja wagte nicht einmal, auch nur eine einzige der von Nettleton vorgebrachten Anschuldigungen aufrecht zu halten. Nachdem damit der Zweck der Konferenz im Wesentlichen erreicht zu sein schien, trennte man sich.

Von da an erfuhr ich keinen weiteren Widerstand seitens Dr. Beechers und Nettletons; ihre Macht war gebrochen. Der außerordentliche Erfolg, den die Erweckungen überall hatten, stopfte den Gegnern den Mund. Wer nicht absichtlich blind war, mußte sehen, daß selten eine derartige Bewegung so frei von unliebsamen Nebenerscheinungen war wie diese.

Man lese die in der Apostelgeschichte enthaltenen Berichte über die Erweckungen, welche der Predigt der Apostel folgten, und vergleiche damit, was in den verschiedenen Episteln von den Nachwirkungen des Heidentums in den Gemeinden, sowie von den vorgekommenen Rückfällen und schwärmerischen Ausschreitungen erzählt wird. Dem gegenüber stelle man die verbürgten Vorgänge und Tatsachen aus der segensreichen Erweckungszeit, die ich durch Gottes Gnade erleben durfte und deren Resultate man noch heute – nach Verlauf von vierzig Jahren – beobachten kann. Alsdann urteile man, ob die geschilderte Bewegung nicht ebenso gewiß von Gott stammt wie jene Erweckungen zu Zeiten der Apostel.

Die Leute, unter denen die Erweckungen stattfanden, gehörten zum großen Teil den gebildeten Ständen an, die mit den Lehren des Christentums wohl bekannt waren. Ihre Geistlichen waren meistens verständige, gläubige Männer, denen das Wohl ihrer Gemeinden am Herzen lag und die treulich ihres Amtes walteten. Sie waren in der Lage zu beurteilen, ob der Evangelist, den sie in ihre Stadt oder Ortschaft beriefen, eine gesunde Lehre brachte oder nicht, und ob die Mittel, die er anwandte, biblisch waren. Überdies, hat nicht Gott selbst sowohl der von mir gepredigten Lehre wie den von mir angewandten Mitteln sein Siegel aufgedrückt? Man würde sonst heute nicht mehr Früchte der damaligen Erweckungen in allen Teilen des Landes finden. Viele von denen, die in jener Segenszeit zu Christus geführt wurden, leben noch und wirken für ihren Herrn und Meister und ihre Brüder, und sicherlich stehen sie an Nüchternheit und Brauchbarkeit nicht hinter den bewährtesten Christen Amerikas und Europas zurück.

Man denke nicht, daß ich das zu meinem eigenen Ruhm sage! Nein, gerade das Bewußtsein meiner Unwissenheit und meines Unvermögens hat mich gelehrt, Schritt für Schritt Weisung und Leitung bei Gott zu suchen; aber niemals konnte ich zweifeln, daß mir diese Weisung und Leitung auch wirklich durch Seinen Geist zuteil geworden ist. Ich durfte das zu deutlich Tag für Tag erfahren.

Heute noch, wie vor Jahren, bin ich auch der Ansicht, daß es die Brüder, die der Bewegung Widerstand entgegensetzten, aufrichtig meinten, aber dadurch, daß sie falschen Anschuldigungen das Ohr geliehen hatten, in einen verhängnisvollen Irrtum geraten waren. Jedenfalls hat mich der Herr in Gnaden bewahrt, daß ich mich durch den Widerspruch, den ich erfuhr, jemals in der Arbeit irre machen oder innerlich beunruhigen ließ, und dafür bin ich Ihm von Herzen dankbar.

Die Erinnerung an jene Stunde in Auburn, wo mir Gott so spürbar nahe trat und mir die Versicherung gab, daß Er ohne irgend welche Einmischung von meiner Seite allen Widerstand gegen das mir anvertraute Werk zunichte machen werde, ist mir von unaussprechlichem Wert gewesen, wenn von allen Seiten Schwierigkeiten auf mich einstürmten. Im Rückblick darauf konnte ich einfältigen Auges, in kindlichem Vertrauen vorwärts schreiten; denn ich wußte: Gott wird's wohl machen!

Nach der Konferenz hielt ich mich noch einige Zeit in Neu-Libanon auf. Weit entfernt, daß dieselbe den Fortgang der Bewegung beeinträchtigt hätte, trug sie eher zur Erbauung und Stärkung der Gemeindeglieder bei, da sie nichts Anstößiges zu Tage förderte und im allgemeinen im Geist brüderlicher Eintracht geführt wurde.

Als ich am Sonntag nach der Konferenz im Begriff war, nach Hause zu gehen, kam eine junge Dame aus dem benachbarten Stephentown auf mich zu und bat mich, doch auch einmal in ihrem Heimatort zu predigen. Ich hatte zur Zeit vollauf zu tun, so daß ich ihr kein Versprechen gab; aber als ich hörte, wie völlig verwahrlost der Ort in religiöser Beziehung war, fragte ich mich allen Ernstes, ob es nicht doch am Platze wäre hinzugehen.

Es war dort seinerzeit eine Gemeinde organisiert und eine Pfarrstelle errichtet worden; aber der erste Pastor, welcher eingesetzt wurde, vernachlässigte sein Amt sehr und mußte schließlich entlassen werden. Der Umstand, daß er als gänzlich heruntergekommener Mann im Ort weiter lebte, trug viel zur Untergrabung aller Religiosität daselbst bei. Sein Nachfolger hatte aus Mangel an Zuhörern den Gottesdienst aus der Kirche in die benachbarte Schule verlegen müssen, und dessen Nachfolger wiederum hatte seinen Abschied genommen, weil überhaupt niemand mehr kam, ihn zu hören. Von der ganzen Gemeinde waren nur noch 20 Mitglieder übrig, darunter drei Älteste – doch selbst diese wenigen hatten kein Leben.

Dieser traurige Zustand des Städtchens ging mir tief zu Herzen; als dasselbe Fräulein daher am nächsten Sonntag wiederkam und nochmals mit Bitten in mich drang, versprach ich ihr, über acht Tage eine Abendversammlung in Stephentown zu halten, falls ich von den Gemeindeältesten dazu aufgefordert werden sollte. Darob klärte sich ihr ganzes Gesicht auf, und es schien ihr eine schwere Last vom Herzen zu fallen.

Die Einladung der Ältesten ließ nicht lange auf sich warten, und einer der Neubekehrten in Neu-Libanon bot mir an, mich nach Stephentown zu fahren. Als er vor meiner Wohnung vorfuhr, um mich abzuholen, fragte ich ihn: „Haben Sie ein zuverlässiges Pferd?" „Ja", antwortete er, „weshalb?" „Weil ich überzeugt bin, daß der Teufel alles aufbieten wird, um mich zu verhindern, nach Stephentown zu gelangen. Ein unzuverlässiges Pferd käme ihm daher sehr gelegen. Er lächelte und fuhr getrost fort; merkwürdigerweise aber ging das Tier unterwegs zweimal durch, und wir kamen nur durch ein Wunder mit dem Leben davon.

Dennoch langten wir rechtzeitig im Elternhaus der jungen Dame an und wurden mit Freudentränen begrüßt. Nachdem ich mich vor der Predigt noch ein Weilchen in meinem Zimmer gesammelt hatte, ging ich in Begleitung meiner gütigen Gastgeber in die Kirche. Diese war gedrängt voll, und die Versammelten lauschten mit gespanntester Aufmerksamkeit; doch trug sich nichts Außerordentliches zu. Aber die ganze Nacht hindurch hörte ich die junge Dame über meinem Zimmer mit Gott im Gebet ringen, und als sie am nächsten Morgen nicht nachließ mit Bitten, daß ich doch wiederkommen möchte, versprach ich, mich am nächsten Sonntag zur selben Stunde zum Predigtgottesdienst einzufinden.

Diesmal war die Kirche noch voller, so daß die Galerien gestützt werden mußten, damit das morsche Gebälk nicht unter der schweren Last zusammenbreche. Wieder herrschte gespannte Aufmerksamkeit und feierliche Stille, und von allen Seiten wurde das Verlangen laut, daß ich meine Besuche wiederholen möchte. Ich sagte bereitwillig zu, und während ich zum dritten Mal predigte, kam der Geist Gottes mit Macht hernieder. Am gleichen Abend wurde die Tochter des Amtsrichters bekehrt und vereinigte sich von Stund an mit Fräulein Maria zu ernster Fürbitte für ihre Vaterstadt, – bei den altern Gemeindegliedern war aber noch keine durchschlagende Wirkung des Wortes Gottes zu bemerken. Bei dem Mangel an Eintracht mußte zuerst mancher alte Bann hinweggetan werden, ehe der Geist Gottes ungehindert arbeiten konnte.

Wie die Verhältnisse in Stephentown lagen, war es unumgänglich nötig, daß ich mich für eine Zeitlang daselbst niederließ. Der Geist des Gebets kam von Tag zu Tag mächtiger über mich, und mit Ihm eine Kraft, der auch die stärksten Männer nicht widerstehen konnten.

Nur in dem verrufensten Stadtviertel, dem eigentlichen Herde der in Stephentown herrschenden Gottlosigkeit, fand die Bewegung allem Anschein nach keinen Eingang; ich kündigte daher in einem in dessen Mitte gelegenen Schulhaus eine Versammlung an. Die Folge war, daß fast alle Anwesenden zu tiefer Sündenerkenntnis kamen, und auch diese Festung Satans für den Herrn erobert wurde. In einer einzigen Familie fanden nicht weniger als siebzehn Bekehrungen statt.

Gerade einige der angesehensten Männer hielten sich jedoch gänzlich den Versammlungen fern – und zwar offenbar beeinflußt durch den bereits erwähnten, so tief gesunkenen Pastor. Dessen plötzlicher grauenhafter Tod brach endlich auch ihren Widerstand, und es gelang einer im Kreis der Gesellschaft hochgeachteten Dame aus Neu-Libanon, sie zum Besuch der Gottesdienste zu bewegen. Ehe ich die Stadt verließ, waren auch sie bekehrt, und die Gemeinde konnte reorganisiert werden.

Wie anderwärts, so waren auch hier die charakteristischen Merkmale der Erweckung: ein mächtiger Gebetsdrang, überwältigendes Schuldbewußtsein, plötzliche und unergründliche Bekehrungen zu Christus, eine überströmende Liebe und Freude seitens der Neubekehrten, verbunden mit heiligem Ernste und fröhliche Hingabe an den Dienst des Herrn. Ich bin seit jenem Herbst 1827 nicht wieder in Stephentown gewesen, aber, wie ich höre, haben sich fast alle, die in der damaligen Segenszeit zum Glauben kamen, bewährt, und ihre Kinder genießen heute noch die Früchte jener mächtigen Geistesbewegung.

ERWECKUNGEN IN WILMINGTON UND PHILADELPHIA

Während ich in Neu-Libanon arbeitete, kam Pastor Gilbert dorthin zu seinem Vater zu Besuch, in der Absicht, sich persönlich ein Urteil über die Erweckung zu bilden. Er gehörte, was seine theologischen Anschauungen betraf, ganz der alten Schule an, war aber ein treuer Knecht Gottes, dem es in erster Linie darum zu tun war, Seelen für den Heiland zu gewinnen. Nachdem er mich hatte predigen hören und als er den Erfolg sah, den der Herr in Neu-Libanon gegeben, lud er mich aufs herzlichste ein, auch nach Wilmington zu kommen und ihm dort zu helfen.

Sobald ich mich daher in Stephentown losmachen konnte, begab ich mich meinem Versprechen gemäß nach Wilmington und machte mich mit Pastor Gilbert an die Arbeit. Nach wenigen Tagen sah ich jedoch, daß von einer Erweckung in der betreffenden Gemeinde nicht die Rede sein konnte, solange sie ihre irrtümlichen Ansichten beibehielt. Die Leute hüteten sich ängstlich, irgendwelche Anstrengungen zu machen, aus Furcht, damit in Gottes Arbeit einzugreifen. Sie waren bisher gelehrt worden, daß der Sünder Gottes Zeit und Stunde abwarten müsse, um sich zu bekehren und alles Drängen auf sofortige Auslieferung seiner selbst und gläubiges Ergreifen des Heils menschliches Machwerk sei und somit Gott verunehre. Diese Anschauung hinderte sie natürlich, um eine unmittelbare Ausgießung des Heiligen Geistes zu bitten.

Soviel war mir klar, daß ich unter diesen Umständen nichts in der Gemeinde ausrichten konnte, bis es mir gelungen war, Herrn Gilbert zu überzeugen, daß seine Lehre auf einem verhängnisvollen Irrtum beruhte. Mehrere Wochen lang verbrachte ich daher täglich viele Stunden mit dem sonst treuen Seelsorger und suchte ihm, mit der Bibel in der Hand, zu beweisen, daß seine Ansichten über das Wesen der Sünde und über die Natur des Menschen nicht mit dem Wort Gottes übereinstimmten. Als ich endlich hoffen durfte, meinen Zweck erreicht zu haben, predigte ich am nächsten Sonntag über den Text: „Machet euch ein neues Herz und einen neuen Geist; denn warum wollt ihr sterben?" Ich bemühte mich in einer zweistündigen Ansprache, meinen Zuhörern die sittliche Verantwortlichkeit des Menschen dar zu tun und ihnen zu zeigen, was unter einem neuen Herzen zu verstehen ist.

Während der Predigt hörte ich den Pastor hinter mir stöhnen und seufzen und in größter Unruhe bald in diese, bald in jene Ecke seines Sitzes nicken. Es tat mir leid, dem lieben Mann solche Verlegenheit bereiten zu müssen; denn natürlich konnte ich nicht umhin, gerade das Gegenteil von dem zu sagen, was er bisher verkündigt und gelehrt hatte. Ich war mir jedoch wohl bewußt, daß ich nicht Menschen, sondern Gott zu Gefallen reden mußte, daher wich ich um kein Haar breit von dem mir vorgesteckten Ziel ab. Möglicherweise war es das letztemal, daß ich an diesem Ort predigte, da wollte ich wenigstens das Zeugnis haben, daß ich den Leuten die ganze, volle Wahrheit über das Heil in Christus gesagt hatte.

Ich suchte ihnen klar zu machen, daß der Mensch unmöglich für seine Sünden verantwortlich gemacht werden könnte, wenn er wirklich so hilflos wäre, wie sie meinten. Hatte er in Adam die Fähigkeit zu gehorchen, verloren und zwar nicht durch eigene, sondern durch Adams Schuld, so wäre es Torheit, ihn für das, was er nicht ändern konnte, zur Rechenschaft ziehen zu wollen. Das Erlösungswerk wäre dann nicht Gnade von seiten Gottes, sondern einfach seine Pflicht und Schuldigkeit dem Menschengeschlecht gegenüber dafür, daß Er es in eine so traurige Lage gebracht hatte. Kurz, der Herr half mir, auf unwiderlegliche Weise dar zu tun, wie töricht und verhängnisvoll ihre bisherigen Anschauungen waren.

Die Gemeinde folgte meinen Ausführungen mit gespanntester Aufmerksamkeit; viele der Anwesenden hatten sich von ihren Sitzen erhoben und horchten, auf den Fußspitzen stehend, der Predigt zu. Einige waren sichtlich enttäuscht, etliche verlegen, andere traurig oder ärgerlich und einige wenige vom Schwert des Geistes getroffen und tief ergriffen. Je nachdem was ich sagte, flossen dem einen die Tränen über die Wangen, der andere verzog das Gesicht zum Lachen; kurz, es hatte sich der Gemeinde eine seltsame Erregung bemächtigt.

Nach Schluß der Predigt bat ich Gott, die Gemeinde geneigt zu machen, das Gehörte aufrichtigen Herzens zu erwägen und nach ernstlicher Selbstprüfung allen falschen Anschauungen zu entsagen und demütig die erkannte Wahrheit aufzunehmen. Darauf entließ ich die Versammlung und stieg die Kanzelstufen hinab, gefolgt von Pastor Gilbert. Die Leute zögerten jedoch zu gehen und mochten wohl auf eine Entgegnung seitens ihres Pastors gewartet haben. Als dieselbe aber unterblieb, erhoben sich endlich die meisten und verließen langsam die Kirche. Danach schickten auch wir, Pastor Gilbert und ich, uns zum Gehen an. So leichten Kaufes sollte mein Freund aber nicht durchkommen. An der Tür wurde er zuerst von einer Dame, die besonders viel von ihm hielt, angehalten mit der Frage, was er zu der Predigt sage. Zu meiner Freude bestätigte er das von mir Gesagte voll und ganz. „Demnach haben Sie uns also das Evangelium nicht richtig verkündigt?" entgegnete die Dame. „Leider nicht", antwortete er tiefbekümmert. Eine ähnliche Unterredung fand zwischen ihm und einer anderen langjährigen Besucherin seiner Predigten statt. Ich hatte genug gehört und verließ eilend die Kirche. Auf dem Heimweg wurde allenthalben meine Predigt besprochen und ich gewann den entschiedenen Eindruck, daß ich im allgemeinen richtig verstanden worden war. Das trieb mich besonders zum Dank gegen den Herrn; denn ich wußte, daß nun die Früchte nicht lange auf sich warten lassen würden. Die erste Person, an der ich eine Umwandlung erleben durfte, war die Frau Pastor. Als ich heimkam, empfing sie mich mit den Worten: „Wie haben Sie sich erlauben dürfen, meinen Mann öffentlich bloß zu stellen, Herr Pastor?" „Ich konnte nicht anders, als die lautere Wahrheit Gottes predigen", entgegnete ich ernst. Sie stutzte einen Augenblick; dann sagte sie offen: „Allerdings, wenn meines Mannes Anschauungen richtig sind, so ist Gott verpflichtet, mich irgendwie der Verdammnis zu entreißen, der ich ohne meine Schuld verfallen bin, – das habe ich oft gedacht, wenn ich es auch nicht auszusprechen wagte." Ich wandte mich zu dem soeben eintretenden Pastor Gilbert und bemerkte, nachdem ich ihm die Äußerung seiner Frau wiederholt hatte: „Da haben Sie nun in ihrer eigenen Familie ein Beispiel, was Ihre Predigtweise für verhängnisvolle Folgen hat, Bruder Gilbert. Wie konnte Ihre Frau zum seligmachenden Glauben durchdringen, solange sie meinte, sie habe rechtmäßigerweise Anspruch an die ihr von Christus erwirkte Erlösung?" Nachdem ich das gesagt hatte, verließ die Frau Pastor das Zimmer und ich sah sie zwei Tage lang nicht. Als sie wieder zum Vorschein kam, war sie nicht nur zur Erkenntnis der Wahrheit durchgedrungen, sondern es war in jeder Beziehung ein Neues mit ihr geworden.

Von da an ging es mit dem Werk Gottes in Wilmington vorwärts. Die Wahrheit brach sich mehr und mehr Bahn und der Geist Gottes konnte ungehindert walten. Anstatt der früheren irrtümlichen Lehren predigte Pastor Gilbert fortan das lautere Evangelium. Meine Ansprache von jenem Sonntagmorgen hatte eine durchschlagende Wirkung auf viele. Besonders merkwürdig erging es der Dame, die den Pastor an der Kirchentür um seine Ansicht über die Predigt gefragt hatte. Zunächst war sie, wie sie mir später selbst erzählte, so erbittert, als sie alle ihre bisherigen Anschauungen plötzlich über den Haufen geworfen sah, daß sie sich vornahm, überhaupt nichts mehr mit Religion zu tun haben zu wollen. Sechs Wochen lang verharrte sie in diesem Zustand der Auflehnung gegen Gott; dann aber hielt sie es nicht mehr länger aus sondern warf sich gebrochenen Herzens zu Jesu Füßen und es dauerte nicht lange, so stand sie als begnadigte Sünderin auf. Ähnliche Fälle gab es viele in der Gemeinde.

Noch während ich in Wilmington arbeitete, forderte mich Pastor Patterson aus Philadelphia auf, auch in seiner Gemeinde Versammlungen zu halten. Dieser Einladung Folge leistend fuhr ich wöchentlich zweimal mit dem Dampfer nach der etwa zehn Stunden entfernten Stadt, um dort zu predigen, so daß mir nur noch der Sonntag und zwei Wochenabende für Wilmington übrig blieben. Bald gab es in Philadelphia jedoch so viel zu tun, daß ich es für geraten hielt, eine Zeitlang meinen Wohnsitz dahin zu verlegen, besonders da ich die Gemeinde in Wilmington nunmehr unter der Obhut ihres Pastors aufs trefflichste versorgt wußte.

Pastor Patterson in Philadelphia war einer der treuesten, geheiligtesten Knechte Gottes, die mir je begegnet sind; seine Predigten zeugten nicht nur von tiefem Ernst, sondern auch von ungewöhnlicher Begabung, und die Rettung unsterblicher Seelen lag ihm so sehr am Herzen, daß ihm nicht selten dicke Tränen über die Wangen liefen, wenn er die Botschaft des Friedens verkündete. Auch hatte sich der Herr von Zeit zu Zeit mächtig zu seiner Arbeit bekannt und ihn manche segensreiche Frucht seines Wirkens sehen lassen; aber als er von den Erweckungen hörte, die da und dort meiner Predigt folgten, wünschte er nichts sehnlicher, als daß auch seine Gemeinde vom Geist Gottes ergriffen werde und bat mich in uneigennütziger Weise um meinen Beistand. Obwohl er von jeher ein eifriger Vertreter der Anschauungen war, die zu bekämpfen ich für meine Pflicht hielt, ließ er sich dadurch nicht irre machen, „denn", sagte er, „werden Seelen für den Heiland gewonnen, so ist alles andere Nebensache." – Und seine Treue und Selbstlosigkeit wurden reichlich belohnt; die Erweckung griff in seiner Gemeinde mit Riesenschritten um sich. Mit inniger Herzensfreude sah er, daß Gott meine Arbeit segnete. Seine Frau, die in seinen Anschauungen über den Standpunkt, den die Sünder Gott gegenüber einnehmen, nie mit ihm übereingestimmt hatte, sagte eines Tages lächelnd zu ihm: „Siehst du, Finney denkt in den Fragen, über die wir uns nie verständigen konnten, ganz anders als du", da antwortete er ohne eine Spur von Bitterkeit: „Ja, und der Herr segnet seine Predigt aufs wunderbarste."

So kam es, daß wir trotz mancher Verschiedenheit der Anschauungen im Großen und Ganzen einträchtig zusammenwirken konnten, obwohl ich mich einmal genötigt sah, eine Äußerung, die er in einer unserer ersten Versammlungen für Erweckte gemacht hatte, zu korrigieren. Nachdem wir nämlich eine Weile mit den einzelnen gesprochen hatten, wandte sich Patterson in ziemlicher Erregung an die Anwesenden und sagte: „Ihr habt euer Angesicht gen Zion gerichtet; nun laßt euch durch nichts mehr irre machen in eurem Laufe!" Aus dieser Bemerkung mußten die Leute natürlich den Schluß ziehen, daß sie sich bereits auf dem rechten Wege befanden und nur auf demselben weiterzugehen hatten, um selig zu werden. Diese Ansicht teilte ich durchaus nicht; denn ich war weit entfernt, alle Erweckten für solche anzusehen, die der Welt und der Sünde endgültig den Rükken gekehrt und sich tatsächlich dem oberen Zion zugewandt hatten. Im Gegenteil, ich war der Meinung, daß sie mit ganzem Ernst zu einer entschiedenen Stellungnahme zu Gott aufgefordert werden sollten, anstatt daß man sie in ihrer Zwitterstellung zwischen Gott und Welt bekräftigte.

Als ich deshalb meiner Gewohnheit gemäß zum Schluß der Versammlung die Hauptpunkte des Gesagten noch einmal zusammenfaßte, ging ich auch auf Pastor Pattersons Worte näher ein und warnte davor, daß man sie nicht mißverstehe, da sie nur denjenigen gelten, die sich mit ganzer Wendung Gott zugekehrt, sich Ihm rückhaltlos ausgeliefert und sich ehrlich nach Zion aufgemacht hätten. Wer das nicht getan habe und nur ein wenig angefaßt sei, habe nicht das Recht, sie sich anzueignen. Ein solcher wende vielmehr Christus den Rücken, anstatt Zion das Angesicht zu, er widerstehe dem Heiligen Geist, der ihn zu sofortiger Unterwerfung dränge, und befinde sich daher noch immer auf dem Wege zur Verdammnis. Mit jedem Augenblick, den er in diesem Zustand verharre, mehre er nur seine Schuld.

In dieser Weise redete ich weiter, bis ich annehmen durfte, daß nicht nur jeder schlimme Einfluß von Pattersons Worten aufgehoben, sondern auch etwaige verkehrte Anschauungen, die die Erweckten von ihrer Lage hatten, vollkommen berichtigt waren. Dann forderte ich alle auf niederzuknien, um sich auf Gnade und Ungnade dem Herrn auszuliefern, aller bewußten Sünde zu entsagen und in kindlichem Vertrauen Jesu Retterhand zu ergreifen. Hierauf schloß ich die Versammlung mit Gebet, und ich bin überzeugt, daß an jenem Tage viele der Anwesenden als begnadigte Gotteskinder heimgingen.

Der gute Pastor hatte meinen Worten mit größter Andacht gelauscht. Es hatte ihn in keiner Weise gekränkt, daß ich ihn gewissermaßen korrigiert hatte; im Gegenteil, er suchte nur von dem Gesagten zu profitieren, und es war wunderbar, wie schnell er in den Gegenstand, um den es sich handelte, eindrang. Nie wieder bin ich in die Lage gekommen, eine seiner Äußerungen rektifizieren zu müssen. Allerdings stand sehr zu befürchten, daß sich in Philadelphia, das damals so recht eigentlich als eine Hauptfeste der reformierten Orthodoxie gelten konnte, wegen meiner Abweichungen von der hergebrachten Lehre gegen mich ein Sturm seitens der übrigen Geistlichkeit erheben würde, um so mehr, als sich Mitglieder sämtlicher Gemeinden der Stadt zu meinen Predigten drängten und diese von Tag zu Tag mehr Einfluß gewannen. „Kommen unsere Geistlichen erst hinter Ihre Ansichten", sagte Pastor Patterson eines Tages zu mir, „so werden sie Sie wie einen Wolf zur Stadt hinausjagen." „Tut nichts", antwortete ich unbesorgt, „ich *kann* nicht anders predigen. Jagen sie mich fort; so werden sie es zu verantworten haben; aber gelingen wird es ihnen schwerlich."

Und wirklich kam es ganz anders als Patterson erwartet hatte. Zu dessen größter Verwunderung nahm nicht nur keiner seiner Amtsbrüder Anstoß an meiner Predigtweise sondern als sie vernahmen, was in Pattersons Gemeinde vor sich ging, kamen sie um so zahlreicher, mich zu hören und einzuladen, auch in ihren Kirchen zu predigen. Natürlich fiel es mir nicht ein, meine theologischen Anschauungen irgendwie in den Vordergrund zu stellen; nur wenn es im Interesse der Seelen notwendig war, trat ich dann und wann damit hervor, ohne mich durch menschliche Rücksichten beirren zu lassen. Hierbei durfte ich nicht selten die Erfahrung machen, daß Gott gerade diejenigen Ansprachen in besonderer Weise segnete, in denen ich durchaus nicht mit meinen speziellen Anschauungen zurück hielt. So mußte ich z. B. auf dringendes Verlangen eine Predigt über die Versöhnung siebenmal nacheinander – jedesmal in einer anderen Kirche – vortragen, ohne daß irgend jemand Widerspruch dagegen erhoben hätte.

Die Bewegung griff von Tag zu Tag weiter um sich. Alle Versammlungen – Predigtgottesdienste so wie Gebets- und Besprechungsstunden – waren überfüllt, und der um ihr Seelenheil bekümmerten Seelen, die des Zuspruchs bedurften, waren so viele, daß es kaum möglich war, sie alle zu befriedigen. Es war Spätherbst, als ich meinen Wohnort in Philadelphia aufschlug, und von da an arbeitete ich ununterbrochen daselbst bis zum August 1828.

Natürlich fehlte es auch nicht an erbittertem Widerstand von dieser und jener Seite. Ein deutscher Tabakhändler z. B., ein ungläubiger, aber sehr gebildeter Mann, hatte eine Frau, die durch den Besuch der Versammlungen erweckt wurde und bald darauf zu einer gründlichen Bekehrung durchdrang. Das reizte ihn dermaßen zum Widerspruch, daß er ihr aufs strengste verbot, je wieder den Fuß in ein Versammlungslokal oder eine Kirche zu setzen. In ihrer Not wandte sich die Frau an mich um Rat. Ich sagte ihr, sie solle nach Kräften alles vermeiden, was ihren Mann zum Zorn reizen oder ihm Anlaß zu irgend einer gerechtfertigten Klage geben könne, suchte ihr jedoch andererseits klar zu machen, daß der Besuch christlicher Versammlungen nicht nur zur Förderung ihres Glaubenslebens notwendig sondern direkt von Gott geboten sei, und daß ihr in allen Fällen, in denen Gottes und ihres Gatten Wille auseinandergingen, das Wort gelte: „Ihr sollt Gott mehr gehorchen als den Menschen." Als Ungläubiger könne ihr Mann ihr in bezug auf Religionsfragen nicht maßgebend sein.

Die Frau sah ein, daß ich Recht hatte und kam nach wie vor zu den Versammlungen, was ihr der Herr reichlich lohnte, indem Er ihr Herz mit Frieden und Freude erfüllte. Mittlerweile steigerte sich die Wut ihres Mannes derart, daß er sie mit dem Tod bedrohte, falls sie noch einmal seinem Verbot zuwiderhandle. Daraufhin erklärte sie ihm mit aller Ruhe und Demut, daß sie Gott gehorchen müsse, es koste was es wolle, und als es am nächsten Sonntag Zeit war, in die Versammlung zu gehen, machte sie sich auf den Weg, nachdem sie alle ihre häuslichen Geschäfte aufs pünktlichste besorgt hatte. Übrigens kannte sie ihres Mannes heftige Gemütsart und hoffte, wenn sein Zorn verraucht sei, werde er sich schon beruhigen, keinesfalls aber mit der ausgestoßenen Drohung ernst machen. Doch, als sie heimkam, fand sie ihn in größter Wut. Er schloß die Tür hinter ihr zu, zog den Schlüssel ab, nahm einen Dolch und schwur, sie zu töten. Sie flüchtete sich ins obere Stockwerk. Rasch griff er nach dem Leuchter und war im Begriff, ihr nachzueilen, als ihm die Magd, an der er vorüberstürzen wollte, das Licht ausblies. Von der Dunkelheit begünstigt, gelang es der Frau, auf der Hintertreppe zu entkommen und bei einer befreundeten Familie Schutz zu suchen.

In der festen Überzeugung, daß ihr Mann über Nacht zur Besinnung gekommen sein werde, kehrte sie mit Tagesanbruch nach Hause zurück. Hier fand sie alles in größter Unordnung vor. Vieles lag zertrümmert am Boden, und bei ihrem Anblick geriet ihr Mann aufs neue in solche Wut, daß er sich wie ein Wahnsinniger gebärdete. Wiederum verschloß er die Tür, griff zum Dolche und erneuerte den Schwur vom vorhergehenden Abend. Sie stürzte die Treppe hinauf; aber wie sollte sie ihm am hellen Tage entrinnen? Vergeblich eilte sie von einem Zimmer ins andere; schließlich gab es keinen Ausgang mehr. Da wandte sie sich dem mit gezücktem Dolch Nahenden zu, fiel auf die Knie, erhob die Hände gen Himmel und rief: „Herr Jesus, erbarme dich unser!" Plötzlich stutzte er – der Dolch entglitt seinen Händen – er sank neben ihr nieder und schrie zum Herrn um Erbarmen. Gott war ihm in den Weg getreten und hatte ihn gezwungen, die Waffen zu strecken. Gebrochenen Herzens flehte er um Verzeihung.

Von Stund an war er ein anderer Mensch und von allen Neubekehrten einer der entschiedensten. Seine Frau mußte nun nicht mehr allein in die Versammlungen gehen, und ich konnte beide Gatten in die Gemeinde aufnehmen, ehe ich Philadelphia verließ.

Trotzdem mir Einzelne feindlich entgegentraten, wurde ich jedoch durch keinerlei öffentlichen Widerstand in der Arbeit gehindert. Wie schon erwähnt, stellten sich die Geistlichen freundlich zu mir, und meines Wissens sagte nicht ein einziger von ihnen etwas gegen die Bewegung.

Schließlich war in ganz Philadelphia nur noch eine Kirche groß genug, um wenigstens annähernd die Leute zu fassen, die von allen Seiten zu den Versammlungen strömten. Es war das die deutsche Kirche, und ich betrachtete es als eine wunderbare Fügung Gottes, daß mir Pastor Helfenstein dieselbe freundlicherweise zur Verfügung stellte; denn sie lag im Mittelpunkt der Stadt – also für alle Einwohner leicht zugänglich – und es hatten mindestens dreitausend Menschen darin Platz. Dort predigte ich in meist überfülltem Raum viele Monate lang. Wie ich hörte, sollen auch die meisten Sonntagsschullehrer und -lehrerinnen an den Versammlungen teilgenommen haben. Im ganzen arbeitete ich wohl anderthalb Jahre in Philadelphia und die Bekehrungen mehrten sich in überraschender Weise, wenn ich auch nicht genau sagen kann, wie viele Seelen in jener Zeit tatsächlich vom Tod zum Leben durchgedrungen sind. An keinem Ort war ich mit solcher Herzlichkeit aufgenommen worden, wie in dieser Stadt, und nirgends haben mir die Neubekehrten mehr Anlaß zur Freude gegeben. Nie hörte ich von Spaltungen oder sonstigen beklagenswerten Dingen unter ihnen.

Es kam in jener Erweckung mancher interessante Fall vor. So erinnere ich mich z. B. der Tochter eines Geistlichen, der ganz die theologischen Anschauungen der sogenannten alten Schule vertrat. Dieselbe wurde vom Geist Gottes von ihrer Sünde überzeugt und geriet in solche Seelennot, daß sie am Rande der Verzweiflung stand. Sie erzählte mir, ihr Vater habe sie von klein auf gelehrt, wenn sie zu den Auserwählten gehöre, werde sie Gott zu seiner Zeit bekehren; bis der Geist Gottes diese Umwandlung in ihr gewirkt habe, könne sie nichts anderes tun, als fleißig in der Bibel lesen und um ein neues Herz bitten. Das habe sie denn auch getan und dabei von Tag zu Tag und von Jahr zu Jahr gewartet, daß Gott sie bekehren und ihr somit den Beweis geben werde, daß sie eine der Auserwählten sei. Als in jener Zeit einmal von Verheiratung die Rede gewesen, habe sie Gott versprochen, nie einem Mann ihre Hand zu geben, ehe sie ihres Seelenheils gewiß sei. Sie gestand mir ganz offen, daß sie jenes Gelübde in der Voraussetzung machte, Gott werde sie nun sofort bekehren. Anstatt dessen verlor sie alles Schuldbewußtsein; sie blieb die alte und wagte doch nicht, das Versprechen, das sie dem Herrn gegeben hatte, zurück zu nehmen.

In ihrem achtzehnten Lebensjahre warb ein junger Mann um ihre Hand. Sie gab ihm ihr Jawort; so sehr sie ihn aber liebte, schob sie, um ihres Gelübdes willen, von Jahr zu Jahr ihre Hochzeit hinaus. Nach fünf Jahren endlich wurde ihr Bräutigam auf einem Spazierritt vom Pferde geworfen und war sofort tot. Dieses Unglück erregte große Feindschaft gegen Gott in ihrem Herzen; sie beschuldigte Ihn der Härte und Grausamkeit. Anstatt sie dafür zu belohnen, daß sie ihr Gelübde gehalten, hatte Er sie nicht nur jahrelang vergeblich auf die Bekehrung warten lassen, sondern obendrein ihren Verlobten in der Blüte seines Lebens dahingerafft. So hatte sie lange mit ihrem Gott gehadert, ehe sie sich entschloß, die Versammlungen zu besuchen.

Als ihr nun unter der Verkündigung des Wortes die Schuppen von den Augen fielen und sie erkannte, daß sie ihr Herz längst hätte Gott geben sollen, und daß dann alles gut gewesen wäre, sah sie ein, wie schmählich sie den Herrn behandelt, indem sie Ihn für ihre eigene Schuld verantwortlich gemacht hatte. Bei der Erinnerung an die aufrührerische Stellung, die sie Ihm gegenüber eingenommen, verzagte sie natürlich an seiner Gnade. Vergeblich hielt ich ihr Gottes Langmut vor und ermahnte sie, an sein Erbarmen zu glauben und das ewige Leben zu ergreifen. Ihre Sünde erschien ihr aber zu groß, als daß sie vergeben werden könnte, und sie sank immer tiefer in die Nacht der Verzweiflung.

Dieser Zustand währte mehrere Wochen lang, und es war unmöglich, auch nur das geringste bei ihr auszurichten. Da, als sie eines Tages wieder mit ganz verstörter Miene zu mir kam und mir ihren Jammer klagte, gab mir – wie ich bestimmt glaube – der Geist Gottes die richtige Art, mit ihr zu verfahren, in den Sinn.

„Kathrine", sagte ich, „Sie haben mir schon oft zugestanden, daß Gott heilig ist, nicht wahr?" „O ja, das weiß ich", antwortete sie. „Wie könnte ich daran zweifeln?" „Gut", fuhr ich fort, „Sie haben mir auch wiederholt gesagt, Seine Heiligkeit lasse es Ihm nicht zu, sich über Sie zu erbarmen, Ihre Schuld sei so groß, daß es Ihm zur Unehre gereichen würde, wenn Er sie Ihnen vergäbe und Sie errette." „Ja", erwiderte sie, „das ist meine feste Überzeugung." „Demnach verlangen Sie also, Gott solle um Ihretwillen Seinen Charakter verleugnen und etwas tun, was Ihn in den Augen der ganzen Welt herabsetzen müßte?" entgegnete ich ernst. Sie sah mich groß an und war offenbar zu verblüfft, um eine Antwort zu finden. Ich aber ließ mich nicht irre machen, sondern fuhr unerbittlich fort: „Jawohl, Sie geraten ganz außer sich darüber, daß Gott nicht Sein und der ganzen Welt Gerechtigkeitsgefühl verletzt, nur damit Sie gerettet werden und aus Ihrem entsetzlichen Zustand herauskommen. Ihre Seligkeit ist also Ihrer Meinung nach weit wichtiger als die Aufrechterhaltung der Ehre Gottes."

Wieder sah sie mich mit dem Ausdruck maßlosen Erstaunens an; sobald sie aber den Gedanken, den ich ihr nahe gelegt, erfaßt hatte, wurde sie ruhig und sagte demütig: „Sie haben recht, Herr Finney. Ich will mich darein ergeben, daß mich Gott in die Hölle schicke, wenn Er es für gut findet." Nachdem sie diese Äußerung getan hatte, verließ ich sie und fuhr über Land, damit sie gezwungen sei, die Sache mit ihrem Gott allein durch zu machen. Als ich zurückkehrte, war sie natürlich längst gegangen; aber im Laufe des Nachmittags kam sie wieder, um mir strahlenden Gesichtes zu sagen, was Gott an ihr getan hatte. Ihr Herz strömte über von Friede und Freude, und sie wurde eine demütige, sehr entschiedene Jüngerin Jesu.

Ein anderes, etwa zwanzigjähriges, auffallend hübsches Mädchen kam tief gebeugt unter der Last ihrer Sünden zu mir. Auf meine Frage, ob sie sich bewußt sei, daß sie die Hölle verdiene, antwortete sie im Ton tiefinnerster Überzeugung: „Ja, ich weiß nur zu gut, daß ich sie nicht nur einmal sondern wohl tausendmal verdient hätte." Während ich mit ihr sprach, fiel mir ihre äußerst gewählte und, wie mir schien, kostspielige Toilette auf. Nachdem ich eine gründliche Unterredung mit ihr gehabt hatte, brach sie vor ihrem Gott zusammen und lieferte sich rückhaltlos aus. Danach ging sie heim, suchte ihre künstlichen Blumen und allen sonstigen Tand zusammen, auf den sie sich bisher so viel eingebildet hatte und verbrannte alles. Sobald sie völlig ins Licht durchgedrungen war, suchte sie nach Kräften ihren Bekannten und Freundinnen zu dem gleichen Heil zu verhelfen, das ihr widerfahren war.

Im Norden Philadelphias bis hinauf zu den Quellen des Delaware, an dessen unterem Lauf Philadelphia liegt, war damals ein ausgebreiteter, dichtbewaldeter, wenig bewohnter Landstrich, kurzweg „Holzdistrikt" genannt. Er war noch wenig angebaut; nur hier und da traf man auf eine Hütte oder Gruppe von Blockhäusern, die höchst ärmlich eingerichtet waren. Die Bewohner derselben waren Sommer und Winter mit dem Fällen von Bau- und Brennholz beschäftigt, das in der dortigen Gegend in Menge vorhanden war, und im Frühjahr zum Verkauf den Delaware entlang nach Philadelphia geflösst wurde. Man nannte sie nur die Holzmänner, und sie lebten mit ihren Familien auf den Bergen, ohne je Gelegenheit zu haben, das Wort Gottes zu hören oder ihre Kinder auch nur im Lesen, Schreiben und Rechnen unterrichten zu lassen.

Im Frühling 1829 kam eine Anzahl dieser Leute während ihres Aufenthalts in Philadelphia, zunächst von Neugierde getrieben, in unsere Versammlungen, und viele wurden von dem, was sie dort hörten, so tief ergriffen, daß sie, nachdem sie das Heil für sich selbst erfaßt hatten, als Boten des Evangeliums zu ihren Kameraden zurückkehrten. In schlichten Worten und zuweilen sogar in etwas derber Weise berichteten sie, was sie in Philadelphia gesehen und gehört hatten und ermahnten alle, mit denen sie in Berührung kamen, sich allen Ernstes mit ihrem Seelenheil zu befassen. Zu diesen ihren Bemühungen um die Rettung ihrer Gefährten bekannte sich der Geist Gottes in wunderbarer Weise, und es dauerte nicht lange, so kam es unter den unwissenden Holzmännern zu einer tiefgehenden Erweckung, von der sogar solche ergriffen wurden, die nie einer Versammlung beigewohnt hatten und nahezu ins Heidentum zurückgesunken waren.

So erzählte mir unter anderem ein alter Geistlicher, der einen Einblick in den Stand der Dinge hatte, folgende rührende Begebenheit. Ein Mann, der ganz allein in einer einsamen Waldhütte lebte, erwachte plötzlich zu einem so drückenden Schuldbewußtsein, daß er vor Gott zusammenbrach und reumütig seine Sünden bekannte. Danach enthüllte ihm der Geist Gottes das Erlösungswerk Jesu Christi, und er konnte die dargebotene Retterhand ergreifen. Nun hatte er nie in seinem Leben beten hören, geschweige denn eine Gebetsversammlung besucht; aber seine Freude über das ihm zuteil gewordene Heil war so groß, daß es ihm keine Ruhe ließ; er mußte seinen Gefährten sagen, wie es ihm zu Mute war. Wie erstaunte er, als er fand, daß es letzteren ebenso ergangen war wie ihm, und daß sie miteinander ihre übervollen Herzen vor Gott ausschütteten! Auf ihre Aufforderung hin wohnte er einer ihrer Gebetsversammlungen bei und faßte sich schließlich ein Herz, gleich den anderen einfach auszusprechen, was seine Seele bewegte. „Herr", sagte er, „du hast mich überwunden, und ich glaube, du wirst mich drunten halten. Und da es dir bei mir so gut gelungen ist, wirst du hoffentlich dein Heil auch bei anderen Sündern versuchen." Zwei Jahre nach Beginn dieser Erweckung schickten die Holzmänner ein paar Leute aus ihrer Mitte zu mir und baten mich, doch zu tun, was in meinen Kräften stehe, um ihnen einen Prediger zu verschaffen. Zugleich teilten sie mir mit, daß in einem Umkreis von zwanzig Stunden nicht weniger als fünftausend Menschen bekehrt worden seien und zwar ohne die Wirksamkeit eines einzigen Predigers. So hatte der kleine Funke, der in Philadelphia in die Herzen einiger unwissender Menschen gefallen war, den ganzen Walddistrikt entzündet und die Rettung von Tausenden zuwege gebracht.

DIE ERWECKUNG IN READING

Im Winter 1829/30 verließ ich Philadelphia und begab mich nach dem etwa 40 englische Meilen westlich gelegenen Reading, wo sich mehrere deutsche und eine presbyterianische Gemeinde befanden. Der Pastor der letzteren forderte mich im Verein mit seinen Kirchenältesten auf, eine Zeitlang unter seinen Leuten zu arbeiten.

Bald stellte sich jedoch heraus, daß der Boden in Reading noch durchaus unvorbereitet für eine Erweckung war, ja daß niemand daselbst auch nur einen Begriff hatte, was eine solche eigentlich bedeutete. Schon war für den Winter ein Zyklus von Bällen veranstaltet, für dessen Zustandekommen in erster Linie einer der Ältesten Sorge getragen hatte. Wie sollte da der Geist Gottes ungehindert wirken können! Dennoch hatte Dr. Greer meines Wissens nie etwas dagegen eingewandt. Außer den zwei Predigtgottesdiensten am Sonntag wurde nie eine religiöse Versammlung abgehalten.

Als ich sah, wie die Dinge standen, sagte ich Dr. Greer ganz offen, daß ich voraussichtlich nicht lange in seiner Gemeinde arbeiten werde, wenn sich deren Vertreter nicht von jeglicher Anteilnahme an den in Aussicht genommenen Bällen und sonstigen weltlichen Vergnügungen zurückzögen, worauf er mir vollständig freie Hand ließ, zu tun, was ich für angemessen hielt. Ich predigte nun des Sonntags dreimal und viermal in der Woche, veranstaltete aber fürs erste weder Besprechungs- noch Gebetsstunden, da solche der Gemeinde gänzlich unbekannt waren.

Nach Verlauf von drei Wochen endlich beraumte ich eine Versammlung für etwaige Heilsbegierige auf Montag abend an, erklärte so deutlich wie möglich den Zweck derselben und gab ausdrücklich zu verstehen, daß nur diejenigen eingeladen seien, welche ernstlich um das Heil ihrer Seelen bekümmert seien und weitere Unterweisung suchten. Dr. Greer erhob keine Einsprache, glaubte aber offenbar nicht, daß viele der Aufforderung Folge leisten werden, da sie sich damit im Grunde öffentlich als Schuldbewußte bekennen und die Notwendigkeit zugeben würden, ein neues Leben anzufangen – und zwar ohne Verzug. Als es am Montag schneite und stürmte, verlor er vollends alle Zuversicht, ging aber doch zur festgesetzten Stunde mit mir – und, man denke sich sein Erstaunen, als wir bei unserem Eintritt den ganzen im Erdgeschoß liegenden Raum, der an Umfang nur wenig hinter der Kirche zurückstand, dicht besetzt fanden; und als er obendrein sah, daß sich die Mehrzahl der Anwesenden gerade aus denjenigen Gliedern seiner Gemeinde rekrutierte, die bisher am allerwenigsten Sinn und Empfänglichkeit für göttliche Dinge gezeigt hatten, aber in allgemeinem Ansehen standen.

Da er mich gebeten hatte, die Sache ganz in die Hand zu nehmen, eröffnete ich die Versammlung mit einer Ansprache, in der ich kurz auseinandersetzte, daß es mir vor allem daran liege, mit den einzelnen in persönliche Berührung zu kommen, um ihre Schwierigkeiten und Bedürfnisse kennen zu lernen. Um dies zu erreichen, müsse ich natürlich darauf rechnen, daß sie sich über ihren Seelenzustand mir gegenüber offen aussprächen, wenn auch nur in wenigen Worten. „Denn", sagte ich ihnen, „wäret ihr krank und ließet ihr einen Arzt kommen, so könnte euch dieser nur helfen, wenn ihr ihm genau sagtet, wo es euch fehlt und was euer Leiden veranlaßt hat. Ebenso kann ich euch nur dann richtige Anleitung geben, wenn ihr mir offen sagt, wie es mit euch steht. Ich will nun von einem zum anderen gehen und euch zur Mitteilung Gelegenheit geben, bitte aber, euch so kurz wie möglich zu fassen."

Dr. Greer fügte kein Wort hinzu, begleitete mich aber auf meinem Rundgang und lauschte mit gespanntester Aufmerksamkeit auf alles, was ich sagte. Natürlich wurden die Unterredungen so leise geführt, daß weder die Nachbarn dadurch gestört, noch die Beteiligten durch unberufene Hörer an der freien Aussprache gehindert wurden, und ich bekam den Eindruck, daß fast sämtliche Anwesenden vom Geist Gottes erfaßt waren.

Dr. Greer war tief ergriffen von dem, was er sah und hörte. Nie hätte er für möglich gehalten, daß in seiner Gemeinde ein solches Suchen und Fragen nach Christus entstehen könne, und nun durfte er es sozusagen mit Händen greifen. Seine Augen leuchteten vor Freude, und er hatte Mühe, seine Bewegung zu verbergen.

Nachdem ich, soweit die Zeit reichte, mit den Einzelnen gesprochen hatte, kehrte ich ans Pult zurück und faßte meiner Gewohnheit gemäß die wichtigsten Punkte, die bei den verschiedenen Unterredungen ans Licht gekommen waren und die von allgemeinem Interesse sein konnten, in einer Ansprache an sämtliche Anwesenden zusammen. Alles Persönliche streng vermeidend, suchte ich Mißverständnisse aufzuklären, Hindernisse zu beseitigen und vor allem die irrige Anschauung zu bekämpfen, daß der Sünder weiter nichts zu tun habe, als die Gnadenmittel zu gebrauchen und zu warten, bis ihn Gott bekehre. Nachdem ich in einer dreiviertel Stunden langen Rede die Sachlage so klar wie möglich auseinandergesetzt hatte, forderte ich alle, die bereit waren, sich ohne Verzug Gott zu unterwerfen, aller erkannten Sünde sofort und für immer zu entsagen und sich der freien Gnade ihres Herrn und Heilandes anzuvertrauen, auf, mit mir niederzuknien und sich rückhaltlos Gott auszuliefern.

Wohl sah ich den fragenden Blick des Pastors, doch enthielt sich der im tiefsten Grund durchaus lautere Mann jeglichen Einwands und folgte meinem Beispiel. Eine feierliche Stille herrschte in dem dichtgedrängten Raum; nur dann und wann wurde unter den Anwesenden ein nicht mehr zu unterdrückendes Schluchzen laut. Nachdem ich Gott im Namen der Anwesenden gelobt hatte, daß sie fortan mit Leib und Seele Ihm allein angehören wollten, stand ich auf und schloß, ohne ein Wort hinzuzufügen, die Versammlung mit dem Segen des Herrn. Dr. Greer drückte mir zum Abschied mit großer Herzlichkeit die Hand und sagte lächelnd: „Auf Wiedersehen morgen früh!" Danach trennten wir uns. Kaum war ich zu Hause angelangt, so kam ein Bote aus dem Pfarrhaus angelaufen und brachte mir die Nachricht von des Pastors Tod. Ein Schlagfluß hatte seinem Leben plötzlich ein Ende gemacht, als er sich eben ausziehen und zu Bette legen wollte. Dieses unerwartete Hinscheiden des allgemein beliebten Seelsorgers lenkte das Hauptinteresse der Leute natürlich für eine Zeitlang in andere Bahnen; doch bewirkte es andererseits eine tiefgehende Erschütterung, und als nach der Beerdigung die Abendversammlungen ungestört ihren Fortgang nahmen, hatte das Wort wieder freieren Lauf und machte einen gewaltigeren Eindruck denn je. Die Erweckung griff nach allen Seiten um sich, und die Bekehrungen mehrten sich nicht nur von Tag zu Tag sondern waren auch sehr gründlicher Art. Eine der durchschlagendsten war die jenes Ältesten, der die Tanzgesellschaften für den Winter arrangiert hatte. Nicht nur mit ihm selbst, sondern auch mit seiner ganzen Familie ging eine völlige Umwandlung vor. Auch andere Älteste bekehrten sich samt allen ihren Angehörigen.

Ein Fall sei hier erwähnt, der so recht geeignet ist zu zeigen, welchen verhängnisvollen Einfluß die beklagenswerte Lehre der sogenannten alten Schule ausübte. Eines Morgens kam einer der

144

angesehensten Männer der Stadt, ein seiner Tüchtigkeit wegen in den weitesten Kreisen bekannter Jurist, in aller Frühe in höchster Erregung zu mir. Er war augenscheinlich in tiefer Seelennot und hielt sich für verloren. Allmählich stellte sich heraus, daß er und einige seiner Studiengenossen seiner Zeit in Princeton gründlich erweckt worden waren und den Direktor des dortigen Colleges gefragt hatten, was sie tun müßten, um selig zu werden. Doktor Kern, so hieß der Mann, sprach ihnen seine Freude aus, daß sie die wichtige Frage ihres Seelenheils ernstlich in Erwägung zogen und riet ihnen, alle schlechte Gesellschaft zu meiden, fleißig ihre Bibel zu lesen und Gott um ein neues Herz zu bitten. „Seien Sie hierin treu, schloß er, so wird Sie der Geist Gottes entweder bekehren, oder – wenn Sie nicht zu den Auserwählten gehören, – sich zurückziehen, und Sie werden dann wieder in ihr altes Wesen zurückfallen." „Nun", fragte ich, „und wie ging's dann?" „Wir taten, wie er uns geraten hatte", antwortete der Advokat, „nach kurzer Zeit aber schwand das Schuldbewußtsein und wir verspürten keine Lust mehr zu beten. Die Sache wurde uns gleichgültig, und", fuhr er unter Tränen fort, „meine beiden Freunde starben frühzeitig an den Folgen übermäßigen Alkoholgenusses, und wenn ich nicht Buße tun kann, werde auch ich bald im Grab liegen." Auf letztere Bemerkung hin betrachtete ich mir den Mann genauer und sah nun, daß auch er dem Trunke ergeben sein mußte. Für den Augenblick war er jedoch offenbar vollkommen nüchtern, denn es war noch früh am Tage, und er befand sich, wie gesagt, in größter Seelennot.

Ich versuchte, ihm den verhängnisvollen Irrtum, in den er gefallen war, klar zu machen und ihm zu zeigen, daß er den Geist Gottes betrübt und von sich getrieben, indem er verlangt hatte, Gott solle ihn bekehren, anstatt sich seinerseits rückhaltlos zu unterwerfen. Wenn Gott dem Menschen gebiete, Buße zu tun, zu glauben und sich Ihm auszuliefern, so habe Er durchaus nicht die Absicht, das, was Er vom Menschen fordere, für den Menschen zu tun. Arbeit des Heiligen Geistes sei es, ihn von der Sünde zu überzeugen, ihn zu drängen, die Sünde aufzugeben und vor dem zukünftigen Zorn zu entfliehen, ihm den Heiland vor Augen zu stellen und zur Annahme der Erlösung zu veranlassen.

Ich fragte ihn, ob er nicht selbst den Drang verspüre, sich Gott zu unterwerfen, zu glauben und seinen Sinn zu ändern. „O ja", antwortete er, „freilich verspüre ich diesen Drang. Aber bin ich nicht aufgegeben von Gott? Ist meine Gnadenstunde nicht längst vorüber?" „Nein", erwiderte ich mit aller Entschiedenheit, „hätte Sie der Geist Gottes endgültig dahingegeben, so wären sie nicht mehr um ihr Seelenheil bekümmert, so würde Er Sie nicht mehr zur Buße rufen. Seien Sie überzeugt, Gott hat Sie noch nicht dahingegeben, sondern ist bereit, Sie zu erretten. Wollen Sie dem Ruf Folge leisten, zu Jesus kommen und zwar heute – jetzt, in diesem Augenblick, das ewige Leben ergreifen?"

Der Heilige Geist schaffte meinen Worten Eingang in das Herz des Mannes. Ich sah, daß er mich verstanden hatte und wohlvorbereitet war, den entscheidenden Schritt zu tun; daher forderte ich ihn auf, niederzuknien und sich Gott auszuliefern. Das tat er denn auch, und ich habe allen Grund anzunehmen, daß er sich in jener Stunde gründlich bekehrte. „Ach", sagte er später zu mir, „hätte uns Dr. Kern den Rat gegeben, den Sie mir gaben, so hätten sich meine Freunde und ich damals bekehrt. Nun sind erstere verloren und ich allein bin wie durch ein Wunder gerettet!"

Tief zu Herzen ging mir auch die Bekehrung eines Branntweindestillateurs in Reading. Obwohl dieser gerade erst sein Geschäft vergrößert und mit allen Errungenschaften der Neuzeit ausgestattet hatte, sagte er sofort aus freien Stücken: „Ich will nichts mehr mit der Branntweinbrennerei zu tun haben sondern will sie ohne Verzug niederreißen, damit auch kein anderer dadurch in Sünde gerate."

Wenn ich mich recht erinnere, war in kürzester Zeit seine ganze Verwandtschaft bekehrt. Er selbst befand sich im letzten Stadium der Schwindsucht, und ich besuchte ihn häufig. An dem Sonntagmorgen, an dem die Neubekehrten in die Gemeinde aufgenommen werden sollten, war er so elend, daß man sah, er werde den Tag nicht überleben. Da rief er seine Frau zu sich und sagte: „Ich werde im Himmel Sabbat feiern. Während ihr euch hienieden der streitenden Kirche einverleiben laßt, gehe ich in die triumphierende ein." Noch ehe es Zeit zum Gottesdienst war, war er daheim beim Herrn und die Seinigen wohnten der feierlichen Aufnahme in die Gemeinde bei, wie er ausdrücklich gewünscht hatte. Als ich ihn in früher Morgenstunde zum letzten Mal besuchte, sagte ich ihm beim Abschied: „Grüßen Sie mir den lieben Dr. Greer, wenn Sie in den Himmel kommen!" Ein Freudenschein flog über seine Züge, und er fragte lächelnd: „Glauben Sie, daß ich ihn erkennen werde?" „Jawohl werden Sie ihn erkennen", antwortete ich. „Grüssen Sie ihn herzlich und sagen Sie ihm, daß das Werk herrlich fortschreitet." „Ja, das will ich, das will ich", entgegnete er. Während er in der oberen Heimat mit Jesus zu Tisch saß, genossen seine Frau und seine Kinder das heilige Mahl im Haus Gottes hienieden und weihten sich ihrem Herrn und Heiland zum Dienst.

Jene Erweckungszeit in Reading gehörte in vieler Hinsicht zu den interessantesten, die ich erlebte, vielleicht auch zu den schwierigsten, da des plötzlich eingetretenen Todesfalls wegen die Arbeit fast allein auf meinen Schultern ruhte. Die Gemeinde, an der Dr. Greer gewirkt hatte, war die einzige englisch redende am Ort neben mehreren deutschen, in denen eine außerordentlich oberflächliche Auffassung von dem Wesen des Christentums und der Religion überhaupt herrschte, und zwar infolge völligen Miß-verständnisses der lutherischen Lehre. Taufe, Katechismus, Abendmahl, das waren die Punkte, in denen sich sozusagen das ganze Christentum jener Gemeinden zusammenfassen ließ. Nun kam ich und forderte alle, Getaufte und Ungetaufte, Kommuni-kanten und Nichtkommunikanten, Katechismuskundige und -unkundige zur Buße, zum Glauben und zur Bekehrung auf und behauptete, daß nur auf diesem Weg das Heil zu erlangen sei. Hieß das nicht, die Väter, die ohne solche Bekehrung aus der Welt geschieden waren, verdammen und ihren Glauben als unzu-reichend darstellen oder als falsch zu verwerfen? Kein Wunder, daß meine deutschen Amtsbrüder anfangs ihren ganzen Einfluß aufboten, um der von mir verkündeten Lehre entgegenzutreten und sie als verderblichen Fanatismus zu bezeichnen!

Große Schwierigkeiten erwuchsen mir auch aus der Art und Weise, wie sich zu Beginn der Bewegung die Presse des Ortes gegen mich verhielt. Es erschienen zwei Blätter in Reading, deren Herausgeber in sehr üblem Ruf standen. Sie waren dem Trunke ergeben und mußten nicht selten in völlig bewußtlosem

Zustand nach Hause getragen werden. Nichtsdestoweniger übten sie durch ihre Blätter einen bedeutenden Einfluß auf ihre Leser aus, besonders auf die deutsche Bevölkerung. Diesen Einfluß benutzten sie nach Kräften, um der Bewegung entgegenzuarbeiten und richteten dadurch großen Schaden an. Endlich hielt ich es für meine Pflicht, ihrem Treiben Einhalt zu tun und predigte daher vor dichtgedrängtem Publikum über den Text: „Ihr seid vom Vater der Lügen, vom Teufel, und nach eures Vaters Lust wollet ihr tun." Zuerst sagte ich im allgemeinen, was des Teufels Begehr sei, nämlich: Seelen ins Verderben zu stürzen. Dann sprach ich davon, in welcher Weise gottlose Menschen des Teufels Sache zu der ihrigen machten. Indem ich den Leuten das an Beispielen klar zu machen suchte, erwähnte ich unter anderem den verderblichen Einfluß der Zeitungsschreiber des Ortes, schilderte deren Charakter und fragte, ob es sich wohl für ihresgleichen schicke, sich ihren Mitmenschen gegenüber als Lehrer aufzuwerfen und zwar gerade in den heiligsten Dingen, die ein Menschenherz beschäftigen können. Zum Schluß sagte ich: „An eurer Stelle würde ich ein solches Blatt nicht eine Stunde in meinem Haus dulden, ja, es nicht einmal mit einem Finger anrühren, aus Furcht, mich zu besudeln. Höchstens würde ich es mit der Zange anfassen und zum Fenster hinauswerfen."

Am anderen Morgen wirbelten zahllose Zeitungsblätter im Wind umher; den Herausgebern aber war wenigstens für den Augenblick der Mund gestopft.

Auf die Einladung eines Ältesten der damals verwaisten und wirklich in hohem Grad verwahrlosten Gemeinde zu Lancaster in Pensylvanien begab ich mich von Reading aus dahin, um wenigstens eine Zeitlang dort zu arbeiten. Während meines Aufenthalts in der Stadt logierte ich bei einem alten Herrn, der zur Zeit sozusagen Leiter der Gemeinde war, und was ich mit ihm erlebte, kennzeichnet so recht den Zustand, in dem sich das Gemeindeleben, was nämlich die Religion betraf, zu jener Zeit befand.

Eines Sonntagabends, nachdem ich besonders eindringlich gesprochen hatte, geriet er in solche Gewissensnot, daß er nicht einschlafen konnte und mich mitten in der Nacht rufen ließ, um mir sein Herz auszuschütten. Bei dieser Gelegenheit erzählte er mir unter anderem, daß er vor Jahren zum Gemeindeältesten gewählt worden sei, obwohl er ein ganz unbekehrter Mann gewesen sei. Die Sache habe ihm Bedenken gemacht, und ehe er den Ruf angenommen, sei er deshalb zu einem wohlbekannten Pastor der Nachbarschaft gegangen, um ihn um Rat zu fragen. Auf dessen Zureden habe er das Amt angetreten, sich aber auch nachher nicht entschieden zu Gott gewandt. Vor den Augen der Welt hatte er zwar stets als Ehrenmann gegolten; doch da nun sein Gewissen erwacht war, erkannte er sich als verlorenen Sünder. Als solchen behandelte ich ihn denn auch und riet ihm, seine Zuflucht zum Blut Jesu zu nehmen und sich Gott auf Gnade und Ungnade in die Arme zuwerfen. Er tat das ohne Verzug und fand alsbald Frieden.

Eines Abends hatte ich über die Notwendigkeit einer sofortigen Unterwerfung unter Gottes Willen gesprochen und zum Schluß diejenigen, die sich für den Heiland entschieden hatten, aufgefordert, diesen ihren Entschluß durch Erheben kund zu tun. Zugleich machte ich sie aufmerksam, daß an den einen oder anderen unter ihnen der Ruf möglicherweise zum letztenmal ergehe. Wie mir erzählt wurde, trafen sich am nächsten Tage zwei Männer, die in jener Versammlung nebeneinander gegessen hatten, auf der Straße, und der ältere sagte zum jüngeren: „Sie waren gestern offenbar tief ergriffen von Finneys Worten. Weshalb sind Sie nicht aufgestanden?" – „Ja, das Gesagte ging mir merkwürdig zu Herzen", antwortete der andere; „bei dem Gedanken, daß mir Gottes Gnade vielleicht zum letztenmal angeboten werde, wurde mir ganz eigentümlich zu Mute." Wenige Minuten später trennten sich die beiden und jeder ging seines Weges. Es war eine dunkle Nacht. Auf dem Heimweg stieß derjenige, dem die Predigt einen solch tiefen Eindruck gemacht hatte, bei dem es aber dennoch zu keiner Entscheidung gekommen war, an einen Stein. Er strauchelte, fiel hin und brach das Genick. Möchten sich meine Leser daraus eine Warnung nehmen!

Ich richtete Gebetsstunden in Lancaster ein, und auf meine dringende Aufforderung nahmen die Ältesten regelmäßig an denselben teil. Das Interesse nahm von Tag zu Tag zu und es kamen immer mehr Leute zum Glauben. Ich kann mich nicht erinnern, weshalb ich nicht länger blieb; aber jedenfalls verließ ich die Stadt zu früh, um einen eingehenden Bericht über die Bewegung schreiben zu können.

Von Lancaster kehrte ich im Sommer 1830 nach Whitestown zurück und verbrachte dort einige Zeit bei meinen Schwiegereltern. Während meines Aufenthalts daselbst erging die dringende Bitte an mich, nach Columbia zu kommen, wo eine Erweckung ausgebrochen war. Die Aufforderung war derart, daß ich mich ihr nicht entziehen konnte; aber da ich schon verschiedene andere Rufe angenommen hatte, dachte ich, nur kurz zu bleiben.

Es war dort eine große deutsche Gemeinde, welche die Aufnahme ihrer Glieder mehr von deren religiöser Erkenntnis, als von ihrer inneren Herzensstellung abhängig machte. Sie bestand infolgedessen hauptsächlich aus Unbekehrten. Der Pastor, namens H., ein ganz junger Mann, war ebenfalls deutscher Abstammung und kam aus Pennsylvanien.

In einem kurzen Abriß, den er mir von seiner Lebensgeschichte gab, erzählte er mir, daß er unter der Leitung eines deutschen Gottesgelehrten in seiner Heimatstadt Theologie studiert habe. Der alte Herr galt als sehr frommer Mann, hatte aber einen gewaltigen Respekt vor sogenannter Überspanntheit in religiösen Dingen, wozu er vor allem das Beten aus dem Herzen rechnete. Erfuhr er zufällig, daß einer der ihm anvertrauten jungen Leute für sich im Kämmerlein betete, so warnte er ihn davor aufs eindringlichste, als vor etwas äußerst Gefährlichem, das schon viele zu Schwermut und religiösem Wahnsinn gebracht habe. Herr H. war in der üblichen Weise in die Gemeinde aufgenommen worden, ohne eine Ahnung davon zu haben, daß noch etwas anderes als nur theologische Kenntnisse dazu gehöre, um Geistlicher zu werden. Seine Mutter aber, eine entschiedene Christin, wußte besser Bescheid und war sehr bekümmert, daß sich einer ihrer Söhne erkühnte, ein so heiliges Amt auf sich zu nehmen, ohne wirkliches Leben aus Gott zu haben. Ehe er nach seiner Berufung an die Gemeinde von Columbia die Heimat verließ, machte sie ihn auf die große Verantwortung des Seelsorgeramts aufmerksam und sagte ihm einiges, was ihm viel zu denken gab. Er konnte ihre Worte nicht wieder los werden und kam zu einer so tiefen Erkenntnis seines verlorenen Zustandes, daß er nahezu in Verzweiflung geriet. Nach langem, heißem Bußkampf erfaßte er das Heil in Christus; allmählich fiel es von seinen Augen wie Schuppen, und er sah, wie verkehrt er und seine Amtsbrüder bei der Aufnahme von Gemeindegliedern zu Werke gegangen waren. Sein erster Wunsch war, daß seine Frau bekehrt würde. Von heiliger Jesusliebe gedrungen, arbeitete er mit rastlosem Eifer an dem Seelenheil der ihm anvertrauten Schafe; aber er war selbst noch ein Neuling im Glaubensleben und konnte nicht mehr geben als er hatte. Doch „dem Aufrichtigen läßt es der Herr gelingen", und es dauerte nicht lange, so waren mehrere der einflußreichsten Männer und verschiedene Frauen der Stadt zum Licht durchgedrungen.

Nach viel Gebet und reiflicher Überlegung berief er seine Leute zur Besprechung einer kirchlichen Angelegenheit und bat, daß man sich möglichst zahlreich einfinden möge.

Die mit ihm vorgegangene Umwandlung, die vielen Hausbesuche, die er seither gemacht und so manches andere hatten allgemeines Interesse wachgerufen, so daß zu der für die Versammlung festgesetzten Stunde die Kirche gedrängt voll war.

Mit aller Freimütigkeit schilderte nun der junge Pastor den Zustand der Gemeinde und sprach sich unverhohlen darüber aus, wie verkehrt bei Aufnahme von Gemeindegliedern verfahren worden sei. Als er sah, daß seine Worte Eindruck gemacht hatten, schlug er vor, daß man die bisherige Gemeinde auflöse und eine neue bilde. Der Antrag wurde fast einstimmig angenommen. „Wohlan", sagte dann der Pastor, „die deutsche Gemeinde in Columbia existiert demnach von Stund an nicht mehr, und wir wollen nun zur Bildung einer neuen schreiten, in welche nur entschieden bekehrte Leute aufgenommen werden."

Nachdem hierauf er, seine Frau und alle, die eine wirkliche Wiedergeburt erfahren, erzählt hatten, was Gott an ihnen getan hatte, gründete er mit ihnen eine neue Gemeinde; zu den übrigen aber sagte er: „Eure Beziehungen zu der Gemeinde sind nunmehr gelöst, und ihr habt ferner keine Berechtigung mehr, an den verordneten Gnadenmitteln der Kirche – als da sind: Taufe und Abendmahl – teilzunehmen."

Diese Worte riefen natürlich große Bestürzung hervor; denn ihrer Ansicht nach war es etwas Furchtbares, keinen Anteil an den Sakramenten zu haben.

Herr H. machte sich nun mit allem Eifer an die Arbeit, besuchte die Leute in ihren Häusern, betete mit ihnen und hielt Versammlungen ab. Dadurch wuchs das Interesse an göttlichen Dingen von Tag zu Tag. Das Werk war schon eine geraume Zeit vor sich gegangen, als er hörte, daß ich in der Nähe wäre, worauf er mich aufforderte zu kommen und ihm zu helfen. Ich fand einen jungen Mann in ihm, dessen Herz von warmer Liebe für seinen Heiland überströmte und der mit unaussprechlicher Freude meiner Predigt lauschte. Die Erweckung griff immer weiter um sich, bis schließlich fast sämtliche Bewohner der Stadt bekehrt waren. Ein Teil derselben siedelte später nach Galesburg in Illinois über, einer neuen Kolonie, deren Gründer und Leiter mein früherer Lehrer, Pastor Gale, war.

Eine aufmerksamere, unermüdlichere Zuhörerschaft, als ich sie in Columbia hatte, läßt sich kaum denken – die Leute schienen von meinen Worten ganz hingenommen zu sein, und Herr H. war demütig und lernbegierig wie ein kleines Kind. Das Werk nahm über ein Jahr lang ungehindert seinen Fortgang und zog seine Kreise in immer weitere Schichten der benachbarten Landbevölkerung.

Als ich nach Whitestown zurückgekehrt war, erhielt ich eine Einladung nach New York. Ein reicher Kaufmann, der zu den angesehensten Bürgern gehörte und keinerlei Ausgabe scheute, wenn es galt, das Werk des Herrn zu fördern, mietete zunächst eine Kirche für drei Monate und kaufte dann eine solche aus eigenen Mitteln in einem der bevölkertsten Stadtviertel. Dorthin siedelten wir schließlich über und gründeten aus den in den ersten zwölf Wochen für den Herrn gewonnenen Seelen eine Gemeinde von Neubekehrten, in der ich bis Ende des Sommers arbeitete.

Während dieser Zeit wohnte ich mit meiner Frau und meinem einzigen Kind bei Herrn Phelps, dem erwähnten Kaufmanne, und hatte dadurch Gelegenheit, den Mann nach allen Richtungen hin kennen zu lernen. Seine lautere, aufrichtige Frömmigkeit trat in allen Beziehungen des Geschäfts- und Familienlebens, sowie im gesellschaftlichen Verkehr zu Tage, und ich machte die Beobachtung, daß er trotz anstrengendster Tätigkeit stets in Gemeinschaft mit seinem Gott blieb. Selbst wenn er direkt aus dem Büro in die Gebetsstunde kam, ging er sofort so ganz in den Geist derselben ein, daß man deutlich spürte: die irdischen Geschäfte nahmen ihn nicht derart in Anspruch, daß für das Göttliche nicht mehr Raum gewesen wäre. Je länger ich in seinem Haus weilte, umso mehr gewann ich den Eindruck, daß sein inneres und äußeres Leben merkwürdig im Einklang standen. Eines Nachts wurde mir klar, wie das kam. Als ich zwischen zwölf und ein Uhr ins Wohnzimmer hinunterging, um etwas für unser Kind zu holen, fand ich Herrn Phelps zu meinem Erstaunen im Schlafrock am Kamin sitzen und merkte, daß ich ihn in seiner Privatandacht gestört hatte. Ich entschuldigte mich und sagte, ich habe gemeint, er sei längst im Bett – da antwortete er: „Wissen Sie, Bruder Finney, ich habe tagsüber so viel zu tun, daß mir wenig Zeit zum Gebet im Kämmerlein bleibt; daher habe ich die Gewohnheit, nachdem ich ein Stündchen geschlafen habe, wieder aufzustehen und in der Stille der Nacht mit Gott zu verkehren." Nach seinem vor einigen Jahren erfolgten Tod fand man in seinem Schreibtisch ein Tagebuch, das er in jenen ungestörten Nachtstunden geschrieben hatte und worin vieles niedergelegt war, was mich tiefe Blicke in sein verborgenstes Seelenleben tun ließ.

Kann ich auch nicht genau angeben, wie viele Leute damals in New York bekehrt wurden, so weiß ich doch, daß es eine große Anzahl war. Ein Fall verdient insbesondere Erwähnung. Eines Tages besuchte mich ein um sein Seelenheil bekümmertes Mädchen, von dem ich nach kurzem Zwiegespräch den Eindruck bekam, daß es viel auf dem Gewissen hatte. Wie mir dasselbe erzählte, hatte es von klein auf die Gewohnheit gehabt zu stehlen, so oft sich ihm hierzu Gelegenheit bot. Nichts war vor ihm sicher – weder Taschentücher noch Broschen, noch Griffel oder Federhalter. Auf die Frage, was es nun tun solle, antwortete ich: es müsse die gestohlenen Sachen zurückgeben und um Verzeihung bitten.

Natürlich wurde das dem Mädchen sehr schwer; aber der Geist Gottes ließ ihm keine Ruhe, bis es sich ernstlich ans Werk machte. Darüber fielen ihm immer neue Diebstähle ein, von denen es mir einen nach dem andern bekannte. Ich fragte es, ob seine Mutter von seinem Tun gewußt habe. „Nein", antwortete es, „wenn sie wissen wollte, woher ich dieses oder jenes hatte, sagte ich, ich habe es geschenkt bekommen. O, Herr Finney, ich habe eine solche Menge von Dingen entwendet, daß ich mich oft gar nicht mehr erinnere, wem die einzelnen Gegenstände gehören." Ich ließ mich auf keinerlei Kompromisse mit dem Mädchen ein sondern bestand darauf, es müsse jedes Stück zurückgeben. Habe es den redlichen Willen, das zu tun, sagte ich, so werde Gott sicherlich seinem Gedächtnis zu Hilfe kommen. Von Zeit zu Zeit kam es, mir Bericht abzustatten. Auf meine Frage, was die Leute sagten, wenn sie die Dinge zurückbringe, antwortete es: „Die einen halten mich für verrückt und die anderen für überspannt; ihrer etliche aber sind tief ergriffen. „Verzeihen es Ihnen alle?" forschte ich weiter. „O ja", erwiderte es, bisher haben mir alle vergeben, nur finden viele, ich täte besser daran, die Sache mit Stillschweigen zu übergehen."

Eines Tages bekannte es mir, es habe einen Schal daheim, den es seiner Zeit der Tochter des Bischofs entwendet. Wie gewöhnlich, so ermahnte ich es auch diesmal zur Zurückgabe des fremden Gutes. Einige Tage später kam es wieder und erzählte mir, es habe an der Haustür des Bischofs geschellt und dem Diener den in Papier eingewickelten und an seinen Herrn adressierten Schal gegeben; dann sei es schnell davongelaufen und um die Ecke gebogen, aus Angst, es könne ihm jemand nachsehen und herausfinden, wo es hingebe. Noch ehe es daheim angelangt war, schlug ihm jedoch das Gewissen, und es sagte sich: „Das habe ich nicht recht gemacht. Bekenne ich dem Bischof nicht meine Schuld, so könnte leicht eine andere in den Verdacht kommen, den Schal gestohlen zu haben."

Ohne Verzug kehrte es wieder um, ließ sich zum Bischof führen und erzählte ihm den ganzen Sachverhalt. „Nun, und wie hat der Bischof Ihr Bekenntnis aufgenommen?" fragte ich. „Er war tief bewegt", erwiderte es. „Die Tränen standen ihm in den Augen; er legte mir segnend die Hände auf den Kopf, versicherte mich seiner Vergebung und bat Gott, mir zu verzeihen." „Und sind Sie seither innerlich ruhig über die Sache gewesen?" forschte ich. „O ja", antwortete es, „vollkommen ruhig." Es dauerte wochen- ja monatelang, bis das Mädchen alle gestohlenen Gegenstände zurückgegeben hatte, und in dieser Zeit war es zuweilen wie erdrückt von der Last seiner Sünden.

Als ich es eines morgens im Haus seiner Mutter besuchte, fand ich es mit aufgelösten Haaren, händeringend und mit dem Ausdruck der Verzweiflung im Zimmer auf und ab gehen. „Was ist Ihnen, liebes Kind?" fragte ich besorgt. „Ach, Herr Finney", erwiderte es, „ich habe Gottes Wort gestohlen. Wird mir das jemals vergeben werden? Ich habe es einer meiner Mitschülerinnen genommen; aber es ist schon so lange her, daß ich mich nicht mehr erinnern kann, welcher von ihnen. Die Sache ist mir erst heute morgen zum Bewußtsein gekommen, und ich fürchte, die Sünde ist zu groß, als daß ich dafür Verzeihung erlangen könnte." Ich suchte es zu beruhigen. „Aber, was soll ich tun?" fuhr es fort. „Ich kann das Buch ja nicht zurückgeben, wenn ich keine Ahnung mehr habe, wem ich es entwendete." „So behalten Sie es zur heilsamen Erinnerung an die traurige Vergangenheit und benutzen Sie es zum Heil Ihrer Seele. Sollte Ihnen früher oder später einfallen, wer die rechtmäßige Eigentümerin ist, so geben Sie ihr entweder dieses oder ein anderes Testamentchen von dem gleichen Werte zurück."

Das ganze Erlebnis ging mir sehr zu Herzen; doch der tiefe Demütigungsweg, den das Mädchen zu gehen hatte, sollte herrliche Früchte bringen: tiefe Selbsterkenntnis, innere Gebrochenheit und Geistesarmut, verbunden mit kindlichem Vertrauen und inbrünstiger Liebe und einem Frieden, der da war wie ein Wasserstrom. Ja, es wurde eine der lieblichsten jungen Christinnen, die ich jemals kennen gelernt habe.

Als sich mein Aufenthalt in New York seinem Ende nahte, hielt ich es für geraten, das Mädchen mit einem Christen bekannt zu machen, der sich seiner annehmen sollte. Bis dahin hatte ich alles, was zwischen ihm und mir vorgegangen war, aufs strengste geheim gehalten; weil ich aber nicht länger persönlich über es wachen konnte, teilte ich Herrn Phelps den Sachverhalt mit. Dieser war von der Erzählung tief ergriffen und sagte: „Stellen sie mich ihm vor, Bruder Finney, ich will mich seiner annehmen, so viel in meinen Kräften steht." Und er hat treulich Wort gehalten, wie ich später erfuhr. Ich sah das Mädchen jahrelang nicht mehr;

als ich nach meiner letzten Rückkehr aus England aber einmal eine von Herrn Phelps Töchtern besuchte und die Sprache auf es kam, fragte ich: „Hat Sie Ihr Vater mit jenem Mädchen bekannt gemacht?" „O ja", lautete die Antwort, „es ist viel in unser Haus gekommen." „Was halten Sie von ihm?" fuhr ich fort. „Es ist ein entschiedenes Kind Gottes", erwiderte Herrn Phelps Tochter. „Es ist an einen Geschäftsmann verheiratet und wohnt ganz in unserer Nähe. „Hat es sich auch in seinem Wandel als Christin erwiesen?" forschte ich weiter. „O ja", hieß es, „es ist eine ausgezeichnete Frau und eine treue Beterin." Zu meiner Freude erfuhr ich später noch – ich weiß nicht mehr aus welcher Quelle –, daß es seit seiner Bekehrung nie mehr die Versuchung hatte, fremdes Gut zu entwenden.

Diese Erweckung bahnte den Weg zur Bildung freier presbyterianischer Gemeinden in New York. Letztere rekrutierten sich hauptsächlich aus Neubekehrten, die aus jener Bewegung hervorgegangen waren.

Zum besseren Verständnis dessen, was ich im Verlauf dieses Berichtes noch zu sagen haben werde, muß ich hier der Bekehrung des Herrn Lewis Tappan, eines meiner Mitarbeiter, erwähnen. Dieselbe fand statt, ehe ich persönlich mit ihm bekannt wurde. Wie er mir erzählte, war er früher Unitarier und lebte in Boston; sein Bruder, ein Kolonialwarenhändler in New York, war gläubig und ein ernster Christ. Die in New York vor sich gehende Bewegung hatte große Erregung bei den Unitariern hervorgerufen und in der Presse viel Staub aufgewirbelt. Besonders über meine Person waren die merkwürdigsten Geschichten im Umlauf – ich war als ein halbverrückter Fanatiker dargestellt worden. Auch Herrn Lewis Tappan waren die sagenhaftesten Dinge über meine Persönlichkeit durch Herrn W., einen der hervorragendsten unitarischen Geistlichen, zu Ohren gekommen, und er hatte sie, wie die meisten Unitarier in Neu-England und New York für bare Münze hingenommen.

Bei Gelegenheit eines Besuches, den Lewis Tappan seinem Bruder Arthur machte, kamen die beiden auch auf die Erweckungen zu sprechen, und Lewis erwähnte den damit verbundenen seltsamen Fanatismus, indem er unter anderem versicherte, daß ich mich öffentlich als den „Brigadegeneral Jesu Christi" bezeichnet habe. Diese und ähnliche Gerüchte waren weit und breit im Umlauf, und Lewis war von deren Richtigkeit so fest überzeugt, daß er zu seinem Bruder sagte: „Ich bin meiner Sache so gewiß, daß ich bereit bin, eine Wette von fünfhundert Dollar mit dir einzugehen." Arthur erwiderte: „Du weißt, daß ich grundsätzlich nicht wette, kannst du mir aber den Beweis liefern, daß die über Herrn Finney ausgestreuten Gerüchte wahr sind, so gebe ich dir fünfhundert Dollar. Ich mache dir dieses Anerbieten, damit du die Sache genau untersuchst; denn es liegt mir viel daran, daß du dich persönlich von der Unrichtigkeit der aufgestellten Behauptungen und von der Unzuverlässigkeit der Quelle, aus der sie kommen, überzeugst." Lewis, der die Glaubwürdigkeit der betreffenden Angaben für verbürgt hielt, bot alles auf, rechtsgültige Beweise beizubringen, aber umsonst. Viele hatten gehört, ich hätte dieses und jenes gesagt, hatten auch wohl dem Gerüchte Glauben geschenkt; aber niemand konnte ermittelt werden, der tatsächlich die erwähnten Äußerungen aus meinem Munde gehört hätte.

Dies und verschiedenes andere machte Lewis Tappan stutzig und veranlaßte ihn, sich allen Ernstes zu fragen, aus welchen Beweggründen die Unitarier den über Finney ausgestreuten Gerüchten so viel Wert beigelegt und der Erweckung sowohl in New York wie andernorts so viel Widerstand entgegengesetzt hatten. Er suchte möglichst vorurteilsfrei die theologischen Schriften der Unitarier mit denen der Orthodoxen zu vergleichen und das Resultat war, daß er sich den Anschauungen der letzteren zuwandte. Sehr viel trug zu dieser Umwandlung ohne Zweifel der Einfluß seiner gläubigen Mutter bei, die eine treue Beterin war.

Aus einem erbitterten Gegner wurde Lewis Tappan alsbald nach seiner Bekehrung ein eifriger Freund und Förderer der Erweckungen. Nach ernstlichem Gebet und reiflicher Überlegung beschlossen er und einige andere Brüder die Gründung einer freien presbyterianischen Gemeinde und beriefen zu deren Pastor Rev. Joel Parker aus Rochester. Im Verein mit diesem konzentrierten sie ihre Arbeit hauptsächlich auf jene Klasse der Bevölkerung, die keine regelmäßigen Gottesdienste zu besuchen pflegte, und ihre Bemühungen hatten großen Erfolg.

EINE ERWECKUNG IN ROCHESTER (ANNO 1830)

Nachdem ich New York verlassen hatte, verbrachte ich einige Wochen in Whitestown. Dort ergingen von allen Seiten die dringendsten Aufforderungen an mich, so daß ich wirklich nicht wußte, wohin ich meine Schritte lenken sollte. Unter anderem hatten mich die Vertreter der dritten presbyterianischen Gemeinde gebeten, wenigstens eine Zeitlang an Stelle ihres früheren Seelsorgers, des Pastors Parker, nach Rochester zu kommen.

Nach dem, was ich über den dort herrschenden religiösen Zustand erfuhr, konnte ich mir nicht viel von dem Arbeitsfeld versprechen. Es waren drei presbyterianische Gemeinden in der Stadt, die aus verschiedenen Gründen unter sich uneinig waren, und wo Zwietracht herrscht, fehlt die Grundlage für eine Erweckung.

Angesichts der vielen Rufe, die ich erhalten hatte, war es mir schwer, eine Entscheidung zu treffen, und ich war froh, während unseres Aufenthaltes bei meinem Schwiegervater Muße zur Einteilung der Arbeit zu haben. So dann nahm ich die Arbeit zunächst in dem etwa sieben Meilen entfernten Utika auf, wo ich viele im lebendigen Gebetsumgang mit Gott stehende Freunde hatte. Auf meine Bitte vereinigten sich gleich am Abend nach meiner Ankunft die leitenden Brüder, zu denen ich Vertrauen haben konnte, zu ernstem Gebet und brachten mein Anliegen vor den Herrn. Ich legte ihnen einerseits die Verhältnisse in Rochester und andererseits die in den übrigen Arbeitsfeldern, auf die ich berufen worden war, dar, und ersuchte sie um ihren Rat.

Nach viel Gebet und reiflicher Überlegung erklärten sich die Brüder einstimmig gegen Rochester und sprachen sich dahingehend aus, ich solle meine Schritte nicht nach dem Westen sondern nach dem Osten von Utika lenken. Das war zur Zeit auch mein Eindruck, so daß ich die Versammlung mit dem Entschluß verließ, anstatt nach Rochester nach New York oder Philadelphia zu gehen, und zwar gedachte ich gleich am nächsten Morgen mit meiner kleinen Familie per Boot nach New York zu fahren.

Ehe ich mich zur Ruhe legte, stellte sich mir die Frage unter einem anderen Gesichtspunkt dar. „Aus welchem Grund gehst du nicht nach Rochester?" hieß es in meinem Innern; und als ich die einzelnen Gründe im Geiste aufzählte, erhob sich jene andere Frage: „Sind diese Gründe aber auch stichhaltig?" Gerade um dieser Schwierigkeiten willen bedarf man deiner in Rochester um so mehr. Willst du das Arbeitsfeld meiden, weil dort so vieles verkehrt ist? Wäre alles in schönster Ordnung, so brauchte man dich überhaupt nicht. Allmählich wurde mir klar, daß wir uns alle geirrt hatten und daß gerade das, was mich bestimmt hatte, nicht nach Rochester zu gehen, der triftigste Grund war, den Ruf anzunehmen. Ich schämte mich, daß ich um der Schwierigkeiten willen vor der Arbeit zurückgescheut war, und ich empfing die innere Gewißheit, daß Rochester das für mich vom Herrn bestimmte Arbeitsfeld sei und daß Gott dort mit mir sein werde. Sobald ich hierüber im klaren war, teilte ich meiner Frau meinen Entschluß mit, und am nächsten Morgen in aller Frühe befanden wir uns auf der Reise nach Rochester.

Die Brüder in Utika waren nicht wenig erstaunt, als sie von dieser plötzlichen Änderung meines Entschlusses hörten und waren sehr besorgt über den Ausgang, den die Sache nehmen werde.

Wir kamen im Laufe des Vormittags in Rochester an und wurden von dem Ältesten Josias Bischell, der zur Zeit an der Spitze der dritten Gemeinde stand, aufgefordert, bei ihm zu wohnen. Trotz einer anderen dringenden Einladung seitens meines Vetters, eines Herrn S., der Ältester in der ersten Gemeinde war und mich gerne mit seinem Pastor zusammengebracht hätte, nahm ich Herrn Bischells Anerbieten an und ließ mich mit den Meinigen gastlich bei ihm nieder. Kaum waren wir mit dem zweiten Frühstück fertig, so kam Herr S. und holte mich zu einem Besuch bei Dr. Penny ab. Dieser empfing mich mit brüderlicher Herzlichkeit, und nach einer längeren Unterredung schieden wir in vollkommenem Einverständnis. Nicht nur nahm er gleich zu Anfang an allen Versammlungen teil sondern stellte mir auch alsbald seine eigene Kanzel zur Verfügung. Herr S. bot auch in der Folge alles auf, um ein gutes Einvernehmen zwischen den verschiedenen Pastoren und Gemeinden herzustellen, und es dauerte nicht lange, so herrschte ein ganz anderer Geist in den Versammlungen.

Die erste, die sich bekehrte, war die Frau eines angesehenen Rechtsanwalts, eine sehr gebildete, einflußreiche Dame. Diese kam auf Anraten einer Bekannten, die eine entschiedene Christin war, zu mir und bat mich um Unterweisung.

Frau M. – so hieß sie – war eine Weltdame im wahren Sinne des Wortes und sehr vergnügungssüchtig. Sie erzählte mir später, daß ihr die Aussicht auf eine mögliche Erweckung in der Stadt im Grunde der Seele verhaßt gewesen sei, weil sie gefürchtet hätte, es könnte eine solche den für den Winter geplanten Lustbarkeiten Abtrag tun. Im Gespräch mit ihr spürte ich alsbald, daß der Geist Gottes unerbittlich mit ihr ins Gericht ging. Sie war tiefgebeugt von der Last ihrer Sünden; je mehr ich aber in sie drang, der Welt, der Sünde und dem eigenen Leben um Christi willen zu entsagen, um so offenbarer wurde mir der Hochmut ihres Herzens. Endlich kniete ich mit ihr nieder, und da ich fühlte, daß ihr Stolz das Haupthindernis war, das ihr im Wege stand, hob ich in meinem Gebet immer wieder die Stelle hervor: „Es sei denn, daß ihr umkehret und werdet wie die Kinder, so könnt ihr nicht in das Himmelreich kommen." Während ich diese Worte nach allen Seiten hin beleuchtete, hörte ich sie leise vor sich hin sagen: „Es sei denn, daß ihr umkehret und werdet wie Kinder – wie die kleinen Kinder. Es sei denn, daß ihr werdet wie die kleinen Kinder." Daraus schloß ich, daß der Geist Gottes dem Wort Eingang in ihr Herz verschaffte, und suchte, ihr dasselbe recht eindringlich zu machen, indem ich sie in meinem Gebet zu Gott als eine solche darstellte, die der Umkehr und des Kleinwerdens bedürfe.

Und Gott erhörte mein Gebet buchstäblich; ihr Herz brach, die Tränen liefen ihr über die Wangen, und ehe wir von den Knien aufstanden, war die stolze Frau zum Kindlein geworden. Überströmend von dem Frieden Gottes, der höher ist als alle Vernunft, konnte sie mein Zimmer verlassen, um von Stund an mit Wort und Wandel von ihrem Herrn zu zeugen. In dem Kreise, dem sie angehörte, rief ihre Bekehrung natürlich großes Aufsehen hervor.

Bis dahin hatte ich – wenn ich mich recht erinnere – nur in ganz seltenen Fällen die sogenannte „Bußbank" in Anwendung gebracht, ja, nur dann und wann einmal die um ihr Seelenheil

Bekümmerten aufgefordert, sich zu erheben. Je länger ich jedoch über den Gegenstand nachdachte, um so nötiger erschien es mir, die Leute irgendwie zu einer entschiedenen Stellungnahme zu bringen. Die eigene Erfahrung sowohl wie die Beobachtungen, die ich bei anderen zu machen Gelegenheit hatte, hatten mich gelehrt, daß besonders in den höheren Ständen eine der Hauptschwierigkeiten in der Furcht bestand, sich als solche zu bekennen, die um ihr Seelenheil bekümmert sind. Dagegen bäumte sich ihr Stolz auf.

Meiner Ansicht nach mußte auch irgendwie der Eindruck in ihnen hervorgebracht werden, daß eine sofortige Entscheidung von ihnen verlangt werde; sie mußten etwas tun, womit sie öffentlich vor aller Welt der Sünde entsagten und sich in Christi Dienst stellten, gerade wie sie vorher öffentlich vor aller Welt der Sünde und dem Teufel gedient hatten.

Schon das Erheben von ihren Sitzen vor versammelter Gemeinde hatte sein Gutes und entsprach einigermaßen dem Zwecke, den ich zu erreichen suchte; doch fühlte ich, daß ein durchschlagendes Mittel von Nöten wäre.

Ein solches führte ich, so viel ich weiß, zum erstenmale in Rochester ein, und zwar jahrelang, nach dem so viel über die von mir angewandten „Neuerungen" losgezogen worden war. Einige Tage nach der Bekehrung der Frau M. forderte ich alle diejenigen, welche vom Schuldbewußtsein niedergebeugt den Entschluß gefaßt hatten, ihren Sünden zu entsagen und sich rückhaltlos Gott auszuliefern, auf, dies damit zu bekunden, daß sie hervorträten und auf zu diesem Zweck bereit gehaltenen Bänken Platz nähmen. Wir wollten dann für sie beten. Eine viel größere Anzahl, als ich erwartet hatte, leistete dem Ruf Folge, darunter abermals eine angesehene Dame der Stadt und mehrere ihrer Bekannten, die dem gleichen Kreis angehörten wie sie. Das erregte natürlich Aufsehen in der Gesellschaft, und es stellte sich bald heraus, daß der Herr diesmal besonders die Bekehrung der Vornehmen und Gebildeten hatte bewirken können. Es dauerte nicht lange, so fand sich eine große Anzahl von Leuten aus den höchsten Ständen. Touristen, Ärzte, Kaufleute u. a. in den Versammlungen ein.

Besonders fand die Arbeit bei den Juristen Anklang. Es wurden deren viele erweckt und kamen nicht nur zu den Besprechungsstunden sondern auf die „Bußbank" und gaben Gott ihre Herzen. Drei derselben, die sich auf diese Weise öffentlich zu Christus bekannt hatten, aber innerlich noch nicht ganz im Klaren waren, begleiteten mich eines Abends nach der Versammlung noch nach Hause und verließen nicht eher mein Zimmer, bis sie Frieden mit Gott gefunden hatten.

Besonders hervorgehoben sei hier noch einmal, daß bald nach Beginn der Arbeit die Differenzen, welche zwischen Herrn Bischell und Doktor Penny bestanden hatten, ausgeglichen waren und statt der früheren Zwistigkeiten der Geist der Liebe und brüderlichen Eintracht die Glieder der verschiedenen Gemeinden verband. Unter diesen Umständen konnte das Werk Gottes ungehindert fortschreiten und sich immer weiter ausbreiten. Selbst ein Ereignis, das wohl dazu angetan gewesen wäre, die Aufmerksamkeit der Leute von dem Einen, was not ist, abzulenken, mußte zur Förderung der Arbeit dienen. Eines Abends war die der ersten presbyterianischen Gemeinde gehörige Hauptkirche der Stadt, welche in nächster Nähe eines Kanals, also auf nicht ganz festem Boden stand, dermaßen überfüllt, daß die Mauern anfingen nachzugeben. Durch das plötzliche Brechen eines der Stützpfeiler wurde die Gemeinde glücklicherweise rechtzeitig gewarnt und ein größerer Unfall verhütet. Das Gebäude konnte natürlich nicht mehr benutzt werden; doch wurde mir ohne Verzug die zweite Kirche zur Verfügung gestellt. Meine Besorgnis, daß infolge dieses Vorfalls Stillstand in der Arbeit eintreten könne, erwies sich als grundlos. Der Geist Gottes hatte schon zu viel Raum gewonnen, als daß sein Wirken durch derartige äußere Dinge hätte aufgehalten werden können. Von da an fanden die Versammlungen abwechselnd in der zweiten und dritten Kirche statt, und nicht nur die Glieder der drei presbyterianischen Gemeinden sondern die Gläubigen aller Denominationen wetteiferten darin, Seelen für den Heiland zu gewinnen. Ich konnte gar nicht genug Versammlungen halten und predigte außer dreimal des Sonntags fast an jedem Wochenabend. Die Besprechungsstunden für Erweckte mußten auf den frühen Morgen verlegt werden.

In einer solchen wurde eines Tages einer der anwesenden Herren bekehrt, dessen Schwiegermutter, eine entschiedene Christin, lange um seine Errettung zu Gott gefleht hatte. Während jener Morgenversammlung, in der er zum Frieden kam, hatte sie seiner insbesondere fürbittend gedacht, und ihre Freude über die gnädige Erhörung war so groß, daß sie ohnmächtig zu Boden sank und den Geist aufgab, als ihr der junge Mann freudestrahlend mitteilte, welche Umwandlung mit ihm vorgegangen war.

Es existierte damals eine höhere Lehranstalt in Rochester, deren Vorsteher, ein gewisser Herr B., ein ungläubiger Mann war. Da die Schule von jungen Leuten beiderlei Geschlechts besucht wurde, hatte er eine Miss A. zur Gehilfin, und diese war eine entschiedene Christin. Die Zöglinge besuchten die Versammlungen und es dauerte nicht lange, so wurden viele erfaßt, und zwar so stark, daß sie vor Herzensangst weinten und nicht imstande waren, ihre Lektionen aufzusagen. Als der Direktor sah, in welchem Zustand sie sich befanden, beriet er sich mit seiner Gehilfin, ob es nicht gut wäre, mich rufen zu lassen. Fräulein A. freute sich, daß ihm dieser Gedanke von selbst gekommen war und stimmte ihm von Herzen bei. Ich wurde demnach geholt und durfte erleben, daß bald sowohl die Zöglinge als auch Herr B. selbst bekehrt wurden. Vor einigen Jahren hörte ich von Fräulein A., daß über vierzig von den Zöglingen, die damals zu Jesu kamen, Verkündiger des Evangeliums wurden, sei es in der Heimat oder in der Heidenwelt.

Nachdem ich mehrere Wochen Herrn Bischells Gastfreundschaft genossen hatte, zog ich mehr in den Mittelpunkt der Stadt zu einem gläubigen Rechtsanwalt. Bei diesem lebte eine Schwägerin desselben, ein ungewöhnlich schönes, begabtes, aber ganz weltlich gesinntes Mädchen, das mit einem hohen Gerichtsbeamten verlobt war. Letzterer, ein sehr stolzer Mann, nahm großen Anstoß an der von mir getroffenen Einrichtung, der sogenannten „Bußbank", und benutzte jede Gelegenheit, sich dagegen auszusprechen. Sein Beruf brachte es mit sich, daß er in jenem Winter viel verreisen mußte, und so kam es damals bei ihm nicht zur Bekehrung, was bei den meisten seiner Kollegen und bei seiner Braut doch der Fall war. Ich erwähne letzteres, weil er die Dame später heiratete und diese Verbindung wahrscheinlich der Anlaß wurde, daß er sich in einer etwa nach zehn Jahren stattfindenden Erweckung ebenfalls dem Herrn übergab.

Mit der Zeit bekam Rochester einen ganz anderen Charakter, denn die Mehrzahl der angesehensten, einflußreichsten Männer und Frauen der Stadt hatte sich bekehrt. Es kamen viele so merkwürdige Fälle vor, daß sie sich mir unauslöschlich ins Gedächtnis prägten. Eines Tages kam die Dame, deren Bekehrung die erste war, die ich in Rochester erleben durfte, mit einer Bekannten und bat mich, mit letzterer zu sprechen. Ich tat es, fand sie aber durchaus nicht in der richtigen Gemütsverfassung, und sehr geneigt, die Sache auf die leichte Schulter zu nehmen. Ihr Gatte war ein angesehener Geschäftsmann und sie gehörte der ersten Gesellschaft an. Als ich sie ermahnte, sich rückhaltlos dem Herrn auszuliefern, sagte sie, sie könne sich nicht zu dem Schritte entschließen, weil sie nicht andere Wege gehen wolle als ihr Mann. Ich stellte ihr vor, wie töricht es sei, mutwillig ihre Seligkeit aufs Spiel zu setzen, nur weil ihr Mann dies tue; aber sie antwortete, ohne sich zu besinnen: „Kommt er in die Hölle, so verlange ich auch kein besseres Los. Jedenfalls will ich dereinst nicht von ihm getrennt sein." Meine Worte schienen ihr wenig oder gar keinen Eindruck zu machen.

Später hörte ich, daß ihr Mann, als sie heimkam, zu ihr gesagt habe: „Ich habe mich entschlossen, heute abend an die Bußbank zu kommen und Gott mein Herz zu geben, meine Liebe." „So!" entgegnete sie, „und ich habe Herrn Finney soeben erklärt, daß ich mich nicht bekehren wolle, um nicht in alle Ewigkeit von dir getrennt zu sein, lieber wolle ich mit dir gemeinschaftlich zur Hölle fahren. Wenn du vorhast, heute abend an die Bussbank zu kommen, gehe ich nicht in die Versammlung; denn das mag ich nicht mitansehen. „Meinetwegen", sagte er, „tue was du willst, aber erwarte nicht, daß ich es dir nachmache." Zur festgesetzten Stunde ging er allein in die Versammlung. Er setzte sich ganz nahe an die Tür; aber sobald ich diejenigen, die sich für Christus entscheiden wollten, aufforderte, hervorzutreten und auf den vorderen Bänken Platz zu nehmen, damit man insbesondere für sie beten könne, leistete er sofort dem Ruf Folge. Wie sich später herausstellte, war seine Frau ohne sein Wissen zur anderen Seite der Tür hereingekommen und hatte ihrem Mann gegenüber Platz genommen. Kaum sah sie ihn vortreten, so stand sie ebenfalls auf und ging von der entgegengesetzten Richtung her auf die Kanzel zu, wo beide unter den übrigen Erweckten niederknieten.

Viele fanden alsbald Frieden; das Ehepaar aber nicht. Der Mann sowohl wie die Frau waren zu stolz, um sich miteinander auszusprechen und verbrachten eine schlaflose Nacht. Am nächsten Vormittag gegen zehn Uhr suchte er mich in meinem Zimmer auf, und während ich mit ihm sprach, wurde mir gemeldet, daß eine Dame bei meiner Frau auf mich warte. Ich bat den Mann, mich einen Augenblick zu entschuldigen und fand zu meinem Erstaunen, daß es seine Gattin war, die im Nebenzimmer saß. Keiner der beiden wußte von des anderen Anwesenheit. Während des nun folgenden Gesprächs mit ihr gewann ich den Eindruck, daß sie an dem Punkt war, sich dem Herrn auszuliefern. Da dies auch bei dem Gatten der Fall war – wie ich mich vorher überzeugt hatte – kehrte ich zu ihm zurück und sagte: „Ich will mit einer Dame beten, die drüben bei meiner Frau ist; wollen Sie sich uns anschließen?" Er folgte mir und man denke sich sein Erstaunen, als er sich plötzlich seiner Gattin gegenüber befand! Beide waren sichtlich ergriffen. Wir knieten zum Gebet nieder; kaum hatte ich aber begonnen, so brach die Frau in Tränen aus und bat Gott, ihren Mann zu erretten. Über die Sorge um dessen Seelenheil war ihre eigene Not in den Hintergrund getreten. Sein Herz wurde nun mit jedem Augenblick weicher, und da es gerade zum Essen schellte und ich es für gut hielt, die beiden eine Weile miteinander allein zu lassen, machte ich meiner Frau ein Zeichen zum Hinuntergehen. Als wir nach einem kurzen Mahl zurückkamen, fanden wir sie gebrochen und demütig wie kleine Kinder.

Ich darf nicht vergessen, den Gebetsgeist zu erwähnen, der in jener Erweckungszeit herrschte. Als mich auf unserer Reise nach Rochester einer meiner Amtsbrüder vorüberfahren sah, sprang er aufs Boot, um ein paar Worte mit mir zu wechseln. Er hatte vorgehabt, mich nur eine kleine Strecke weit zu begleiten und dann wieder umzukehren; das Gespräch, das wir führten, packte ihn aber so sehr, daß er bis Rochester mitfuhr. Nach wenigen Tagen war er so mächtig vom Geist Gottes ergriffen, daß er seine Gefühle zuweilen nicht beherrschen konnte und sogar auf offener Straße einmal laut zu weinen anfing. Der Herr schenkte ihm den

Geist des Gebets, und sein Herz ward weich wie flüssiges Wachs. So oft wir miteinander beteten, fiel mir auf, wie sehr er an dem Glauben festhielt, daß der Herr Großes in Rochester tun werde. Er sagte mehrmals: „Weiß ich auch nicht, wie es zugehen wird, Herr, so bin ich doch überzeugt, daß du Wunder in der Stadt wirken wirst." Und nicht nur er, sondern verschiedene andere Leute waren so vom Geist des Gebets erfüllt, daß sie von den Versammlungen wegbleiben mußten, weil sie nicht imstande waren, ihre Gefühle zu beherrschen.

Es sei hier insbesondere eines Mannes gedacht, von dem ich später noch oft erzählen werde, eines Herrn Abel Clary. Dieser war um dieselbe Zeit bekehrt und zum Predigtamt ordiniert worden wie ich; aber er war von einem solchen Gebetsgeist beseelt und das Seelenheil seiner Mitmenschen lag ihm dermaßen am Herzen, daß er seine Zeit und Kraft fast ausschließlich dem Gebet widmete. Zuweilen konnte er buchstäblich nicht mehr stehen, so mächtig drängte es ihn auf die Knie und er rang dann unter heißen Tränen mit Gott um Errettung der Sünder. Da ich ihn persönlich kannte, wußte ich natürlich, in welcher ungewöhnlichen Weise er den Gebetsgeist besaß. Wie alle, die von demselben beseelt sind, war er ein auffallend stiller Mann.

Von seinem Aufenthalt in Rochester erfuhr ich zuerst durch einen etwa eine Meile westlich von der Stadt wohnenden Herrn, der eines Tages zu mir kam und mich fragte, ob ich einen Prediger namens Abel Clary kenne. „Ja", antwortete ich. „Derselbe ist seit einiger Zeit bei mir", fuhr jener fort, „aber ich weiß, offen gestanden nicht recht, was ich von ihm halten soll." „Ich habe ihn in keiner der Versammlungen gesehen", entgegnete ich. „Er sagt, er könne nicht hingehen", lautete die Antwort. „Er betet beinahe ohne Aufhören Tag und Nacht und zwar mit einer solchen Seelenangst, daß man ihn weithin stöhnen und schluchzen hört. Sein Zustand scheint mir geradezu besorgniserregend." „Beruhigen Sie sich, Bruder", erwiderte ich. „Ich weiß, was es mit dem Mann für eine Bewandtnis hat. Es wird alles recht werden; er wird sicherlich Erhörung finden."

Ähnlich wie Herrn Abel Clary erging es zu jener Zeit vielen anderen Männern und Frauen, z. B. auch dem sogenannten Vater Nash, der mich bald auf diesem, bald auf jenem Arbeitsfeld, mit seiner Fürbitte unterstützte. Herr Clary blieb in Rochester, so lange ich dort weilte, kam aber, so viel ich weiß, nie in eine der Versammlungen, sondern widmete sich ganz dem Gebet.

Wie schon gesagt, hatte sich die Stadt in jener Erweckungszeit in moralischer Beziehung sehr verändert; es herrschte dort nun viel mehr Ordnung, Nüchternheit und Sittlichkeit als früher.

Als ich nach Jahren einmal mit einem damals zur Bekehrung gelangten Staatsanwalt, der die Gefängnisse unter sich hatte, darauf zu sprechen kam, sagte mir dieser: „Ich habe bei Durchsicht meiner Bücher die auffallende Entdeckung gemacht, daß, während sich unsere Stadt seit jener Erweckung um das Dreifache vergrößert hat, jetzt nicht der dritte Teil von den Kriminalfällen stattgefunden hat, die früher verzeichnet werden mußten. Diesen wunderbaren Einfluß hat die Bewegung bei uns gehabt." Die Verwaltung der städtischen Angelegenheiten und des Gemeindewesens ging größtenteils in die Hände gläubiger Männer über und dadurch wurde alles mehr und mehr in christlichem Sinne geleitet.

Sehr merkwürdig war unter anderem auch die Bekehrung eines angesehenen Bürgers der Stadt, eines Buchhändlers namens P. Derselbe war kein Gottesleugner, glaubte aber nicht an die Inspiration der Bibel. Er galt für einen Mann von klarem Verstand, ungewöhnlicher Willenskraft und Charakterstärke und stand auch seines achtbaren Lebenswandels wegen allgemein im Ansehen. Eines Morgens kam er in aller Frühe zu mir und sagte: „Es ist zur Zeit eine große religiöse Bewegung hier; aber ich bin Skeptiker und kann nicht glauben, daß die Bibel auf Wahrheit beruht; wollen Sie mir das beweisen?" Der Herr schenkte mir sofort Klarheit über seinen Seelenzustand und zeigte mir, wie ich ihn zu behandeln hatte. „Glauben Sie, daß es einen Gott gibt?" fragte ich ihn. „O ja", antwortete er, „ich bin kein Atheist." „Gut", fuhr ich fort, „haben Sie Ihrer Ansicht nach Gott so behandelt, wie es sich gebührt? Haben Sie Seine Autorität anerkannt? Haben Sie Ihn geliebt? Haben Sie gesucht, Ihm wohlzugefallen? Fühlen Sie nicht, daß es Ihre Schuldigkeit wäre, Ihn zu lieben, Ihn anzubeten und Ihm zu gehorchen, so gut Sie es verstehen?" „O ja, das gebe ich zu", antwortete er. „Haben Sie es auch getan?" forschte ich. „Nein, das könnte ich nicht behaupten", erwiderte er. „Weshalb sollte ich Ihnen dann weiteres Licht geben, so lange Sie nicht einmal dem Licht gemäß wandeln, das Sie zur Stunde haben?" entgegnete ich. „Sobald Sie sich entschlossen haben, nach Ihrer Überzeugung zu handeln, Gott nach bestem Wissen und Gewissen zu gehorchen, Buße zu tun dafür, daß Sie Ihn bisher so schmählich vernachlässigt haben, und Ihm von Stund an den Rest ihres Lebens, so gut Sie es vermögen, zu dienen, will ich Ihnen zu beweisen suchen, daß die Bibel wahr ist. Vorher wäre das ganz umsonst." Ich hatte mich weder selbst gesetzt, noch ihm einen Platz angeboten, wenn ich mich recht erinnere. „Das ist im Grunde nicht mehr als recht und billig", antwortete er und verabschiedete sich.

Am nächsten Morgen kam er wieder und rief mir schon an der Tür meines Studierzimmers entgegen: „Herr Finney, Gott hat ein Wunder getan! Gestern auf dem Weg von Ihrem Hause in mein Kontor überlegte ich mir Ihre Worte und beschloß, Gott für mein schmähliches Betragen Ihm gegenüber um Verzeihung zu bitten und Ihm fortan dem mir geschenkten Licht gemäß zu dienen." Und der Mann hat Wort gehalten. Von jener Zeit an hat er sich nach dem Urteil aller, die ihn kannten, als ernster, entschiedener Christ bewährt. Er war jahrelang einer der Vertrauensmänner vom Oberlinkolleg und ist uns in allen Schwierigkeiten und Nöten treulich zur Seite gestanden.

Während die Erweckung in Rochester in vollem Gange war, berichteten Augenzeugen darüber an ihre auswärtigen Freunde und Bekannten. Diese Briefe wurden in den verschiedensten Kirchen des Landes verlesen und gaben den Anstoß, daß auch dort Erweckungen stattfanden. Viele, welche kamen, um die Bewegung in Augenschein zu nehmen, kehrten als neue Menschen nach Hause zurück. So unter anderen ein äußerst geschickter, gebildeter Arzt aus New Jersey, der danach jahrelang mit rastlosem Eifer Seelen für den Herrn zu gewinnen suchte. Die Bewegung zog immer weitere Kreise. Je nachdem meine Zeit und Kraft es erlaubte, predigte ich bald da, bald dort in der Umgegend; mein Hauptarbeitsfeld blieb jedoch Rochester selbst. Nirgends verfehlte das Wort Gottes seine Wirkung. Wo immer Christi Ansprüche in zweckmäßiger Weise geltend gemacht wurden, bekehrten sich viele Leute. Der Umfang, den die Arbeit in

Rochester angenommen hatte, zog die Aufmerksamkeit aller gläubigen Geistlichen und Laien des Landes auf sich und wurde in den Händen des Geistes Gottes ein mächtiger Hebel zur Förderung der größten religiösen Bewegung, welche jemals in Amerika stattgefunden hat. Nach Jahren sagte Dr. Beecher zu mir: „Über einhunderttausend Personen haben sich infolge dieser Erweckung in der Zeit von einem Jahr der Kirche angeschlossen, ein Ergebnis, das wohl einzigartig in der Geschichte dasteht."

Seit jener Zusammenkunft in Neu-Libanon schwand der Widerspruch gegen die Erweckungsbewegung immer mehr; vor allem hatte ich wenig oder keine persönliche Feindschaft mehr zu erdulden. In Rochester war sie überhaupt niemals zu Tage getreten. Die Segensfluten waren so hoch gestiegen, die Bewegung hatte mit solcher Macht um sich gegriffen, und die Leute hatten soviel Wunderbares davon gehört, daß sie nicht mehr den Mut hatten, sich dagegen aufzulehnen. Die Geistlichen hatten mehr Verständnis dafür gewonnen und auch die verstocktesten Sünder konnten nicht umhin, das Wirken Gottes in ihnen zu erkennen. Die meisten Bekehrungen waren von so gründlicher Art, die Neubekehrten so ganz andere Menschen geworden, und nicht nur einzelne, sondern ganze Gemeinschaften so völlig umgewandelt, kurz, die Erfolge waren so unverkennbar und von solchem Bestand, daß niemand sich der Überzeugung verschließen konnte, daß das Werk göttlichen Ursprungs sei.

ERWECKUNGEN IN AUBURN, BUFFALO, PROVIDENCE UND BOSTON

Unter der Arbeitslast der letzten Monate hatte meine Gesundheit sehr gelitten, und die Ärzte zweifelten, daß ich je wieder soweit hergestellt werden würde, um weiter predigen zu können. Gegen Ende meines halbjährigen Aufenthalts in Rochester leistete mir Dr. Wisner aus Ithaka tatkräftige Hilfe. Mittlerweile war eine Menge Aufforderungen an mich ergangen, dahin und dorthin zu kommen, und ich hatte mich entschlossen, den dringenden Bitten des Direktors des Collegs in Schenektady nachzugeben und mit ihm gemeinsam eine Zeitlang unter seinen Studenten zu arbeiten.

Da die Reise eine äußerst beschwerliche war, ließ ich meine Frau mit den Kindern für's erste in Rochester und machte mich im Frühjahr 1831 in Gesellschaft von Dr. Wisner und Josias Pischell auf den Weg. Als wir in Genf ankamen, drang ersterer in mich, ihn nach Hause zu begleiten und mich einige Monate bei ihm auszuruhen. Auf meine entschiedene Weigerung erklärte er mir rundweg, daß er auf Anraten der Ärzte handle; denn nach deren Ausspruch könne bei mir von einer Wiederaufnahme der Arbeit nicht mehr die Rede sein, da ich mich im letzten Stadium der Schwindsucht befinde und nach menschlichem Ermessen nur noch kurze Zeit zu leben habe. Ich erwiderte ihm, es sei mir das schon früher gesagt worden, doch täuschten sich die Ärzte in diesem Falle, mein Leiden rühre nur von Übermüdung her, und ich würde mich wieder erholen, sobald ich mir etwas mehr Ruhe gönnte.

Schließlich gab Dr. Wisner nach und ich setzte meinen Weg fort. Nach zwei- oder dreitägiger Fahrt kamen wir endlich in Auburn an. Ich beabsichtigte, mit der nächsten Post weiterzureisen und hatte mein Billett bis Schenektady bereits in Händen, war aber so angegriffen, daß ich mich entschloß, bei Herrn T. S., dem Sohn des früher erwähnten Oberrichters S., einzukehren und dort den Abgang der nächsten Postkutsche abzuwarten. Als ich mich nach einer erquickenden Nacht am anderen Morgen soeben zur Weiterfahrt rüstete, überbrachte mir ein Herr ein Schreiben, in dem mich eine Anzahl angesehener Männer der Stadt, die im Jahre 1826 meine Arbeit auf alle Weise zu hintertreiben gesucht hatten, bat zu bleiben und ihnen das Evangelium zu verkündigen. Dr. Lansing, aus dessen Gemeinde sie seinerzeit aus Ärger über die Erweckung ausgeschieden waren, hatte den Ruf in ein anderes Arbeitsfeld angenommen, und Pastor Josias Hapkins war nun an seiner Stelle Seelsorger an der Hauptkirche. Das an mich gerichtete Schreiben war von einer langen Liste unbekehrter Männer aus den gebildeten Kreisen der Stadt unterzeichnet, und es war darin die Bitte ausgesprochen, ich möge das Vergangene vergeben und vergessen und Böses mit Gutem vergelten. Der Pastor und die Glieder der Gemeinde waren über die plötzliche Sinnesänderung der betreffenden Männer mir gegenüber nicht weniger erstaunt als ich selbst, unterstützten das Gesuch aber mit allen ihnen zu Gebote stehenden Mitteln. Nachdem ich die Sache in ernstem Gebet vor Gott erwogen hatte und zur inneren Klarheit gekommen war, nannte ich dem Pastor und den Kirchenältesten die Bedingungen, unter denen ich ihrer Bitte nachkommen wolle. Ich versprach, zweimal jeden Sonntag und an zwei Wochenabenden zu predigen; erklärte aber aufs entschiedenste, daß ich weder an den Besprechungsstunden für Erweckte, noch an den Gebetsversammlungen teilnehmen könne, da ich meiner angegriffenen Gesundheit wegen notwendig der Ruhe bedürfe. Aus letzterem Grund bat ich auch, man möge mich nur im dringendsten Notfall in meinem Zimmer aufsuchen. Die Bittsteller gingen bereitwillig auf meine Bedingungen ein, und Pastor Hapkins versprach, die Nachmittagspredigten an den Sonntagen selbst zu halten.

Das Wort war nun von so durchschlagender Wirkung, daß ich gleich am Schluß einer der ersten Predigten die Aufforderung ergehen ließ, es möchten diejenigen, die sich für den Herrn entscheiden wollten, dies bekunden, indem sie hervorträten, öffentlich der Welt und Sünde entsagten und sich Christus auslieferten. Der erste, der dem Ruf Folge leistete, war zu meinem und aller Anwesenden Erstaunen der Mann, der in der Erweckung im vorhergehenden Jahr an der Spitze der Opposition gestanden hatte. Er trat ohne Zögern vor und die Mehrzahl derer, die das erwähnte Gesuch unterschrieben hatten, folgte seinem Beispiel, was großes Aufsehen in der Stadt erregte.

Ich habe bei Gelegenheit meines Berichtes über die Erwekkung in Rochester einen Herrn Clary erwähnt, der unaufhörlich im Gebet für die Arbeit einstand. Da ich schon oft den Wert seiner Fürbitte erprobt hatte, war ich natürlich sehr erfreut, als ich ihn am zweiten Sonntag meines Aufenthalts in Auburn neben seinem Bruder, dem Doktor Clary, in der Kirche sitzen sah.

Als ich bei Beginn der üblichen Pause von der Kanzel stieg, kamen beide auf mich zu. Der Doktor lud mich ein, rasch mit ihnen heimzugehen und mich mit einem kleinen Imbiß zu stärken.

Als wir in seinem Haus angelangt waren und uns um den Tisch versammelt hatten, forderte jener seinen Bruder auf, den Segen für die Mahlzeit zu erbitten. Dieser begann. Kaum hatte er aber einige Worte gesprochen, so versagte ihm die Stimme vor innerer Bewegung und er verließ eilends das Zimmer. Der Doktor folgte ihm in der Meinung, es habe ihn ein Unwohlsein überfallen. Nach wenigen Minuten kam er jedoch zurück und sagte: „Herr Finney, mein Bruder bittet Sie, zu ihm zu kommen." „Was fehlt ihm?" entgegnete ich. „Ich habe keine Ahnung", erwiderte der Arzt, „aber er behauptet, Sie wüßten es. Wie mir scheint, ist sein Leiden mehr seelischer als physischer Art." Nun konnte ich mir denken, was es war und ging rasch hinauf. Ich fand Bruder Abel auf dem Bett liegend und laut stöhnend, im Zustand schrecklicher Seelenqual. Kaum war ich ins Zimmer getreten, so stammelte er: „Bete, Bruder Finney!" Ich kniete nieder und brachte das vom Geist Gottes in ihm gewirkte Verlangen nach Bekehrung der Sünder vor dem Herrn zum Ausdruck. Erst als er innerlich still und der Erhörung gewiß geworden war, kehrte, ich zum Essen zurück. Das gemachte Erlebnis war mir ein Fingerzeig Gottes, und ich schloß aus dem Umstand, daß sich der Geist des Gebets unser beider bemächtigt hatte, auf des Herrn Absicht, ein wunderbares Werk in der Stadt zu tun. So war es auch und ich glaube, sämtliche Männer, die damals das Gesuch, ich möge bleiben und ihnen das Evangelium verkündigen, unterschrieben hatten, bekehrten sich während jener Erweckungszeit in Auburn.

Wie in Rochester, so war auch hier keine Rede mehr von Widerstand. Alle Gläubigen, voran die Geistlichen, griffen fleißig mit an. Wer arbeiten wollte, hatte dazu reichlich Gelegenheit, und der Herr gab Erfolg über Bitten und Verstehen.

Wie mir Pastor Hapkins später mitteilte, wurden während meines sechswöchigen Aufenthaltes in Auburn fünfhundert Seelen bekehrt. Die angewandten Mittel waren die gleichen wie in Rochester, dem eigentlichen Herd der Bewegung, von dem aus sie sich wellenförmig auf die ganze Umgegend verbreitet hatte. Und zwar hatte sie nicht nur Auburn sondern auch Buffalo in ihren Bereich gezogen. Kurz vor meiner Abreise kam ein Bote aus letzterer Stadt und bat mich dringend um meine Hilfe, da das Werk dort ebenfalls seinen Anfang genommen, es aber bisher an durchschlagenden Mitteln zu dessen Weiterverbreitung gefehlt habe. Nach reiflicher Überlegung leistete ich dem Ruf Folge und verbrachte etwa einen Monat in Buffalo, wo ebenfalls viele

Sünder sich bekehrten und Jesus als ihren Herrn annahmen. Wie in Rochester und Auburn ergriff die Bewegung in erster Linie die vornehmeren Stände der Bevölkerung. Besonders ist mir die Bekehrung eines angesehenen Bürgers, namens S., in Erinnerung geblieben, und zwar um der sie begleitenden Nebenumstände willen. Er war einer der wohlhabendsten, einflußreichsten Männer der Stadt und seiner trefflichen Charaktereigenschaften wegen allgemein geachtet, dabei aber ein unwiedergeborener Mensch. Seine Frau, eine entschiedene Christin, hatte schon seit Jahren um seine Bekehrung gebetet und erwartete, daß nun auch für ihn die Stunde des Heils kommen werde. Als ich aber in meinen Predigten die Behauptung aussprach, daß des Sünders „Ich kann nicht" gleichbedeutend sei mit „Ich will nicht", und daß die Hauptschwierigkeit darin liege, daß sich die Menschen nicht bekehren *wollten*, lehnte sich Herr S. auf das entschiedenste gegen diese Anschauung auf. Jedenfalls, sagte er, treffe dieselbe in seinem Fall nicht zu; denn er wäre längst gern zum Glauben gekommen, habe aber nicht gekonnt.

Da ich durch seine Frau wußte, wie er stand, trieb ich ihn schonungslos in die Enge, indem ich ihn von einem Schlupfwinkel in den anderen verfolgte und ihm die Haltlosigkeit seiner Entschuldigungen zeigte. Dies reizte ihn noch mehr, und er erklärte sich so direkt gegen die von mir aufgestellte Behauptung von des Sünders Unlust zur Bekehrung, daß sich schließlich allerlei Leute um ihn sammelten, mit denen er nichts weiter als die Feindschaft gegen die Erweckungsbewegung gemein hatte.

Später gestand er mir selbst, daß er sich im Grund der Seele geschämt habe, als er gemerkt, wie die Spötter damit prahlten, er sei auf ihrer Seite. Sein ganzer Stolz habe sich dagegen aufgelehnt, von solchen anerkannt gottlosen Leuten für ihresgleichen gehalten zu werden, und er habe sich vorgenommen, sich von ihnen fern zu halten.

Dennoch, als ich einmal in einer Versammlung wieder auf Bekehrung gedrungen hatte, wurde er darüber sehr ungehalten und machte seinem Ärger vor allen Zuhörern in lauten Schmähungen gegen das Werk Gottes Luft, sodaß seine Frau befürchtete, der Geist Gottes würde sich nun für immer von ihm zurückziehen.

In der folgenden Nacht fühlte er sich jedoch so beklommen, daß er, sobald der Morgen dämmerte, aufstand und in ein ziemlich weit entferntes Wäldchen ging, um zu beten. Es war ihm, erzählte er mir, als müsse er einen einsamen Ort aufsuchen, wo er mit lauter Stimme zu Gott um Erbarmen schreien könne; denn die Last seiner Sünden drückte ihn schier zu Boden und es drängte ihn, sich ohne Verzug mit Gott zu versöhnen. Zu seinem nicht geringen Erstaunen und Kummer war aber sein Herz wie verrammelt, als er zum Gebet niederkniete. Er fand weder Worte, noch irgend ein Anliegen, das er vor den Herrn hätte bringen können. Sein Inneres glich dem harten, gefühllosen Marmor, und suchte er dennoch eine Bitte zu stammeln, so erstarb sie ihm auf den Lippen.

Plötzlich kam ihm der Gedanke, er wolle das Vaterunser beten. Kaum hatte er jedoch begonnen: „Unser Vater, der du bist in den Himmeln", so meinte er, es wäre Heuchelei für ihn, Gott als Vater anzureden. Die Bitte: „Dein Name werde geheiligt" blieb ihm in der Kehle stecken; denn er mußte sich sagen, daß ihm wenig an Heiligung des Namens Gottes gelegen war und die Worte durchaus nicht seinen Herzensbedürfnissen entsprachen. Ebenso dünkte es ihn eitel Heuchelei zu sagen: „Dein Reich komme", so wenig kam ihm dieser Wunsch aus aufrichtigem Herzen. Die dritte Bitte: „Dein Wille geschehe, wie im Himmel, also auch auf Erden", wollte ihm erst recht nicht über die Lippen; sein innerstes Wesen lehnte sich dagegen auf, als er sich mit einem Mal dem Willen Gottes gegenüber gestellt sah. Seit Wochen war ihm in allen Tonarten gesagt worden, daß seine Auflehnung gegen den erkannten Willen Gottes das Haupthindernis zu seiner Bekehrung sei, und er hatte sich verzweifelt gegen diese Behauptung gewehrt. Während er nun auf den Knien lag und das Vaterunser betete, trat die Frage abermals an ihn heran, und er sah klar und deutlich, daß ich recht hatte, wenn ich sagte, er wolle nicht, daß Gottes Wille geschehe und sei auch seinerseits nicht willens, ihn zu tun.

Natur und Umfang seiner Auflehnung gegen Gott kamen ihm plötzlich in einer Weise zum Bewußtsein, daß er merkte, es würde ihn einen furchtbaren Kampf kosten, seinen Widerstand aufzugeben. Da rief er mit Aufgebot seiner ganzen Willenskraft:

174

„Dein Wille geschehe, wie im Himmel, also auch auf Erden!" und zwar im vollen Bewußtsein – wie er mir später erzählte – daß er mit diesen Worten ein für allemal seinen Willen hergebe und sich dem Willen Gottes beuge, sich mit anderen Worten Gott rückhaltlos ergebe und den Heiland ganz annehme, so wie Er sich uns im Wort offenbart. Er entsagte jeder bewußten Sünde und machte den Willen Gottes zur einzigen Regel und Richtschnur seines Lebens. Aus tiefster Seele konnte er von Stund an sagen: „Herr, tu mit mir was dir beliebt. Dein Wille geschehe an mir und an allen deinen Geschöpfen, wie im Himmel also auch auf Erden." Sobald er seinen Willen aufgegeben hatte, kam der Geist des Gebets über ihn und er fand Freimütigkeit, sein Herz vor Gott auszuschütten. Die Wogen der Empörung hatten sich gelegt; es war still in ihm geworden und der Friede Gottes durchströmte seine Seele.

Er stand auf, ging nach Hause und erzählte seiner Frau, die so treu für ihn gebetet, was der Herr an ihm getan hatte, bekannte offen sein Unrecht und die Selbsttäuschung, in der er befangen gewesen war. Von jener Zeit an wurde er ein treuer Mitarbeiter an der Ausbreitung des Werkes Gottes. Sein ferneres Leben gab Zeugnis von der Umwandlung, die mit ihm vorgegangen war, und er blieb bis zu seinem Ende ein nützliches Werkzeug in der Hand des Herrn.

Von Buffalo kehrte ich zu meinem Schwiegervater nach Whitestown zurück und verbrachte dann einen Teil des Sommers mit Erholungsreisen zur Kräftigung meiner Gesundheit.

Zu Beginn des Herbstes 1831 nahm ich einen Ruf nach Providence an und hielt daselbst drei Wochen lang allabendlich und dreimal des Sonntags Versammlungen im Verein mit dem dortigen Pastor Dr. Wilson. Der Herr ließ sofort seinen Geist wirken, und es kam bald ein mächtiges Gnadenwerk ins Leben; doch war mein Aufenthalt von zu kurzer Dauer, als daß die Bewegung so allgemein hätte um sich greifen können, wie dies im Jahre 1842 der Fall war, als ich etwa zwei Monate in der Stadt weilte. Dennoch kamen viele merkwürdige Bekehrungen vor, auch unter den Männern und Frauen der sogenannten „christlichen Kreise". Es sei hier eine junge Dame erwähnt, deren Führung sich mir tief ins Gedächtnis geprägt hat. Eines Sonntags war mir ein ungewöhnlich schönes Mädchen aufgefallen, das neben einem jungen Mann, wie ich später hörte, ihrem Bruder, saß und mit gespanntester Aufmerksamkeit jedem meiner Worte folgte.

Als ich mit meinem Hauswirte, Herrn Josias Chapin, heimkehrte, sah ich die Leutchen in einiger Entfernung die Straße hinaufgehen. Auf meine Frage, wer sie wären, antwortete mir Herr Josias Chapin, es seien die Geschwister A., und die Dame gelte für das schönste Mädchen in Providence, stehe aber dem Reich Gottes noch sehr fern. Ich sagte ihm, ob es ihm nicht ratsam erscheine, sie aufzusuchen; aber er redete mir sehr entschieden ab, weil er fürchtete, es wäre eitel Zeitverlust und ich würde möglicherweise unfreundlich empfangen. Seiner Meinung nach war das Mädchen so sehr verwöhnt und ihre Umgebung eine derartige, daß kaum anzunehmen war, daß sie sich viel mit ihrem Seelenheil beschäftige. Aber er täuschte sich; mein Eindruck, daß der Geist Gottes an ihr arbeite und sie nicht wieder los lassen werde, war der richtige.

Einige Tage später kam sie zu mir. Ich erkannte sie auf den ersten Blick und fragte, wie es um ihre Seele stehe. Sie war gründlich erweckt; doch fehlte es ihr an der nötigen Sündenerkenntnis und dem klaren Bewußtsein ihrer Heilsbedürftigkeit. Ich suchte ihr daher vor allem die Verderbtheit ihres Herzens zu zeigen. Anfangs wich sie meinen Fragen aus; je länger ich aber mit ihr sprach, um so mehr öffneten sich ihre Augen für ihren verlorenen Zustand und um so ernster und nachdenklicher wurde sie. Als sie mich nach beinahe zweistündiger Unterredung verließ, durfte ich hoffen, daß der Geist Gottes sie gründlich erfaßt habe und sie zu immer tieferer Sündenerkenntnis führen werde. Jedenfalls konnte sie die empfangenen Eindrücke nicht mehr abschütteln, das stand für mich fest.

Nach einigen Tagen kam sie wieder, und zwar niedergebeugt von der Last ihrer Schuld. Kaum hatte sie Platz genommen, so erschloß sie mir ihr Herz und sagte mit rückhaltloser Offenheit: „Als Sie neulich mit mir sprachen, Herr Finney, fand ich Sie sehr hart; nun aber sehe ich ein, daß Sie mich nicht schlimmer hinstellten, als ich in Wirklichkeit bin. Hätten mich mein Stolz und die Sorge für meinen guten Ruf nicht von vielem abgehalten, was andere Mädchen meines Alters zu Fall gebracht hat, so wäre ich um kein Haar besser als jene. Nicht Liebe zu Gott oder Ehrfurcht vor Ihm haben mich vor groben Sünden bewahrt sondern einzig und allein Hochmut und Selbstsucht." Jedes ihrer Worte zeugte von tiefer, gründlicher Selbsterkenntnis, einem ungewöhnlich klaren Blick, großer Willenskraft und nüchternem Urteil.

Nachdem ich ihr so gut wie möglich Unterweisung erteilt hatte, knieten wir zum Gebet nieder, und sie übergab sich rückhaltlos dem Heiland, wenigstens nach menschlichem Ermessen. Ihr Gemütszustand war ein derartiger, daß es ihr verhältnismässig leicht wurde, der Welt zu entsagen. Kurz darauf heiratete sie einen sehr wohlhabenden Mann in New York und ich hörte eine Zeitlang nichts mehr von ihr, da ich mit den Kreisen, in denen sie verkehrte, wenig bekannt war; doch nach dem Tod ihres Gatten schrieb sie mir, und von da an standen wir in regelmäßiger Korrespondenz. Ihr innerer Lebensgang war mir stets von Interesse; denn nie trat mir der Sieg der Gnade Gottes über die Anziehungskräfte dieser Welt deutlicher entgegen als in ihrem Fall.

Während ich in Providence arbeitete, erwogen die Geistlichen und Diakone Bostons die Frage, ob es nicht ratsam wäre, mich auch in ihre Stadt zu berufen. Nach reiflicher Überlegung entsandten sie einen aus ihrer Mitte, Dr. Wisner, nach Providence, damit er das Land auskundschafte. Ich hatte verschiedene Unterredungen mit ihm, ohne zu ahnen, weshalb er gekommen war, und fand ihn nahezu begeistert von dem, was er sah und hörte. Gerade während seines Aufenthaltes in Providence ereigneten sich mehrere höchst merkwürdige Bekehrungen.

Der Geist Gottes schien es dort in erster Linie auf die Namenchristen abgesehen zu haben. Unbegründete Hoffnungen wurden vollständig vernichtet und es entstand eine gewaltige Bewegung unter den Totengebeinen in den verschiedenen Gemeinden. Ein alter Diakon z. B. wurde so mächtig angefaßt, daß er eines Tages nach der Predigt auf mich zukam und zu mir sagte: „Herr Finney, ich glaube, es sind nicht zehn wirkliche Christen in Providence. Wir leben alle im Selbstbetrug." So viel ich weiß, war Dr. Wisner vollkommen überzeugt, daß das Werk aus Gott war und keine beklagenswerten Folgen hatte. Bald nach seiner Heimkehr erhielt ich demnach von sämtlichen gläubigen Geistlichen Bostons die dringende Aufforderung zu kommen, um in ihren Gemeinden zu arbeiten. Ich nahm den Ruf an und begann damit, daß ich abwechselnd des Sonntags in den verschiedenen Kirchen der Stadt und an den Wochenabenden in Parkstreet predigte. Alsbald durfte ich sehen, daß das Wort Gottes Eindruck machte und das Interesse an den Versammlungen von Tag zu Tag zunahm. Bald bemerkte ich, daß vor allem die Christen der Aufrüttelung bedurften. Es war unter ihnen nichts von dem Gebetsgeist zu verspüren, der während der Erweckung im Westen und in New York geherrscht hatte, und es fehlte an der Glaubensfreudigkeit, die mir andernorts entgegengetreten war.

Ich verkündete daher eines Sonntags, daß ich an bestimmten Wochentagen eine Reihenfolge von Predigten für Kinder Gottes zu halten gedenke. Bald bemerkte ich jedoch, daß die Bostoner Christen durchaus nicht mit meinen Ansprachen zufrieden waren. Meine Art und Weise war ihnen ungewohnt, und der Besuch der Versammlungen in Parkstreet nahm ab, besonders an den Abenden, an denen ich speziell für Kinder Gottes predigte. Das war mir eine neue Erfahrung. Nirgends sonst hatte ich die Gläubigen davor zurückschrecken sehen, wenn man ihnen ihre Schäden aufdeckte; aber hier mußte ich beständig Bemerkungen hören wie diese: „Was werden die Unitarier sagen, wenn bei uns Orthodoxen solche Dinge vorkommen?" „Wenn Herr Finney in dieser Weise zu uns redet, werden die Unitarier über uns triumphieren und behaupten, wir seien um kein Haar besser als sie." Augenscheinlich konnten sie meine offene Sprache nicht vertragen und fühlten sich verletzt, daß ich ihnen so schonungslos zu Leibe rückte. Mit der Zeit wurde das jedoch anders und nach Verlauf von einigen Wochen ließen sie sich meine Strafpredigten gerne gefallen.

Ich fand in Boston dieselbe verkehrte Behandlungsweise der Erweckten wie an anderen Orten. Eines Abends, als der Geist Gottes in der Besprechungsstunde spürbar wirkte, suchte ich den Anwesenden, wie gewöhnlich, klar zu machen, was der Herr eigentlich von ihnen fordere, um sie zu einer rückhaltlosen Übergabe ihrer Person nebst allem, was sie hatten, an Christus zu bringen. Ich bewies ihnen, daß sie sich nicht selbst angehörten, sondern mit teurem Preise erkauft worden seien, und zeigte ihnen, in welchem Sinn von ihnen verlangt werde, daß sie allem entsagen und es Christus ausliefern sollten, dem von Rechts wegen alles gehört.

Diesen Punkt machte ich so klar wie möglich und sah auch, daß meine Worte den Leuten tief zu Herzen gingen. Soeben war ich im Begriff, sie aufzufordern, mit mir niederzuknien, damit ich sie im Gebete Gott darbringen könne, da erhob sich Dr. Beecher und sagte: „Ihr braucht euch nicht zu fürchten, Gott alles zu Füßen zu legen; denn Er wird es euch sofort zurückgeben." Zu dieser Bemerkung fügte er nicht einmal die Erklärung hinzu, in welchem Sinne die Auslieferung ihrer Habe an Gott erfolgen solle, und unter welcher Bedingung sie alles zurückerhalten würden, so daß seine Worte einen falschen Eindruck machen mußten und ich in große Not geriet.

Was blieb mir anders übrig, als so vorsichtig und rücksichtsvoll wie möglich zu betonen, daß das Gesagte nicht so zu verstehen sei, als werde ihnen Gott ihre Habe jemals in dem Sinne zurückerstatten, in dem Er deren Auslieferung von ihnen erwarte; denn das tue Er nicht! Gott verlange, daß sie ein für allemal auf das Eigentumsrecht verzichteten und sich nur als seine Haushalter betrachteten, sie sollten nicht ihre Häuser, Güter, Geschäfte usw. verlassen, sich aber Rechenschaft geben, daß der Herr das erste und zwar unumschränkte Anrecht auf ihre Person und alles ihnen Verliehene habe, so daß sie weder Zeit noch Kräfte, weder Hab und Gut, noch den ihnen zu Gebote stehenden Einfluß fortan nach eigenem Belieben, sondern nur als Verwalter Gottes unter seiner Leitung verwenden dürften.

Dr. Beecher machte meines Wissens weder jetzt noch zu irgend einer anderen Zeit einen Einwand gegen diese meine Bemerkung und hatte sich wahrscheinlich nur die Tragweite seiner Worte nicht überlegt gehabt. Jedenfalls war er, wie die Mehrzahl seiner Bostoner Kollegen, mit meinen theologischen Anschauungen vollkommen einverstanden. Nur einige wenige konnten sich meiner Auffassung über das Wirken Gottes in der Wiedergeburt nicht anschließen. Ich predigte, daß Gottes Beeinflussung des Menschen in der Wiedergeburt nicht eine physische sondern eine rein moralische sei; jene hingegen behaupteten, dieselbe sei ein physischer Vorgang und bewirke eine Umwandlung der Natur des Menschen anstatt eine Umwandlung der Willensrichtung und Herzensstellung desselben. Ein gewisser Herr Rand verurteilte außerdem auch aufs schärfste die von mir vertretene Anschauung, daß bis zu einem gewissen Grade der Mensch an seinem sittlichen Verderben selbst schuld sei, da es ihm vollkommen frei stehe, das Gute oder das Böse zu wählen und sich zu bekehren, sobald er ernstlich wolle.

Dr. Wisner veröffentlichte eine Schrift, in der er meine Anschauungen verteidigte, mit Ausnahme der von mir aufgestellten Behauptung bezüglich des moralischen Einflusses des Heiligen Geistes auf den Sünder. Er vermochte zur Zeit noch nicht, der unter den Orthodoxen Neuenglands allgemein verbreiteten Ansicht entgegenzutreten, daß das Wirken des Geistes nicht physischer sondern rein moralischer Natur sei. – Auch Dr. Waads von Andover schrieb einen Artikel unter dem Titel: „Der Heilige Geist, der Schöpfer (Zustandebringer, Urheber) der Wiedergeburt" augenscheinlich, um zu beweisen, daß die Wiedergeburt einzig und allein Gottes Werk sei. Natürlich führte er zur Begründung dieser Ansicht alle Stellen der Heiligen Schrift ins Feld, in welchen Gottes Anteil an der Bekehrung des Sünders hervorgehoben ist.

Ich gab keine Gegenschrift heraus, betonte aber in meinen Predigten jene Stellen des Wortes Gottes, aus denen klar hervorgeht, was in der Wiedergeburt von Seiten des Menschen zu geschehen hat. Der Apostel Paulus schreibt an eine der Gemeinden, daß *er* sie gezeugt, wiedergeboren, habe; denn im Urtext steht hier das gleiche Wort, das in jenen Stellen angewandt ist, in denen die Wiedergeburt Gott zugeschrieben wird. Daraus geht klar hervor, daß die Wiedergeburt nicht ohne Mitwirkung des Menschen vor sich geht. Letzterer muß dabei Buße, Glauben und Liebe betätigen; das Amt des Heiligen Geistes aber ist es, ihn zur Betätigung derselben willig zu machen, und das tut Er, indem Er ihm die Wahrheit ins Licht stellt, sei es auf direkte oder indirekte Weise, oft, indem Er irgend einen Menschen zu seinem Mundstück gebraucht. So viel ich mich erinnere, herrschte in unsrer damaligen Besprechung der verschiedenen Anschauungen der Geist brüderlicher Liebe, und es kam nichts vor, was den Geist Gottes irgendwie betrübt haben könnte.

Nachdem ich mehrere Wochen bald in dieser, bald in jener Gemeinde gearbeitet hatte, willigte ich ein, eine Zeitlang ständig in Essexstreet zu predigen. Der Herr gab seinen Segen dazu, und viele kamen aus der Finsternis zum Licht.

Um jene Zeit machten mir einige New Yorker Brüder den Vorschlag, sie wollten ein zum Verkauf angebotenes Theater inmitten der Stadt erwerben und als Kirche einrichten, wenn ich mich entschließen könne, das Predigtamt daselbst zu übernehmen. Ich hatte damals drei Kinder, und da es nicht tunlich war, meine ganze Familie auf meinen Evangelisationsreisen mitzunehmen, war ich fast beständig von den Meinigen getrennt, auch war nach zehnjähriger, nur selten auf kurze Zeit unterbrochener Arbeit meine Gesundheit sehr geschwächt, so daß ich nach viel Gebet und reiflicher Überlegung den Ruf nach New York annahm.

MEIN WIRKEN IN NEW YORK

Ich verließ Boston im April 1832 und siedelte sofort in mein neues Arbeitsfeld über. Bald goß der Herr Seinen Geist über uns aus, und es gab eine gewaltige Erweckung.

Im Hochsommer trat die Cholera zum ersten Mal in der Stadt auf und verbreitete eine solche Panik, daß auch viele der Gläubigen die Flucht ergriffen. Nie mehr hat die Cholera seither so schrecklich in New York gewütet wie damals; ich zählte zuweilen bis zu fünf Leichen, die zu gleicher Zeit in meiner nächsten Nachbarschaft abgeholt wurden, blieb aber fast bis zu Ende des Spätsommers in der Stadt, da ich sie nicht verlassen wollte, so lange die Sterblichkeit so groß war. Schließlich war jedoch meine Gesundheit so angegriffen, daß ich auf zwei bis drei Wochen verreiste. Nach meiner Rückkehr sollte ich regelrecht als Pastor der neuen Kirche eingesetzt werden, wurde aber während der Installationsfeierlichkeiten von einem heftigen Unwohlsein befallen, und kaum war ich wieder daheim, so stellte sich heraus, daß ich die Cholera hatte. Mein Nachbar erkrankte ungefähr zur gleichen Zeit und war am nächsten Morgen eine Leiche. Die Mittel, welche zu meiner Wiederherstellung angewandt wurden, schwächten meine Konstitution derart, daß ich mich lange nicht erheben konnte. Erst gegen das Frühjahr hin war ich wieder fähig zu predigen. Ich forderte nun zwei meiner Kollegen auf, einen Zyklus von Versammlungen mit mir zu halten; aber es kam nicht viel dabei heraus, so daß ich einsah, daß auf diese Weise keine Erweckung zustande kommen werde und diese Art von Zusammenkünften nach einigen Wochen beendete.

Am folgenden Sonntag verkündigte ich, daß ich eine Zeitlang jeden Abend zu predigen gedenke, und da bald eine mächtige Erweckung begann, setzte ich die Arbeit drei volle Wochen fort. Danach erlaubten es meine Kräfte nicht mehr und ich mußte eine Pause machen. Der Neubekehrten waren etwa fünfhundert, und da wir sie nicht alle in unsere Kirche aufnehmen konnten, bildeten wir aus einem Teil derselben eine neue Gemeinde und errichteten an der Ecke der Madison- und Katharinenstraße eine passende Versammlungsstätte für sie.

Das Werk nahm einen außerordentlich gesegneten Fortgang. Wir hielten mehrere Besprechungsstunden in der Woche und hatten viele Bekehrungen zu verzeichnen. Unter den Gemeindegliedern herrschte ungestörte Eintracht und Männer und Frauen, alt und jung, arbeiteten mit großer Selbsthingabe und rührendem Eifer an der Förderung der Bewegung, indem sie buchstäblich die Leute von den Landstraßen und Zäunen herbeiholten, so oft irgend eine Versammlung anberaumt wurde. Sollte eine außergewöhnliche Zusammenkunft stattfinden, so wurden gedruckte Einladungen in allen Stadtvierteln von Haus zu Haus verteilt, und auf diese Weise gelang es, das Versammlungslokal jeden Abend zu füllen. Welch ganz anders geartete Szenen fanden nun in dem Gebäude statt, das früher ausschließlich der Welt und der Sünde gedient hatte! Die Einteilung des ehemaligen Theaters war äußerst günstig für unsere Zwecke, besonders was die Galerien betraf.

Ich wies die Gemeindeglieder an, sich über den ganzen großen Raum zu verteilen und diejenigen, an denen sie sahen, daß das Wort Gottes Eindruck auf sie gemacht hatte, zurückzuhalten, damit man mit ihnen sprechen und beten könne. Dieser Anordnung wurde treulich Folge geleistet, alle Menschenfurcht hintangesetzt, und dadurch mancher erreicht, bei dem sich die Eindrücke sonst vielleicht wieder verflüchtigt hätten.

Als Illustration zu der Art und Weise, wie bei der Arbeit zu Werke gegangen wurde, diene folgendes Beispiel. Einer der Teilhaber der berühmten Firma Naylor & Co., ein vielgereister Weltmann, hatte einen jungen Buchhalter in seinem Kontor, der in einer unserer Versammlungen zum Herrn gekommen war und nun nichts sehnlicher wünschte, als daß sich auch Herr N., sein Prinzipal, bekehren möchte. Nach einigem Zaudern faßte er sich ein Herz und forderte den Betreffenden auf, einem der Predigtgottesdienste beizuwohnen. Herr N. tat es und kam gerade Herrn Tappan gegenüber zu sitzen. Dieser bemerkte, daß der Fremde so ergriffen war, daß er mehrmals im Begriff stand, unter der Predigt hinaus zu gehen. Dennoch blieb er bis zum Schluß. Herr Tappan behielt ihn im Auge und kaum war der Segen gesprochen, so stellte er sich ihm als Teilhaber der in New York wohlbekannten Firma Arthur Tappan & Co. vor.

Herr N. selbst erzählte mir tiefbewegt, Herr Tappan sei auf ihn zugegangen, habe ihn sanft an einem seiner Rockknöpfe gepackt, einige freundliche Worte mit ihm gesprochen und ihn gefragt, ob er nicht zur Betstunde bleiben wolle. Er habe versucht, sich los zu machen und davonzueilen, aber umsonst; Herr Tappan habe ihm so dringend und dabei auf eine so taktvolle, herzgewinnende Weise zugeredet, daß er ihm nicht habe widerstehen können. Er blieb, und nachdem wir eine gründliche Unterredung mit ihm gehabt hatten, streckte er die Waffen und übergab sich seinem Gott.

Als ich das Seelsorgeramt in der neuerrichteten Kirche antrat, erklärte ich den Brüdern unumwunden, daß ich den Raum nicht mit Gläubigen aus anderen Gemeinden ausfüllen, sondern der Welt das Evangelium verkündigen wolle. Meine Absicht war, so viele Gottlose wie möglich zu erreichen. Wir faßten daher hauptsächlich diese Klasse Leute ins Auge und Gott schenkte unserem redlichen Streben Gelingen. Die Bekehrungen nahmen dermaßen zu, daß während meines Aufenthalts in New York nicht weniger als sieben freie Gemeinden entstanden, deren Glieder alle mit großem Eifer an dem Seelenheil ihrer Mitmenschen arbeiteten. Ihr Unterhalt wurde größtenteils durch die allsonntäglich eingehenden Kollekten bestritten; war irgendwo ein Defizit, so kamen die Wohlhabenderen dafür auf.

Selten habe ich mehr Eintracht, Gebetsgeist und rettende Sünderliebe gefunden als in diesen freien Gemeinden, obwohl sie sich der Mehrzahl nach aus den mittleren und niederen Ständen der Gesellschaft zusammensetzten. Gerade das war ja unser Vorhaben gewesen, den Armen das Evangelium zu verkündigen.

Lange schon hatte mir die Not der armen Sklaven auf dem Herzen gelegen, und ich war mit der Absicht nach New York gekommen, die öffentliche Aufmerksamkeit auf dieselbe zu lenken. Nicht, daß ich fortwährend auf der Sache herumgeritten wäre; aber ich wies sowohl in den Betstunden wie in meinen Ansprachen so ernst auf die Gottlosigkeit der Sklaverei hin, daß eine nicht geringe Aufregung unter den Leuten entstand.

Ein Vorfall, der sich während meiner Amtstätigkeit in der neuerrichteten Kirche in Chathamstreet ereignete, führte zu der Bildung einer Kongregationalisten-Gemeinde, deren Pastor ich wurde. Es handelte sich um zwei Fälle von Vergehen, welche, obwohl völlig gleichartig, von dem Presbyterium total verschieden beurteilt wurden. Ich konnte die Sache durchaus nicht billigen; als daher bald darauf in Broadway eine neue Kirche gebaut wurde, trat ich aus dem Presbyterium aus und nahm die mir von der Kongregationalisten-Gemeinde angebotene Predigerstelle an. Doch ich vergaß zu erwähnen, daß ich im Januar 1834 meiner angegriffenen Gesundheit wegen Urlaub nehmen und eine Erholungsreise machen mußte. Ich besuchte Sizilien und Malta und blieb etwa sechs Monate lang aus, hatte aber leider nicht den Gewinn von meiner Ferienzeit, den ich erwartet hatte. Als ich wieder in New York anlangte, herrschte dort große Aufregung. Die Glieder meiner Gemeinde hatten am 4. Juli mit anderen Abolitionisten[1] eine Versammlung abgehalten, in der sie gegen den Sklavenhandel zu Felde zogen. Dadurch kam es zu einem Aufruhr des Pöbels und die Folge war, daß von da an, so oft und wo sich eine Stimme für Abschaffung des Sklavenhandels erhob, eine Gegendemonstration stattfand.

---

[1] Gegner der Sklaverei

Ich setzte dessen ungeachtet meine Arbeit in Chathamstreet fort, bis die Kirche in Broadway fertig war und hatte die Freude zu sehen, daß Gott sein Werk neu belebte und Abend für Abend viele Sünder zum Heiland kamen.

Den Plan für das Innere des Gebäudes hatte ich selbst entworfen. Nach meiner Beobachtung fehlte es den meisten Gotteshäusern an der richtigen Akustik und ich war überzeugt, daß diesem Mangel mit Leichtigkeit abgeholfen werden könnte. Ich ließ einen Architekten kommen und legte ihm meinen Plan vor. Der Mann sträubte sich anfangs gegen die Ausführung desselben, weil er meinte, die Änderung würde nach meinen Angaben nicht gut ausfallen und er könnte in seinem Ruf als Baumeister geschädigt werden. Als ich ihm aber erklärte, wenn er die Arbeit nicht meinem Willen gemäß ausführen wolle, müsse ich dieselbe einem anderen übertragen, ging er doch darauf ein. Ich hatte es nicht zu bereuen, daß ich fest geblieben war; das Gebäude erfüllte hernach seinen Zweck in jeder Beziehung.

In jene Zeit fiel die Gründung des „New Yorker Evangelisten" eines von den Freunden der Erweckung ins Leben gerufenen Blattes, das den Zweck hatte, die Leute über den Fortschritt der Bewegung zu informieren und die einzelnen Vorgänge derselben wahrheitsgetreu zu schildern. Ich half bei Herausgabe der ersten Nummer und forderte Geistliche und Laien zur Beisteuer von Artikeln auf, in denen diese oder jene theologischen Fragen erörtert oder die zweckmäßigsten Mittel zur Förderung von Erweckungen besprochen würden. Nachdem die Redaktion eine Zeitlang von Hand zu Hand gewandert war, wurde sie Herrn Pastor Leavitt übertragen. Dieser war ganz der geeignete Mann für das Unternehmen und die Zahl der Abonnenten wuchs von Woche zu Woche, bis die Sklavensache so sehr in den Vordergrund trat, daß sie in allen Schichten der Bevölkerung die Gemüter erhitzte. Ich sah, daß äußerste Vorsicht geboten war und ermahnte daher Pastor Leavitt vor meiner Abreise nach Sizilien aufs dringendste, sich bei Besprechung des Gegenstandes großer Mäßigung zu befleißigen, da sonst die Existenz seines Blattes gefährdet sein könne. Auf meiner Rückfahrt nach Amerika machte mir der Gedanke viel zu schaffen, daß die Erweckungsbewegung im Abnehmen begriffen war, und ich fürchtete, der Geist Gottes sei am Ende durch den Widerstand, der dem Werk von verschiedenen Seiten entgegengesetzt wurde, betrübt worden und habe sich zurückgezogen. Meine Gesundheit schien völlig gebrochen zu sein, und ich kannte niemand, der an meiner Stelle in die Arbeit treten und den Geistlichen bei Förderung von Erweckungen wirksam an die Hand gehen konnte. Dies brachte mich in solche Not, daß ich eines Tages kaum mehr aus noch ein wußte. Rastlos wanderte ich auf dem Verdeck auf und ab oder lag in meiner Kajüte vor Gott auf den Knien. Die Last erdrückte mich beinahe, um so mehr, als ich keinen Menschen hatte, mit dem ich mich hätte aussprechen können. Vom Geiste gedrungen, flehte ich unausgesetzt zum Herrn, Er möge sein Werk neu beleben und sich die geeigneten Männer zur Belebung desselben ersehen. Endlich gegen Abend wurde es still in meiner Seele; der Geist hatte mir die innere Gewißheit gegeben, daß der Herr sein Werk nicht liegen lassen und mir die Kraft schenken werde, den mir bestimmten Anteil an demselben auszuführen.

Bei meiner Ankunft in New York fand ich, wie schon erwähnt, die Aufregung aufs höchste gestiegen. Ich hielt mich nur ein oder zwei Tage dort auf und ging dann zu den Meinigen aufs Land. Nach meiner Rückkehr im Herbst kam Pastor Leavitt zu mir und klagte: „Bruder Finney, ich habe den ‚Evangelisten‘ zu Grunde gerichtet. Ich habe bezüglich der Sklavenfrage die nötige Vorsicht außer acht gelassen und die öffentliche Meinung vor den Kopf gestoßen, so daß die Zahl der Abonnenten von Tag zu Tag abnimmt. Können Sie nicht irgend etwas tun, um das Blatt wieder zu heben; andernfalls müssen wir es mit dem 1. Januar eingehen lassen." Ich sagte ihm, meine Gesundheit sei noch so angegriffen, daß ich zur Zeit nicht viel leisten könne; aber ich wolle mir die Sache ein ernstes Gebetsanliegen sein lassen. Er schlug mir vor, eine Serie von Artikeln über religiöse Erweckungen zu schreiben, das würde dem Blatt sofort wieder aufhelfen. Nach reiflicher Überlegung erklärte ich mich zu seiner nicht geringen Freude bereit, eine Reihe von Vorträgen für Kinder Gottes zu halten. In der nächsten Nummer des Blattes wurden die betreffenden Ansprachen demnach angezeigt und zwar mit dem gewünschten Erfolg. Die Zahl der Abonnenten nahm schneller wieder zu als sie abgenommen hatte.

Ich begann die Vorträge und hielt den ganzen Winter hindurch wöchentlich einen. Herr Leavitt schrieb sie nach und veröffentlichte sie alsdann im „Evangelisten"; da er aber leider nicht stenographieren konnte, waren die Berichte natürlich ziemlich lückenhaft.

Später wurden letztere gesammelt und unter dem Titel: „Finneys Vorträge über religiöse Erweckungen" in Buchform herausgegeben. Die erste Auflage von zwölftausend Exemplaren war rasch vergriffen. Zur Ehre des Herrn sei hier erwähnt, daß sie auch in England nachgedruckt, sowie ins Französische und, wenn ich mich recht erinnere, ins Deutsche übersetzt wurden. In England sollen sie massenhaft verbreitet worden sein, und von Wales aus wurde mir im Auftrag der dortigen kongregationalistischen Geistlichen mitgeteilt, daß die welsche Übersetzung jener Vorträge eine ausgedehnte Erweckung zur Folge gehabt habe. Der Sohn eines Londoner Verlegers schrieb mir, daß sein Vater sie in nicht weniger als achtzigtausend Exemplaren veröffentlicht habe. So mangelhaft diese Vorträge waren, so sollen sie doch in England, Schottland, Wales, an verschiedenen Orten des Kontinents, in Ost- und Westkanada, in Neu-Schottland und auf mehreren Inseln des Atlantischen Ozeans den Anstoß zu großen Erweckungen gegeben haben.

In England und Schottland traf ich zu meiner Freude eine große Anzahl von Geistlichen und Laien, welche direkt oder indirekt durch diese Vorträge den Weg zu Gott gefunden hatten. So erinnere ich mich unter anderem, daß sich mir auf meiner letzten Reise ins Ausland drei hervorragende Geistliche vorstellten und mir erzählten, daß sie als Studenten meine Vorträge über religiöse Erweckungen in die Hände bekommen hätten und dadurch bestimmt worden seien, Verkündiger des Evangeliums zu werden. Engländer der verschiedensten Denominationen bekannten, reichen Segen durch das Buch empfangen zu haben, und schon die erste Veröffentlichung der Ansprachen im „New Yorker Evangelisten" hatte viele Erweckungen in Amerika selbst zur Folge.

Das war nicht die Frucht menschlicher Weisheit. Der Leser erinnere sich meines heißen Ringens mit Gott an jenem denkwürdigen Julitag auf der See, als ich Ihn bat, Sein Werk neu zu beleben und mir die nötige Kraft zu dessen Weiterbetreibung zu schenken. Ich war damals der Erfüllung meiner Bitte gewiß und habe alles, was ich seither tun durfte, als Erhörung der an jenem Tag zu Gott emporgesandten Gebete betrachtet. Aus freier Gnade, ohne all mein Verdienst und Würdigkeit wurde der Geist des Gebets über mich ausgegossen. Er ließ mir keine Ruhe, bis ich den Sieg davongetragen hatte, und durch die überschwengliche Gnade Gottes in Christus Jesus durfte ich Jahre lang Zeuge sein, was jener heiße Gebetskampf für wunderbare Früchte trug. Auch wurde mir von da an dauernd der Geist des Gebets zuteil.

Bald nach meiner Rückkehr nach New York begann ich meine Arbeit als Pastor der neuen Kirchen in Broadway. Der Geist des Herrn kam auf uns, und wir hatten eine herrliche Erweckungszeit. Während meines Aufenthaltes in New York erging wiederholt die Bitte an mich, junge Leute auf das geistliche Amt vorzubereiten, doch glaubte ich, meiner vielen anderweitigen Beschäftigung wegen dem Wunsch nicht willfahren zu können. Auf dringendes Zureden der Brüder ließ ich mich aber schließlich doch zu dem Versprechen herbei, alljährlich eine Reihenfolge von theologischen Vorträgen zu halten, denen sämtliche Studenten, welche Lust dazu hatten, unentgeltlich beiwohnen konnten, und zwar in einem der Säle der neuen Kirche, in dem in der Regel die Gebetsversammlungen stattfanden.

Gerade in jene Zeit, noch ehe die Vorträge begonnen hatten, fiel die Auflösung des Predigerseminars in Lane, weil sich die Studenten nicht dem Verbot ihrer Direktoren fügen wollten, über die Sklavenfrage zu diskutieren. Bei diesem Anlaß machte mir Herr Arthur Tappan den Vorschlag, er wolle sämtliche Kosten bestreiten, wenn ich die jungen Leute an irgend einem Ort in Ohio um mich sammeln und zum Predigtamt vorbereiten wolle. Die Sache lag ihm sehr am Herzen; aber trotz der innigen Teilnahme, welche ich für die jungen Leute empfand, von denen die meisten in einer oder der anderen Erweckungsbewegung zum Glauben gekommen waren, sah ich keine Möglichkeit, mich von New York los zu machen.

Während ich mir die Sache noch überlegte, kamen Pastor John Jay Shipherd aus Oberlin und Pastor Asa Mahan aus Cincinnati nach New York, um mich zur Übernahme der Stelle eines

Professors der Theologie in Oberlin zu bewegen. Pastor Mahan war Mitglied des Aufsichtsrats des Seminars in Lane gewesen, aber ausgetreten, weil er das Verbot freier Erörterung der Sklavenfrage nicht billigte. Pastor Shipherd hatte etwa ein Jahr zuvor eine Kolonie im Staate Ohio angelegt und ein Terrain zur Gründung eines theologischen Seminars erworben, dem er den Namen Oberlin zu geben gedachte. Einige Wohnhäuser und eines der Seminargebäude waren bereits fertig und etwa hundert Zöglinge hatten sich auch schon eingefunden.

Nun wurde mir der Vorschlag gemacht, die aus dem Seminar in Lane ausgeschiedenen jungen Leute um mich zu sammeln und sie in der Theologie zu unterweisen. Die Gebrüder Tappan waren mit diesem Plan einverstanden und versprachen im Verein mit anderen New Yorker Brüdern, die ein Herz für die Sache der armen Sklaven hatten, die Professorenstellen in Oberlin zu dotieren, wenn ich mich bereit erklärte, alljährlich den Sommer über daselbst zu verbringen.

Wie ich erfuhr, hatte der Aufsichtsrat des Seminars in Lane das erwähnte Verbot ohne Einwilligung der Professoren, ja sogar in Abwesenheit einiger derselben erlassen, sodaß ich Pastor Shipherd erklärte, ich nehme den Ruf nach Oberlin jedenfalls nur unter der Bedingung an, daß die inneren Angelegenheiten der Anstalt einzig und allein der Regelung des Professorenkollegiums überlassen blieben, daß ferner Neger und Weiße dort als völlig Gleichberechtigte Aufnahme fänden und zwischen beiden Rassen auch sonst keinerlei Unterschied gemacht werde. Es kostete die Mitglieder des Aufsichtsrates einen harten Kampf, auf letztere Bedingung einzugehen; aber der Wunsch, mich als Professor für die neue Anstalt zu gewinnen, siegte schließlich über alle Vorurteile. Nach Beseitigung dieser Schwierigkeit kamen meine Freunde zusammen, um die finanzielle Frage zu regeln, und nach Verlauf von zwei Stunden waren die Gelder zur Dotierung von acht Professorenstellen auf mehrere Jahre hinaus dokumentarisch zugesagt.

Dennoch schien mir die Existenzfrage des Instituts damit durchaus nicht sichergestellt; denn die entschiedene Stellung, die es in der Sklavensache eingenommen hatte, entzog ihm von vornherein die Sympathien der wohlhabenderen Leute. Auf ausreichende Unterstützung war demnach nicht zu rechnen, und doch galt es nicht nur, die nötigen Gebäude zu errichten, sondern auch den ganzen wissenschaftlichen Apparat zu beschaffen.

Als ich Arthur Tappan gegenüber meine Bedenken äußerte, sagte mir dieser fröhlichen Herzens: „Wenn es weiter nichts ist, Bruder Finney, so können Sie sich beruhigen. Mein Einkommen beträgt etwa hunderttausend Dollar im Jahr. Mit Ausnahme dessen, was ich zum Unterhalt meiner Familie nötig habe, steht Ihnen diese Summe zur Verfügung, bis in Oberlin alles zu Ihrer Zufriedenheit eingerichtet und die Sache vollständig im Gang ist." Ich kannte meines Freundes weites Herz und seine brennende Jesusliebe, so daß mir diese Erklärung vollständig genügte.

Nun bestand nur noch die Schwierigkeit betreffs meiner Arbeit in New York, von der zu trennen ich mich nur ungern entschließen konnte. Schließlich entschied ich mich jedoch dahin, den Sommer in Oberlin und den Winter in New York zuzubringen.

Nachdem auf diese Weise alles zur allgemeinen Zufriedenheit geordnet war, siedelte ich mit meiner Familie im Sommer 1835 nach Oberlin über.

Anfangsarbeit in Oberlin

Nicht nur aus Lane sondern aus allen Teilen des Landes strömten nun die jungen Leute nach Oberlin, so daß der Aufsichtsrat einstweilen Baracken aufschlagen mußte, um sie unterzubringen. Als die New Yorker Brüder hörten, wie mangelhaft es um den Platz bestellt war, gaben sie mir Geld zum Ankauf eines Zeltes, in dem die Versammlungen gehalten werden konnten. Ich ließ es nach eigenen Angaben anfertigen und mit allem Nötigen versehen. Auf der Spitze der mittleren Stange, die das Ganze stützte, war eine Flagge angebracht, welche die Inschrift trug: „Heilig dem Herrn." Das Innere mochte etwa hundert Fuß im Durchschnitt messen. Dieses Zelt war uns von großem Nutzen. War das Wetter auch nur halbwegs günstig, so spannten wir es des Sonntags auf dem großen freien Platz auf und hielten darin Gottesdienst; auch wurde es da und dort in der Umgegend als Versammlungslokal benutzt, wenn die Kirchen nicht groß genug waren, um die Zuhörerschaft zu fassen.

Wie meine lieben Leser sich erinnern werden, hatte ich die Professorenstelle in Oberlin nur auf Herrn Arthur Tappans Versprechen hin angenommen, daß er für die Bau- und Einrichtungskosten der Anstalt aufkommen werde. Nach reiflicher Überlegung behielten wir diese Abmachung jedoch für uns, damit sich der Aufsichtsrat nicht der Pflicht überhoben glaubte, seinerseits die nötigen Schritte zu tun, um die erforderlichen Mittel aufzubringen, sei es durch Sammlung von Kollekten, sei es durch Bekanntmachung des Zweckes und der Bedürfnisse der Anstalt in weiteren Kreisen. Unserem Einvernehmen gemäß wurde die Arbeit nun so schnell betrieben, wie es bei der Lage Oberlins inmitten eines großen Waldes und vieler anderer Terrainschwierigkeiten möglich war.

Kaum hatten wir aber mit dem Werk begonnen, als die große Handelskrise ausbrach, welche nicht nur Arthur Tappan & Co., sondern auch alle anderen Freunde des Werkes vollständig ruinierte, sodaß wir in äußerste Not gerieten, und es nach menschlichem Ermessen keine Möglichkeit gab, die Arbeit fortzusetzen. Hatten wir doch bereits 30 000 Dollar Schulden und keine Aussicht, von irgendwo Hilfe zu bekommen.

In Ohio waren die Leute grundsätzlich gegen das Unternehmen, weil es einen sklavenfreundlichen Charakter hatte; ja, an manchen Orten herrschte so bittere Feindschaft, daß uns mit dem Niederreißen der Gebäude gedroht wurde. Die demokratische Volksvertretung lauerte nur auf einen geeigneten Vorwand, um den uns zur Gründung einer theologischen Hochschule verliehenen Freibrief wieder zu entziehen. Unter diesen Umständen blieb uns nichts anderes übrig, als zu Gott unsere Zuflucht zu nehmen.

Mittlerweile hatten meine Vorträge über religiöse Erweckungen in England weitgehendste Verbreitung gefunden, und wir glaubten demnach zu der Annahme berechtigt zu sein, daß unsere englischen Brüder dem angefangenen Werk ihre Unterstützung gewiß nicht versagen würden, wenn sie um unsere Notlage wüßten. Daher sandten wir zwei Brüder mit Empfehlungsschreiben nach England, um die dortigen Christen für Oberlin zu interessieren. Der Herr gab ihnen Gelingen; unsere britischen Brüder kamen uns aufs freundlichste entgegen und schickten uns sechstausend Pfund Sterling, sodaß wir nahezu unsere Schuld begleichen konnten.

Auch die nordamerikanischen Freunde des Unternehmens und der Sklavensache taten ihr Möglichstes zu unserer Unterstützung. Allerdings hatten wir jahrelang mit pekuniären Schwierigkeiten zu kämpfen und wußten oft nicht von einem Tag zum anderen, wovon wir leben sollten; aber der Herr half uns immer wieder durch, wenn auch die Not zuweilen aufs höchste steigen durfte.

Einmal wußte ich buchstäblich nicht, wie ich meine Familie den Winter durchbringen sollte. Es war mir eine Kuh zugrundegegangen, und ich hatte meinen Reisekoffer verkaufen müssen, um mir eine andere anschaffen zu können. Eines Sonntagmorgens nun, am Erntedankfest, breitete ich meine Notlage vor dem Herrn aus, sagte Ihm aber zugleich, daß ich Ihm durchaus keine Vorschriften machen, sondern mich völlig in Seinen Willen ergeben wolle. Er wisse am besten, was uns gut sei. Vollkommen still und getrost ging ich dann in die Versammlung und verkündigte dort das Wort mit großer Freudigkeit. Nicht nur meine Zuhörer hatten augenscheinlich Segen von der Predigt, sondern ich selbst fühlte mich bis ins Innerste erquickt.

Da ich nach der Versammlung aufgehalten wurde, kehrte meine Frau mittlerweile nach Hause zurück. Als ich heimkam, stand sie mit einem Brief in der Hand unter der Haustür und begrüßte mich freudestrahlend mit den Worten: „Da ist schon die Antwort, mein Lieber!" Das Couvert enthielt eine Anweisung auf zweihundert Dollar und ein Schreiben von Herrn Josias Chapin aus Providence, in welchem mir zeitweilige ähnliche Beträge für die kommenden Jahre in Aussicht gestellt wurden. Der betreffende Freund war mit seiner Frau im Sommer zu Besuch bei uns gewesen und hatte auf irgend eine Weise Kenntnis von den schwierigen Verhältnissen bekommen, mit denen wir zur Zeit zu kämpfen hatten, obwohl ich ihm gegenüber unsere Notlage mit keiner Silbe erwähnte. Von da an schickte er mir jährlich sechs-

hundert Dollar, und dadurch war ich wenigstens der Nahrungs-
sorgen für meine Familie enthoben.

Nach dem getroffenen Übereinkommen war ich den Sommer
über in Oberlin und den Winter über in New York, und der Herr
schenkte da und dort Erweckungen. Nur selten einmal verließ ein
Student das Haus, ohne bekehrt zu sein. Nach zwei bis drei Jahren aber war meine Gesundheit wieder so angegriffen, daß ich
entweder das eine oder das andere Arbeitsfeld aufgeben mußte.
Da die Interessen der Anstalt mein Bleiben daselbst erforderten,
nahm ich meine Entlassung als Pastor der Gemeinde in Broadway und verwandte die sechs Monate, die ich in New York hätte
zubringen sollen, zu Evangelisationsreisen in der Umgegend und
zur Förderung der Erweckungsbewegung.

Die Vorträge über religiöse Erweckungen fanden statt, während ich Pastor an der presbyterianischen Gemeinde in Chathamstreet war, und während der beiden folgenden Winter hielt ich
eine Reihe von Ansprachen für Kinder Gottes in der Kirche in
Broadway. Der Geist Gottes hatte nämlich meine Aufmerksamkeit mehr und mehr auf die Heiligungsfrage gelenkt, und ich
hatte mich innerlich getrieben gefühlt, in fortlaufenden Predigten
die Gläubigen tiefer ins Glaubensleben einzuführen.

Viele Christen fanden diese Vorträge mehr alttestamentlicher
als neutestamentlicher Art; meiner Ansicht nach aber waren sie
das nicht. Für mich haben Gesetz und Evangelium dieselbe
Richtschnur und jede Übertretung des Gesetzes ist zugleich eine
Übertretung des Evangeliums; aber ich bin längst zu der Überzeugung gekommen, daß eine Vertiefung des inneren Lebens nur
auf Grund einer genauen Gewissens- und Herzenserforschung
nach den Forderungen des Gesetzes Gottes erlangt wird. Bisher
hatte ich leider gar oft die betrübende Erfahrung gemacht, daß
gerade die älteren Gemeindeglieder wenig Fortschritte im Glaubensleben machten und nach einer Erweckung schneller wieder
in Lauheit und Trägheit versanken als die Neubekehrten. So war
es auch in Adams gewesen, als ich seinerzeit zum Glauben kam,
und meiner Ansicht nach war daran nichts anderes schuld, als die
verkehrte Unterweisung, welche den Leuten bei ihrem Eintritt in
den Christenlauf erteilt wurde.

Ich selbst war damals ganz unbefriedigt wegen meines Mangels an Glaubensfestigkeit und Liebe. Um der Wahrheit die Ehre zu geben, muß ich zum Lob Gottes sagen, daß ich durch Seine Gnade bewahrt wurde, soweit zurückzufallen, wie viele andere, aber ich fühlte mich oft schwach der Versuchung gegenüber und mußte Tage lang fasten und beten, um in Gemeinschaft mit Gott zu bleiben und immer wieder Kräfte aus dem oberen Heiligtum anzuziehen, sonst wäre es um den Erfolg meiner Arbeit geschehen gewesen.

Angesichts des Schwächezustandes der christlichen Kirche, wie er mir in meiner Evangelisationsarbeit entgegengetreten war, drängte sich mir die Frage auf, ob es nicht eine höhere Stufe christlicher Erfahrung gäbe, als sie die Gemeinde Gottes bisher gekannt habe, und ob im Evangelium nicht Verheißungen und Mittel zur Befestigung und Vertiefung des Glaubenslebens vorgesehen seien. Ich kannte wohl die Anschauungen der Methodisten über Heiligung, konnte mich diesen aber nicht anschließen, da mir das Gefühlsleben dabei eine viel zu große Rolle zu spielen schien und somit die Gefahr der Selbsttäuschung nahe lag. Um so eifriger forschte ich in der Heiligen Schrift und las alles, was mir über den Gegenstand zu Händen kam, bis ich die felsenfeste Gewißheit hatte, daß es das Vorrecht aller Kinder Gottes ist, zu einer höheren Stufe christlicher Erfahrung hindurchzudringen, wo man nicht immer zwischen Fallen und Aufstehen hin- und herschwankt.

Dies veranlaßte mich, in der Kirche in Broadway zweimal über „christliche Vollkommenheit" zu predigen. Bei dieser Gelegenheit sagte ich, was unter christlicher Vollkommenheit zu verstehen ist, und suchte zu beweisen, daß dasselbe schon in diesem Leben erreicht werden kann und in welchem Sinne. Zu jener Zeit wurde die Lehre von der christlichen Vollkommenheit noch in ganz anderer Weise in New-Haven, Albanien und in der Stadt New York gepredigt. Ich prüfte die von jener Richtung vertretenen und in deren Blatt, dem „Perfektionisten", veröffentlichten Anschauungen aufs eingehendste, konnte ihnen jedoch durchaus nicht beistimmen. Soviel aber war mir gewiß, daß die Möglichkeit einer vollkommenen Heiligung schon in diesem Leben – nämlich in dem Sinne, daß es des Gläubigen Vorrecht ist, nicht mehr bewußt zu sündigen – in der Bibel gelehrt wird, und daß hinreichende Mittel zur Erreichung dieses Zieles vorgesehen sind.

Der letzte Winter, den ich in New York verbrachte, war eine Zeit der Erquickung vor Gottes Angesicht. Nachdem mich der Heilige Geist tiefer denn je ins Gericht geführt hatte, brachte er mich wieder ins Weite und füllte mein Herz mit überströmendem Frieden und einem überwältigenden Eindruck von der rettenden Sünderliebe Jesu und der Macht seiner Gnade. Nie war ich so vollständig vor meinem Gott zusammengebrochen, wie in jenem Winter. Beim Gedanken an meine eigene Sündhaftigkeit und die maßlose Langmut und Liebe Gottes mußte ich oft laut weinen. Die Erfahrungen jenes Winters hatten eine Neubelebung und Stärkung meines ganzen inneren Menschen zur Folge, und ich wurde mir mehr denn je der heiligen Vorrechte bewußt, die wir als Kinder Gottes besitzen, wie auch der überschwenglichen Größe Seiner Kraft.

Ich weiß wohl, daß meine Ansichten über die Heiligungsfrage vielfach einer scharfen Kritik begegneten, und besonders einen heftigen Widerstand seitens des theologischen Seminars von Hudson heraufbeschworen, dessen Interessen vielfach mit denen der Schwesteranstalt in Oberlin kollidierten. Seine Leiter machten gar kein Hehl daraus, daß ihnen Oberlin ein Dorn im Auge sei und sie alles aufböten, seinen Einfluß zu vernichten. Meine Anschauungen in Bezug auf die Heiligung gaben ihnen hierzu willkommene Gelegenheit, und so sprengten sie denn das Gerücht aus, daß in Oberlin „antinomistischer Perfektionismus" gelehrt werde, eine Verirrung, gegen welche meine Kollegen und ich im Gegenteil mit aller Macht ankämpften.

Natürlich beschwor diese Anklage einen Sturm der Entrüstung herauf und veranlaßte die Kirchenbehörden im Lande weit und breit, vor dem verderblichen Einfluß der sogenannten „Oberlinschen Lehre" zu warnen. Wir wußten wohl, wer das alles angezettelt hatte, sagten aber nichts und ließen uns in keinerlei Streitigkeiten mit den Brüdern ein, die uns absichtlich zu schaden suchten. Ich will nicht auf Einzelheiten eingehen; es genüge die Erwähnung, daß die gegen uns geschmiedeten Waffen auf die Häupter derer zurückfielen, die sie benutzt hatten, so daß fast sämtliche Mitglieder des Hudsoner Aufsichtsrats und Lehrerkollegiums ihre Ämter niederlegen mußten und die Leitung der Anstalt in andere Hände überging.

Ich hörte in Oberlin weder damals noch zu irgend einer anderen Zeit jemanden über Hudson losziehen. Wir gingen unserer Arbeit nach und überließen unsere Rechtfertigung dem Herrn, hatten auch niemals Ursache, dies zu bereuen.

Die gesamte Geistlichkeit stand gegen uns auf und suchte uns den Garaus zu machen, indem sie uns von aller Gemeinschaft ausschloß. Es wurde zu jener Zeit eine Konferenz in Cleveland anberaumt, die den Zweck haben sollte, über die Aufgaben und Lehrmethoden der theologischen Hochschulen und deren Unterhalt zu beraten. Die Aufforderung zu dieser Konferenz war so gehalten, daß wir Oberliner nichts anderes denken konnten, als daß wir an den Versammlungen tätigen Anteil nehmen sollten und uns demnach vollzählig einfanden.

Als wir ankamen, fanden wir Dr. Beecher schon auf dem Platz und bemerkten bald, daß alles darauf angelegt war, nicht nur die Leiter von Oberlin, sondern auch alle Freunde der Anstalt von der Teilnahme an den Beratungen auszuschließen. Ich durfte daher der Konferenz nicht in der Eigenschaft eines Mitgliedes beiwohnen, sondern mußte mich mit einem Platz unter den Zuhörern begnügen und manches über Oberlin sagen lassen, was mir in tiefster Seele weh tat und durchaus nicht der Wahrheit entsprach. Einer der Geistlichen aus unserer Nachbarschaft bezeichnete z. B. die in Oberlin gelehrten Anschauungen und den von dort ausgehenden Einfluß für verderblicher als den Katholizismus.

Offenbar war das so ziemlich die allgemeine Auffassung in jenen Kreisen, wenn sich auch andererseits aus der Mitte derer, die in Oberlin studiert hatten, manche Stimme zur Verteidigung der dort verkündeten Lehre erhob. Der Zweck der Konferenz war offenbar, Oberlin in den Augen der Welt herabzusetzen und die öffentliche Meinung gegen die Anstalt einzunehmen, damit ihr die Unterstützungsmittel entzogen würden. Es sei hier jedoch ausdrücklich bemerkt, daß ich die Leiter der Konferenz hierfür in keiner Weise verantwortlich mache; denn mit Ausnahme von Dr. Beecher waren sie falsch unterrichtet.

Unser Grundsatz, welchen wir verfolgten, war der, daß wir sämtliche Angriffe unerwidert ließen. Wir gingen ruhig unserer Arbeit nach und konnten gar nicht alle Gesuche um Aufnahme berücksichtigen. Nicht nur hatten wir alle Hände voll zu tun, sondern der Herr schenkte Gelingen über Bitten und Verstehen.

Als mich einige Jahre nach der Konferenz in Cleveland einer der damaligen Leiter besuchte, sagte er unter anderem: „Bruder Finney, Oberlin ist uns allen ein Wunder. Ich bin Jahre lang Professor an einem Predigerseminar gewesen und bin daher mit den Lebensbedingungen einer solchen Anstalt wohl bekannt. Bisher war ich der Ansicht, es könne dieselbe nur bestehen, wenn sie sich der Sympathien der Geistlichkeit erfreue; denn, wenn ein junger Mann studieren will, fragt er in der Regel seinen Pastor um Rat, welche Universität er wählen soll, und läßt sich von seinem Urteil leiten. Nun hatte sich aber fast die ganze Geistlichkeit gegen Oberlin verschworen. Getäuscht durch die falschen Gerüchte, welche über die Anstalt ausgestreut worden waren, warnten sie ihre Gemeinden gegen die von Ihnen und Ihren Kollegen verkündeten Irrlehren und rieten den jungen Leuten ab, nach Oberlin zu gehen. Dennoch hat der Herr die Anstalt aufgebaut. Sie sind reichlicher mit Geldmitteln unterstützt worden, als die meisten derartigen Unternehmungen; Sie haben eine weit größere Anzahl von Studenten, als andere Hochschulen, und Gottes Segen ruht in wunderbarer Weise auf Ihrer Arbeit. Es ist das etwas in der Geschichte unserer Predigerseminare noch gar nicht Dagewesenes. Die Gegner Oberlins sind zu Schanden geworden, während Sie wie auf Adlers Flügeln durch alle Schwierigkeiten, die jene Ihnen bereiteten, hindurchgetragen wurden." Man macht sich kaum einen Begriff von der Feindschaft, die uns bei Beginn unseres Unternehmens von allen Seiten entgegengebracht wurde. Als Beleg hierfür diene folgendes Beispiel: Eines Sonntags hatte ich in Akron zu predigen und fuhr in einer Mietskutsche dahin. Unterwegs überholte ich eine ältere, gutgekleidete Frau, die offenbar Mühe hatte zu gehen. Ich ließ daher den Wagen halten und forderte die Frau auf, eine Strecke weit mitzufahren. Sie nahm das Anerbieten mit Freuden an, und wir unterhielten uns eine Weile vortrefflich miteinander. Wie erschrak sie aber, als sie im Laufe des Gesprächs plötzlich her-

ausfand, daß ich der gefürchtete Finney aus Oberlin war. „Was",
rief sie, indem sie so weit wie möglich von mir wegrückte und
mich vom Kopf bis zu den Füßen musterte, „aus Oberlin sind
Sie? Unser Pastor sagte lieber würde er seinen Sohn ins Gefäng-
nis gehen sehen als nach Oberlin." Natürlich suchte ich die Frau
so gut wie möglich zu beruhigen und versicherte ihr, daß sie
keine Angst vor mir zu haben brauche. Ich erwähne das nur, um
meinen Lesern einen Begriff von der anfangs uns gegenüber herrschenden Stimmung zu geben.

Indes gab es da und dort im Land auch eine Anzahl Geistlicher und Laien, welche den gegen uns ausgestreuten Verdäch-
tigungen kein Gehör schenkten und uns nicht nur dagegen ver-
teidigten sondern auch auf alle erdenkliche Weise unterstützten.

Als Herr Chapin in Providence nicht mehr in der Lage war,
die 600 Dollar für meinen und der Meinen Unterhalt zu zahlen,
trat ein Herr Lears aus Boston für ihn ein, und in ähnlicher Weise
wurde für meine Kollegen gesorgt, so daß wir durch Gottes
Gnade durch die Zeit der Not hindurchkamen.

Mahan, Cowles, Morgan und ich hatten verschiedene Schriften über die in Oberlin verkündigte Heiligungslehre veröffentlicht und auch eine Zeitschrift, den „Oberliner Evangelisten"
gegründet, in dem wir das Publikum über die von uns vertretenen
Anschauungen aufzuklären suchten. Im Jahre 1846 gab ich
meine Dogmatik in zwei Bänden heraus, in welchem Werk ich
auf dies Thema der völligen Heiligung näher einging. Die Kriti-
ken, die diese Arbeiten von allen Seiten erfuhren, nötigten mich
zu verschiedenen Erwiderungen, und diese machten endlich allen
Versuchen, meine Rechtgläubigkeit zu verdächtigen, ein Ende.
Da ich Professor der Theologie in Oberlin war, lag es ja in der
Natur der Sache, daß die Angriffe auf die dort gepredigten Reli-
gionslehren in erster Linie gegen meine Person gerichtet waren,
und das veranlaßte mich auch, an dieser Stelle ausführlicher darüber zu berichten, als ich sonst wohl getan hätte. Nur möge ja
niemand aus dem Gesagten schließen, daß ich die Brüder bös-
williger Verleumdung beschuldige. Die Mehrzahl von ihnen
hatte sich ohne Zweifel wirklich irre leiten lassen und meinte
recht zu handeln, indem sie vor mir warnten.

Während dieser Zeit des Verkanntseins und Angegriffenwerdens von allen Seiten segnete uns der Herr reichlich innerhalb der Anstalt. Nicht nur kamen wir selbst innerlich weiter sondern wir waren sozusagen beständig im Zustand der Erweckung. Unsere Studenten bekehrten sich zu Dutzenden, und der Herr ließ uns fortwährend seine Gnadennähe spüren und goß jahraus, jahrein Ströme des Segens auf uns nieder, deren Wirkung sich in den Früchten des Geistes bemerkbar machte, als da sind: „Liebe, Freude, Friede, Geduld, Freundlichkeit, Gütigkeit, Glaube, Sanftmut, Keuschheit." Ich habe unseren Erfolg in jener Arbeit von jeher einzig und allein der Gnade Gottes, nicht etwa irgend welcher eigenen Weisheit oder Güte zugeschrieben. Nur dem ununterbrochenen Wirken des Geistes Gottes hatten wir es zu verdanken, daß wir in den vielen Schwierigkeiten und Verfolgungen nicht unterlagen, sondern innerlich in der Stellung blieben, die es uns ermöglichte, in dem angefangenen Werk auszuharren. Waren wir doch samt und sonders von dem Bewußtsein durchdrungen, daß wir unfehlbar unterliegen müßten, wenn der Herr einen Augenblick seinen Geist von uns zurückzöge.

Auch in unserem intimeren Kreise ging nicht immer alles ganz glatt ab. Es gab manche Meinungsverschiedenheiten, aber trotz eingehender Erörterung derselben kam es gottlob niemals zu ernstlichen Streitigkeiten. Wir gingen von dem Grundsatz aus, daß jeder das Recht habe, sich ein selbständiges Urteil zu bilden. In der Regel gelang es uns, einen Einigungspunkt zu finden, und war das je einmal nicht der Fall, so fügte sich die Minderzahl der Mehrheit; nie aber fiel es uns ein, es um einer Meinungsverschiedenheit willen zu einer Spaltung unter uns kommen zu lassen. Wir lebten in hohem Grad in „der Einigkeit des Geistes durch das Band des Friedens", und durch Gottes Gnade konnten wir trotz der Anfechtungen aller Art den Geist der Eintracht, der christlichen Duldsamkeit und brüderlichen Liebe bewahren.

Als die Heiligungsfrage das erste Mal öffentlich zur Besprechung kam und die allgemeine Aufmerksamkeit der kirchlichen Kreise auf sich lenkte, standen wir mitten in einer Erweckungsperiode. Der Vorsitzende, Dr. Mahan, hatte eine tief einschneidende Predigt gehalten, in der er meines Erachtens nur einen Punkt unerwähnt gelassen hatte, der mir gerade in diesem

Zusammenhang von äußerster Wichtigkeit zu sein schien. Als er mich daher, wie es seine Gewohnheit war, zum Schluß fragte, ob ich nichts hinzuzufügen habe, stand ich auf und hob den betreffenden Punkt hervor – nämlich den Unterschied zwischen „Wunsch" und „Willen". Nach dem, was er gesagt hatte, und in Anbetracht der Gemütsverfassung, in der sich die Leute augenscheinlich befanden, schien es mir, daß das Hervorheben dieses Unterschiedes viel dazu beitragen könne, den Leuten zur Klarheit über ihre innere Stellung zu verhelfen und ihnen zu zeigen, ob sie wirklich ihr ganzes Sein und Haben dem Herrn ausgeliefert, oder ob sie sich mit dem bloßen Wunsche, ohne den redlichen Willen, wirklich um jeden Preis dem Herrn zu gehorchen, begnügt hätten.

Kaum war dieser Unterschied zwischen „Wunsch" und „Willen" hervorgehoben, so kam der Geist Gottes in wunderbarer Weise auf die Versammlung nieder. Eine Menge der Anwesenden senkte die Köpfe, und andere schluchzten so laut, daß man sie im ganzen Räume hören konnte. Allen, die keine berechtigte Hoffnung hatten, war der Boden unter den Füßen weggezogen worden. Einige standen auf und bekannten offen, daß sie in Selbsttäuschung gefangen gewesen seien, ohne es im entferntesten zu erkennen.

Das Werk nahm einen überaus gesegneten Fortgang, und es kam bei so vielen, die sich fälschlich Christen genannt hatten, zu einer zweiten gründlichen Umkehr, daß eine große Umwandlung in der Gemeinde vor sich ging. Auch Präsident Mahan empfing reichen Segen für sein inneres Leben und machte ganz neue Erfahrungen in Bezug auf die uns von Christus erwirkte völlige Erlösung.

Die in dieser Versammlung stattfindenden Vorkommnisse brachten die Frage der Heiligung als eine durchaus praktische in den Vordergrund. Wir suchten keine Theorien über den Gegenstand festzustellen, sondern behandelten ihn einfach anhand der Bibel.

In dieser Form bestand sie unter uns als erfahrungsgemäße Wahrheit, die wir nicht zu einem theologischen Lehrsatz herabzuwürdigen probierten; aber die Besprechung derselben diente uns selbst und einer großen Anzahl unserer nun als Reichsgottesarbeiter in alle Teile der Welt zerstreuten Missionare zum reichen Segen.

ABERMALIGE ARBEIT IN ROCHESTER UND PROVIDENCE

Ehe ich mit meinen Berichten über die Erweckungen fortfahre, muß ich noch einiges über den Fortschritt der Antisklaverei-Bewegung sagen, nicht nur, wie er sich in Oberlin geltend machte, sondern wie er auch an anderen Orten, wo ich arbeitete, zu Tage trat. Ich habe von der Feindschaft gesprochen, welche unserer Reformbestrebungen wegen gegen uns herrschte und habe erwähnt, daß man uns um derentwillen am liebsten den schon verliehenen Freibrief zur Gründung einer theologischen Fakultät wieder entzogen hätte. Zu diesem Zwecke hatte man weit und breit im Lande das Gerücht ausgestreut, man wolle in Oberlin die Vermischung der weißen und schwarzen Rasse anbahnen, indem man die Mischehen unter den Studenten befürworte.

Diese Verleumdung hatte die Leute der Umgegend dermaßen gegen uns aufgebracht, daß wir fürchten mußten, der Pöbel der Nachbarschaft werde sich zusammenrotten und uns eines schönen Tages die Häuser über dem Kopf anzünden. Es dauerte indes nicht lange, so traten Umstände ein, welche einen Umschwung in der öffentlichen Meinung bewirkten. Das wegen seiner sklavenfreundlichen Gesinnung bekannte Oberlin wurde der zeitweilige Unterschlupf für entflohene Sklaven, welche auf ihrem Weg ins englische Kanada, wo sie vor den Verfolgungen ihrer Feinde sicher waren, einige Tage Rast suchten. Zuweilen kam es nun vor, daß der eine oder andere der armen Flüchtlinge den Sklavenhändlern in die Hände fiel und unter grausamster Behandlung von den Unmenschen fortgeschleppt wurde, ehe er sein Ziel erreichen konnte. Trotz aller Feindschaft gegen die sogenannten Reformbestrebungen konnten unsere Nachbarn solche Schreckensszenen nicht kalten Blutes mitansehen, und derartige Vorkommnisse bewirkten, daß die öffentliche Meinung mit der Zeit zu unseren Gunsten umschlug. Die Farmer der Umgegend und die Bewohner der benachbarten Ortschaften suchten sich einen Einblick in unsere Ziele und Anschauungen zu verschaffen, und je mehr sie unsere Anstalt kennen lernten, um so mehr schätzten sie dieselbe. Anstatt des früheren Mißtrauens herrschte darum bald das herzlichste Einvernehmen zwischen uns und unseren Nachbarn. Mittlerweile war auch in den Städtchen des Ostens das Interesse für die Sklavensache rege geworden, und unser Freund, Herr Lears, trat aufs wärmste für die Förderung der Reformbestrebungen ein. Um eine freie Besprechung dieses Gegenstandes sowie anderer wichtiger Themen zu ermöglichen, hatte er ein großes Hotel in Boston gekauft und einen Saal zur Abhaltung des regelmäßigen Gottesdienstes und freier Versammlungen angebaut. Auf sein dringendes Bitten fing ich im Jahre 1842 dort an zu arbeiten und predigte zwei Monate lang, so oft ich konnte. Der Geist Gottes wirkte alsbald unverkennbar, und es entstand eine mächtige Bewegung unter den Totengebeinen. Aus allen Stadtvierteln kamen Leute jeglichen Standes zu mir und bekannten ihre Sünden oder baten um gründlichere Unterweisung.

Zu jener Zeit arbeitete Bruder Knapp, der bekannte baptistische Erweckungsprediger, in Providence, hatte aber dort mit viel Widerstand zu kämpfen. Auf dringendes Bitten der Baptistenbrüder in Boston verlegte er das Feld seiner Tätigkeit in letztere Stadt, und zwar gerade zur Zeit, als mich Herr Chapin und andere aufforderten, nach Providence zu kommen und daselbst Versammlungen zu halten. Es wurde mir schwer, die Arbeit in Boston aufzugeben, da dieselbe bereits anfing, Früchte zu tragen. Nach einer gründlichen Besprechung mit Bruder Knapp willfahrte ich jedoch den Bitten meines Freundes Chapin, dem ich mich ohnehin zu so großem Dank verpflichtet fühlte. Während die Erweckung in Boston einen gesegneten Fortgang nahm, fing es auch in Providence alsbald an, sich zu regen. Es kamen viele merkwürdige Bekehrungen vor, von denen mir die eines älteren Herrn besonders in Erinnerung geblieben ist. Sein Vater war, wenn ich mich recht erinnere, früher Oberamtsrichter in Massachusetts gewesen und wohnte nun in nächster Nähe von der Kirche, in der ich die Versammlungen zu halten pflegte. Eines Tages bemerkte ich einen sehr ehrwürdig aussehenden Herrn unter meinen Zuhörern, und es fiel mir auf, wie gespannt er meinen Worten lauschte. Später erfuhr ich von Herrn Chapin, wer der Betreffende sei und auch, daß derselbe sonst nie derartige Versammlungen besuche. Von da an sah ich ihn Abend für Abend kommen und merkte ihm deutlich an, daß er tief ergriffen war.

Eines Abends stand er nach Schluß der Predigt auf und fragte mich, ob er ein paar Worte sagen dürfe. Als ich meine Zustimmung gegeben hatte, bemerkte er etwa Folgendes: „Freunde und Nachbarn, ihr seid wahrscheinlich sehr erstaunt, mich Tag für Tag hier zu sehen, da ich bisher nie mit meinen skeptischen Ansichten hinter den Berg gehalten habe und derlei Versammlungen geflissentlich aus dem Wege gegangen bin. Nachdem ich gehört hatte, was in dieser Gemeinde vor sich ging, wollte ich mich mit eigenen Augen von dem Stand der Dinge überzeugen, und es drängt mich nun, euch gegenüber offen zu bekennen, daß ich anderer Ansicht geworden bin. Ich glaube, daß das, was wir hier hören, Gottes Wort ist, und daß wir auf keinem anderen Weg, als dem hier verkündigten, zum Heil gelangen können. Ich sage dies, liebe Freunde, damit ihr nicht denkt, ich käme nur, um zu kritisieren. Ihr sollt wissen, daß es mir um das Heil meiner Seele zu tun ist und ich nichts sehnlicher wünsche, als daß euer recht viele der Gnade teilhaftig werden möchten, nach der mich verlangte." Tief bewegt setzte sich der alte Herr nach diesen Worten nieder.

Im Erdgeschoß der Kirche war ein äußerst geräumiger Sonntagsschulsaal. Da die Zahl der Erweckten so groß war, daß ein unangenehmes Gedränge hätte entstehen müssen, wenn ich sie veranlaßt hätte, vorzutreten, forderte ich sie auf, in den Saal hinunter zu gehen, damit man mit den Einzelnen sprechen und beten könne. Abend für Abend nach der Predigt füllte sich denn das große Lokal mit bußfertigen Sündern und Neubekehrten.

Unter letzteren befand sich auch eine Unitarierin, eine Bekannte von Dr. C. Als dieser von der Veränderung hörte, die mit ihr vorgegangen war, ließ er sie zu sich bitten, da er krank war und das Zimmer nicht verlassen konnte. Bei ihrem Besuche bat er sie, ihm die näheren Umstände ihrer Bekehrung genau zu erzählen, was sie denn auch mit Freuden tat. Der Doktor hörte gespannt zu und fragte sie dann, ob sie nichts Gedrucktes von mir habe, was er lesen könne. Sie lieh ihm ein kurz zuvor von mir veröffentlichtes Schriftchen über die Heiligung und als sie acht

Tage später wieder zu ihm kam, sagte er zu ihr: „Das Büchlein hat mich lebhaft interessiert. Ich begreife wohl, daß die Orthodoxen mit Finneys Anschauungen über die Heiligung nicht einverstanden sind; aber wenn Christus tatsächlich Gottes Sohn ist, sehe ich nicht ein, was sie gegen seine Auffassung einzuwenden haben. Ich möchte den Mann kennen lernen. Könnten Sie ihn nicht überreden, mich zu besuchen, da ich leider nicht zu ihm gehen kann?" Die Frau fragte in meiner Wohnung nach mir, aber ich war schon abgereist, und als ich nach einiger Zeit wiederkam, war er zu seiner Erholung aufs Land gegangen. Kurz darauf starb er, und ich konnte zur Zeit nichts Näheres über ihn erfahren. Als ich später aber einmal einem Freunde gegenüber seiner und seines Gesprächs mit jener Frau erwähnte, traten diesem die Tränen in die Augen, und er sagte tief ergriffen: „Der ist selig heimgegangen!"

DIE ERWECKUNG IN ROCHESTER
(ANNO 1842)

Nach einer kurzen Rast in Boston trat ich endlich die Heimreise an; doch als ich in Rochester ankam, fühlte ich mich so erschöpft, daß ich mich genötigt sah, bei einem Freunde einzukehren und mir noch ein bis zwei Tage Ruhe zu gönnen. Kaum wurde es bekannt, daß ich in der Stadt sei, so bestürmte man mich von allen Seiten, ich solle doch bleiben und Versammlungen halten. Umsonst sagte ich, daß ich müde sei und der Schonung bedürfe – man ließ nicht nach, mit Bitten in mich zu dringen, bis ich einwilligte, ein oder zweimal zu predigen. Das tat ich denn auch; da ich danach aber erst recht keine Möglichkeit sah, mich loszumachen, beschloß ich, zu bleiben und trotz meiner Erschöpfung mit der Arbeit fortzufahren.

Während ich meine Tätigkeit auf Pastor Boardmans Kirche beschränkte, erhielt ich ein Schreiben vom Appellationsgerichtsrat G., in dem mich dieser im Namen seiner Kollegen bat, ihnen einen Zyklus von Vorträgen zu halten, in denen ich speziell den Schwierigkeiten der Juristen Rechnung trüge. Die meisten dieser

Herren waren Ungläubige; doch waren auch solche unter ihnen, die in der Erweckung von 1830 und 1831 bekehrt worden waren.

Da ich an Herrn Burchard einen tüchtigen Mitarbeiter bekommen hatte, willigte ich ein und eröffnete meine Juristenversammlungen mit der Frage: „Was wissen wir bestimmt?" – um einen Anhaltspunkt zu haben, auf dem ich weiterbauen konnte. Der Saal war Abend für Abend gedrängt voll, und das Interesse nahm stetig zu.

Da ich mit der Frau des Appellationsgerichtsrates G. von früher her befreundet war, hatte ich häufig Gelegenheit, ihn zu sehen und kam mehr und mehr zu der Überzeugung, daß er mächtig erfasst war. „Herr Finney", sagte er eines Tages zu mir, „bisher haben Sie alle Fragen zu meiner Befriedigung gelöst; aber ich bezweifle, daß Ihnen das auch in bezug auf die ewige Verdammnis der Gottlosen gelingen wird." „Warten Sie nur", antwortete ich gelassen, ließ mir die Bemerkung aber einen Wink sein, dieses Thema besonders gründlich zu behandeln. Als ich ihm tags darauf begegnete, sagte er ganz aus freien Stücken: „Sie haben mich vollständig überzeugt, Herr Finney. Ihre Behandlung des Gegenstandes war so erschöpfend, daß alle weiteren Einwendungen nutzlos wären." Aus der Art, wie er dies sagte, schloß ich, daß er nicht nur dem Verstand nach überzeugt sondern bis ins Innerste getroffen war.

Ich hatte schon eine ganze Anzahl von Vorträgen gehalten, glaubte es jedoch noch nicht an der Zeit, meine Zuhörer zu einer Entscheidung aufzufordern. Endlich dünkte mich der Augenblick günstig, um das Netz ans Ufer zu ziehen. Ich hatte es sorgfältig über die ganze Juristenkorporation gespannt und sie meiner Ansicht nach so in die Enge getrieben, daß sie sich gefangen geben mußten. Ich wußte, daß sie als Juristen wohl imstande waren, einer logisch dargestellten Wahrheit das nötige Gewicht beizulegen und zweifelte nicht, daß die meisten von ihnen von der Richtigkeit dessen, was ich bisher gesagt hatte, gründlich überzeugt seien; daher nahm ich mir vor, sie in meiner nächsten Predigt vor die Wahl zu stellen, ob sie sich für den Herrn entscheiden wollten oder nicht. Sah ich, daß meine Worte Eindruck gemacht hatten, so beabsichtigte ich, sie aufzufordern, dies öffentlich zu bekennen, indem sie hervorträten und die vorderen,

zu diesem Zwecke geräumten Bänke einnähmen. Appellationsgerichtsrat G. hatte sich zur Zeit meines früheren Aufenthalts in
Rochester sehr energisch gegen Einführung der sogenannten
„Bußbank" ausgesprochen, und ich war völlig darauf vorbereitet,
daß er das wieder tun werde. Als ich die erwähnte Predigt hielt,
bemerkte ich, daß er nicht an seinem gewohnten Platz saß, auch
konnte ich ihn sonst nirgends entdecken. Das tat mir leid, besonders im Blick auf den Einfluß, den er auf seine Kollegen ausübte.
Nach einer Weile sah ich ihn auf der Empore sitzen; aber gegen
Schluß der Predigt war er verschwunden. Ich schloß daraus, daß
er aus irgend einem Grunde heimgegangen sei und also das, was
ich hauptsächlich für ihn gesagt, gar nicht gehört habe. Da, während ich mich bekümmert fragte, ob es nun am Ende doch nicht
zu der gewünschten Entscheidung kommen solle, zupfte mich
jemand von hinten am Rockschoß, und als ich mich verwundert
umsah, stand der Vermißte vor mir und sagte: „Herr Finney, wollen Sie öffentlich für mich beten? Ich will da niederknien, wo
sonst die bußfertigen Sünder knien." Ich hatte die „Bußbank"
noch mit keiner Silbe erwähnt. Die Gemeinde hatte Herrn G. die
Kanzeltreppe hinaufschleichen sehen, und als ich seiner Bitte
Folge leistete, ging eine tiefe Bewegung durch die Reihen. Die
einen saßen gesenkten Hauptes da und weinten, die andern beteten. Kaum war der Appellationsgerichtsrat am Fuß der Kanzel
niedergekniet, so erhoben sich seine Kollegen wie ein Mann, traten vor und folgten seinem Beispiel. Das alles war ohne mein
Zutun geschehen. Nun aber forderte ich alle diejenigen, welche
ihren Sünden entsagen, sich ihrem Gott ausliefern und Jesus als
ihren Heiland annehmen wollten, auf, dies ebenfalls öffentlich zu
bezeugen, indem sie ihre Sitze verließen und in den vorderen
Bänken niederknieten. Bald lag fast die ganze Versammlung auf
den Knien, und der Geist Gottes hatte freien Spielraum. Nachdem ich gebetet hatte, schloß ich mit dem Segen.

Da die Abende der Verkündigung des Wortes gewidmet
waren, beraumte ich für den nächsten Nachmittag eine Besprechungsstunde für Erweckte an. Zu meinem Erstaunen fand ich
zur festgesetzten Zeit den im Erdgeschoß der Kirche gelegenen
Saal nahezu voll, und zwar bestanden die Anwesenden hauptsächlich aus den angesehensten Bürgern der Stadt. Diese Art

Besprechungsstunden setzte ich eine Zeitlang Tag für Tag fort und erfuhr zu meiner Freude, daß die Leute einfältig und demütig, wie kleine Kinder, die Wahrheit aufnahmen und dankbar für jede Unterweisung waren. Nie habe ich meines Wissens ergreifenderen Besprechungsstunden beigewohnt als damals. Eine große Anzahl von Juristen wurde bekehrt, an ihrer Spitze der Gerichtsrat, der so entschiedene Stellung zu Jesus genommen hatte.

Ich blieb damals zwei Monate in Rochester. Die Erweckung zog immer weitere Kreise und ergriff insbesondere eine der bischöflichen Gemeinden, deren Pastor ein gewisser Dr. Whitehouse war, der gegenwärtige Bischof von Illinois. Dieser hatte, wie ich hörte, einige Jahre zuvor in der Readinger Erweckung großen Segen empfangen und schon damals seine Gemeindeglieder persönlich zum Besuch der Versammlungen ermuntert. Das hatte er auch in Rochester getan, und ich vernahm aus glaubwürdiger Quelle, daß nicht weniger als siebzig der angesehensten Leute seiner Gemeinde zum Glauben gekommen seien.

Ich muß hier noch einen merkwürdigen Fall erwähnen. Ich hatte in meinen Predigten wieder und wieder gesagt, daß die erste Bedingung der Annahme bei Gott in einer völligen Hingabe seiner selbst und aller seiner Habe an Gott bestehe. Nach meiner Gewohnheit hatte ich diesen Punkt meinen Zuhörern so eindringlich wie möglich zu machen gesucht. Eines Tages, als ich den Versammlungssaal betrat, stand ein mir bekannter Jurist, der seit längerer Zeit um sein Seelenheil bekümmert gewesen war, an der Tür. Sobald mich dieser sah, drückte er mir mit den Worten: „Ich händige Ihnen dies in Ihrer Eigenschaft als Diener Christi aus", ein Schreiben in die Hand. Ich steckte das Kuvert in die Tasche, und als ich es nach der Versammlung öffnete, fand ich darin eine rechtsgültig abgefaßte Urkunde, in der der Mann jegliches Recht auf seine Person und sein Eigentum in aller Form an den Herrn Jesus abtrat. Ich glaube, ich habe das Dokument noch unter meinen Papieren. Es schien ihm heiliger Ernst mit der Sache zu sein, und soviel ich sehen konnte, war er auch bei vollkommen klarem Verstand.

Die in dieser Erweckungsperiode verkündigten Lehren waren die gleichen, die ich überall predigte. Vor allem betonte ich Gottes unumschränktes Herrscherrecht über den Menschen, die Notwendigkeit einer unbedingten Anerkennung des Willens Gottes als Richtschnur des Lebens, die Annahme des Herrn Jesus Christus als Heiland der Welt und die Heiligung der Seele durch den Glauben an das vollkommene Erlösungswerk des Sohnes Gottes.

Als Hauptförderungsmittel einer Erweckung wurde in Rochester wie andernorts das Gebet hervorgehoben, und zwar das öffentliche sowohl wie das gemeinsame Gebet in kleinerem Kreise und das Gebet im Kämmerlein. Die Sünder wurden nicht in der Erwartung bestärkt, daß sie der Heilige Geist ohne ihr Zutun bekehren werde, noch wurde ihnen je gesagt, daß sie Gottes Zeitpunkt abwarten müßten; sondern es wurde ihnen in unzweideutigster Weise zu verstehen gegeben, daß ihre erste Pflicht die sei, sich rückhaltlos und ohne Verzug Gott zu unterwerfen, ihrem Eigenwillen und vermeintlichen Selbstbestimmungsrecht zu entsagen und sich sofort, wie sie seien, mit aller ihrer Habe, ihrem rechtmäßigen Eigentümer, dem Herrn Jesus, zu übergeben. Wie allenthalben, so wurde ihnen auch hier klar zu machen gesucht, daß ihr Eigenwille das einzige Hindernis zu ihrer Bekehrung sei, daß Gott nur auf ihre Bereitwilligkeit, der Sünde den Abschied zu geben und Jesus Christus als ihren Heiland und Erlöser anzunehmen, warte. Diese Punkte wurden wieder und immer wieder betont, bald in dieser, bald in jener Weise, so daß niemand mehr darüber im Zweifel sein konnte, unter welchen Bedingungen er gerettet werden könne, besonders auch darüber nicht, daß Gott keinesfalls von diesen Bedingungen abgehen werde.

Besprechungsstunden wurden abgehalten, und diese hatten den Zweck, den mannigfachsten Bedürfnissen der Erweckung zu begegnen. Hatte ich eine Zeitlang mit den Einzelnen über ihren Seelenzustand geredet, so faßte ich zum Schluß gewöhnlich alles zusammen, beantwortete die verschiedenen Fragen, korrigierte irrtümliche Auffassungen, zeigte die Hohlheit aller Entschuldigungen und stellte die Leute vor die wichtige Frage, ob sie den Willen Gottes in Christus Jesus augenblicklich, unbedingt und rückhaltlos annehmen wollten. Das Hauptgewicht wurde immer auf den Glauben gelegt, und es wurde besonders darauf hingewiesen, daß derselbe nicht ein bloß intellektuelles Fürwahrhalten, sondern eine innere Vertrauensstellung dem Gott gegenüber ist, der sich in der Person Jesu Christi geoffenbart hat.

Auch die Lehre von der Gerechtigkeit der ewigen Verdammnis wurde den Zuhörern nicht vorenthalten; ja, es wurde ihnen in nicht mißzuverstehender Weise gesagt, daß jeder Sünder, der nicht Buße tue und nicht das Heil ergreife, der ewigen Höllenstrafe verfalle. Mein und meiner Mitarbeiter beständiges Bestreben war, den Leuten klar und deutlich zu bezeugen, was das Wort Gottes über die genannten Punkte sagt. Besondere Mühe gaben wir uns, unseren Zuhörern verständlich zu machen, inwiefern sie von göttlicher Beeinflussung abhängig seien. Wir sagten ihnen, daß sie ohne dieselbe bei ihrem verderbten Zustand allerdings niemals zur Bekehrung kommen würden, daß sie es aber andererseits nur ihrer Herzenshärtigkeit und ihrem Eigenwillen zuzuschreiben hätten, wenn sie noch nicht mit Gott versöhnt seien und durchaus nicht berechtigt wären, den Geist Gottes hierfür verantwortlich zu machen.

Nie wurde den Sündern in unseren Erweckungsversammlungen die Bekehrung als Antwort auf ihre Gebete in Aussicht gestellt; sondern es wurde ihnen im Gegenteil bedeutet, daß Gott sie nicht erhören werde, wenn sie nicht aller erkannten Sünde entsagten, und so lange sie unbekehrt seien, könne man mit Sicherheit annehmen, daß sie noch Sünde in ihrem Herzen duldeten. Nicht, daß wir sie ermahnt hätten, nicht zu beten, im Gegenteil, wir sagten ihnen, daß Gott wolle, daß sie beteten, aber es müsse im Glauben und im bußfertigen Sinne geschehen, und wenn sie Gott um Vergebung bäten, müßten sie sich auch unbedingt seinem Willen unterwerfen. Es wurde ihnen klar auseinandergesetzt, daß ein unbußfertiges, ungläubiges Gebet Gott ein Greuel sei, aber daß sie nichts hindere, so zu beten, wie es Ihm wohlgefällt, als ihres Herzens Härtigkeit und ihr Eigenwille. Man suchte auf alle Weise, ihnen den Wahn zu nehmen, als könnten sie nach irgend welcher Richtung hin ihre Pflicht tun, ehe sie Gott ihre Herzen gegeben hätten. Zuerst müßten sie durch Buße, Glauben und rückhaltlose Auslieferung innerlich in die rechte Stellung zu Gott kommen, ehe sie nach außen hin richtig handeln könnten. Um ein neues Herz bitten, ohne sich Gott zu unterwerfen, heiße, Ihn zu versuchen; um Vergebung flehen, ohne gründliche Buße zu tun, sei eine Verunehrung seines Namens; denn damit verlange man, daß Gott etwas tue, was er billigerweise nicht tun könne; mit einem ungläubigen Gebet strafe man Gott Lügen, anstatt Ihm wohlzugefallen; im Grunde sei ein solches also nichts anderes als Gotteslästerung. Kurz, man stellte den Sünder vor die Frage: ob er sich entschließen wolle, Christus als seinen Herrn und Heiland von ganzem Herzen anzuerkennen, und zwar sogleich: indem er ein für allemal aller Sünde, aller Selbstentschuldigung, allem Unglauben, allem Eigenwillen und allem Bösen, das ihm der Geist Gottes in Herz und Leben gezeigt habe, den Abschied gebe.

Das Seelenheil der Juristen hat mir immer besonders am Herzen gelegen, vielleicht, weil ich selbst in diesem Berufe gestanden hatte. Natürlich konnte ich mich da recht gut in ihre Denk- und Anschauungsweise hineinversetzen und wußte, daß sie Argumenten und einer logischen Darstellung der Dinge leichter zugänglich sind, als andere Leute. Es ist mir immer merkwürdig gewesen, wie sehr eine klare Verkündigung des Gesetzes und des Evangeliums dem Juristenverstand einleuchtete, wahrscheinlich, weil diese Klasse von Leuten an Zeugenvernehmung und unparteiische Prüfung des „Für und Wider" eines Falles gewöhnt ist.

In Rochester kam ich häufig noch mit einem anderen Gerichtsrat zusammen als dem bereits erwähnten – einem viel belesenen, äußerst gebildeten Mann, mit dessen Frau ich sehr befreundet war. Derselbe gestand mir offen daß er nichts gegen meine Argumente einzuwenden habe sondern vollständig von der Richtigkeit meiner Behauptungen überzeugt sei. „Mein Verstand stimmt allem bei, was Sie sagen, Herr Finney, aber mein Herz bleibt völlig unberührt von der Wahrheit", bemerkte er wiederholt. Er war einer der liebenswürdigsten Unbekehrten, die mir jemals begegnet sind, und es war mir Schmerz und Freude zugleich, mich mit ihm zu unterhalten. Sein chronischer Unglaube tat mir in innerster Seele weh, während ich nicht umhin konnte, mich über seine Aufrichtigkeit und sein klares Urteil zu freuen. Mehr als einmal sah ich ihn bis ins Innerste ergriffen, wenn ich mit ihm sprach, und doch kam es meines Wissens nie zu einer gründlichen Bekehrung bei ihm. Der Herr nahm ihm seine fromme, heißgeliebte Frau, und ein hoffnungsvoller Sohn, sein einziges Kind, ertrank vor seinen Augen.

Als ich von dem schweren Herzeleid hörte, das ihn getroffen hatte, schrieb ich ihm und suchte ihn auf die alleinige Quelle wahren Trostes hinzuweisen. Er dankte mir herzlich für meine Teilnahme, schrieb aber, für ein Leid wie das seinige gebe es keinen Trost. Für die Tatsache, daß Jesus alle Lücken ausfüllen und den tiefsten Schmerz stillen kann, war er vollständig blind. Er hat eine Erweckung nach der anderen in Rochester erlebt, ist aber meines Wissens nie zum Glauben hindurchgedrungen. Ich habe diesen Fall erwähnt, um zu zeigen, wie sehr die juristische Vorbildung dazu angetan ist, die Annahme der Wahrheit zu erleichtern, wenn letztere logisch dargestellt und begründet wird.

Einige Juristen, welche sich damals in Rochester bekehrten, gaben ihren Beruf auf und traten ins geistliche Amt, wie unter anderen einer der Söhne des Kanzlers W., der sich zur Zeit entschieden zu Christus gewandt zu haben schien. Aus mir unbekannten Gründen ging der junge Mann nach Europa, besuchte bei dieser Gelegenheit auch Rom und wurde daselbst Priester. Als solcher hat er jahrelang mit rastlosem Eifer an der Förderung von Erweckungen unter den Katholiken gearbeitet, und als ich ihn später in England traf, machte er mir den Eindruck eines treuen Dieners Christi, dem das Seelenheil seiner Glaubensgenossen ein ernstes Anliegen war. Inwieweit er deren Anschauungen teilte, kann ich nicht sagen. Sobald er von meiner Anwesenheit in London hörte, suchte er mich auf, und soviel ich mich erinnere, hätte unsere Begegnung nicht herzlicher sein können, wenn wir beide Protestanten gewesen wären.

Auch viele Ärzte kamen in den verschiedenen Erweckungsperioden, von denen ich Zeuge sein durfte, zum Herrn. Ihr Studium führt leicht zu Unglauben und einer gewissen Form von Materialismus; aber sie haben in der Regel einen klaren Verstand, und wenn ihnen das Evangelium in der richtigen Weise verkündigt wird, sind sie demselben oft zugänglicher als andere Personen. Ist ihr Studium auch nicht so sehr dazu angetan, sie Gottes Herrscherrecht über das Menschenherz erkennen zu lassen, wie das der Juristen, so habe ich es doch immer verhältnismäßig leicht gefunden, sie von ihrer Erlösungsbedürftigkeit und Gottes Ansprüchen an sie zu überzeugen.

Ich habe immer die Erfahrung gemacht, daß die Eigentümlichkeiten eines übertriebenen Calvinismus für Kirche und Welt ein Stein des Anstoßes sind. Dessen Lehren von der angeborenen Sündhaftigkeit des Menschen, seiner gänzlichen Unfähigkeit, Christus anzunehmen und Gott zu gehorchen, seiner Verdammnis zum ewigen Tode um Adams Sünde willen und dergleichen mehr, sind je und je den Gläubigen zum Ärgernis und den Sündern zum Verderben geworden.

Universalismus, Unitarianismus, sowie alle anderen fundamentalen Irrlehren haben zu Zeiten großer Erweckungen in der Regel das Feld räumen müssen. Ich habe wiederholt erlebt, daß einer, den der Heilige Geist gründlich von der Sünde überzeugt hat, sofort und ein für allemal mit Freuden dem Universalismus und Unitarianismus den Abschied gab.

EIN ZWEITER WINTER IN BOSTON

Im Herbst 1843 wurde ich wieder nach Boston gerufen. Mein erster Besuch war in die Zeit gefallen, da die ganze Stadt über die Frage der Wiederkunft Christi in Aufregung war. An der Spitze der Bewegung stand ein gewisser Herr Miller, welcher täglich Vorlesungen hielt, in denen er seine höchst eigentümlichen Anschauungen über den Gegenstand an den Mann zu bringen suchte. Nachdem ich seinen Versammlungen ein- bis zweimal beigewohnt hatte, lud ich ihn auf mein Zimmer ein und gab mir alle Mühe, ihm zu zeigen, daß seine Auffassung von der Wiederkunft Christi auf einem fundamentalen Irrtum beruhe. Er lehrte nämlich, Christus werde Anno 1843 persönlich kommen und seine Feinde vernichten; und das auf Grund des Propheten Daniel. Er sagte, der von ihm erwähnte, ohne Hände vom Berg losgelöste Stein, welcher herabrollt und das Bild zertrümmert, sei Christus. Schließlich gelang es mir, ihm zu beweisen, daß der Prophet selbst ausdrücklich bemerkt, der betreffende Stein sei nicht Christus sondern das Reich Gottes. Auf meine Frage, ob er meine, das Reich Gottes werde die Nationen, von denen

Daniel rede, wirklich mit der Schärfe des Schwertes vernichten, indem es mit ihnen kriege, antwortete er: nein, das könne er sich nicht denken. „Ist nicht eher vom Umsturz der Regierungen als von der Vernichtung der Nationen die Rede?" forschte ich weiter, „und geschieht das nicht vielmehr durch Verkündigung des Evangeliums seitens der Gläubigen? Und wenn das der Sinn der betreffenden Stelle ist, worauf gründen Sie dann Ihre Lehre, daß Christus zu einer bestimmten Zeit persönlich kommen und alle Nationen der Erde vernichten werde? Sehen Sie nicht, daß der Abschnitt des Propheten Daniel, auf den Sie sich stützen, gerade das Gegenteil von dem sagt, was Sie als Ausgangspunkt für Ihre Behauptungen nehmen?" Aber alle Bemühungen, ihn und seine Anhänger zur Vernunft zu bringen, waren umsonst.

Als ich im Herbst 1843 nach Boston zurückkehrte, hatte sich die Aufregung betreffs der Wiederkunft Christi gelegt; aber dafür hatten verschiedene Irrlehren unter den Leuten Platz gegriffen. Dr. Beecher hatte recht mit der im vorhergehenden Winter mir gegenüber gemachten Äußerung: „Herr Finney, Sie können hier in Boston nicht arbeiten wie an anderen Orten. Sie müssen mit dem ABC des Christentums beginnen, denn die Lehren des Unitarianismus haben letzteres bis auf den Grund erschüttert, und die Leute haben sozusagen keinen Boden mehr unter den Füßen. Kein Wunder, daß allen möglichen Irrtümern dadurch Tür und Tor geöffnet ist!"

Ich habe seither die Erfahrung gemacht, daß das für Boston in einem ganz anderen Umfang wahr sei, als in irgend einem der übrigen Arbeitsfelder, wo ich für den Herrn Seelen zu gewinnen suchte. Bei aller Intelligenz ist die Mehrzahl der Bevölkerung in Religionssachen völlig im Unklaren und sehr schwer von der Wahrheit zu überzeugen, dank dem Einfluß der unitarianischen Lehre, die hauptsächlich negativer Art ist und die Leute systematisch dazu anhält, alles in Zweifel zu ziehen. Auf solchem Boden finden die unvernünftigsten Anschauungen williges Gehör.

Diesmal begann ich meine Arbeit in der sogenannten Marlborough-Kapelle, in einer zwar gläubigen, aber in manchen Irrtümern befangenen und infolgedessen völlig uneinigen Gemeinde. Natürlich erschwerte mir das mein Wirken unter ihnen nicht wenig, und doch mußte ich den einzelnen Gliedern das Zeugnis geben, daß sie es redlich meinten.

Das erste, was mir am Herzen lag, war die Entlarvung eines jungen Mannes, namens S., der vorgab, er sei von Gott zum Propheten berufen und der großen Anhang gewann. Nach vielen vergeblichen Bemühungen gelang es mir, ihn der Selbsttäuschung zu überführen, und von Stund an hörte ich nichts mehr von seinen Prophezeiungen; aber er hatte viele Leute verwirrt, doch glaube ich nicht, daß seine Anhänger je wieder imstande waren, einen Einfluß in religiöser Beziehung auszuüben.

Jener Winter war eine Zeit tiefgehender Läuterung für meine eigene Seele, in der ich eine neue Geistestaufe empfing. Mein Studier- und mein Schlafzimmer befanden sich in einem Seitenraum der Kapelle, so daß ich große Stille hatte, was mir gerade während jenes Aufenthalts in Boston sehr zugute kam. Merkwürdigerweise fühlte ich mich dort in ganz besonderem Maße zum Gebet angetrieben. Das war auch im vorhergehenden Winter der Fall gewesen; diesmal aber beschäftigte sich mein Geist viel mit der Frage persönlicher Heiligung, dem Mangel an göttlicher Kraft in der Gemeinde und der Glaubensschwäche in den orthodoxen Gemeinden Bostons. Daß letztere gar nichts taten, um der Verbreitung so vieler in die Augen fallender Irrtümer zu steuern, tat mir in der Seele weh. War es doch ein Zeichen, wie wenig wahres Geistesleben bei ihnen herrschte!

Ich widmete dem Gebet im Kämmerlein so viel Zeit wie ich konnte. Des Abends ging ich möglichst bald nach der Versammlung zu Bett; aber des Morgens stand ich gewöhnlich schon um 4 Uhr auf und ging in mein Studierzimmer, um dort das Angesicht meines Gottes zu suchen. Häufig kam dann der Geist des Gebets so mächtig über mich, daß ich anhielt mit Bitten und Flehen, bis mich um acht Uhr die Glocke zum Frühstück rief. So oft ich tagsüber Zeit hatte. forschte ich in der Heiligen Schrift. Ich las in jenem Winter buchstäblich nichts anderes als meine Bibel, und dieselbe ward mir vielfach wie ein neues Buch. Der Herr führte mich sozusagen durch sein ganzes Wort von A bis Z, vom ersten Buch Mose bis zum letzten Kapitel der Offenbarung, und zeigte mir die Dinge in ihrem Zusammenhang, die Verheißungen, Drohungen, Prophezeiungen und deren Erfüllung, bis mir die Schrift nicht nur klar wurde wie helles Sonnenlicht sondern überströmend von göttlichem Leben.

Während ich eines Morgens im Gebet vor meinem Gott lag, stieg plötzlich die Frage in mir auf: „Wie, wenn dein Christentum nur ein Gefühlschristentum wäre, anstatt von deinem innersten Wesen Besitz genommen zu haben, wenn du deinen Willen noch gar nicht wirklich Gott ausgeliefert hättest?" Zugleich fielen mir alle möglichen Stellen ein, in denen vor der Gefahr des Selbstbetrugs gewarnt ist, wie z. B.: „So wird ihnen das Wort Jehovahs sein: Gebot auf Gebot, Vorschrift auf Vorschrift, hier ein wenig, da ein wenig; auf daß sie hingehen und rücklings fallen und zerschmettert werden und verstrickt und gefangen werden." Der Gedanke, ich könnte in Selbsttäuschung befangen sein, schmerzte mich, wie wenn mich ein giftiges Tier gestochen hätte, ich kann die Qual, die er mir verursachte, nicht beschreiben. Die Stellen Heiliger Schrift, die mir zugleich in den Sinn kamen, brachten mich in immer größere Not. Das dauerte jedoch nur kurze Zeit, dann konnte ich mich wieder der Zuversicht getrösten, daß Gottes Wille allezeit gut ist. „Herr", sagte ich, „tue mit mir, was Dir gefällt, solltest Du es auch für gut finden, mich in die unterste Hölle zu werfen. Gereicht das zu Deiner Ehre, so bin ich dazu bereit!"

Kurz zuvor war ich nach schwerem Kampfe zu der Überzeugung gelangt, daß es bei mir zu einer tieferen, völligeren Übergabe an Gott kommen müsse, als ich bisher geahnt hatte. Oft hatte ich Ihm meine Familie auf den Altar gelegt und Ihn gebeten. Er möge mit jedem einzelnen Gliede derselben tun, wie's Ihm gefalle; aber zur Zeit, von der ich spreche, wurde es mir namenlos schwer, meine Frau unbedingt Gott zu überlassen. Sie war sehr leidend und ging offenbar ihrem Ende entgegen. Nun erst wurde mir so recht klar, was es möglicherweise in sich schloß, wenn ich sie rückhaltlos dem Herrn auf den Altar legte, und ich rang stundenlang auf den Knien um völlige Ergebung in Gottes Willen in diesem speziellen Punkt; dennoch konnte ich mich nicht entschließen, mein geliebtes Weib hinzugeben.

Das beunruhigte mich so sehr, daß mir der kalte Schweiß auf der Stirn stand, und ich hielt an mit Flehen, bis ich ganz erschöpft war. Endlich schrieb ich an meine Frau und erzählte ihr unumwunden, welchen heißen inneren Kampf ich um ihretwillen durchgemacht und wie viel es mich gekostet hatte, sie rückhaltlos meinem Gott zu überlassen.

Jenes furchtbare Angstgefühl, das so plötzlich über mich kam, erschien mir seither immer als eine besonders schwere Anfechtung Satans, nach der ich tiefer denn je zuvor in dem guten und wohlgefälligen Willen Gottes ruhen lernte und meinem Herrn mit völliger Lauterkeit des Herzens sagen konnte, Er könne über mich und die Meinen nach Belieben verfügen, ich wolle Ihm nichts vorschreiben.

Danach ging mir erst das rechte Licht über die Bedeutung einer rückhaltlosen Übergabe an Gott auf. Ich lag damals lang auf den Knien und überdachte alle Gebiete meines inneren und äußeren Lebens, um sozusagen ein Inventar davon aufzunehmen; dann stellte ich alles einzeln meinem Gott zur Verfügung: die Interessen der Kirche, das Wachstum der Gläubigen, die Bekehrung der Gottlosen, meine eigene Seligkeit oder Verdammnis, ja, ich ging so weit, daß ich Gott aus tiefstem Herzensgrunde sagte, ich wolle Ihm auch nicht das Geringste mehr vorenthalten, denn ich sei so sehr von seiner Güte und Liebe überzeugt, daß ich mir nicht vorstellen könne, Er möchte irgend etwas von mir fordern, was ich Ihm nicht bereitwillig gäbe. Nie hatte ich mich so völlig im Willen Gottes geborgen gefühlt, wie damals, und doch war es mir merkwürdigerweise als entschlüpfe alles, worauf ich bisher meine Hoffnung gegründet hatte, meinen Händen; alle gemachten köstlichen Erfahrungen von der Nähe des Herrn, seiner Liebe und Fürsorge, traten zurück, das heißt, ich hörte auf, auf irgend etwas zu bauen; ich setzte meinen Glaubensfuss gewissermaßen auf einen ganz neuen Boden. Ich sagte dem Herrn, daß ich keine Ahnung davon habe, was Er mit mir zu tun gedenke, es aber auch gar nicht zu wissen begehre sondern es geduldig abwarten wolle. Danach wurde es vollkommen still in meiner Seele.

So blieb es den ganzen Tag. So oft sich in meinem Innern die Frage erhob: „Hast du deine völlige Übergabe von heute früh nicht bereut?" antwortete ich ohne Zögern: „Nein, ich möchte auch nicht das Geringste davon zurücknehmen, ich habe keinerlei Grund und auch gar keine Lust dazu." Der Gedanke, ich könnte am Ende verloren gehen, beunruhigte mich nicht im

Geringsten; überhaupt war keine Spur von Furcht mehr in meiner Seele sondern völlige Gelassenheit, ein unbedingtes Vertrauen in den guten, vollkommenen Willen Gottes, und daher tiefe Geistesstille.

Gegen Abend kam mir mit einem Mal die Frage: „Wenn mich Gott aber in die Hölle schickte, was dann?" „So würde ich Ihm nicht widerstreben", hieß es sofort in meinem Innern. „Aber kann er jemand verloren gehen lassen, der sich Ihm so rückhaltlos übergeben hat, wie ich es getan habe?" lautete die weitere Frage, auf die ich augenblicklich antwortete: „Nein, das ist unmöglich. Die Hölle würde nicht Hölle für mich sein, wenn ich mich ganz in Gottes Willen fügte." Damit eröffnete sich mir ein Quell der Freude, der wochen-, monate-, ja jahrelang immer tiefer wurde, jahrelang war meine Seele so voller Freude, daß Kummer und Sorge keinen Raum darin fanden. Nachdem ich lange Zeit Tag und Nacht mit heißer Inbrunst zu Gott geschrien hatte, schienen sich alle meine Gebete in die eine Bitte zusamenzufassen: „Dein Wille geschehe!" All mein Sehnen war gestillt. Gott hatte mir über Bitten und Verstehen gegeben. Es war mir, als habe Er meinem innersten Wesen die Inschrift eingegraben: „Heilig dem Herrn!" und mein ganzes Sein für sich in Beschlag genommen wie nie zuvor. Ich war so fest überzeugt, daß Gott in allen Dingen Seinen guten, vollkommenen Willen geschehen lassen werde, daß ich mir über nichts mehr Sorge machte. Die Herzensangst, mit der ich mit Gott im Gebet zu ringen pflegte, schien ganz von mir gewichen, sodaß ich eine Zeitlang, wenn ich des Herrn Angesicht suchte – was sehr, sehr oft geschah – auf die Knie sank, aber buchstäblich nicht wußte, was ich anderes bitten solle, als daß Sein Wille geschehe im Himmel wie auf Erden. Darauf lief immer wieder mein Gebet hinaus, und ich ertappte mich zuweilen dabei, daß ich lächelnd zu Gott aufsah und Ihm sagte, ich habe keinen besonderen Wunsch, so vollständig ruhte meine Seele in Seinem Willen.

Mit allem eigenen Ringen war es fortan zu Ende, das zeigte sich natürlich auch in meinen Predigten. Viele meiner Zuhörer merkten, was in meiner Seele vorgegangen war; denn natürlich konnte ich nichts anderes mehr verkündigen, als dies uns in Christus Jesus zuteil gewordene volle gegenwärtige Heil.

Zu jener Zeit schien sich meine Seele in einer Weise mit meinem Heiland verlobt zu haben, wie ich es nie für möglich gehalten hätte. Die Sprache meines Herzens war die des Hohenliedes. Ich konnte dem König Salomo gut nachfühlen, wie ihm zu Mute war, als er das Lied dichtete, und schloß daraus, daß er es nach seiner Umkehr zu Jehova geschrieben haben muß. Ich hatte nicht nur die Frische und Freudigkeit meiner ersten Liebe wiedergewonnen, sondern weit mehr – ja der Herr schenkte mir so viel köstlichere Erfahrungen, als ich je gemacht hatte und ließ mich so tiefe Blicke in Sein Wort und in die Bedeutung des Erlösungswerkes Jesu sowie in Seine Bereitwilligkeit und Macht zu erretten, tun, daß ich zuweilen ausrief: „Herr, ich hätte das nie für möglich gehalten!" Da erst wurde mir der Sinn der Worte klar: „Der über alles hinaus zu tun vermag, über die Maßen mehr, als was wir bitten oder erdenken." Was Er mich damals lehrte, überstieg allerdings bei weitem mein kühnstes Wünschen und Bitten. Ich hatte keine Ahnung von der Länge und Breite, der Höhe und Tiefe Seiner Gnade gehabt.

Es war mir, als hätte ich nie auch nur im entferntesten verstanden, was die Stelle bedeutet: „Meine Gnade genügt dir." Als mir das klar wurde, mußte ich immer wieder staunend rufen: „Wunderbar! Wunderbar! Wunderbar!" Nun erst begriff ich, was der Prophet mit jenen Worten sagen wollte: „Sein Name ist Wunderbar, Rat, Kraft, Held, Ewigvater, Friedefürst", und ich verbrachte den ganzen Rest des Winters bis zu meiner Rückkehr nach Oberlin damit, den Leuten Christus als ihren völligen Erlöser zu verkündigen.

Leider mußte ich die Erfahrung machen, daß ich im allgemeinen nicht verstanden wurde. Alle, die mich aber verstanden und das Wort aufnahmen, hatten tiefen, bleibenden Segen, und es kam bei ihnen zu einer Entwicklung des Glaubenslebens, von der sie bisher keine Ahnung gehabt hatten.

Aber die kleine Gemeinde, in der ich hauptsächlich wirkte, war nicht aus Elementen zusammengesetzt, welche mich tüchtig in der Arbeit hätten unterstützen können. Sie waren dem Widerstand von außen nicht gewachsen. Sogar die Mehrzahl der sogenannten Gläubigen in der Stadt hatte kein Verständnis für sie. Die Gemeinden im großen und ganzen waren nicht imstande, auf meine Anschauungen von der Heiligung einzugehen, und das Zeugnis, das ich vor ihnen ablegte, verfehlte seinen Eindruck auf sie.

Allerdings gab es, wie gesagt, Ausnahmen. So kamen eines Abends zwei Älteste einer fremden Gemeinde nach der Predigt auf mich zu, und einer von ihnen sagte: „Sie sind ein gutes Stück weiter als wir und unsere Geistlichen. Wie könnten wir diese nur dazu bringen, daß sie kommen und die von Ihnen verkündeten Wahrheiten auch hören?" „Das weiß ich nicht", erwiderte ich, „aber ich wollte, sie könnten die Dinge sehen, wie ich sie sehe; denn nichts scheint mir nötiger zu sein in Boston, als daß die Christen anfangen, ein gottgeheiligtes Leben zu führen."

Es war ihnen außerordentlich darum zu tun, daß meine Auffassung von der Heiligung allgemeinere Verbreitung finde. Offenbar waren es fromme Männer, doch habe ich nie gehört, daß es ihnen gelungen wäre, ihre Geistlichen und Gemeindeglieder zum Besuch meiner Versammlungen zu veranlassen.

In jenem Winter beschränkte sich meine Arbeit hauptsächlich auf Erzielung einer Erweckung unter den Gläubigen. Hierzu hatte mich der Herr durch das wunderbare Werk, das Er an meiner eigenen Seele getan hatte, in besonderer Weise vorbereitet. Wohl hatte Sein Leben schon früher mächtig in mir gewirkt; aber, wie gesagt, die Erfahrungen jenes Winters übertrafen alle bisher gemachten so sehr an Herrlichkeit, daß es mir zuweilen war, als habe ich noch keine Ahnung gehabt, was wirkliche Gemeinschaft mit Gott eigentlich ist.

Dem war natürlich nicht so, und wenn ich darüber nachdachte, kamen mir die heiligen Stunden, in denen ich die Gegenwart Gottes in besonderem Maße hatte erfahren dürfen, ins Gedächtnis zurück. Ich mußte mir sagen: wenn wir dereinst im Himmel angelangt sein werden, wird die Freude und Seligkeit, die wir dort erfahren werden, auch alles auf Erden Erlebte so weit übertreffen, daß uns wahrscheinlich die Frage kommen wird, ob das, was wir hienieden erfuhren, überhaupt Religion genannt werden konnte. Oft hatte ich Zeiten unaussprechlicher Seligkeit in der Nähe meines Gottes erlebt und tiefe Gemeinschaft mit Ihm gehabt; das alles trat aber vor meiner jetzigen Erfahrung so sehr in den Hintergrund, daß ich dem Herrn oft gestand, ich habe keine Ahnung gehabt von den wunderbaren Dingen, die uns das Evangelium enthüllt und von der Gnadenfülle, die in Christus Jesus ist. Natürlich war dem nur vergleichsweise also; aber ich gab damit den inneren Gefühlen meines Herzens Ausdruck.

Als sich die Erregung jener Tage legte und ich ruhiger wurde, übersah ich klarer die verschiedenen Stufen meiner geistigen Entwicklung und erkannte, wie von Anfang an bis zu Ende alles in Gottes Hand zusammengewirkt hatte, um mich zu der jetzigen Erfahrung zu bringen. Seither ist mein Gebetsleben ein anderes geworden. Anstatt mit Gott zu ringen, wie ich früher zu Zeiten Tag und Nacht zu tun pflegte, bete ich jetzt viel zuversichtlicher und daher auch weniger stürmisch, wenn ich so sagen darf. Er schenkt mir, in Ihm zu ruhen und die eigenen Wünsche viel völliger in Seinem vollkommenen Gotteswillen aufgehen zu lassen, als es mir vor der Erfahrung jenes Winters möglich gewesen war.

Ich habe seither eine innere Freiheit empfunden, eine Freude und Lust an Gott und seinem Wort, eine Glaubensfestigkeit und Liebesfülle, wie ich sie sonst nur gelegentlich verspürte. Hatte ich solche Erfahrungen auch verhältnismäßig oft machen dürfen, so waren sie doch vorübergehender Art gewesen, nicht dauernd wie jetzt. Meine Ketten schienen zur Zeit völlig gelöst, und ich habe seither mit meinem Gott verkehrt, wie ein Kind mit seinem Vater. Die Innewohnung Gottes in meinem Herzen ist mir zu einer solchen Realität geworden, daß ich mich ruhig auf Ihn stützen, mein Herz in Seine Hand legen und mich in Seinen Liebeswillen versenken kann, ohne mir irgend welche Sorgen zu machen. Ich habe von jenem Zustand als von einem solchen gesprochen, in dem ich mich seither gewöhnlich befinde; damit soll aber nicht gesagt sein, daß er nie wieder eine momentane Unterbrechung erfahren; denn als ich im Jahre 1860 längere Zeit krank war, fühlte ich mich innerlich sehr gedrückt und tief gebeugt; aber der Herr richtete mich wieder auf und befestigte mein Herz im Frieden und in völliger Glaubensruhe.

Einige Jahre nach der Zeit der Erquickung, von der ich gesprochen habe, starb mein geliebtes Weib. Es war mir das ein großer Kummer; doch regte sich nicht das leiseste Widerstreben gegen Gottes Willen in meiner Seele, keine Spur von Murren. Ich gab sie Ihm widerstandslos hin, so schmerzlich ich die Trennung von ihr empfand. In der Nacht nach ihrem Tod hatte ich mich in mein Zimmer zurückgezogen und war dort ein wenig eingeschlummert, während einige christliche Freunde im Nebenzimmer wachten. Da fuhr ich plötzlich aus dem Schlaf auf, und es überkam mich die ganze Schwere meines Verlustes mit unwiderstehlicher Gewalt. Meine Frau war mir entrissen! Nie sollte ich ihre Stimme mehr hören, nie ihre lieben Züge mehr sehen! Meine Kinder waren mutterlos! Was sollte ich anfangen? Meine Gedanken verwirrten sich; es war mir, als schwänden mir die Sinne. Von meinem Lager aufspringend rief ich aus: „Ich werde wahnsinnig, wenn es mir nicht gelingt, mein Herz in Dir zu stillen, o Gott!" Daraufhin schenkte mir der Herr alsbald Ruhe; von Zeit zu Zeit aber überkam mich in der Folge wieder ein so namenloses Weh, daß es mich zu überwältigen drohte.

Während ich eines Abends auf den Knien lag und mit Gott über die Sache redete, war es mir plötzlich, als hörte ich Ihn fragen: „Hast du deine Frau wirklich lieb gehabt?" „Ja", antwortete ich. „Aus Eigennutz oder selbstlos? Wenn du sie selbstlos liebtest, weshalb gönnst du ihr dann nicht, daß sie nun bei mir ist? Solltest du dich dann nicht vielmehr ihrer Seligkeit freuen, anstatt deinen Verlust so tief zu betrauern? Und liebtest du sie um meinetwillen, so solltest du ja froh sein, daß sie nun bei mir ist. Weshalb brütest du immer über deinem Verlust, anstatt an ihren Gewinn zu denken? Kannst du traurig sein, wenn du doch weißt, wie wohl es ihr jetzt ist? Würdest du dich nicht ihrer Freude und Seligkeit freuen, wenn deine Liebe selbstlos wäre?"

Die Gefühle, welche sich meiner bemächtigten, als ich Gott diese Fragen an mich richten zu hören glaubte, lassen sich nicht in Worte fassen; aber sie brachten eine sofortige Umwandlung in mir hervor. Von diesem Augenblick an war der Schmerz über meinen persönlichen Verlust für immer geschwunden. Ich gedachte meiner Frau nicht mehr als einer Verstorbenen, sondern als einer in den Wohnungen des Lichtes Lebenden. Mein Glaube war zur Zeit so fest und mein Geist so sehr von Gott erleuchtet, daß ich mich in den Seelenzustand hineinversetzen konnte, in dem sie sich droben in der Herrlichkeit befand, und wenn es eine Gemeinschaft mit den Seligen gibt, so hatte ich Gemeinschaft mit der Heimgegangenen. Nicht, daß ich sie je für persönlich gegenwärtig gehalten und mit ihr verkehrt hätte, wie gewisse Leute mit abgeschiedenen Geistern verkehren; aber ich konnte mich in das Glück und die Seligkeit hineindenken, die sie droben genoß, ich konnte ihr nachfühlen, daß sie völlig und ununterbrochen im Willen Gottes ruhte. Ich sah ein, daß darin die Seligkeit des Himmels besteht und hatte Teil an dieser Seligkeit. Bis auf den heutigen Tag ist mir der Segen dieser Erfahrungen geblieben, und ich verstehe seither, weshalb die Seligen so unaussprechlich glücklich sind.

Meine Frau hatte schon auf ihrem Sterbebett einen Vorgeschmack des Himmels. Sie ruhte so völlig in Gott, daß ich mir sagen durfte, ihr Heimgang sei wirklich nur ein Schauen der Liebe und Treue Gottes, die sie hienieden geglaubt hatte, so daß ihr Vertrauen zu Gott und ihre Übereinstimmung mit Seinem Willen zur Vollendung gebracht werde. In diesen Dingen habe ich seither viel gelebt, habe aber die Erfahrung gemacht, wenn ich öffentlich von dem rede, was meiner eigenen Seele so überaus köstlich geworden ist, werde ich von den Wenigsten verstanden. Nur Einzelne lassen sich die richtigen Anschauungen über Gott und Christus aufschließen und öffnen ihre Herzen dem vollen Heil in Christus, das ich zu meiner unaussprechlichen Freude genieße. Überall muß ich auf das Niveau meiner Zuhörer hinabsteigen, um verstanden zu werden, und seit Jahren habe ich vor Gemeinden gepredigt, die auf einer so niederen Stufe des Glaubenslebens standen, daß sie unfähig waren, die frohe Botschaft von einer gegenwärtigen, völligen Erlösung aufzunehmen.

Predige ich Unbekehrten, so muß ich natürlich auf die Anfangsgründe zurückgehen. Diesen und den im Wachstum zurückgebliebenen Christen spreche ich von Buße, Umkehr, Rechtfertigung und anderen grundlegenden Punkten des Evangeliums. Nur dann und wann erscheint es mir angebracht, Kindern Gottes von der Fülle des Heils zu sagen, die meine Seele in Christus gefunden hat. Hier gibt es weitaus mehr Leute, die diese Wahrheit mit Freuden aufnehmen als sonstwo; aber leider wird ihnen dieselbe nur selten zur persönlichen Erfahrung.

Wie schon erwähnt, predigte ich in jenem Winter hauptsächlich für Leute, die sich dem Namen nach zu Christus bekannten, und viele erhielten großen Segen. Ich war der festen Überzeugung, daß gewissermaßen erst wieder ein fester Grund gelegt werden müsse und die Gläubigen Bostons zu einer höheren Stufe göttlichen Lebens durchdringen müßten, ehe etwas gegen den Unitarianismus ausgerichtet werden könne. Mit bloßer Verkündigung der orthodoxen Lehre war dem Übel nicht zu steuern. Was die Unitarier brauchten, war Anschauungsunterricht. Sie müßten Leute sehen, die das Evangelium auslebten, die mit Wort und Wandel bezeugten, daß Jesus Macht habe, sie nicht nur von der Schuld und Strafe, sondern auch von der Herrschaft der Sünde zu erlösen. Solange Bekenntnis und Wandel nicht stimmten, wurde gar nichts ausgerichtet.

Die Rechtgläubigen Bostons steckten sehr im Formenwesen und fürchteten sich, zweckmäßige Mittel zur Rettung unsterblicher Seelen zu gebrauchen; auch fehlte es ihnen meiner Ansicht nach am rechten Gebetsgeist. Geistliche und Gemeindeälteste, obwohl fromme Männer, fragten zu sehr nach dem Urteil der Menschen, als daß sie es gewagt hätten, einmal etwas Außergewöhnliches zu tun, um die Leute aus ihrem Sündenschlaf aufzurütteln. Alles sollte nach einer gewissen Schablone geschehen, und diese Gebundenheit betrübt den Geist Gottes.

Ich habe in Boston fünf gewaltige Erweckungsperioden mitgemacht und ich bin zu der Überzeugung gekommen, daß das Haupthindernis zur Besiegung des Unitarianismus und der mancherlei anderen dort herrschenden Irrlehren die Menschenfurcht der Gläubigen ist. Das Bewußtsein, beständig der Kritik der Unitarier ausgesetzt zu sein, hat sie ängstlich und kleinmütig gemacht, so daß sie weder die Lehre von der ewigen Verdammnis, noch die Notwendigkeit einer völligen Sündenentsagung und praktischen Heiligung so häufig und nachdrücklich zu betonen wagen, wie es zum Heil der Stadt nötig wäre.

Die kleine Gemeinde der Marlborough-Kapelle wünschte sehr, ich möchte ihr Seelsorger werden, und ich überlegte mir die Sache mit allem Ernst, als ich Boston verließ. Später kam mir Bruder Lears mit der Absicht nachgereist, alles aufzubieten, um mich zur Annahme des mir angetragenen Amtes zu bewegen; nachdem ihm die Oberliner Brüder aber gründlich abgeraten hatten, brachte er sein Anliegen mir gegenüber gar nicht zur Sprache.

Nachdem ich wiederholt aufs dringendste aufgefordert worden war, nach England zu kommen und dort eine Zeitlang zu arbeiten, schifften meine zweite Frau und ich im Jahre 1849 uns ein und landeten nach einer stürmischen Überfahrt Anfang November in Southampton. Dort empfing uns der Pastor eines zwischen Huntington und St. Ives gelegenen Dorfes, namens Houghton, den uns ein gewisser Herr Potto Brown, von dem ich noch oft Gelegenheit haben werde zu sprechen, entgegengeschickt hatte.

Herr Potto Brown war seiner Abkunft und Erziehung nach Quäker. Er und sein Partner hatten ein sehr einträgliches Geschäft und gehörten einer Independentengemeinde in St. Ives an. Beiden lag das Seelenheil ihrer Mitmenschen sehr am Herzen und sie entschlossen sich daher, ihr beträchtliches Vermögen zur Errichtung von Gotteshäusern, Schulen und Wohltätigkeitsanstalten zu verwenden.

Nicht lange danach starb Herrn Browns Partner, nachdem er die Fürsorge für seine nun doppelt verwaisten Kinder dem Freunde anvertraut und ihn dringend gebeten hatte, auch nach seinem Heimgang das Werk des Herrn in Dorf und Umgebung eifrig weiter zu betreiben. Herr Brown war stets mit ganzem Herzen in der Arbeit gewesen, darum ließ er sich das nicht zweimal sagen, sondern verwandte alles, was er erübrigen konnte, zur Förderung des Reiches Gottes in Dorf und Umgebung, stellte in ersterem einen Lehrer an und baute eine Kapelle. Der Prediger, den er dahin berief, war ein Ultra-Calvinist und arbeitete ziemlich ohne Erfolg.

Herr Brown sprach ihm so oft seine Enttäuschung darüber aus, daß ihm der Geistliche eines Tages erwiderte: „Bin ich Gott, daß ich die Leute bekehren könnte? Ich predige ihnen das lautere Evangelium; ist es meine Schuld, wenn Gott sie nicht bekehrt?" „Sei dem, wie ihm wolle", entgegnete Herr Brown, „es muß dazu kommen, daß die Seelen den Heiland finden." Der Mann erhielt also seine Entlassung und Pastor James Harcourt trat an seine Stelle. Dieser war Baptist, aber ein weitherziger, begabter, lebendiger Diener Christi, unter dem die kleine Gemeinde nicht nur zunahm, was die Zahl der Mitglieder betraf, sondern auch wesentliche Fortschritte im Glaubensleben machte. Auch in der Umgegend war mancher erfreuliche Erfolg zu verzeichnen, aber zu einer wirklichen Erweckung kam es nicht. Der Kreis von Freunden und Bekannten, den Herr Brown so gern erreicht gesehen hätte, blieb von der Wahrheit völlig unberührt, und das schmerzte den teuren Mann Gottes sehr. Vor allem brannte es ihm auf der Seele, daß noch sämtliche Kinder seines verstorbenen Partners unbekehrt waren, und er und Pastor Harcourt überlegten oft miteinander, was sich tun ließe, um sie zu Christus zu führen.

Letzterer hatte meine Vorträge über religiöse Erweckungen gelesen und Herrn Brown schließlich vorgeschlagen, mir doch einmal zu schreiben und mich aufzufordern zu kommen, um eine Zeitlang in Houghton und Umgebung zu arbeiten. So kam es, daß ich wiederholte, dringende Einladungen nach England erhielt. Anfangs machten diese wenig Eindruck auf mich, denn ich sah keine Möglichkeit abzukommen. Mit der Zeit aber öffnete sich mir der Weg, so daß ich mich, wie schon erwähnt, im Herbst 1849 mit meiner Frau nach England einschiffte. Nachdem ich mich einige Tage von den Strapazen der Reise ausgeruht hatte, begann ich die Arbeit in der Kapelle des Dorfes. Herr Brown und Pastor Harcourt standen mir in jeder Beziehung treu zur Seite. Ersterer war ein ganz bedeutender Mann und, obwohl Quäker, doch fern von aller Engherzigkeit. Wenn nur Seelen für seinen Herrn gewonnen wurden, so war ihm alles andere Nebensache. Trotz seines Reichtums herrschte die größte Einfachheit in seinem Hause; doch wo es galt, die Reichsgottessache zu fördern, gab er in wahrhaft fürstlicher Weise. Dessen ungeachtet vergrößerte sich sein Vermögen beinahe zusehends, und es bewahrheitete sich an ihm das Wort: „Der eine streut aus und nimmt doch zu, ein anderer hält sich zurück, mehr denn recht ist, und er endet mit Armut."

Während meines ganzen Aufenthalts in Houghton stand sein Haus jedem offen, der mich zu sprechen wünschte, und bei jeder Mahlzeit war eine Menge Leute von nah und fern Gäste des biederen Mannes.

Die Erweckung begann sofort und zog immer weitere Kreise. Es dauerte nicht lange, so waren nicht nur sämtliche Söhne und

Töchter des verstorbenen Partners bekehrt sondern alle intimeren Freunde und Bekannten meines freundlichen Wirtes. Nicht ein einziger von denen, deren Seelenheil ihm besonders am Herzen gelegen hatte, war unberührt geblieben. Der Herr erhörte ihn weit über Bitten und Verstehen und gab einen nachhaltigen Segen. Herr Harcourt sagte mir, er habe während seiner ganzen späteren Amtstätigkeit den Einfluß jener durchgreifenden Erweckung verspürt und sei stets von der treuen Fürbitte seiner Gemeinde getragen worden.

Ich blieb damals nur eine verhältnismäßig kurze Zeit in Houghton. Die dortigen Vorgänge hatten natürlich allgemeines Interesse erregt, und es hatten sich viele Geistliche eingefunden, um die Sache näher kennenzulernen, unter ihnen auch Herr Roe, ein Baptistenprediger aus Birmingham, der mich seit Jahren dringend um einen Besuch gebeten hatte und seine Aufforderung nun persönlich wiederholte.

Gegen Mitte Dezember siedelten wir dementsprechend von Houghton nach Birmingham über. Kurz nach unserer Ankunft daselbst wurden wir einem hervorragenden Geistlichen einer freien Gemeinde, Herrn John Angell James, vorgestellt. Dieser, ein höchst einflußreicher, begabter Mann, hatte meine Vorträge über religiöse Erweckungen bei ihrem ersten Erscheinen in englischer Sprache mit einem trefflichen Vorwort begleitet, dann aber von Gegnern der Bewegung so viel Nachteiliges über meine Arbeit gehört, daß er seine anerkennenden Worte zurücknahm.

Nach einer längeren Unterredung mit mir lud er mich aber eines Tages mit seinen Amtsbrüdern zum zweiten Frühstück ein, und erklärte letzteren in der darauffolgenden Besprechungsstunde unumwunden, er habe den Eindruck gewonnen, daß sie herzlich wenig mit ihrer Arbeit ausrichteten. Sie begnügten sich damit, daß die Leute die Gottesdienste besuchten, das Predigergehalt zahlten, die Sonntagsschule unterstützten und ihren äusseren Verpflichtungen nachkämen; ob sie sich bekehrten oder nicht, sei Nebensache. Von Pastor Roe hörte ich, daß Herr James nicht weniger als fünfzehnhundert unbußfertige Sünder in seiner Gemeinde zählte.

Sämtliche anwesenden Geistlichen verabredeten schließlich, daß ich abwechselnd in den verschiedenen Gemeinden Birminghams predigen solle. Ich hielt es jedoch für ratsam, die Arbeit in den ersten Wochen auf Pastor Roes Gemeinde zu beschränken, und es entstand dort alsbald eine gewaltige Erweckung, wie deren nie eine in der Stadt vorgekommen war. Die Zahl der Neubekehrten wuchs von Tag zu Tag. Herr Roe beteiligte sich mit Leib und Seele an dem Werk und ich hatte einen treuen und verständigen Mitarbeiter an ihm. Da er frei von Parteisucht und Vorurteil war, hatte der Geist Gottes ungehinderte Macht, über ihn zu verfügen, und es war rührend, wie der vielbeschäftigte Mann weder Zeit noch Mühe scheute, den Erweckten nachzugehen und sie zu Christus zu weisen. Seine Gemeinde war eine von den wenigen exklusiven Baptistengemeinden Englands, die grundsätzlich nur Leute ihrer Konfession zum heiligen Abendmahl zulassen. Als aber die Neubekehrten in die Kirche aufgenommen worden waren und sich nachmittags zum erstenmal an der Abendmahlsfeier beteiligen sollten, forderte Pastor Roe die Gemeindeglieder auf, nach dem Morgengottesdienst noch zu einer kurzen Besprechung zu bleiben. Meine Frau und ich gingen mittlerweile nach Hause. Nach einer kleinen halben Stunde etwa kam Herr Roe zu uns ins Zimmer und sagte lächelnd: „Denken Sie nur, es ist einstimmig beschlossen worden, Sie und Ihre liebe Frau zu der Beteiligung an unserer Abendmahlsfeier einzuladen." Dieser Beweis brüderlicher Gesinnung freute mich natürlich nicht wenig. Damit sich aber keins der Gemeindeglieder später irgendwie Vorwürfe mache, daß es seinen Grundsätzen nicht treu geblieben sei, hielt ich es für besser, in diesem Falle der freundlichen Einladung nicht Folge zu leisten, und da wir ohnehin müde waren, entschuldigten wir uns und blieben daheim.

Nun schien es mir an der Zeit, meine Tätigkeit auch auf die anderen Gemeinden auszudehnen, und überall segnete der Herr die Arbeit mit Erfolg. Überall, wo ich predigte, strömten die Zuhörer in solcher Menge herbei, daß der Raum zu klein war, um sie alle zu fassen, und in den Besprechungsstunden waren die Sakristeien in der Regel gedrängt voll. Die Mittel, welche ich in Anwendung brachte, waren die gleichen wie in Amerika: Verkündigung des Wortes, Gebet, Unterredung mit den Einzelnen und Besprechungsstunden.

Natürlich ließ mich der Feind nicht unangefochten wirken. Ich hörte, daß Herr James von allen Seiten, diesseits und jenseits des Ozeans, vor meinem Einfluß gewarnt wurde. Er teilte mir dies in aller Offenheit mit, und ich sagte ihm ebenso offen: „Bruder James, diese Zuschriften beweisen, welchen Einfluß, aber auch welche Verantwortlichkeit Sie haben. Man möchte Sie glauben machen, daß ich unbiblische Lehren verbreite. Da Sie nun hinreichend Gelegenheit gehabt haben, sich selbst ein Urteil zu bilden, frage ich Sie: haben Sie mich je etwas predigen hören, was der Heiligen Schrift zuwider wäre?" „Nein, niemals" antwortete er. „Gut", sagte ich, „ich habe hier ein Exemplar Glaubenslehre, die ich meinen Studenten vortrage und die ich meinen Predigten zugrunde lege; wollen Sie mir den Gefallen tun, dasselbe durchzulesen?" Er erklärte sich mit Freuden dazu bereit, und von da an wohnte er Abend für Abend mit einem ehrwürdig aussehenden Herrn den Versammlungen bei. Auch kamen sie regelmäßig in die Besprechungsstunden und stellten sich an einen Platz, wo sie alles sehen und hören konnten, doch hatte ich keine Ahnung, wer Herr James Begleiter war.

Nach Verlauf von vierzehn Tagen besuchten mich die beiden Herren, und ich erfuhr nun, daß der Fremde kein anderer als Dr. Redford, der bedeutendste englische Theologe jener Zeit war. Nachdem er mich Abend für Abend hatte predigen hören, mit Herrn James meine Glaubenslehre gründlich durchgenommen und sich über diesen und jenen Punkt persönlich mit mir besprochen hatte, sagte er in meinem Beisein zu seinem Gefährten: „Bruder James, ich kann durchaus nichts Unnüchternes an Herrn Finneys Anschauungen finden. Er mag eine andere Art haben, sich auszudrücken, als wir, aber in Bezug auf wesentliche Punkte lehrt er genau dasselbe wie wir." Als Dr. Redford nach einigen Tagen heimkehrte, nahm er mit meiner Bewilligung meine Dogmatik mit, um sie noch gründlicher zu studieren, und versprach, mir eingehend darüber zu schreiben. Da ich ihn nicht nur als auzgezeichneten Theologen, sondern als einen entschiedenen Christen kennengelernt hatte, gewährte ich ihm den Wunsch mit Freuden und ersuchte ihn, mir unumwunden zu sagen, was er davon halte. Finde er irgend etwas Anstößiges in dem Buch, so wolle ich die betreffende Stelle gern einer genauen Prüfung unterziehen. Nach einiger Zeit erhielt ich ein Schreiben von ihm, in dem er sich äußerst anerkennend über meine Arbeit aussprach, aber hinzufügte, um ein endgültiges Urteil abgeben zu können, müsse er über einzelne Punkte noch persönlich Rücksprache mit mir nehmen – er ersuche mich daher, nach Beendigung meines Aufenthalts in Birmingham zu ihm nach Worcester zu kommen; seine Kanzel stehe mir zur Verfügung.

Ich blieb etwa drei Monate in Birmingham, und es fanden viele merkwürdige Bekehrungen statt; dennoch konnten sich die dortigen Geistlichen nicht zur Annahme jener Mittel entschließen, die notwendig gewesen wären, um die Erweckung über die ganze Stadt zu verbreiten.

Eine der daselbst vorgekommenen Bekehrungen war so merkwürdig, daß ich ihrer erwähnen möchte. Bekanntlich ging in England die Verbreitung des Unitarianismus[2] von Birmingham aus. Es war dort nämlich die Heimat des alten Dr. Priestley, einer der hervorragendsten, wenn auch nicht einer der ersten unitarianischen Geistlichen Englands, dessen Gemeinde ich noch in Birmingham vorfand. Eines Abends, kurz ehe ich die Stadt verließ, nahm ich als Predigttext die Stelle: „Ihr Halsstarrigen und Unbeschnittenen an Herzen und Ohren! ihr widerstreitet allezeit dem Heiligen Geist; wie eure Väter, so auch ihr." Nachdem ich zuerst einiges über die Gottheit und Person des Heiligen Geistes gesagt hatte, zeigte ich, in wie verschiedener Weise und in wie vielen Punkten die Menschen den Lehren der Heiligen Schrift widerstreben, wie sie, selbst wenn sie dem Geist Gottes innerlich Recht geben müssen, in ihrem Eigenwillen beharren, mit anderen Worten, wie sie Ihm Widerstand entgegensetzen. Der Herr gab mir an jenem Abend große Freimütigkeit meinen Zuhörern gegenüber, und ich suchte ihnen klar und deutlich zu beweisen, daß sie, obwohl sie vorgaben, dem Geist Gottes zu gehorchen, Ihm tatsächlich fortwährend widerstrebten.

Wie überall in England, so wurde auch in Birmingham großes Gewicht auf die Beeinflussung seitens des Heiligen Geistes gelegt; aber nirgends wurde klar zwischen einer physischen, direkt auf die Seele ausgeübten und der moralischen, den Geist

---

[2] Leugnung der Dreieinigkeit Gottes

des Menschen bestimmenden Beeinflussung unterschieden. Daher mußte ich immer wieder darauf hinweisen, was Christus selbst über diesen Gegenstand lehrt, um die Leute dahin zu bringen, daß sie nicht auf eine physische Beeinflussung warteten, sondern Seinem Drängen nachgeben und Seinem Winken gehorchen müßten. Das war an dem Abend, an dem ich sprach so ziemlich der Inhalt meiner Predigt.

Nachdem ich in unserer Wohnung angelangt war, sagte mir eine Dame, die in der gleichen Familie wie ich zu Gast war, daß sie einen unitarianischen Geistlichen in der Versammlung gesehen habe. „Die Predigt wird ihm seltsam geklungen haben", erwiderte ich. „Hoffentlich hat sie ihm gut getan", entgegnete die Dame. Kurz darauf erhielt ich einen Brief von jenem Geistlichen, in dem er mir folgendes schrieb:

16. August 1850.

„Verehrter Herr! Da ich höre, daß Sie England in kurzem wieder zu verlassen gedenken, halte ich es für eine Pflicht der Dankbarkeit Ihnen gegenüber, daß ich Ihnen mitteile, welchen Segen ich von einer Ihrer in Birmingham gehaltenen Predigten empfangen habe. Es war eine Ihrer letzten Ansprachen, soviel ich weiß, und sie handelte von dem Widerstreben gegen den Heiligen Geist. Damit Sie sich einen besseren Begriff von der Art des Segens, den ich erwähnte, machen können, will ich Ihnen in Kürze mitteilen, in welcher Lage ich mich damals befand.

Ich war in einem unserer Seminare zum Predigtamt in einer freien Gemeinde herangebildet worden und blieb sieben Jahre in meiner ersten Stelle. Während dieser Zeit änderten sich meine theologischen Anschauungen allmählich, teils infolge philosophischer Spekulationen, teils infolge des in meinem inneren Leben vor sich gegangenen Rückschritts. Mit tiefem Schmerz möchte ich bei dieser Gelegenheit erwähnen, daß ich nie mehr den kindlichen Glauben wiederfand, den ich während meines Aufenthalts im Seminar eingebüßt hatte. Diesem Umstand schreibe ich meinen ganzen Jammer zu. Meine philosophischen Studien führten mich zu dem Schluß: die Sünde ist ein Übel, das der notwendigen Mangelhaftigkeit eines Geschöpfes entspringt, soferne die Gnade Gottes letzterem nicht zu Hilfe kommt. Der Sündenfall ist demnach nur die unvermeidliche Folge der natürlichen Unvollkommenheit des Menschengeschlechts, und der Hauptzweck alles Wirkens Gottes ist, daß dieser Unvollkommenheit durch Erziehung und Erleuchtung des Verständnisses abgeholfen und der Mensch schließlich zur Vollendung gebracht werde.

Auf Grund solcher Anschauungen wurde die Sünde natürlich zum notwendigen Übel, dem nur durch unendliche Weisheit und Güte abgeholfen werden konnte, die ewige Verdammnis zu einer Grausamkeit, daß man sich seitens eines Wesens, das die Liebe ist, gar nicht vorstellen konnte, und die Versöhnung zu einer absoluten Torheit, welche auf unphilosophischen Anschauungen über die Sünde beruhte. Ich wurde vollständiger Unitarianer, trat im Anfang des Jahres 1848 mit meinen Ansichten öffentlich hervor und wurde Prediger an einer unitarianischen Gemeinde. Glücklicherweise hatte ich jedoch einen zu logischen Verstand, um bei der unitarianischen Lehre stehen bleiben zu können; als ich aber sah, wohin mich meine Schlußfolgerungen führten, erschrak ich, und es vollzog sich allmählich eine Wandlung in meinem philosophischen Lehrgebäude. Die Verantwortlichkeit des Menschen in des Wortes strengster Bedeutung wurde mir wieder klar, und damit ging mir ein tiefes Schuldbewußtsein auf. Auf meine Kämpfe und Seelenqualen will ich hier nicht näher eingehen.

Etwa vierzehn Tage, ehe ich Sie predigen hörte, fühlte ich deutlich, daß ich entweder zum Werk Gottes zurückkehren oder in der Nacht versinken müsse. Sie können sich denken, wie es mir zumute war. Einerseits nahmen Sündenerkenntnis und das Bedürfnis nach einem Erlöser von Tag zu Tag zu, und ich konnte den Gedanken kaum mehr ertragen, daß ich den Seelen, die Unterweisung bei mir suchten, die Wahrheit vorenthielt; andererseits wußte ich: wenn ich offen bekannte, wie es um mich stand, würde ich alsbald den Ruf eines unsteten, wankelmütigen Charakters bekommen und mich und die Meinigen ums tägliche Brot bringen. Dazu konnte ich mich nicht entschließen. Ich hatte mir daher vorgenommen, die Leute allmählich auf die Wandlung vorzubereiten, die mit mir vorgegangen war, und mir mittlerweile einen kleinen Sparpfennig zurückzulegen. So stand es um mich, als ich Ihrer Predigt beiwohnte, und Sie können sich vorstellen, welchen Eindruck dieselbe auf mich machte. Ich fühlte die Richtigkeit Ihrer Behauptungen; Ihre Worte trafen mich mitten ins Herz, und auf dem Heimwege gelobte ich Gott, was auch daraus entstehen möge, ich wolle mich wieder meinem Heiland hingeben, dessen Blut ich erst neuerdings schätzen gelernt und das ich so schmählich verunehrt habe.

Die Folge war eine ganz andere, als ich vorausgesehen hatte. Durch Herrn F.'s Einfluß wurde ich Pastor an der hiesigen Gemeinde und genieße nun einen Frieden, der alle Vernunft übersteigt. Nie habe ich meines Amtes mit solcher Freudigkeit gewaltet und es haben sich tatsächlich die Worte des Apostels Paulus an mir bestätigt: ‚Ist jemand in Christus, so ist er eine neue Kreatur.' Aus tiefster Seele danke ich meinem Gott, daß Er mich an jenem Abend in Ihre Versammlung geführt hat, und Ihr Name wird mir stets in liebender Erinnerung bleiben. Hätte ich Sie damals nicht predigen hören, so wäre wahrscheinlich das neue Leben in mir wieder erloschen, dadurch, daß ich dem Drängen des Geistes Gottes so anhaltend widerstrebte. Mein Gewissen hätte sich aufs neue verhärtet und ich wäre in meinen Sünden gestorben. Jeden Erfolg, den ich fortan noch zu verzeichnen haben werde, werde ich nächst Gott Ihnen zu verdanken haben, Herr Finney, und es würde mich unrecht dünken, wollte ich Sie nicht von dieser Frucht Ihrer Arbeit in Kenntnis setzen. Möge Ihnen der Herr in seiner unendlichen Gnade und Barmherzigkeit eine noch größere Wirksamkeit schenken als bisher! Das ist die tägliche Bitte Ihres dankbar ergebenen N. N."

Als ich dieses Schreiben erhielt, arbeitete ich gerade mit Pastor John Campbell in Whitefields alter Kirche in London. Nachdem er es auf meinen Wunsch gelesen hatte, rief er bewegt aus: „Das ist allein der Mühe wert, daß Sie nach England gekommen sind."

Von Birmingham ging ich gegen Mitte März nach Worcester zu Dr. Redford. Als mir dieser die Punkte nannte, über die er sich mit mir zu verständigen wünschte, und ich sah, daß es die gleichen waren, über die ich schon wiederholt zur Verantwortung gezogen worden war, gab ich ihm ein Schriftchen, das meine Antwort auf die verschiedenen gegen mich gerichteten Angriffe enthielt. Er las meine Auseinandersetzungen aufmerksam durch und sagte dann: „Das Schriftchen hat alle meine Fragen zu meiner vollsten Zufriedenheit beantwortet und ich habe nun auch nicht das geringste Bedenken mehr." Danach hatte er nie mehr etwas gegen meine Anschauungen einzuwenden; im Gegenteil, als meine Glaubenslehre bald darauf in zweiter Auflage in England herausgegeben wurde, schrieb er selbst das Vorwort dazu. Eine bessere Empfehlung hätte das Buch gar nicht haben können, denn Dr. Redford war allgemein als einer der besten Theologen seiner Zeit bekannt. Während meines Aufenthalts in Worcester fanden verschiedene höchst merkwürdige Bekehrungen statt, und die Arbeit nahm einen sehr gesegneten Verlauf.

Einige reiche Herren in Worcester boten mir an, mir eine Art transportabler Kirche herstellen und für etwa fünf- bis sechstausend Zuhörer einrichten zu lassen. Sie sagten, wenn ich mich verpflichten wolle, wenigstens sechs Monate lang bald an diesem, bald an jenem Ort zu predigen, wie es die Umstände gerade erheischten, so wollten sie sämtliche Kosten tragen. Die Geistlichen der Stadt rieten mir aber ab, auf den Vorschlag einzugehen, da sie es für besser hielten, daß ich in den bereits bestehenden Gemeinden da und dort im Lande in den Kirchen und Versammlungslokalen arbeite, als daß ich auf eigene Faust herumzöge.

In der Voraussicht, daß die meisten Geistlichen gegen eine solche Steuerung sein würden, lehnte ich also das Anerbieten ab, habe mich aber seither oft gefragt, ob das nicht ein Fehler von mir war und ob ich nicht viel mehr erreicht haben würde, wenn ich mein eigenes Versammlungslokal sozusagen mit mir herumgetragen, je nach Belieben aufgeschlagen, und Leuten aller Denominationen geöffnet hätte. Stünde mir noch die Kraft von damals zu Gebote, so hätte ich große Lust, noch einmal nach England zu gehen und diesen Gedanken auszuführen.

Dr. Redford war tief ergriffen von dem Wirken des Herrn in Worcester und stattete bei Gelegenheit der jährlich in London abgehaltenen Maiversammlungen vor den vereinigten Kongregationalistengemeinden von England und Wales einen höchst interessanten Bericht über die Arbeit ab. Da ich gerade in der Stadt war, um dort mit Dr. Campbell das Werk zu beginnen, wohnte ich jenen Versammlungen bei.

Dr. Campbell war ein Nachfolger Whitefields und Pastor an den beiden Kirchen, welche seinerzeit in zwei verschiedenen Stadtvierteln für jenen treuen Knecht Gottes erbaut worden waren. Er bewohnte das gleiche Pfarrhaus, benutzte die gleiche Bibliothek, und in seinem Studierzimmer hing das Bild Whitefields – kurz, alles erinnerte noch an den treuen Zeugen Jesu; aber von seinem Geist war leider nicht mehr viel in der Gemeinde zu verspüren. Dazu mochte viel der Umstand beitragen, daß Dr. Campbell eines Halsleidens wegen sein Amt nicht selbst versehen konnte, sondern es bald diesem, bald jenem Kollegen übertragen mußte. Ein solch beständiger Wechsel ist nicht dazu angetan, das religiöse Leben in einer Gemeinde zu fördern.

DIE ARBEIT IM SOGENANNTEN „TABER-NAKEL", MOORFIELDS – IN LONDON

Nach Schluß der Maiversammlungen begann ich die Arbeit in Dr. Campbells Gemeinde in Moorfields und steuerte sofort allen Ernstes auf das Zustandebringen einer Erweckung los, obwohl ich weder Dr. Campbell noch irgend jemand von dem Zweck, den ich verfolgte, in Kenntnis setzte. Um mein Ziel zu erreichen, suchte ich vor allem eine möglichst gründliche, allgemeine Sündenerkenntnis bei meinen Zuhörern zu bewirken. Von Sonntag zu Sonntag, von Abend zu Abend vertiefte sich der Eindruck, den meine Worte hervorriefen. Gewöhnlich predigte ich zweimal des Sonntags, sowie Dienstag-, Mittwoch-, Donnerstag- und Freitagabend; außerdem hielt ich am Montagabend eine Betstunde im „Tabernakel", bei welcher Gelegenheit ich über die Bedingungen erhörlichen Betens sprach. Sämtliche Versammlungen waren außerordentlich gut besucht, und an den Sonntagen war die Kirche in der Regel gedrängt voll.

Es war zu jener Zeit so wenig Bedürfnis nach Gottes Wort in London vorhanden, daß nur sehr wenige Wochengottesdienste abgehalten wurden, und Dr. Campbell sagte einmal zu mir, er glaube, ich habe an den Wochentagen mehr Zuhörer, als alle übrigen Geistlichen Londons zusammengenommen. Ich fand in ihm einen ernsten Christen, der aber etwas kampflustiger Natur war und Leuten, die nicht genau so dachten wie er, unumwunden die Meinung sagte. Oft stiftete er damit Gutes, zuweilen aber auch großes Unheil, wie ich beobachtete.

Nachdem ich einige Wochen lang in schon erwähnter Weise gearbeitet hatte, hielt ich es für an der Zeit, die Erweckten zur Entscheidung zu bringen; aber damit war Dr. Campbell durchaus nicht einverstanden – das merkte ich wohl. Von seinem Platz aus hatte er die Gemeinde nicht so gut beobachten können, wie ich von der Kanzel aus, und selbst wenn er es gekonnt hätte, wäre wahrscheinlich nicht viel damit gewonnen gewesen. Gewöhnlich fand in der Gemeinde jeden zweiten Sonntagabend Abendmahls-feier statt. Nach einer kurzen Predigt wurden dann diejenigen entlassen, die nicht an derselben teilnehmen wollten, während die anderen sitzen blieben.

An dem betreffenden Sonntagmorgen, von dem ich sprechen will, sagte ich zu Dr. Campbell: „Heute abend zur Zeit Ihrer Abendmahlsfeier will ich eine Besprechungsstunde für Erweckte abhalten. Haben Sie irgend einen Raum in der Kirche, wohin ich letztere einladen kann?" Er zögerte und meinte, es werde schwerlich jemand der Aufforderung Folge leisten; als ich aber weiter in ihn drang, erwiderte er achselzuckend: „Vielleicht wäre die Kin-derschule der geeignetste Ort." Auf meine Frage, wie viele Leute der Raum fassen würde, antwortete er: „Zwischen dreißig und vierzig Personen ungefähr." „O", sagte ich, „dann ist er lange nicht groß genug. Haben Sie kein größeres Lokal." Erstaunt fragte er, ob ich denn meine, das so viele um ihr Seelenheil Bekümmerte vorhanden seien, daß es einer besonderen Bespre-chungsstunde für sie bedürfe. Ich entgegnete ihm, es seien hun-derte von Erweckten in der Gemeinde. Dieser Gedanke schien ihm so befremdlich, daß er sich eines ungläubigen Lächelns nicht erwehren konnte; ich aber ließ mich nicht irre machen, sondern fragte noch einmal, ob er mir kein größeres Lokal zur Verfügung stellen könne. „Ich wüßte nur noch eins", sagte er schließlich, „das faßt jedoch mindestens fünfzehn- bis sechzehnhundert Per-sonen und ist demnach natürlich nicht für Ihren Zweck geeig-net." „O ja", antwortete ich, „das paßt vortrefflich." „Sie werden doch nicht die Leute dahin bestellen wollen", entgegnete er, „ich bin überzeugt, es werden nicht halb so viele kommen, als in die

Kleinkinderschule gehen. Sie müssen bedenken, Herr Finney, daß Sie nicht in Amerika sondern in England, und zwar in London, sind. Sie dürfen nicht vergessen, daß der Abendgottesdienst um diese Jahreszeit vor Sonnenuntergang aus ist. Glauben Sie wirklich, daß sich Personen bereitfinden lassen, hier mitten in der Stadt und am hellen Tage in eine Besprechungsstunde zu gehen, zu der Sie ausdrücklich solche einladen, die um ihr Seelenheil bekümmert sind?" Ich erwiderte ihm: „Dr. Campbell, ich weiß die Gemütsverfassung der Leute besser zu beurteilen als Sie. Das Evangelium paßt so gut für die Engländer als für die Amerikaner, und ich fürchte keinen Augenblick, daß sich erstere durch Hochmut abhalten lassen werden, meiner Einladung zu folgen."

Nach langem Hin- und Herreden ließ sich der Doktor endlich herbei, mir das betreffende Lokal näher zu bezeichnen, jedoch nur unter der Bedingung, daß ich die Verantwortlichkeit für den beabsichtigten Schritt auf mich nehme. Darauf ging ich natürlich ein, und so war die Sache abgemacht. Nach einer kurzen Predigt bat ich alle um ihr Seelenheil Bekümmerten, die die redliche Absicht hatten, sich unverzüglich ihrem Gott zu unterwerfen, einer Besprechungsstunde beizuwohnen, in der ihnen die nötige Belehrung zuteil werden solle.

„Personen, die sich schon längere Zeit zu Christus bekennen, sind nicht eingeladen", fügte ich ausdrücklich hinzu; „sie können zur Abendmahlsfeier bleiben. Auch solche, denen es nicht um ihr Seelenheil zu tun ist, sollen nicht kommen; ich fordere nur diejenigen auf, die entschlossen sind, sich unverzüglich Gott auszuliefern und gern genauere Unterweisung hätten." Dies wiederholte ich auf verschiedenerlei Weise, bis ich annehmen durfte, daß mich jedermann verstanden hatte. Ich wollte die Zahl derer, welche mit in das andere Lokal kamen, absolut auf diejenigen beschränken, die sich nicht scheuten, öffentlich vor aller Welt für Erweckte und Suchende zu gelten, und das nicht nur, damit bei der Besprechungsstunde wirklich etwas herauskomme, sondern auch, um Dr. Campbell zu beweisen, daß er sich irre mit der Annahme, es würden nur einige wenige meinem Ruf folgen. Ich war fest überzeugt, daß Hunderte in der Gemeinde so mächtig erfaßt seien, daß es kaum einer zweiten Aufforderung bedurft hätte. Nachdem ich daher klar gesagt hatte, was ich mit der Besprechungsstunde bezwecke, schloß ich den Gottesdienst, indem ich den Segen erteilte.

Dr. Campbell sah den Leuten vom Fenster aus nach, und man denke sich sein Erstaunen, als er die meisten den Weg zum Schulhaus einschlagen sah, wo die Nachversammlung gehalten werden sollte. Als ich das Lokal betrat, fand ich es gedrängt voll; Dr. Campbell schätzte die Zahl der Anwesenden auf fünfzehn- bis sechzehnhundert, und ich bemerkte sofort, daß die größte Vorsicht not tat, um die Wogen der Erregung niederzuhalten, so tief ergriffen waren die meisten. Als Dr. Campbell nach der Abendmahlsfeier in den Saal kam, konnte er beim Anblick der mächtig erfaßten Menge kaum seinen Augen trauen. Ich sprach kurz über die Notwendigkeit einer sofortigen unbedingten Unterwerfung unter den Willen Gottes und forderte meine Zuhörer auf, die Waffen zu strecken und Christus als ihren Erlöser anzunehmen.

Da ich wußte, wie sehr besonders in London die ultracalvinistische Lehre verbreitet war, daß der Sünder auf den von Gott bestimmten Zeitpunkt warten müsse, um sich bekehren zu können, suchte ich in erster Linie diesem Wahn entgegenzuwirken, indem ich hervorhob, was Gott von dem Sünder verlangt und erwartet – nämlich augenblickliche Auslieferung an Ihn, seinen rechtmäßigen Herrn und König.

Nachdem ich so das Netz des Evangeliums ausgespannt hatte, schickte ich mich an, es ans Ufer zu ziehen. Soeben wollte ich die Leute auffordern, mit mir niederzuknien und sich ein- für allemal rückhaltlos dem Heiland zu übergeben, da rief einer aus ihrer Mitte in größter Seelenangst, er habe seine Gnadenzeit verscherzt. Ich sah, daß große Gefahr vorhanden war, es möchte nun zu einem allgemeinen Gefühlsausbruch kommen, und um dies zu verhüten, ersuchte ich die Anwesenden niederzuknien, und sich so ruhig zu verhalten, daß sie jedes Wort von dem Gebet, das ich ihnen vorsprechen würde, verstehen könnten. Mein Rat wurde nach Kräften befolgt, und so kam es zu keiner ernstlichen Störung, obwohl von allen Seiten Weinen und Schluchzen laut wurde. Danach entließ ich die Leute und hielt von jetzt ab häufiger solche Versammlungen ab, solange ich in jener Gemeinde arbeitete, also neun Monate lang, und immer mit dem gleichen Erfolg. Es entstand ein solches Fragen und Suchen, daß die um ihr Seelenheil Bekümmerten kaum Platz in dem großen Saale des Schulhauses hatten. Wenn Grund zur Annahme vorlag, daß die meisten von ihnen gründliche Sündenerkenntnis hatten, so ermahnte ich sie in aller Kürze zu einer augenblicklichen, unbedingten Hingabe an Jesus, den Sünderheiland, und forderte danach diejenigen, die hierzu bereit wären, auf, sich zu erheben, damit wir sie im Gebet Gott darbringen könnten. Bei dem Gedränge war es unmöglich, eine „Bußbank" einzurichten. Manchmal standen Hunderte auf, ja einmal nach Schluß des Abendgottesdienstes mochten deren wohl zweitausend sein, obwohl ich jedesmal deutlich zu verstehen gab, daß die Aufforderung, aufzustehen, nicht den Gemeindegliedern, sondern den Erweckten gelte.

Zu Dr. Campbells großem Erstaunen war die Zuhörerschaft, die sich Tag für Tag um mich sammelte, mit der Zeit eine ganz andere, als diejenige, die sonst in seine Kirche zu kommen pflegte. Er wußte nicht, woher die Leute alle waren, aber soviel war gewiß, es wurden Tausende bekehrt, und mit vielen von ihnen habe ich persönlich gesprochen, soweit es meine Kräfte erlaubten.

An den Samstagabenden erhielt ich zahllose Besuche in meinem Studierzimmer, und zwar aus allen Teilen der Stadt. Viele kamen meilenweit her, um den Sonntagsgottesdiensten beizuwohnen, und häufig wurde ich von Leuten, die mich erkannten, auf der Straße angehalten, weil sie sich gedrungen fühlten, mir zu sagen, welchen Segen sie in den Versammlungen empfangen hätten. Ja, der Herr goß in jener Zeit Gnade die Fülle über London aus.

Eines Tages ersuchte mich Dr. Campbell, den Zöglingen der britischen Schule eine kleine Ansprache zu halten. Ich willfahrte seinem Wunsch und begann mit der Frage, was sie mit der Ausbildung, die sie genössen, dereinst zu machen gedächten. Hierauf stellte ich ihnen vor, was für ein Segen dieselbe für sie persönlich und für andere werden könnte, wenn sie sie richtig anwendeten, wie sie aber im gegenteiligen Fall ihnen und ihren Mitmenschen zum Fluch gereichen werde. Ich sprach nur kurz, suchte aber diesen Punkt so eindringlich wie möglich zu machen. Später erfuhr ich durch Dr. Campbell, daß damals viele der Zöglinge durch meine Worte erweckt worden seien und Frieden mit Gott gesucht hätten. Er erwähnte dies, weil er sich nie einen solchen Erfolg hätte träumen lassen, wie ja überhaupt, sowohl in England wie auch hierzulande, die Geistlichen ganz die Notwendigkeit außer acht lassen, den Leuten ihre augenblicklichen Verpflichtungen so vor Augen zu stellen, daß sie ihnen aufs Gewissen fallen. „Ich kann nicht begreifen, wie es kam, daß Ihre Worte solchen Eindruck auf die jungen Leute machten", bemerkte Dr. Campbell. „Was Sie gesagt haben, hätte jeder andere ebensogut sagen können." „Allerdings", entgegnete ich, „aber hätte er es auch getan? Hätte er die Zöglinge so beim Gewissen gepackt, wie ich es getan habe?" Die Sache ist die, daß die Geistlichen in der Regel über die Kopfe der Sünder hinweg predigen, anstatt ihnen einzuprägen, daß ihnen Gott gebietet, *augenblicklich* Buße zu tun, all ihr Predigen nutzt darum so wenig. Tatsächlich hört man höchst selten einmal eine Predigt, in der die Absicht zu Tage tritt, den Sünder zu einer unverzüglichen Auslieferung an Gott zu bringen. Weder hierzulande noch in England kommt einem beim Hören der meisten Predigten der Gedanke, daß es die Geistlichen auf die sofortige Bekehrung auch nur eines einzigen Sünders abgesehen haben, im Gegenteil, man hat den Eindruck, daß sie eine solche gar nicht erwarten.

Zur Erläuterung des Gesagten diene folgendes Vorkommnis, das mir kürzlich erzählt wurde. Zwei junge Männer, die miteinander befreundet, aber in ihren Anschauungen über die Art, wie das Evangelium verkündigt werden soll, sehr verschieden waren, bekleideten das Predigeramt an zwei benachbarten Gemeinden, von denen die eine beständig zunahm, die andere hingegen stets auf dem gleichen Standpunkt blieb. Als sie eines Tages einander begegneten, fragte der, welcher so wenig Erfolg hatte, seinen Kollegen, woran das wohl liegen möchte, und bat ihn um Erlaubnis, seinen Leuten einmal eine der von ihm verfaßten Predigten halten zu dürfen, damit er sehe, ob sie mehr Eindruck mache, als die seinigen. Der Freund willigte ein, und so hielt er am nächsten Sonntag die entlehnte Predigt. Diese war in der Absicht verfaßt, die Sünder der direkten Forderung Gottes gegenüber zu stellen und sie zur Entscheidung zu bringen. Nach Schluß des Gottesdienstes bemerkte er, daß viele seiner Zuhörer tief ergriffen sitzen blieben; da ging er ganz erschrocken auf sie zu, entschuldigte sich und sprach demütig die Hoffnung aus, doch ja niemand weh getan zu haben, denn das sei durchaus nicht seine Absicht gewesen.

Die sittliche Verwahrlosung, welche in London herrschte, ging mir tief zu Herzen. Wie ich hörte, konnten die Gotteshäuser nur einen kleinen Teil der Einwohnerschaft fassen; umsomehr freute ich mich einer Bewegung, die innerhalb der bischöflichen Kirche entstand. Zahlreiche Geistliche derselben wohnten meinen Versammlungen bei. Einer von ihnen, ein gewisser Herr Allen, nahm sich vor, nicht zu ruhen, bis auch in seinem Pfarrsprengel eine Erweckung stattfände. Zu diesem Zweck richtete er an verschiedenen Punkten Gebetsversammlungen ein – und zwar nicht weniger als zwanzig, wie er mir später mitteilte – und redete den Leuten in seinen Predigten ernstlich ins Gewissen. Der Herr gab großen Segen zu seiner Arbeit, so daß sich in seinem Pfarrsprengel etwa fünfzehnhundert Personen gründlich bekehrten. Ehe ich London verließ, wurden in vier bis fünf Gemeinden der bischöflichen Landeskirche tagtäglich Versammlungen zur Erzielung einer Erweckung gehalten, und zwar alle mit Erfolg, soviel ich mich erinnere. Als ich nach zehn Jahren wieder in London arbeitete, hörte ich, das Werk sei niemals eingeschlafen und habe sich seit meinem ersten Besuch nach den verschiedensten Richtungen hin ausgebreitet. Zu meiner Freude traf ich viele von denen, die damals zum Glauben gekommen waren, bei meiner Rückkehr eifrig an der Arbeit, die einen in diesem, die anderen in jenem Stadtteil Londons.

Der sittliche Zustand der Stadt lag mir, wie gesagt, schwer auf der Seele, und ich habe wohl für keinen Ort so viel und anhaltend gebetet wie für London. Wenn ich die Unmasse von Menschen vor mir sah, war es mir, als könne ich nicht aufhören, für sie zu Gott zu schreien, und der Geist des Gebets bemächtigte sich meiner in einer Weise, daß ich mit Hintansetzung alles anderen nicht nur für die in den Versammlungen Anwesenden, sondern für die ganze Einwohnerschaft eintrat. Gleich nach meiner Ankunft in England ergingen sehr viele Rufe an mich, da und dort zu predigen betreffs Einsammlung verschiedener Kollekten: zur Bestreitung des Gehaltes für den Pastor, zur Unterstützung eines Kirchenbaues, oder zur Aufbringung der Kosten für die Sonntagsschule usw. Wäre ich darauf eingegangen, so wäre es um meine Wirksamkeit geschehen gewesen; aber ich lehnte alle derartigen Rufe ab und erklärte aufs entschiedenste, ich sei nicht gekommen, um Geld zu sammeln – sei es für andere oder meine eigene Person –, *sondern um Seelen für den Heiland zu gewinnen.* Nachdem ich vier und einen halben Monat für Dr. Campbell gepredigt hatte, waren sowohl die Kräfte meiner Frau wie auch die meinigen völlig erschöpft; denn erstere war nicht müßig gewesen.

Bisher hatte sie nur dann und wann einmal an einer Frauenversammlung tätigen Anteil genommen. Während unseres Aufenthaltes bei Dr. Campbell erging jedoch einmal die Aufforderung an sie, die Leitung eines Teeabends zu übernehmen, welchen einige Herren und Damen für eine Anzahl armer Frauen und Mädchen veranstaltet hatten. In der Meinung, es seien nur Frauen zugegen, willigte sie ein, die Ansprache zu halten. Als sie aber in den Saal kam, fand sie diesen gedrängt voll, und zwar waren auch viele Männer anwesend. Nachdem sie eine Weile vergeblich gewartet hatte, daß sich letztere zurückzögen, stand sie auf, entschuldigte sich mit einigen Worten über die Lage, in der sie sich ohne eigenes Zutun befand, und sprach dann etwa drei Viertelstunden lang unter dem Segen des Herrn. Als sie sich gesetzt hatte, erhoben sich einige der Herren und drückten ihre Befriedigung über das Gehörte aus, indem sie hinzufügten, sie hätten ihre Bedenken gegen das öffentliche Auftreten von Frauen gehabt, aber, wenn es in dieser Weise geschehe, sei ihrer Meinung nach nichts dagegen einzuwenden, denn es könne viel Gutes damit erreicht werden. Zum Schluß baten sie meine Frau, sich öfter an solchen Versammlungen zu beteiligen, was sie auch versprach. Als sie heimkam, erzählte sie mir den Vorfall und sprach zugleich die Befürchtung aus, daß sie bei den in England herrschenden Vorurteilen mehr geschadet als genutzt habe. Ich konnte nicht umhin, ihre Ansicht zu teilen, und sagte ihr das auch, erinnere mich aber nicht, daß ich irgendwie abgeraten hätte, im Gegenteil, nach reiflicher Überlegung ermutigte ich sie sogar, ruhig fortzufahren. Allmählich gewöhnte sie sich dann an diese Art der Arbeit und setzte sie später auch in Amerika fort. Ich werde noch Gelegenheit haben, auf ihre so spürbar vom Herrn gesegnete Wirksamkeit zurückzukommen.

Es kamen zu jener Zeit viele merkwürdige Bekehrungen in London vor, und das in allen Klassen der Bevölkerung. Ich sprach häufig über die Notwendigkeit des Sündenbekennens und Wiedergutmachens vor Menschen und der Erfolg war geradezu wunderbar. Verbrechen aller Art kamen dadurch ans Licht, und hunderte, wenn nicht tausende von Pfund Sterling wurden nach und nach zurückerstattet.

Meine Frau und ich arbeiteten von Mai 1850 bis April 1851 in London, mit Ausnahme von sechs Wochen, die wir zur Stärkung unserer Gesundheit in Frankreich zubrachten. Da wir uns dort gänzlich der Ruhe hingaben, erholten wir uns zusehends und konnten mit neuer Freudigkeit wieder an die Arbeit gehen. So gern ich noch einige Zeit in England geblieben wäre, so forderte doch das Gedeihen Oberlins dringend meine Rückkehr, und wir schifften uns darum im April 1851 in Southampton ein. Eine große Menge von Freunden und Bekannten, deren vielen ich hatte ein Wegweiser zum Leben werden dürfen, hatte sich auf dem Landungsplatz eingefunden, um uns Lebewohl zu sagen. Der Abschied von so vielen uns liebgewordenen Menschen wurde uns sehr schwer, und meine Frau mußte schließlich in die Kajüte hinabeilen, um nicht von ihren Gefühlen übermannt zu werden; ich hingegen blieb auf dem Verdeck stehen und sah den Zurückbleibenden nach, bis das Schiff eine Schwenkung machte und ich dadurch den Landungsplatz aus dem Auge verlor.

MEINE ARBEIT IN HARTFORD UND SYRAKUS

Wir kamen im Mai 1851 in Oberlin an und begaben uns nach Schluß des Sommersemesters nach New York, um den Winter über in Dr. Thompsons Gemeinde in der Kirche in Broadway zu arbeiten. Da jedoch in einem der anstoßenden Lokale noch andere öffentliche Vorträge gehalten wurden und die Abendgottesdienste dadurch häufige Störungen erlitten, hielt ich das Zustandekommen einer allgemeinen Erweckung für ausgeschlossen und nahm einen Ruf nach Hartford an. Derselbe war von Herrn Potton, dem Pastor einer der drei dortigen Kongregationalistengemeinden, ausgegangen.

Bald nachdem ich meine Arbeit in Hartford begonnen hatte, machte sich eine große Bewegung unter den Leuten bemerkbar. Leider herrschte aber eine Verstimmung unter den Pastoren der beiden anderen Gemeinden, Dr. Hawes und Dr. Bushnell. Ersterer hatte seinem Amtsbruder falsche Lehre vorgeworfen und hartnäckig auf diesem Urteil bestanden, obwohl allgemein die Ansicht herrschte, daß er damit zu weit gegangen sei. Beide Herren wohnten meinen Versammlungen bei und bekundeten großes Interesse an dem Werk, stellten mir auch ihre Kanzeln zur Verfügung; doch die Laienbrüder hatten die Empfindung, daß die Fehde zwischen den zwei Pastoren ein Hindernis zu weiterem Umsichgreifen der Erweckung sei. Ihrer Meinung nach traf Dr. Hawes die Hauptschuld an dem Zwiste, und sie wünschten sehr eine baldige Versöhnung, damit dem Fortschritt der Bewegung nichts mehr im Wege stehe. Sobald ich das erfuhr, suchte ich eine Unterredung mit Dr. Hawes und sagte ihm in brüderlicher, herzlicher Weise, daß er meiner Ansicht nach einen falschen Standpunkt einnehme und den Leuten durch seine Härte Ärgernis gebe. Dr. Hawes war ein aufrichtig frommer Mann und nahm die Sache nicht oberflächlich.

Eines Abends, als ich für Bruder Potton gepredigt hatte, folgten mir die drei kongregationalistischen Geistlichen in meine Wohnung, und Dr. Hawes sagte zu mir: „Bruder Finney, wir sehen, daß der Segen Gottes hier auf Ihrer Arbeit ruht; was können wir in unserer Stellung zur Förderung der Erweckung tun?" Ich sprach ihnen unverhohlen meine Überzeugung aus, daß es hauptsächlich an ihnen liege, ob die Bewegung weiter um sich greifen oder zurückgehen werde. Könnten sie ihres Zwistes vergessen und in brüderlicher Eintracht vor aller Welt gemeinsam Hand ans Werk legen, so werde ein großer Stein des Anstoßes damit aus dem Wege geräumt, und die Bewegung werde sich höchst wahrscheinlich über die ganze Stadt verbreiten. Die Herren sahen ihre Verantwortung; Dr. Hawes und Dr. Bushnell versöhnten sich und gingen fortan mit Bruder Potton Hand in Hand. Kaum war ein herzliches Einvernehmen zwischen den Pastoren hergestellt, so teilte sich die Bewegung den beiden anderen Gemeinden mit, und das Werk nahm einen immer gesegneteren Fortgang. Höchst merkwürdig war mir damals, daß es, so lange ich in Hartford war, jeden Sonntag entsetzlich stürmte; dennoch waren die Versammlungen stets außerordentlich gut besucht.

Die Hartforder sind in ganz Amerika für ungewöhnlich pedantische Leute bekannt, und der Gedanke, es könnten irgend welche andere Mittel zur Förderung der Erweckung in Anwendung gebracht werden, als Gebetsversammlungen, Predigtgottesdienste und Besprechungsstunden, war ihnen äußerst peinlich. Unter diesen Umständen war es nicht wohl tunlich, oder zum mindesten eine sehr gewagte Sache, die Sünder aufzufordern, unter Hintansetzung aller Menschenfurcht hervorzutreten und sich öffentlich ihrem Gott auszuliefern. Besonders war Dr. Hawes gegen eine derartige Maßnahme. Ich erinnere mich, als ich eines Abends nach einer Besprechungsstunde sagte, diejenigen, welche bereit seien, sich unverzüglich Gott zu unterwerfen, möchten niederknien, erschrak er darüber so sehr, daß er sich nicht enthalten konnte, hinzuzufügen, es brauche niemand der Aufforderung zu folgen, der es nicht gern tue. Daraufhin knieten fast alle Anwesenden nieder, und wir beteten mit ihnen. Nachdem ich die Versammlung entlassen hatte, bemerkte Dr. Hawes mir gegenüber: „Ich habe immer die Notwendigkeit einer solchen Maßnahme gefühlt, mich aber vor Anwendung derselben stets gefürchtet. Ich habe den Eindruck gehabt, daß etwas geschehen müsse, um die Leute zur Stellungnahme für oder wider Gott zu bringen, um sie – mit anderen Worten – zu veranlassen, nach ihrer Überzeugung zu handeln; aber es fehlte mir der Mut, einen derartigen Vorschlag zu machen." In dieser Erweckungszeit wurde viel gebetet, besonders seitens der Neubekehrten. Eines Abends forderte einer derselben einen anderen nach dem Abendgottesdienst auf, mit ihm heimzugehen und gemeinsam das Angesicht Gottes zu suchen. Der Herr war so spürbar mit ihnen, daß sie am nächsten Tag noch einige andere zur Beteiligung einluden. Am übernächsten Tag gesellten sich wieder mehrere zu ihnen, und so ging es fort, bis ihrer so viele waren, daß sie sich genötigt sahen, sich zu teilen. Aus diesen kleinen Anfängen entstanden schließlich so viele Gebetsversammlungen, daß die ganze Stadt wie von einem Gebetsnetz umspannt war. Mit der Zeit wurden auch Erweckte zu diesen Vereinigungen eingeladen, und das führte allmählich zum regelrechten, organisierten Arbeiten der Neubekehrten an der Rettung unsterblicher Seelen.

Zu jener Zeit entstand auch eine merkwürdige Bewegung in den öffentlichen Schulen. Wie mir gesagt wurde, hatten die Geistlichen das Übereinkommen getroffen, sich allen religiösen Einwirkens auf die Schulkinder zu enthalten, um keine konfessionellen Eifersüchteleien hervorzurufen. Eines Morgens nun war eine Anzahl Jungen so mächtig vom Geist Gottes erfaßt, daß sie, als sie in die Schule kamen, nicht lernen konnten und ihren Lehrer ersuchten, für sie zu beten. Dieser, ein unbekehrter Mann, wußte sich nicht anders zu helfen als dadurch, daß er zu einem Geistlichen der Stadt senden ließ und ihn ersuchte, mit den Kindern zu sprechen. Doch der Pastor lehnte ab mit dem Bemerken, er und seine Amtsbrüder hätten sich das Wort gegeben, daß sie sich unter keiner Bedingung in die religiösen Angelegenheiten der öffentlichen Schulen mischen wollten, es sei ihm daher unmöglich zu kommen. Den gleichen Bescheid erhielt der Lehrer von sämtlichen übrigen Geistlichen, denen er einem nach dem anderen seine Bitte vortrug. Er geriet dadurch in große Not; aber diese hatte zur Folge, daß er sich seinem Gott in die Arme warf und dann die nötigen Maßregeln zur Bekehrung seiner Schüler ergriff. Meines Wissens kamen damals viele Zöglinge aus den verschiedensten Schulen der Stadt zum Glauben.

Die Einwohner Hartfords gehören zu den gebildetsten Leuten Amerikas. Als die Neubekehrten – etwa sechshundert an der Zahl – in die Gemeinden aufgenommen werden sollten, sagte Dr. Hawes zu mir: „Was sollen wir mit diesen jungen Leuten tun? Lassen wir sie eine eigene Gemeinde bilden, so werden sie Großartiges im Reich Gottes ausrichten und vielleicht für Tausende Wegweiser zum Leben werden. Nehmen wir sie hingegen in unsere Gemeinde auf, so werden sie sich verpflichtet fühlen, in allen Stücken den älteren Gliedern den Vorrang zu lassen und sie sich zum Vorbild zu nehmen. Die natürliche Folge davon wird sein, daß sie auf deren Niveau zurücksinken und ebenso wenig ausrichten wie die Alten." Später erfuhr ich, daß sich die Neubekehrten zu einer Art Verein für innere Mission verbanden, der den Zweck verfolgte, in direkter Weise unter ihren noch unbekehrten Brüdern und Schwestern in den verschiedenen Stadtvierteln Hartfords zu arbeiten. So ließ sich z. B. eine hochgestellte reiche Dame des Ortes die Rettung junger Mädchen ihres Standes, die durch ihr lasterhaftes Leben in Verruf gekommen waren, besonders angelegen sein, und viele kamen durch sie zum Sünderheiland und fanden Frieden mit Gott. Stellung und Charakter jener Dame machten ihr die heikle Arbeit möglich, ohne daß jemand irgend etwas Unschickliches darin gesehen hätte.

Meine Frau sammelte die Frauen und Mädchen um sich und hielt in der Sakristei regelmäßige Gebetsstunden mit ihnen. Dieselben waren sehr gut besucht und trugen bei der Eintracht, welche unter den Beteiligten herrschte, nicht wenig zur Förderung des Werkes bei.

Wir verließen Hartford anfangs April und hielten uns auf der Heimreise in New York auf, wo ich auf Pastor Henry Ward Beechers Wunsch mehrmals in Brooklin predigte. Der Herr schenkte nicht nur reiche Frucht unter den Unbekehrten, sondern schaffte auch eine Vertiefung des Glaubenslebens unter den Kindern Gottes; aber ich mußte leider die Arbeit nach kurzer Zeit einstellen, weil meine Kräfte nahezu erschöpft waren. Vor Beginn des neuen Semesters trafen wir in Oberlin ein, wo ich meine Tätigkeit unter den Studenten wieder aufnahm und nicht nur in ihrem Kreis, sondern weit und breit in der Umgegend durch Gottes Gnade viel Erfolg sehen durfte.

Im nächsten Herbst verließen wir Oberlin zur gewohnten Zeit und begaben uns ostwärts nach Syrakus, wohin ich schon während meines Aufenthalts in Hartford gerufen worden war. Der Pastor der Kongregationalistengemeinde in Syrakus hatte mich persönlich aufgefordert, mit ihm heim zu reisen und eine Zeitlang unter seinen Leuten zu arbeiten. Damals hatte ich mich nicht dazu verstehen können, und kurz darauf wechselte er seine Stelle. Das Wohl seiner früheren Gemeinde lag ihm aber nach wie vor so sehr am Herzen, daß er, als ich ihn auf unserer Reise nach dem Osten in Rochester traf, nicht nachließ mit Bitten; ich mußte ihm versprechen, wenigstens einen Sonntag in Syrakus zu predigen. Bei unserer Ankunft fanden wir die kleine Gemeinde sehr entmutigt. Ihrer reformfeindlichen Haltung wegen hatte sie die Fühlung mit allen anderen Gemeinden fast ganz verloren und war dem Erlöschen nahe.

Nachdem ich einen Sonntag dort gepredigt hatte, gewann ich den Eindruck, daß ich noch bleiben müsse, und es dauerte nicht lange, so regte es sich unter den Totengebeinen. Einige der angesehensten Gemeindeglieder fingen an, sich nicht nur gegenseitig ihre Sünden zu bekennen, sondern auch öffentlich einzugestehen, daß sie von Gott abgekommen seien und vielfach Anstoß in der Stadt gegeben hätten. Das erweckte das Zutrauen der Leute, sie besuchten die Gottesdienste, und es dauerte nicht lange, so wurde ihre Kirche zu klein, um die vielen Zuhörer zu fassen. Unter diesen Umständen hatte ich natürlich nicht die Freiheit, das Werk liegen zu lassen, sondern blieb von einem Sonntag zum anderen. Die Bewegung zog immer weitere Kreise. Der Herr räumte alle Hindernisse hinweg und vereinigte die Gläubigen, die früher einander so fern gestanden, in Liebe und Eintracht.

Die Presbyterianer öffneten uns nun bereitwillig ihre Kirchen, und die Zahl der Bekehrungen mehrte sich von Tag zu Tag. Wie in anderen derartigen Fällen suchte ich vor allem eine Neubelebung der Gläubigen zu erzielen und wandte mich daher in meinen Ansprachen zunächst hauptsächlich an diese, um so den Weg zu einer wirksamen Arbeit an den Unbekehrten zu bahnen. Als die Predigerstelle an der zweiten presbyterianischen Gemeinde frei wurde, hielten wir unsere Versammlungen meistens in deren Kirche ab – und zwar den ganzen Winter über.

Auch hier hielt meine Frau reichgesegnete Gebetsstunden in einem geräumigen Lokal der ersten presbyterianischen Kirche, und es ereigneten sich dabei viele höchst merkwürdige Fälle von Bekehrungen. Frauen aller Denominationen strömten dort zusammen, und alle früheren Zwistigkeiten waren vergessen. Sämtliche presbyterianischen sowie die kongregationalistischen Gemeinden waren zur Zeit meines Aufenthalts in Syrakus ohne Pastoren, sodaß keine Aufnahmen von Neubekehrten stattfinden konnten. Mir war das gerade recht, da hiermit alle sich sonst bei derartigen Gelegenheiten leicht einschleichenden Eifersüchteleien abgeschnitten waren.

Als der Zeitpunkt unserer Abreise nahte, kündigte ich von der Kanzel herab für den nächsten Sonntag einen Abendmahlsgottesdienst an und lud dazu alle diejenigen ein, die mit ihrem Wandel bekundeten, daß sie wirklich Jesu Eigentum waren. Einer erhabeneren Abendmahlsfeier habe ich in meinem Leben nicht beigewohnt. Die Kirche war gedrängt voll, und zwei alte Geistliche, die Väter Waldo und Brainard, halfen mir beim Austeilen des Abendmahls. Die Gemeinde war tief ergriffen, und es war ein Liebesmahl in des Wortes vollster Bedeutung.

Nach meiner Abreise wurden sämtliche Predigerstellen besetzt, und wie ich hörte, ist jene Erweckungszeit von bleibendem Segen gewesen. Die Kongregationalistengemeinde baute eine größere Kirche und erfreute sich fortan eines gesunden, normalen geistlichen Lebens. Auch die Gemeinden der anderen Denominationen hatten sowohl an Zahl wie an Glaubenskraft zugenommen.

Der Herr tat insbesondere ein tiefgehendes Werk unter den Gläubigen. Ich will hier nur einen Fall erwähnen. Eine äußerst gebildete, in jeder Weise hervorragende Dame, die Frau eines unbekehrten, aber allgemein geachteten Kaufmanns, namens C., kam regelmässig in die Versammlungen, und es erwachte ein Sehnen nach Vertiefung von Gottes Gnadenwerk in ihrer Seele. Schließlich hatte sie keine Ruhe mehr und entschloß sich daher, mich zu fragen, was sie tun müsse. In der kurzen Unterredung, welche folgte, suchte ich sie vor allem auf die Notwendigkeit einer gründlichen, unbedingten Hingabe ihrer eigenen Person und aller ihrer Habe an Gott hinzuweisen. Sobald sie das getan, sagte ich ihr, sie dürfe vertrauensvoll auf die Versiegelung des Heiligen Geistes warten. Noch hatte ich nicht ausgesprochen, da stand sie hastig auf und verließ mich, mit solcher Macht drängte es sie, das volle Heil in Christus ohne Verzug zu ergreifen. Unsere Unterredung hatte keine zehn Minuten gewährt, als sie dieselbe so unerwartet abbrach – nicht aber, wie wenn sie ihr lästig gewesen wäre, sondern als sei ihr plötzlich ein dringendes Geschäft eingefallen. Am gleichen Nachmittage kam sie so voll Heiligen Geistes wieder, wie ein Mensch nur sein kann, und erzählte mir, sobald sie heimgekommen sei, habe sie sich in ihrem Zimmer auf die Knie niedergeworfen und sich mit allem Gott ausgeliefert. Erst in jenem Augenblick sei ihr klar geworden, was eine rückhaltlose Übergabe an den Herrn in sich schließe; aber sie habe alles hingegeben. Danach sei es sofort still in ihrer Seele geworden; der Geist Gottes habe von ihr Besitz genommen, und es sei eine solche Freude und ein solcher Friede in ihr Herz eingezogen, daß sie hätte laut jubeln mögen.

Nachdem ich sie gewarnt hatte, sich nicht von ihren Gefühlen übermannen zu lassen, ging sie heim.

Einige Tage später fuhr ihr Mann bei mir vor und lud mich zu einer Schlittenfahrt ein. Unterwegs erzählte er mir, seine Frau sei als Quäkerin aufgewachsen, und er habe sie schon in den ersten Jahren ihrer Ehe für nahezu vollkommen gehalten. Dennoch sei mit dem Augenblick ihrer Bekehrung eine größere Veränderung mit ihr vorgegangen, als er je für möglich gehalten hätte. „Sie kam mir wirklich beinahe fehlerfrei vor", sagte er, „nun aber hat sie offenbar eine gründlichere Wandlung erfahren als je zuvor – es zeigt sich das in allen Stücken. Ein neuer Geist spricht aus ihrem ganzen Sein und Wesen, eine Entschiedenheit des Glaubens und dabei eine solche Fülle von Freude, Friede und Liebe, daß ich nur immer staunen muß. Wie soll ich das verstehen? Gehen auch mit anderen Christen solche Wandlungen vor?" Ich erklärte ihm die Sache, so gut ich konnte, indem ich ihm auseinandersetzte, was sie ihrer Erziehung unter den Quäkern zu verdanken habe und was sie durch ihre Bekehrung geworden sei. Danach sagte ich ihm, daß die Veränderung, welche er nun an ihr bemerke, eine Folge der kürzlich erfahrenen Geistestaufe sei. Die Frau ist längst heimgegangen; aber wie ich hörte, hat sie bis an ihr Ende jene damals empfangene Salbung bewahrt.

Eine Begebenheit, die sich in den schon mehrfach erwähnten Frauenversammlungen zutrug, verdient, hervorgehoben zu werden. Die betreffenden Zusammenkünfte bestanden hauptsächlich aus Damen der höheren Stände; doch kam regelmäßig auch eine ziemlich bejahrte Frau, die offenbar einer der niederen Klassen der Gesellschaft angehörte, aber es für ihre Pflicht zu halten schien, jedesmal zu sprechen. Das tat sie in einer so weinerlichen, unangenehmen Weise, daß meine Frau mit Recht fürchten mußte, es diene eher zum Ärgernis der Anwesenden, als zu deren Erbauung. Nachdem das eine Zeitlang so fortgegangen war, machte sich aber eines Tages ein ganz anderer Geist in der Alten bemerkbar. Kaum tat sie den Mund auf, so fühlten alle, daß eine wunderbare Veränderung mit ihr vorgegangen war. Sie war voll Heiligen Geistes, und ihre Lippen strömten über von Lob und Dank für das Große, das der Herr an ihrer Seele getan hatte. Alle Anwesenden lauschten mit gespanntester Aufmerksamkeit, um ja keines ihrer Worte zu verlieren, und alle bekamen einen tiefen Eindruck von dem Wirken Gottes, daß ihnen die Tränen über die Wangen flossen und eine gewaltige Bewegung alle Herzen ergriff. Die merkwürdige Umwandlung, die hier wie mit Händen zu fassen war, übte eine durchschlagende Wirkung aus, und die Alte wurde der allgemeine Liebling. Anstatt daß sich die Damen wie früher gelangweilt hätten, wenn sie sprach, freuten sie sich von einer Versammlung zur anderen auf ihr frisches, glaubenskräftiges Zeugnis.

Während meines Aufenthalts in Syrakus machte ich die Bekanntschaft einer alten Christin, die von alt und jung kurzweg „Mutter Austin" genannt und von den Gläubigen und Ungläubigen beinahe als eine Heilige verehrt wurde. Obwohl arm und ungebildet, hatte sie durch ihren christlichen Lebenswandel und ihr unbedingtes Gottvertrauen alle Herzen gewonnen. Ich glaube, eine solche Glaubenseinfalt, wie sie mir bei dieser Frau entgegentrat, ist mir selten oder überhaupt nie in meinem Leben vorgekommen. Eines Tages sagte sie zu mir: „Wie sollte ich je Mangel leiden, Bruder Finney, nachdem es ausdrücklich im Wort Gottes heißt: Vertraue auf Jehovah und tue Gutes; so wird Er dir geben die Bitte deines Herzens" (Psalm 37).

Aus ihrem eigenen, sowie aus anderer Munde hörte ich unzählige Zeugnisse von Gottes wunderbarem Eingreifen als Antwort auf ihre Glaubenszuversicht.

Eines Abends – so erzählte sie mir – besuchte sie einer ihrer Bekannten, ein Ungläubiger; nachdem er ein Weilchen mit ihr geplaudert hatte, wollte er ihr zum Abschied eine Fünfdollarnote geben. Da war es ihr, als sage ihr eine Stimme in ihrem Innern, sie solle das Geld nicht nehmen, denn die Gabe würde den Mann nur in seiner Selbstgerechtigkeit bestärken und ihm also mehr schaden als nutzen. Sie dankte ihm demnach für seine freundliche Absicht, und er ging seines Weges. Obwohl sie nur noch für den Sonntag Brennmaterial und Nahrungsmittel hatte und nicht einen Pfennig Geld besaß, um sich weiteren Bedarf anzuschaffen, war sie ganz getrost, im Vertrauen, ihr Gott werde sie nicht im Stich lassen.

Am Sonntag kam ein so entsetzlicher Schneesturm, daß am Montag der Schnee mehrere Fuß tief lag und erst weggeschaufelt werden mußte, wenn jemand zu ihrem Häuschen gelangen sollte. Als sie und ihr Sohn am Morgen aufstanden, waren sie völlig eingeschneit. Nachdem sie mit den letzten Reisern ein Feuerchen angezündet hatten, fragte der Junge, was es zum Frühstück gebe. „Weiß nicht", antwortete sie, „aber der Herr wird's versehn." Der Kleine fing bitterlich an zu weinen; denn er fürchtete, sie müßten nun verhungern oder erfrieren; sie aber traf wohlgemut alle nötigen Vorbereitungen, damit sie frühstücken könnten, sobald das Nötige käme. Und wirklich, es dauerte nicht lange, so ließen sich laute Stimmen auf der Straße vernehmen, und als sie zum Fenster hinausguckte, sah sie einen Schlitten auf ihr Häuschen zukommen. Zwei Männer aber mußten links und rechts den Schnee wegschaufeln, damit das Gefährt nicht stecken bleibe. Endlich hielt letzteres vor ihrer Tür, und richtig! Es wurden so viele Nahrungsmittel und Brennmaterial abgeladen, daß sie und ihr Junge tagelang daran genug hatten. Ähnlich erging es dem Mütterlein wieder und immer wieder, so daß es in der Stadt hieß, Mutter Austins Glaube sei wie eine Bank, und es gebreche ihr nie an dem Nötigen, weil sie allezeit aus Gottes Fülle schöpfe.

Ich kann nicht genau sagen, wie viele Leute sich damals in Syrakus bekehrten; jedenfalls aber war es eine große Menge.

MEINE WIRKSAMKEIT IN WESTERN UND IN ROM
(1854–1855)

Im nächsten Winter gingen wir kurz nach Weihnachten wieder nach Western, wo ich im Herbst 1825 meine Tätigkeit begonnen hatte. Wie vor dreißig Jahren, so war auch diesmal die Gemeinde, in der ich während einiger Wochen arbeitete, zeitweilig ohne Pastor.

Eine der merkwürdigsten Bekehrungen jener Erweckungsperiode war die eines jungen Mannes, des Sohnes gläubiger Eltern, der zum großen Kummer der Seinen und aller entschiedenen

Christen in der Gemeinde von Anfang an eine überaus feindliche Stellung dem Werk des Herrn gegenüber einnahm. Nicht nur setzte er allem, was zur Förderung der Bewegung geschah, erbitterten Widerstand entgegen, sondern er erklärte auch öffentlich, weder Finney noch die Hölle würden ihn unterkriegen. Seine Eltern waren tief betrübt über die häßlichen, profanen Reden, die er führte, doch so viel ich weiß, konnte ihn niemand eines direkt gottlosen Lebenswandels beschuldigen.

Aber das Wort des Herrn erwies sich schließlich auch an ihm als der Hammer, der Felsen zerschlägt. Eines Morgens konnte er es nicht länger aushalten und suchte mich in meinem Zimmer auf. Nie werde ich seinen Anblick vergessen. Ein Ausdruck der Verzweiflung lag auf seinen Zügen, und er zitterte an allen Gliedern. Als ich ihn bei der Hand nahm, fühlte ich, daß diese eiskalt war. Die Lippen waren blau, kurz, sein Aussehen war geradezu schaudererregend. Als er sich gesetzt hatte, sagte ich zu ihm: „Mein lieber junger Mann, was fehlt Ihnen?" „Ach", antwortete er, „ich habe die Sünde begangen, für die es weder hier noch droben Verzeihung gibt." „Was bringt sie auf diesen Gedanken?" entgegnete ich. „O, ich weiß, daß es so ist", versetzte er, „ich habe sie absichtlich begangen."

Hierauf erzählte er mir Folgendes: „Vor einigen Jahren fiel mir die Geschichte eines Seeräubers in die Hand. Diese Lektüre fachte den Wunsch in mir an, es allen anderen Piraten, Räubern und Banditen, von denen ich je gehört hatte, zuvorzutun, und dieser Gedanke ließ mich nicht mehr los. Nur eins stand mir im Wege. Es wollte mir nicht gelingen, den Einfluß meiner gläubigen Eltern, die mir von Kind auf ins Herz geprägten Lehren und Ermahnungen so ohne weiteres abzuschütteln. Da fiel mir ein, daß ich einmal gehört hatte, man könne den Geist Gottes so sehr betrüben, daß er sich gänzlich zurückziehe und einen nie mehr belästige. Das wollte ich um jeden Preis erreichen, um dann ungehindert jede Schandtat ausführen zu können, und lästerte daher mit vollem Bewußtsein den Heiligen Geist." Er bekannte mir, mit welchen Worten er dies getan habe; aber es ist unnötig, dieselben zu wiederholen.

„Nun hoffte ich", fuhr er fort, „daß mich der Geist Gottes fortan in Ruhe lassen und auch mein Gewissen mich nicht mehr belästigen werde. Nach einiger Zeit beschloß ich, irgend ein Verbrechen zu verüben und zu sehen, wie mir dabei zu Mute sein werde. Dem Haus meiner Eltern gegenüber stand zu jener Zeit eine Schule. Diese zündete ich an, schlich mich dann heim und legte mich zu Bett. Als bald darauf das Feuer bemerkt wurde, stand ich wieder auf und mischte mich unter die zum Löschen Herbeieilenden; aber trotz aller Bemühungen, das Gebäude zu retten, brannte es bis auf den Grund nieder." Der junge Mann war sich wohl bewußt, daß das Vergehen der Brandstiftung mit dem Zuchthaus bestraft wird. Auf meine Frage, ob er noch andere Verbrechen verübt habe, antwortete er: „Nein", und fügte, wenn ich mich recht erinnere, hinzu, sein Gewissen sei nicht so ruhig gewesen, wie er gehofft habe. Als ich mich dann erkundigte, ob er der Brandstiftung verdächtigt worden sei, erwiderte er, er glaube nicht – wohl aber seien andere junge Leute der Tat beschuldigt worden. „Was gedenken Sie nun in der Sache zu tun?" fragte ich ihn. „Ich will den Herren vom Schulkomitee ein offenes Geständnis ablegen und wäre Ihnen sehr dankbar, Herr Finney, wenn Sie mich zu denselben begleiten wollten", erwiderte er.

Natürlich erklärte ich mich hierzu bereit und unternahm es auch auf Bitten des Jünglings, dem Vorstand, zu dem wir zuerst gingen, den Sachverhalt zu erzählen. Dieser, ein frommer Mann und intimer Freund der Eltern, war tief ergriffen von dem Bekenntnis, versicherte den sprachlos vor ihm Stehenden seiner herzlichen Vergebung und erbot sich, seinen Kollegen selbst Mitteilung von dem Vorfall zu machen. Zugleich gab er der zuversichtlichen Hoffnung Ausdruck, daß auch sämtliche anderen Herren, welche die Sache anging, ihre Verzeihung nicht vorenthalten und weder ihn noch seine Eltern zur Tragung der Kosten verurteilen würden.

Wir trennten uns hierauf, und jeder ging seines Weges; doch die Zusicherung völliger Straflosigkeit konnte das Gewissen des jungen Mannes nicht beruhigen. Als ich abends in die Versammlung ging, wartete er vor der Kirche auf mich und sagte: „Ich muß ein öffentliches Bekenntnis ablegen. Da andere Leute in Verdacht gekommen sind, ist es meine Pflicht, einzugestehen, daß ich der Schuldige bin, und daß niemand um die Sache wußte als ich selbst und Gott. Wollen Sie der Gemeinde davon Mitteilung machen, Herr Finney?" fügte er hinzu. „Natürlich werde ich zugegen sein und etwaige Fragen beantworten, falls solche an mich gestellt werden; aber ich fühle mich außerstande, den Hergang selbst zu erzählen. Es ist mir, als klebe mir die Zunge am Gaumen."

Als die Leute versammelt waren, erhob ich mich und legte ihnen den Sachverhalt dar. Bei der allgemeinen Hochachtung, die die Familie genoß, und dem bisher unbescholtenen Ruf, in dem der Jüngling gestanden hatte, machte die Erklärung natürlich einen tiefen Eindruck, und man hörte von allen Seiten lautes Schluchzen. Nach diesem öffentlichen Bekenntnis wurde der junge Mann ruhiger und fand bald darauf Frieden. Wie ich kürzlich hörte, soll er auch nicht wieder zurückgegangen sondern bis an sein Ende treu seinem Heiland nachgefolgt sein. Er beteiligte sich am Kampf gegen die Aufständischen und fiel auf dem Schlachtfelde.

Wie sich der betreffende Jüngling durch den Geist Gottes getrieben fühlte, sich öffentlich als den Urheber jenes Brandes zu bezeichnen, so erging es vielen anderen ganz ähnlich und es kamen in den verschiedenen Erweckungen längst begangene Verbrechen ans Tageslicht. Zuweilen wurden Summen im Betrag von mehreren tausend Dollar zurückerstattet, weil den Leuten das Gewissen erwacht war und sie sich sagen mußten, daß sie entweder auf unrechtmäßige, oder wenigstens nicht auf ganz einwandfreie Weise in den Besitz des Geldes gekommen waren.

Besonders in dem ersten Winter, den ich in Boston zubrachte, kamen viele derartige Fälle vor. Ich hatte dort eines Sonntagvormittags über die erste Hälfte des Textes gesprochen: „Wer seine Sünde verheimlicht (leugnet), dem wird es nicht gelingen", und am Nachmittag über die zweite Hälfte: „Wer sie aber bekennt und lasset, der wird Barmherzigkeit empfangen." Diese zwei Predigten hatten zur Folge, daß wochenlang Leute jeden Alters und beiderlei Geschlechts zu mir kamen und mir Diebstähle und Vergehen aller Art bekannten. Das Wort des Herrn übte eine so durchschlagende Wirkung, daß ihm nichts widerstehen konnte, es leuchtete unerbittlich in den tiefsten Pfuhl der Sünde hinein, und wollte ich nur die Verbrechen nennen, die mir persönlich zur

Kenntnis kamen, so würde mir die Zeit nicht reichen. Jedem einzelnen Geständnis aber fühlte man ab, daß es aus aufrichtig bußfertigem Herzen kam, und nie hat sich jemand geweigert, die begangene Sünde nach Kräften wieder gut zu machen.

Doch nun zurück zu Western. Auch dort war die Erweckung eine durchgreifende, und viele Seelen kamen zur Wiedergeburt. Einen tiefen Eindruck machte mir die Bekehrung einer jungen Dorfschullehrerin, die der Abgott ihres Vaters, eines ganz weltlichgesinnten, völlig ungläubigen Mannes war. Letzterer hatte großen Einfluß unter seinen Mitbürgern, hielt sich aber geflissentlich von allen Gottesdiensten fern.

Wie ich hörte, kam auch die Tochter höchst selten in unsere Versammlungen und nahm überhaupt dem Werk gegenüber eine ziemlich feindliche Haltung ein. Eines Tages, als mich mein Weg am Schulhaus vorbeiführte, ging ich hinein, um mit ihr zu sprechen. Sie schien einen Augenblick überrascht von meinem Anblick und fuhr unwillkürlich zurück, als sie mich erkannte. Ich tat, als bemerke ich es nicht, nahm ihre Hand in die meinige und fragte freundlich: „Wie steht es mit Ihnen, mein Kind? Haben Sie Gott Ihr Herz gegeben?" Ihr Kopf senkte sich; aber sie suchte mir ihre Hand nicht zu entziehen. Ich sah sofort, daß ein merkwürdig besänftigender Einfluß über sie gekommen war und gewann die feste Zuversicht, daß sie sich Gott nunmehr unterwerfen werde.

Das Höchste, was ich zu erreichen gehofft hatte, als ich das Haus betrat, war, daß es mir gelingen werde, sie zum Nachdenken zu bringen und vielleicht eine Stunde zu bestimmen, um eingehender mit ihr zu sprechen, aber kaum hatte ich einige Worte zu ihr gesagt, so brach sie zusammen, schien ihren Widerstand aufzugeben und ihr Herz bereitwillig dem Heiland zu öffnen. Mit ihrer Erlaubnis hielt ich noch eine kleine Ansprache an die Kinder und übergab dann dem Herrn Lehrerin und Schüler im Gebet. Nie werde ich jene Stunde vergessen; denn der Geist Gottes wirkte mächtig, und alle waren tief ergriffen. Das junge Mädchen drang unverzüglich vom Tod zum Leben hindurch und durfte bald darauf zum ewigen Leben eingehen.

Wie bei der Gelegenheit meines ersten Besuches in Western, so strömten auch diesmal die Leute aus Rom und der Umgebung herbei, um den Versammlungen beizuwohnen, und das wurde die Veranlassung, daß ich einige Wochen später nach Rom ging und dort eine Zeitlang arbeitete.

Leider traf ich daselbst sehr ungünstige Verhältnisse an. Als ich zum ersten Mal dahin kam, und noch lange nachher, war die Gemeinde kongregationalistisch; vor einigen Jahren aber hatte es der neuangestellte junge Pastor dahin gebracht, daß sie presbyterianisch wurde, obwohl viele der Gemeindeglieder lebhaft dagegen protestierten. Dies hatte nicht nur eine Entfremdung zwischen letzteren und ihrem Seelsorger, sondern einen Riß in der Gemeinde selbst herbeigeführt, und alle meine Bemühungen, die Bitterkeit, die sich eingeschlichen hatte, zu entfernen, blieben fruchtlos. Unter diesen Umständen konnte von einem durchgreifenden Segen nicht die Rede sein, wenn auch da und dort Bekehrungen stattfanden; als ich das sah, beschloß ich, meinen Aufenthalt nicht länger auszudehnen, sondern kehrte mit meiner Frau nach Oberlin zurück.

ERWECKUNG IN ROCHESTER
(ANNO 1855)

Im Herbst 1855 erhielten wir abermals einen Ruf nach Rochester. Anfangs fühlte ich mich versucht, denselben nicht anzunehmen; als aber ein Einladungsschreiben an mich gelangte, das mit zahlreichen Unterschriften, nicht nur von Gläubigen, sondern hauptsächlich von Unbekehrten versehen war, willigte ich nach viel Gebet und reiflicher Überlegung ein. Kaum hatten wir die Arbeit daselbst in Angriff genommen, so stellte sich heraus, daß der Geist Gottes mächtig an den Leuten wirkte. Offenbar war dies dem ernsten, anhaltenden Ringen mehrerer Brüder und Schwestern zu verdanken; denn diese hatten den ganzen Sommer über um eine erneute Ausgießung des Heiligen Geistes über ihre Stadt gefleht und nicht nachgelassen mit Bitten, bis sie der Erhörung gewiß waren.

Daher konnte der Bruder, der mir das Einladungsschreiben überbracht hatte, allen meinen Einwänden mit den glaubensfreudigen Worten begegnen: „Der Herr wird Ihnen Freudigkeit schenken, dem Ruf Folge zu leisten, und wir werden diesen Winter eine große Erweckung erleben ..." Und wirklich: ich durfte bald nach meiner Ankunft sehen, daß ich an der Stelle war, wo mich Gott haben wollte. Mit Ausnahme der ersten presbyterianischen Gemeinde legten die Gemeinden sämtlicher in Rom vertretenen Denominationen mutig Hand ans Werk und arbeiteten einträchtig an der Förderung der Erweckung. Die täglichen Gebetsstunden waren sehr gut besucht und stifteten viel Segen.

Kurz nachdem ich meine Arbeit in Rom begonnen hatte, erging aus Juristenkreisen die Bitte an mich, doch einige besonders für Advokaten und Richter berechnete Vorträge zu halten. Ich ging bereitwillig auf ihren Wunsch ein, und legte meiner ersten Ansprache die Schriftstelle zu Grunde: „Wir erweisen uns wohl an aller Menschen Gewissen vor Gott." Daran knüpfte ich die Bemerkung, daß aus diesem Texte klar hervorgehe, daß jedermann ein Gewissen habe, gab eine genaue Definition des letzteren und zeigte, wie sich jedes Menschen Gewissen dadurch bezeuge, daß es ihm seine Schuld Gott gegenüber, seine Verdammungswürdigkeit und Gottes Verpflichtung, ihn zu strafen, zum Bewußtsein bringe. Es war mir bekannt, daß sich Ungläubige unter meinen Zuhörern befanden, ja, daß einer von ihnen vor einigen Monaten erklärt hatte, er werde nie wieder eine religiöse Versammlung besuchen, denn er wolle sich nicht den Schein geben, als sei er von der Wahrheit des Christentums überzeugt, während dies doch nicht der Fall sei.

Vor allem suchte ich die Juristen nun zu überzeugen, daß sie hoffnungslos verloren wären, wenn die Bibel nicht die Wahrheit sage. Ich bewies ihnen klar und deutlich, daß Gottes Güte sie durchaus nicht zu dem Schluß berechtige, Er werde ihnen vergeben; denn gerade um Seiner Güte willen sei Ihm das vielleicht unmöglich. Die Begnadigung einer ganzen Welt von Sündern wäre im Grunde eine derartige Handlungsweise, daß der menschliche Verstand gar nicht darauf gekommen wäre, sie in den Bereich der Möglichkeit zu ziehen, wenn die Bibel nicht Licht auf die Frage geworfen hätte. Selbst der Glaube, daß Gott unendlich gnädig ist, berechtigt keineswegs zu der Annahme, daß der Sünder Vergebung finden werde; im Gegenteil ergibt sich daraus der Schluß, daß unbußfertige Sünder keine Verzeihung erlangen werden. So arbeitete ich Abend für Abend darauf hin, ihnen jede andere Aussicht auf Rettung, als die in der Bibel geoffenbarte, zu verschließen.

Gleich nach dem ersten Vortrag machte der schon erwähnte Jurist, der erklärt hatte, er wolle in keine religiöse Versammlung mehr gehen, einem Freunde gegenüber die Bemerkung, er habe sich geirrt, es sei offenbar mehr an der Religion, als er gedacht habe; er könne sich den Beweisgründen, die ich angeführt habe, nicht länger verschließen. Er werde nun noch den anderen Vorträgen beiwohnen und sich dann für oder wider das Christentum entscheiden.

Ich kam so lange wieder und immer wieder auf denselben Punkt zurück, bis ich fühlte, daß die Hörer zu dem Schluß gelangt sein mußten, es bliebe ihnen keine andere Hoffnung als Christus und der im Wort Gottes geoffenbarte Heilsweg. Aber noch hatte ich ihnen Christus nicht vor Augen gestellt, sondern ihnen nur gezeigt, daß sie dem Gesetz verfallen, vom eigenen Gewissen verdammt und zum ewigen Tode verurteilt seien. Hiermit war, wie ich gehofft hatte, der bereitwilligen Annahme des Evangeliums der Weg gebahnt. Als ich darum jetzt von dem Erlösungswerk Christi als von dem einzig möglichen Rettungsanker für verlorene Sünder, sprach, brachen sie zusammen, wie vor Jahren ihre Kollegen nach einem ähnlichen Zyklus von Vorträgen, und die meisten von ihnen bekehrten sich gründlich.

In den drei Erweckungen, die ich in Rochester erlebte, ergriff die Bewegung merkwürdigerweise zuerst die vornehmeren Klassen der Gesellschaft und teilte sich von da aus den übrigen Kreisen mit. Es war das der Förderung des Werkes von großem Nutzen.

Schließlich drehte sich alles in der Stadt nur um die Erweckung. Wo man ging und stand, bildete diese den Gegenstand der Unterhaltung; Kaufleute und Handwerker richteten ihre Geschäfte so ein, daß ihre Untergebenen abwechslungsweise die Versammlungen besuchen konnten; sogar in den Eisenbahnwagen, Omnibussen und Postkutschen hörte man fast nur noch von Religion sprechen.

Viele von denen, die in den früheren Erweckungen dem Geiste Gottes widerstanden hatten, beugten sich in dieser neuen

Gnadenzeit willig unter Christi Joch. Leute, die bisher öffentlich den Sabbat geschändet oder Gott gelästert hatten, Hohe und Niedrige, Arme und Reiche, alle wurden vom Geist Gottes erfaßt und lieferten sich Jesus, dem Sünderheiland, aus. Ich blieb den ganzen Winter über in Rochester und bemerkte bis zuletzt keinen Rückgang des Werkes. Der Präsident der Universität, Dr. Andersen, förderte die Bewegung nach Kräften unter seinen Studenten, und viele wurden bekehrt, so viel ich hörte. Auch die Pastoren der zwei Baptistengemeinden beteiligten sich eifrig an der Arbeit und stellten mir ihre Kanzeln zur Verfügung.

Meine Frau, die früher in Rochester gelebt hatte und daher mit den Verhältnissen der Stadt bekannt war, nahm lebhaften, tatkräftigen Anteil an dem Werk. Wie früher so machte ich auch jetzt die Erfahrung, daß von den Bewohnern von Rochester galt, was der Apostel Paulus seinerzeit von den edlen Beröensern sagte: „Sie nahmen das Wort auf ganz williglich und forschten täglich in der Schrift, ob sich's also verhielte." Viele der vornehmsten Damen in Rochester boten ihren ganzen Einfluß auf, die Leute zum Besuch der Versammlungen zu veranlassen und Seelen für Christus zu gewinnen. Einige von ihnen gingen von Haus zu Haus, von Laden zu Laden, von einer Werkstatt in die andere und teilten Einladungskarten aus. Viele Eisenbahnbeamte wurden bekehrt und schließlich wurde der Straßenverkehr aufs notwendigste beschränkt, damit das Betriebspersonal Zeit hätte, den Versammlungen beizuwohnen.

Das Werk nahm einen so gesegneten Fortgang, daß es den Anschein hatte, als wolle es sich über die ganze Stadt verbreiten, ja es wurden auch, wie dies schon in den früheren Erweckungen in Rochester der Fall gewesen war, die umliegenden Dörfer und Städte in die Bewegung hineingezogen. Die zur Förderung des Werkes angewandten Mittel, sowie die in Rochester verkündigten Lehren waren dieselben wie überall; ich glaube aber, nirgends waren die Leute so frei von allem Formenwesen und aller Menschenfurcht wie dort. In Neu-England hatte ich zwar einen hohen Grad von allgemeiner Bildung vorgefunden, dabei aber auch große Steifheit und Pedanterie.

Während meiner Arbeit in Hartford kam ein Geistlicher aus dem Staat New York zu mir, der die in jener Gegend stattgefundenen herrlichen Erweckungen miterlebt hatte, und sagte ohne Veranlaßung meinerseits: „Bruder Finney, die Leute binden Ihnen hier durch ihre kleinliche Menschenfurcht und Pedanterie die Hände. Der Heilige Geist hat keinerlei Freiheit zur Betätigung; es ist, als stecke er in einer Zwangsjacke." Der Ausdruck war etwas stark und mag diesem und jenem profan erscheinen; aber der Mann war ein ernster, demütiger Jünger Jesu und wollte damit absolut nichts Unehrerbietiges sagen. Es war vielmehr dies sein Eindruck, daß der Geist Gottes durch die mancherlei Befürchtungen und die eigene Weisheit der Leute in seinem Wirken gehemmt werde. Ganz derselben Ansicht war ich auch und ich bin heute noch davon überzeugt, daß die meisten keine Ahnung hatten, wie sehr sie die Arbeit des Heiligen Geistes an den Seelen aufhielten und einschränkten, und daß sie sich keinen Begriff von einer Erweckungsbewegung machen konnten, der solche Befürchtungen, Vorurteile, Beschränkungen usw. nicht entgegengestellt werden.

In einer verständigen Gemeinde kann große Freiheit in der Anwendung von Mitteln walten, ohne daß die Ordnung dadurch gefährdet würde.

Allerdings herrschen viele irrige Anschauungen über das, was die Leute so schlechtweg Unordnung nennen. Die meisten Gemeinden bezeichnen mit diesem Namen alles dasjenige, was außergewöhnlich ist. Das Altherkömmliche ist ihrer Meinung nach göttliche Ordnung und was irgendwie davon abgeht, gehört in die Rubrik „Unordnung" und widerstrebt ihrem Schicklichkeitsgefühl. In Wirklichkeit aber verdienen Maßregeln, die den Bedürfnissen der Leute entsprechen, nicht den Namen „Unordnung". Hat man gesunden Menschenverstand und das richtige Taktgefühl, so kann man auch einmal auf dem religiösen Gebiete, ebenso wie auf jedem anderen, dem zu erreichenden Zweck die geeigneten Mittel anpassen. Werden diese unter Gebet vorsichtig angewandt, so können sie viel dazu beitragen, dem Heiligen Geiste Raum in den Herzen zu machen.

ERWECKUNGEN IN BOSTON
(IN DEN JAHREN 1856, 1857 UND 1858)

Im nächsten Herbst nahmen wir einen Ruf nach Boston an. Wir begannen in Parkstreet mit der Arbeit, und der Geist Gottes offenbarte bald seine Macht an den Seelen. Meine erste Predigt war darauf berechnet, die Gläubigen zu ernster Selbstprüfung zu bringen; denn sollte eine wirksame Arbeit geschehen, so war es vor allen Dingen nötig, daß diese in die richtige Stellung zu Gott kamen.

Kaum hatte ich die Gemeinde entlassen, so sagte der Pastor zu mir: „Bruder Finney, ich kann Ihnen nicht verhehlen, daß Ihre Predigt ebensosehr auf mich paßt, wie auf irgend eins meiner Gemeindeglieder. Ich bin längst unbefriedigt von meinem Christentum und habe Sie ebensosehr um meiner eigenen Seele als um der mir anvertrauten Herde willen eingeladen." Wir hatten verschiedene lange, tiefergreifende Unterredungen und er schien sich rückhaltlos seinem Gott auszuliefern. Eines Abends nach der Gebetsstunde legte er öffentlich Zeugnis ab und bekannte, daß er sich an jenem Tage bekehrt habe.

Das machte einen tiefen Eindruck auf die Gemeinde und die ganze Stadt. Einige seiner Amtsbrüder hielten es natürlich für sehr unklug, daß er mit einem solchen Bekenntnis hervorgetreten sei; aber ich war anderer Ansicht. Nichts war besser dazu angetan, die Sünder zur Buße und die Namenchristen zu gründlicher Selbstprüfung zu bringen, als dieses offene Geständnis.

Das Werk griff in jenem Winter mächtig um sich, und viele Seelen drangen von der Finsternis zum Licht durch. Als wir im Frühjahr heimkehrten, merkten wir jedoch, daß die Arbeit in Boston noch lange nicht als beendigt zu betrachten sei, und versprachen daher, im nächsten Winter wiederzukommen, wenn es der Herr erlaube.

Das taten wir denn auch. Während unserer Abwesenheit hatte jedoch einer der Pastoren der Stadt, der die letzte Erweckung nicht miterlebt hatte, alles aufgeboten, um meine Lehre als ungesund zu verdächtigen – besonders, was meine Anschauungen über die Heiligung betraf. Das blieb nicht ohne Wirkung, und wir fühlten bei unserer Ankunft sofort, daß die Einigkeit der

Gläubigen einen Riß bekommen hatte. Einige seiner angesehensten Gemeindeglieder, die sich im vorhergehenden Winter mit Leib und Seele an dem Werk beteiligt hatten, verhielten sich nun äußerst zurückhaltend und kamen nicht in die Versammlungen; offenbar war das jenem Einfluß zuzuschreiben. Natürlich betrübte das die Freunde der Bewegung nicht wenig.

Wie man sich erinnern wird, war der Winter 1857 bis 1858 höchst bedeutsam in der Geschichte der Erweckungen, besonders in den nördlichen Staaten. Eine Zeitlang wurde die Zahl der Bekehrungen auf wöchentlich fünfzigtausend geschätzt. Das Merkwürdige an dieser Erweckung des Winters 1857 war, daß sie hauptsächlich durch den Einfluß von Laien zustande gekommen war. Es hatte in Boston seit Jahren täglich eine Gebetsversammlung stattgefunden, und im Herbst vor Ausbruch der Erweckung war auch in Fultonstreet eine solche eingerichtet worden, die noch heute besteht. Ähnliche Versammlungen wurden landauf, landab gehalten, sodaß mir dazumal ein Herr sagte: „Ich komme von Omaha in Nebraska, also aus einer Entfernung von zweitausend englischen Meilen, und habe die ganze ungeheure Strecke wie von einem Gebetsnetz umspannt gefunden."

Trotz der Spaltung, welche in Boston eingerissen war, nahm das Werk stetig zu, und es lag klar zu Tage, daß der Herr in Boston gründlich aufzuräumen gedachte. Schließlich wurde eine Gebetsversammlung für Geschäftsleute eingerichtet. Diese fand um die Mittagsstunde statt und war bald so zahlreich besucht, daß das dazu benutzte, im Mittelpunkt der Stadt gelegene Lokal nicht mehr ausreichte und derer noch verschiedene andere eröffnet werden mußten. Auch die Frauenversammlungen waren dermaßen überfüllt, daß viele der Zuhörerinnen vor den Türen standen, um wenigstens dann und wann ein Wort zu vernehmen.

Die Bewegung war zu einer allgemeinen geworden, und die Erweckungen und Bekehrungen mehrten sich so sehr, daß es unmöglich ist, auch nur annähernd deren Zahl festzustellen. Selbst die Unitarianer fühlten sich angezogen und wohnten den Versammlungen bei.

Diese Erweckung ist noch so neuen Datums, daß ich nicht weiter auf dieselbe eingehen will. Ganz Nordamerika schien vom Geist Gottes beherrscht, und seinem Vordringen in die Südstaaten stand nur die Sklaverei im Weg. Deren Aufrechterhaltung nahm die Südländer so sehr in Anspruch, daß der Geist Gottes keinen Raum bei ihnen fand. Die Zahl der Bekehrungen in jenem einzigen Winter wurde in Nordamerika auf fünfhunderttausend geschätzt.

Wie schon erwähnt, wurde die Bewegung hauptsächlich durch Gebetsversammlungen, Hausbesuche, persönliche Unterredungen, Verteilung von Traktaten und eifrige Mitarbeit seitens der Gläubigen gefördert. Soviel ich weiß, standen die Geistlichen der Bewegung nirgends feindlich gegenüber sondern beteiligten sich sogar an dem Werk. Es herrschte eine solche Gebetszuversicht, daß die Leute im allgemeinen die Gebetsversammlungen den Predigtgottesdiensten vorzogen. „Wir haben so viel Unterweisung empfangen, daß wir beinahe totgepredigt sind", hieß es, „nun ist es an der Zeit zu beten." Auch fanden beständig die wunderbarsten Gebetserhörungen statt. Offenbar hatte der Herr auf das gläubige Bitten seiner Kinder die Fenster des Himmels geöffnet und seinen Geist herabströmen lassen. Die „New York Tribune" gab eine Zeitlang täglich Extrablätter heraus, in denen über den Fortgang der Erweckung berichtet wurde.

In Boston kamen zu jener Zeit einige sehr merkwürdige Bekehrungen vor. So erhielt ich zum Beispiel eines Tages einen anonymen Brief von einer Dame. In der Regel nahm ich keine Notiz von anonymen Briefen; aber die Handschrift sowie die aus den Zeilen ersichtliche hohe Begabung und der unverkennbare Ernst der Schreiberin veranlaßten mich, in diesem Falle eine Ausnahme zu machen. Sie schloß mit der Bitte, meine Antwort unter der Adresse „Frau M." dem Meßmer zu übergeben, dann werde sie dieselbe sicherlich erhalten. Ich erwiderte der Dame, daß ich ihr nicht den gewünschten Rat geben könne, da ich ihren Seelenzustand und ihre Verhältnisse hierzu nicht genug kenne; ich wolle sie nur auf das eine aufmerksam machen, daß sie offenbar eine sehr hochmütige Frau sei. Das gehe aus dem ganzen Inhalt ihres Briefes sowie vor allem aus dem Umstand hervor, daß sie nicht einmal ihren Namen unter den Brief gesetzt habe.

Ich übergab meine Antwort dem Meßmer, wie sie gewünscht hatte, und erhielt am nächsten Vormittag den Besuch einer Dame, die sich alsbald als die Schreiberin des anonymen Briefes vorstellte, aber hinzufügte, ich irre mich sehr, wenn ich sie für hochmütig halte. Sie sei das durchaus nicht, fühle sich aber als Mitglied der bischöflichen Kirche verpflichtet, letztere nicht öffentlich an den Pranger zu stellen, indem sie das Geständnis ablege, sie sei unbekehrt. „Demnach ist es Kirchenstolz, der Sie abgehalten hat, Ihren Namen zu nennen", sagte ich ruhig. Diese Entgegnung verletzte sie so sehr, daß sie hastig aufstand und in sichtlicher Erregung das Zimmer verließ. Ich dachte, ich werde sie nun nicht wiedersehen; am Abend aber traf ich sie in der Besprechungsstunde für Erweckte. Ich kannte ihren Namen noch immer nicht, sagte aber im Vorbeigehen leise zu ihr: „So, Sie sind auch da?" „Ja", antwortete sie gesenkten Hauptes und offenbar tief ergriffen. Nach einigen kurzen Worten überließ ich sie für diesen Abend sich selbst.

Als ich aufforderte, es möchten alle diejenigen, die bereit seien, sich Christus zu unterwerfen, niederknien, damit man sie im Gebet Gott darbringe, war sie eine der ersten, die dem Ruf Folge leisteten. Am nächsten Vormittag kam sie wieder zu mir und sagte, sobald sie die Tür hinter sich geschlossen hatte: „Ich sehe jetzt ein, daß ich hochmütig gewesen bin, Herr Finney. Nun sollen Sie aber auch meinen Namen wissen, und ich will Ihnen so viel aus meinem Leben erzählen, als nötig ist, damit Sie mir Ihren seelsorgerlichen Rat geben können." Sie war, wie ich richtig vermutet hatte, eine Dame aus den besten Ständen, die Frau eines wohlhabenden Weltmannes. Sie selbst war dem Namen nach Christin, aber unbekehrt. Nachdem wir uns gegenseitig offen ausgesprochen hatten, unterwarf sie sich rückhaltlos ihrem Heiland und wurde von Stund an eine entschiedene Jüngerin Jesu und eine treue Arbeiterin im Weinberg des Herrn. Ich habe häufig mit ihr korrespondiert und sie immer ebenso zugänglich für die Wahrheit gefunden, wie bei unserer ersten Begegnung, obwohl sie in ihrer weltlichen Umgebung natürlich viele Kämpfe zu bestehen hatte. Wie ich hoffe, wird sie bis an ihr Ende eine Zierde der christlichen Kirche bleiben.

Von Boston aus verbreitete sich die Erweckung nach Charlestown und Chelsea. Auch in letzteren Städten predigte ich eine Zeitlang und durfte bei dieser Gelegenheit viele köstliche Erfahrungen machen. Wir setzten den ganzen Winter hindurch die

Arbeit in Boston fort, und als wir im Frühjahr heimkehrten, war die Bewegung noch immer im Zunehmen begriffen.

Sowohl Geistliche wie Laien wirkten so sehr im Segen, daß ich mich entschloß, noch einmal nach England zu gehen und zu versuchen, ob sich nicht auch dort ein ähnliches Interesse für religiöse Erweckungen erzielen ließe.

ZWEITER BESUCH IN ENGLAND

Im Dezember 1858 segelten wir nach Liverpool, wohin uns unser Freund Brown entgegengekommen war, um unsere Tätigkeit in erster Linie für Houghton in Anspruch zu nehmen. Gleich nach unserer Ankunft kamen Briefe aus allen Teilen Englands, in denen der Freude über unseren Besuch Ausdruck gegeben war, und die Aufforderungen für alle erdenklichen Arbeitsfelder enthielten; dennoch arbeiteten wir zunächst mehrere Wochen lang in Houghton und St. Ives wo wir herrliche Erweckungen erleben durften. An letzterem Orte hatte nie ein solches Gnadenwerk stattgefunden. Überhaupt waren dort ganz eigentümliche kirchliche Verhältnisse. Der Pastor der freien Gemeinde hatte in den langen Jahren seiner Amtstätigkeit nur wenig ausgerichtet, liebte den Alkohol und war ein ausgesprochener Gegner der Temperenzsache. Wir hielten unsere Versammlungen in einem Saal, da dieser weit geräumiger war als die Kongregationalistenkirche. Trotz der feindseligen Haltung des Pastors der freien Gemeinde griff die Eweckung mächtig um sich, bis es dem guten Mann zu heiß wurde und er schließlich das Feld räumte. Später bauten die Neubekehrten im Verein mit meinem Freund Brown und einigen von den älteren Gemeindegliedern eine schöne Kapelle, und der Zustand des Ortes ist in religiöser Beziehung ein ganz anderer geworden als er früher war.

Den vormaligen Pastor von Houghton, Herrn Harcourt, traf ich bei meinem zweiten Besuch in England als Seelsorger der Borough-Road-Kapelle in London wieder. Er hatte mit Sehnsucht unsere Rückkehr nach England erwartet, und kaum hatte er gehört, daß wir angekommen seien, so bot er alles auf, um uns für London zu gewinnen. Die Gemeinde, an der er seit kurzem angestellt war, war durch die überspannte, fanatische Art, in welcher ein Teil ihrer Mitglieder die Temperenzsache betrieb, völlig in sich entzweit und zerrissen worden. Der frühere liebe Pastor hatte sich das so sehr zu Herzen genommen, daß er schließlich gänzlich entmutigt sein Amt niedergelegt hatte. Die Kirchenältesten hatten sich ebenfalls genötigt gesehen, ihre Entlassung zu nehmen, und Bruder Harcourt sagte mir, wenn die Gemeinde nicht ernstlich Buße tue über ihren Abfall von Gott, werde auch er auf dem neuen Arbeitsfeld nicht das Geringste ausrichten können.

Unter diesen Umständen war nicht viel Erfolg zu erwarten; dennoch gingen wir nach London, sobald wir St. Ives verlassen konnten. Dort fanden wir die Zustände beinahe noch schlimmer, als wir erwartet hatten. Die Gemeinde war so vollständig demoralisiert, daß man sich fragte, ob ihr Aufbau überhaupt wieder möglich sein werde. Dennoch machten wir uns ans Werk; meine Frau arbeitete unter dem weiblichen Teil der Gemeinde, und ich tat, was ich konnte, um die Gewissen aufzuwecken. Der Geist Gottes kam auf uns nieder, und es dauerte nicht lange, so kam es bei den meisten zu tiefer Sündenerkenntnis. Bald war kein Haus mehr in der Gemeinde, in dem nicht die eine oder andere Seele mächtig ergriffen gewesen wäre. Die älteren Gemeindeglieder fühlten sich getrieben, einander ihre Sünden zu bekennen und gegenseitig Abbitte zu leisten, kurz, Herr Harcourt sagte mir beim Abschied, seine Gemeinde sei wie umgewandelt; die alten Zwistigkeiten seien beigelegt, und es sei nun eine wahre Freude, Pastor an dieser Kirche zu sein. Der Herr habe seine Mutlosigkeit und seinen Kleinglauben tief beschämt, indem Er ihm weit über Bitten und Verstehen gegeben habe. Es sei zu einer gründlichen Umkehr bei seinen Leuten gekommen, so daß sie nun in inniger Liebe verbunden seien und anfingen, im Reich Gottes zu arbeiten, anstatt sich gegenseitig zu bekriegen.

Einige Jahre später, kurz nach dem Heimgang meiner lieben Frau, besuchte mich Herr Harcourt in Amerika und erzählte mir bei dieser Gelegenheit, daß die Erweckung eigentlich keinen Stillstand erfahren habe, und daß es seine Leute nicht ertragen könnten, wenn nicht wöchentlich mindestens einige Seelen zum Herrn kämen. Sie stünden ihm treulich zur Seite und er fühle

Sonntag für Sonntag, daß er von den Gebeten seiner Gemeinde getragen werde. Kein Wunder, daß sein Herz voll Lob und Dank war, besonders, wenn man bedenkt, in welchem Zustand sich die Gemeinde vor jener Erweckungsperiode befunden hatte.

Kurz nachdem ich meine Arbeit in London begonnen hatte, schrieb ein hervorragender theologischer Schriftsteller, ein gewisser Dr. Tregelles, an Dr. Campbell und machte ihn auf verschiedene Punkte in meiner Lehre aufmerksam, die seiner Ansicht nach irrig wären. Zu diesen gehörte besonders meine Behauptung, daß der Heilsplan Gottes wohl seiner unendlichen Liebe entsprungen, aber an gewisse Bedingungen geknüpft sei, und zwar einerseits an das Erlösungswerk Christi, andererseits an Buße und Glauben des Sünders.

Obwohl im Grunde von meiner Orthodoxie überzeugt, ließ sich Dr. Campbell merkwürdigerweise eine Zeitlang von Dr. Tregelles ins Schlepptau nehmen, einfach, weil er sich nicht die Mühe machte, die angefochtenen Punkte in meiner Glaubenslehre eingehend zu prüfen. Es gab das zu mancherlei Mißverständnissen Anlaß, doch ließ ich mich durch den dadurch hervorgerufenen Widerstand nicht irre machen, sondern arbeitete ruhig weiter. Später schrieb mir Dr. Campbell, er unterschreibe meine Lehre in allen Stücken; nur seien meine Auseinandersetzungen leider nicht immer verständlich für das Publikum. Tatsächlich aber verstand mich letzteres häufig viel besser, als der gelehrte Doktor.

Er war in Schottland ausgebildet worden und gehörte zur strengsten Sekte der schottischen Theologen; kein Wunder also, daß er sich nicht sogleich in meine Art, das Evangelium zu verkündigen, hineinfand. Er war es durchaus nicht gewöhnt, seinen Zuhörern die Lehrsätze, die er aufstellte, logisch zu beweisen und begriff nicht, daß ich dies tat. Seiner Ansicht nach konnte dabei nicht viel Gutes herauskommen. Ganz anders dachten hierüber die Leute selbst, und es wurde mir nicht selten gesagt, daß ihnen gerade durch meine Schlußfolgerungen mancherlei Zweifel gelöst worden seien.

Ich persönlich hatte es vor meiner Bekehrung als einen großen Mangel empfunden, daß einem von der Kanzel aus so wenig logisch begründete Unterweisung zu teil werde, und diese Erfahrung hatte natürlich viel Einfluß auf meine Predigtweise. Wußte ich doch, wie es einem denkenden Mann zumute sein mußte, wenn der Prediger Dinge als selbstverständlich darstellte, die der Begründung bedurften. Eingedenk dessen, was mir früher Schwierigkeiten bereitet hatte, suchte ich daher den geistigen Bedürfnissen meiner Zuhörer Rechnung zu tragen. Mit der Zeit lernte auch Dr. Campbell die Sache anders anzusehen, besonders, nachdem er sich persönlich überzeugt hatte, daß mich die Leute wirklich verstanden.

Als ich meine Arbeit in London beendet hatte, ruhten wir eine Zeitlang bei unserm Freund Brown in Houghton aus. Meine Gesundheit war so angegriffen, daß wir ernstlich daran dachten, nach Hause zurückzukehren. Auf dringendes Zureden eines christlichen Arztes namens F. entschlossen wir uns aber, zuerst noch zu ihm nach Huntington zu gehen und abzuwarten, ob ich mich vielleicht in seinem Hause und unter seiner Pflege erhole. Seine sämtlichen Kinder, acht an der Zahl, waren unbekehrt, und sein ältester Sohn, ebenfalls Arzt, war nicht nur vollständig ungläubig, sondern nahezu Nihilist. Natürlich war das dem Vater, dem der Sohn besonders ans Herz gewachsen war, ein großer Schmerz, und er flehte Tag und Nacht um seine Bekehrung.

Nach einem dreiwöchigen Aufenthalt im Haus des betreffenden Arztes war meine Gesundheit so weit hergestellt, daß ich wieder predigen konnte. Da noch nie eine Erweckung in Huntington stattgefunden hatte, hatten die Leute keine Ahnung, was unter einer solchen zu verstehen sei. Das größte Lokal der Stadt, die sogenannte „Temperenzhalle", war von Anfang an gedrängt voll, und der Geist Gottes kam mit Macht auf die Leute nieder. Bald bot sich mir auch Gelegenheit zu einer gründlichen Unterredung mit dem jungen Doktor F. Ich forderte ihn wiederholt zum Spaziergang auf und veranlaßte ihn zu einer klaren Darlegung seiner Anschauungen. Durch Gottes Gnade gelang es mir schließlich, ihn von deren Irrtümlichkeit zu überzeugen. Eines Abends hatte ich über die Stelle gepredigt: „Der Hagel soll wegfegen die Zuflucht des Truges, und die Fluten sollen den Damm hinwegschwemmen, daß zunichte werde euer Bund mit dem Tod, und euer Vertrag mit der Hölle nicht bestehe (Jes. 28,17.18). Nachdem ich die Sünder in alle ihre heimlichen Schlupfwinkel verfolgt und ihnen diese aufgedeckt hatte, schloß ich mit der Schilderung eines Hagelwetters und dem darauffolgenden Regenguß, welcher hinwegschwemmte, was der Hagel nicht zerstört hatte. Die Predigt machte einen tiefen Eindruck auf die Zuhörer. In jener Nacht konnte der junge Arzt nicht schlafen, und als sein Vater zu ihm ging, fand er ihn in größter Seelennot. Es dauerte nicht lange, so kam derselbe zum Frieden, und auch seine sämtlichen Geschwister wurden bekehrt. Selten durfte ich Zeuge eines lieblicheren Familienlebens sein, als in jenem Haus, und nun war natürlich das Maß der Freude voll.

Ähnlich wie in dieser Familie, ging es in vielen anderen; Glied um Glied wurde vom Geist Gottes erfaßt, und die Zahl der Bekehrungen mehrte sich so sehr, daß die Stadt bald ein ganz anderes Aussehen bekam. Auch hier baute Herr Brown im Verein mit einigen Brüdern, die in jener Erweckungszeit Segen empfangen hatten, eine geräumige Kapelle. Dasselbe hatte der liebe Gottesmann an sieben verschiedenen Orten getan und außerdem nicht weniger als zwanzig Evangelisten und Lehrer in den umliegenden Dörfern angestellt.

Und doch, wie schon erwähnt, hielten seine Einnahmen immer Schritt mit seinen Auslagen. In dem Maße, in dem er in Gottes Schatzkammer schüttete, füllte Gott seine Geldschränke.

Von Huntington kehrten wir nach London zurück und arbeiteten dort noch mehrere Wochen lang in einer von den Hugenotten erbauten Kirche im Nordwesten der Stadt.

ARBEIT IN SCHOTTLAND UND ENGLAND

Infolge eines dringenden Rufes, den ich aus Edinburgh erhalten hatte, verließen wir London gegen Mitte August und segelten durch den deutschen Ozean an der Küste entlang dahin. Ich war von Dr. Kirk, einem Mitglied der evangelischen unierten Kirche Schottlands, zum Kommen aufgefordert worden. An der Spitze besagter Kirche stand Herr Morrison, ein hervorragender Theologe und Vorsteher des theologischen Seminars in Glasgow. Diese evangelische Union war aus der Lektüre meiner seinerzeit in England veröffentlichten Vorträge über religiöse Erweckungen herausgewachsen. Eine große Anzahl von schottischen Predigern und eine noch weit größere Anzahl von Laien hatten, aufgerüttelt durch diese Vorträge, alles aufgeboten, um eine Erweckung herbeizuführen, und es war ihnen zum Teil gelungen; leider aber hatten sie ihre Kräfte vielfach im Kampf gegen die hypercalvinistischen Anschauungen der schottischen Presbyterianer vergeudet.

Ich blieb drei Wochen in Edinburgh und predigte meistenteils in Doktor Kirks Kirche, einer der größten der Stadt. Wir hatten dort eine gesegnete Erweckung, und viele Seelen bekehrten sich gründlich zum Herrn. Gemeindeglieder wurden neu belebt und Doktor Kirk hatte Tag und Nacht mit Unterweisung der Erweckten zu tun. Dennoch fühlte ich mich wie von einer Mauer von Vorurteilen umgeben. Die presbyterianischen Gemeinden setzten der evangelischunierten Schwestergemeinde allen erdenklichen Widerstand entgegen, so daß. meine Wirksamkeit voraussichtlich auf letztere beschränkt bleiben mußte.

Meine Frau arbeitete auch hier in großem Segen. Im Verein mit der sehr tüchtigen Frau Doktor Kirk richtete sie eine Gebetsversammlung für Frauen ein, deren Geschichte wohl einzigartig ist. Gott schenkte in derselben so wunderbare Erhörungen, daß aus allen Teilen des Landes Gesuche um Fürbitte einliefen. Mit der Zeit wuchsen aus ihr in den verschiedensten Gegenden Schottlands ähnliche Versammlungen heraus, und dadurch kamen die Frauen in eine ganz andere Stellung der Erweckung gegenüber.

Nach dreimonatiger reichgesegneter Tätigkeit in Edinburgh nahm ich einen Ruf nach Aberdeen an der Nordgrenze Schottlands an. Herr Ferguson – der Pastor der dortigen evangelischen unierten Gemeinde – ein intimer Freund Kirks, der mich aufgefordert hatte hinzukommen, war ein aufrichtig frommer Mann, doch gerade zur damaligen Zeit ebenfalls in Streit mit seinen presbyterianischen und kongregationalistischen Amtsbrüdern, so daß ich eigentlich nur unter den Gliedern seiner Gemeinde Gehör fand. Das entmutigte uns beide nicht wenig, und da ich unter diesen Umständen nicht hoffen durfte, viel auszurichten, und ich gerade damals von kongregationalistischer Seite in Bolton aufgefordert wurde, dorthin zu kommen, sagte ich halb und halb zu. Nicht lange danach änderte sich die Sachlage in Aberdeen. Der Erfolg, den der Herr meiner Arbeit in der evangelischen unierten Gemeinde gab, zog die Aufmerksamkeit der Pastoren der anderen Kirchen auf sich, und getrieben von dem Wunsch, ihren Gemeinden den gleichen Segen zu vermitteln, legten sie ihre Vorurteile beiseite und baten mich, auch bei ihnen zu predigen. Ich tat es ein- bis zweimal; dann aber mußte ich meinem Versprechen gemäß die Arbeit in Bolton beginnen. Dort kamen wir am Weihnachtsabend 1859 an.

Bolton ist eine nur einige Meilen von Manchester entfernte Stadt von ungefähr 30 000 Einwohnern. Sie liegt im Mittelpunkt des großen Fabrikdistriktes, der sich rings um Manchester ausdehnt, und in dem in einem Umkreis von etwa sechzig Quadratmeilen viele Millionen Menschen beisammen wohnen.

Der Geist Gottes fing hier sofort an zu wirken. Unser Hauswirt, Herr J. B., war zwar Methodist, aber ohne eine Spur von Engherzigkeit und ein tiefgegründeter Christ. Am Abend nach unserer Ankunft lud er einige Freunde zu meiner Bibelbesprechungs- und Gebetsstunde ein, darunter eine Dame, die schon seit einiger Zeit ernstlich angefaßt war. Während des Gebets bemerkte meine Frau, daß sich ihrer eine tiefe Bewegung bemächtigte; als wir daher von den Knien aufgestanden waren, ergriff sie ihre Hand und winkte mir zu kommen und mit ihr zu sprechen. Die Dame war, wie ich später erfuhr, als Quäkerin aufgewachsen, hatte aber einen Methodisten geheiratet. Sie war schon lange um ihr Seelenheil bekümmert, aber bisher nie der Notwendigkeit einer sofortigen, rückhaltlosen Auslieferung an Gott gegenüber gestellt worden.

Als ich sah, in welcher Gemütsverfassung sie sich befand, forderte ich sie auf, mit mir ins Nebenzimmer zu gehen, und dort legte ich ihr die Frage vor, ob sie sich sofort Christus unterwerfen und Ihn annehmen wolle. Als sie das bejahte, knieten wir nieder, und sie übergab sich rückhaltlos ihrem Gott, soweit Menschen es zu beurteilen vermögen. Danach kehrten wir in den Salon zurück, und es folgte eine rührende Szene zwischen ihr und ihrem Mann. Sobald sie ins Zimmer trat, las er in ihrem Gesicht, was mit ihr vorgegangen war; sie fielen einander in die Arme und priesen und lobten Gott.

Kaum hatten wir uns gesetzt, so kam der Sohn des Hauses herein und teilte uns mit, daß eines der Dienstmädchen tief ergriffen sei. Nach wenigen Minuten hatte auch sie ihr Herz dem Herrn gegeben und bald darauf auch eine ihrer Kameradinnen. Hiermit hatte das Werk seinen Anfang genommen. Frau B., die wohl längst bekehrt, aber in Mutlosigkeit und Kleinglauben zurückgesunken war, kam am gleichen Abend ins volle Licht der Freiheit. Die Kunde von dem, was der Herr an dem einen Nachmittag gewirkt hatte, verbreitete sich wie ein Lauffeuer in der Stadt, und täglich, ja fast stündlich kamen Leute, die mich zu sprechen wünschten.

Die erste Januarwoche wurde nach Übereinkunft durch allabendliche, gemeinschaftliche Gebetsversammlungen, welche ringsum in den verschiedenen Kirchen Boltons stattfanden, in besonderer Weise dem Herrn geweiht. Die erste wurde in Herrn Davisons Kirche abgehalten, auf dessen Veranlassung ich eigentlich nach Bolton gekommen war. Der Raum war bis auf den letzten Platz gefüllt, und der Methodistenprediger, welcher die Versammlung eröffnete, betete mit solcher Freimütigkeit, daß ich sofort spürte, der Geist Gottes sei auf dem Plane und es sei reicher Segen zu erwarten. Aufgefordert, ein paar Worte zu sagen, sprach ich darauf über das Gebet und betonte vor allem, daß unser Gebet sofort Erhörung finden werde, wenn wir unsererseits alle Hindernisse aus dem Wege räumen und allen Bann von uns tun wollten. Das Wort schien den Gläubigen tief zu Herzen zu gehen, wie überhaupt Ansprachen, die das Gebet zum Thema hatten, selten ihren Zweck verfehlten. Diese Erfahrung habe ich überall gemacht. Die Beter werden dadurch angetrieben, anzuhalten mit Bitten und Flehen, bis Gott die Fenster des Himmels auftut und Segen herabschüttet. Und das war dort der Fall; deshalb konnte der Geist so mächtig wirken, und die Versammlungen wurden von Tag zu Tag fruchtbarer, so daß ich es nach der vierten Versammlung wagen zu dürfen glaubte, die heilsbegierigen Seelen zu einer Besprechungsstunde in die Sakristei einzuladen. Sie kamen in Scharen, und viele unterwarfen sich augenblicklich ihrem Gott.

Da sich die Kirchen bald als zu klein erwiesen, um die Menge der Zuhörer zu fassen, mieteten die Brüder nach Schluß der

Gebetswoche die „Temperenzhalle", den größten Saal der Stadt, und ich predigte dort zweimal des Sonntags und an den Wochenabenden. Das Interesse wurde immer allgemeiner, und der Saal war jeden Abend so gedrängt voll, daß die Türen und Fenster sogar von außen mit Zuhörern belagert waren.

Ich schlug nun vor, daß die Geschwister je zwei und zwei von Haus zu Haus gehen und die Leute besuchen – wo möglich auch mit ihnen beten sollten. Sofort vereinigten sich die Christen der verschiedenen Denominationen zu gemeinsamer Arbeit und machten sich, mit Traktaten, gedruckten Einladungskarten, christlichen Flugschriften usw. versehen ans Werk. Besonders eifrig zeigten sich die Methodisten. Diese waren überhaupt am stärksten in der Stadt vertreten, denn Bolton ist eines der liebsten Arbeitsfelder von Wesley gewesen. Sowohl Geistliche wie Laien waren trefflich geschulte Arbeitskräfte. Aber auch die Kongregationalisten zeigten großen Eifer, und für den Augenblick wenigstens war der Sektengeist begraben. Nicht selten sah man einen Kongregationalisten und einen Methodisten Hand in Hand in brüderlicher Eintracht miteinander zu den Leuten gehen, um sie aufzufordern, dem zukünftigen Zorn zu entfliehen und sich in die Arme Jesu, des Sünderheilandes, zu werfen. Ein- oder zweimal in der Woche kamen die Sendboten zusammen, um über ihre Erlebnisse zu berichten und zu beraten, was weiter geschehen solle.

Unter diesen Verhältnissen nahm das Werk natürlich einen raschen Fortgang unter den Unbekehrten. Leute aller Stände, hohe und niedrige, reiche und arme, alte und junge, wurden erfaßt, und wenn ich nach der Abendversammlung die Aufforderung ergehen ließ, daß diejenigen, welche sich für Christus entscheiden und der Sünde ein für allemal den Abschied geben wollten, hervortreten und auf den vordersten Bänken Platz nehmen möchten, drängten sich die Erweckten scharenweise nach vorne, obwohl sie große Schwierigkeiten hatten durchzukommen. Während sie vor dem Herrn knieten, wurden sie von verschiedenen Brüdern dem Heiland im Gebet dargebracht.

Eine Zeitlang waren die Methodisten bei dieser Gelegenheit etwas laut und übereifrig; doch ließ ich sie eine Weile gewähren, um sie nicht etwa zurückzustoßen und ihnen keine Veranlassung zu geben, daß sie den Heiligen Geist betrübten. Offenbar hatten sie den Eindruck, ihre Erregung diene zur Förderung des Werkes, während ich im Gegenteil bemerkte, daß sie die Leute eher störte und abhielt, sich gründlich zu bekehren. Augenscheinlich war das die Ursache, daß die Zahl der Bekehrten gegenüber der der Erweckten unverhältnismäßig gering war.

Nachdem ich zwei bis drei Wochen lang zugesehen hatte, ohne einzugreifen, um den Methodisten Zeit zu lassen, besser mit mir bekannt zu werden, sagte ich eines Abends, daß die Erweckten meiner Ansicht nach nicht genügend Ruhe hätten, um über die ihnen gegebenen Unterweisungen nachzudenken, so daß sie ihre Entscheidung mit klarem Bewußtsein treffen könnten. Danach bat ich sie, sich einmal eine Zeitlang möglichst still zu verhalten und immer nur einzeln zu beten, anstatt zu dreien oder vieren. Wir wollten sehen, ob auf diese Weise nicht viel mehr ausgerichtet werde. Sie folgten meinem Rat, und wenn sie auch anfangs etwas eingeschüchtert schienen, gewöhnten sie sich doch allmählich an die Neuerung, um so mehr, als sie zugestehen mußten, daß sich von Stund an die Bekehrungen wirklich von Tag zu Tag mehrten.

Die Vorgänge in Bolton erregten natürlich weit und breit Aufsehen. Besonders drängten sich die Leute aus Manchester zu den Versammlungen und bestürmten mich mit Bitten, auch zu ihnen zu kommen. Dennoch blieb ich volle drei Monate, wenn nicht länger, in Bolton. Die Bewegung zog immer weitere Kreise und ergriff alle Klassen der Bevölkerung.

Bruder B. besaß eine große Baumwollspinnerei in London und beschäftigte dort eine Menge Arbeiter beiderlei Geschlechts. Von diesen bekehrten sich nach der ersten Versammlung, die ich ihnen auf Wunsch ihres Prinzipals und mit dessen Beistand hielt, nicht weniger als sechzig, und nach einigen Wochen war kaum eine Seele in der Fabrik, die sich nicht dem Herrn ausgeliefert hatte.

Es kamen einige höchst merkwürdige Fälle von Erweckungen und Bekehrungen vor. Obwohl ich selbst vollkommen ruhig blieb und alles aufbot, um jede übermäßige Erregung fernzuhalten, kam es doch vor, daß Leute stunden-, ja zuweilen tagelang nicht mehr ganz zurechnungsfähig waren; doch erinnere ich mich nicht, daß mir auch nur ein einziger Fall religiösen Wahnsinns zu Ohren gekommen wäre.

Eines Abends während der Predigt drängte sich ein Mann vor, und, sich an die Gemeinde wendend, sagte er: „Ich habe einen Raub begangen." Da Bruder Davison sah, daß er ziemlich erregt war, ließ er ihn nicht weitersprechen, sondern nahm ihn mit sich in ein anstoßendes Zimmer und ließ ihn dort sein Bekenntnis unter vier Augen vollenden. Allerdings war das Verbrechen ein solches, das schwere Bestrafung nach sich zog; aber der bis ins Innerste erschütterte Sünder fand zu unser aller Freude nach wenigen Tagen Frieden im Blut des Lammes.

An einem anderen Abend, an dem ich über die Notwendigkeit eines offenen Bekenntnisses und der Rückerstattung entwendeten Gutes gesprochen hatte, entstand eine gewaltige Bewegung unter den Geschäftsleuten. Am nächsten Tag erzählte mir ein Herr, daß er fünfzehnhundert Pfund Sterling zurückgegeben, weil er eingesehen habe, daß er seinerzeit bei Annahme derselben nicht nach dem Worte gehandelt habe: „Du sollst deinen Nächsten lieben wie dich selbst." Unter dem Einfluß des Geistes Gottes werden die Gewissen außerordentlich zart. Der betreffende Herr hatte nämlich nach dem Tod seines Freundes dessen Hinterlassenschaft geordnet und nur so viel für seine Mühe behalten, als ihm rechtmässigerweise gebührte. Während meiner Predigt war ihm nun klar geworden, daß es viel freundschaftlicher und christlicher von ihm gewesen wäre, wenn er nichts für seine Mühe erhoben hätte, umsomehr, als die Familie das Geld weniger leicht entbehren konnte als er. Der Geist Gottes legte ihm diesen Gedanken so schwer aufs Herz, daß er sofort hinging und die Summe zurückerstattete.

Ein ähnlicher Fall war seinerzeit in Rochester vorgekommen. Ein Mann hatte unter dem Einfluß des Geistes Gottes ebenfalls das Gebot: „Du sollst deinen Nächsten lieben wie dich selbst" in seiner tiefsten Bedeutung erfaßt. Dieser hatte vor seiner Bekehrung einen Gutsverkauf für eine Dame besorgt und für den geleisteten Dienst fünfzehn- bis sechzehnhundert Dollar ausbezahlt erhalten. Sobald er sein Herz dem Herrn geschenkt hatte, fiel ihm der Gedanke schwer auf die Seele, daß er an jener Witwe und deren verwaisten Kindern nicht so gehandelt habe, wie er wünschen würde, daß andere an seiner Frau und seinen Kindern handeln möchten, wenn diese keinen Gatten und Vater mehr hätten. Er ging daher zu der Dame und legte ihr den Sachverhalt dar, sie aber weigerte sich, das Geld zurückzunehmen, indem sie sagte, er habe den Verkauf so völlig zu ihrer Zufriedenheit besorgt, daß er die verhältnismäßig geringe Vergütung für die ihm daraus erwachsene Mühe nicht ausschlagen dürfe. Da ihn diese Antwort nicht befriedigte, bat er sie, einigen vertrauten Freunden die Angelegenheit vorzulegen und sie um Rat zu fragen. Sie tat es und erhielt den Bescheid, daß der Mann rechtmäßigerweise Anspruch auf eine Vergütung gehabt habe und also kein Grund zur Rückerstattung des Geldes vorhanden sei. Allein auch dieser Ausspruch beruhigte des Betreffenden Gewissen nicht. Er ging nochmals zu der Dame und sagte: „Ich kann die Sache nicht anders ansehen, als daß ich Unrecht täte, wenn ich eine Vergütung für den einer Witwe und deren vaterlosen Kindern geleisteten Dienst annähme, nachdem ich von meinem Freund erwarten würde, daß er meiner Frau und meinen Kindern umsonst beistände, falls sie sich in Ihrer Lage befänden." Mit diesen Worten legte er das Geld auf den Tisch und verabschiedete sich.

Soeben fällt mir ein anderes Beispiel ein, welches zeigt, welchen Raum der Geist Gottes in solchen gewinnt, die sich rückhaltlos seinem Einfluß öffnen. In einer großen Handelsstadt sprach ich gelegentlich einmal über die kleinen und großen Unredlichkeiten und Überforderungen, die sich die Geschäftsleute häufig zu Schulden kommen lassen. Noch war ich nicht mit der Predigt zu Ende, da stand einer der Zuhörer auf und bat, eine Frage stellen zu dürfen. Als ich es ihm gestattet hatte, führte er beispielsweise einen Fall an und ersuchte mich zu sagen, ob derselbe unter die Rubrik der von mir genannten Überforderungen gehöre. „Ja, gewiß", erwiderte ich. Daraufhin setzte er sich und blickte schweigend vor sich hin; später aber erfuhr ich, daß er noch an dem gleichen Tag einen Betrag von dreißigtausend Dollar zurückerstattete. Ähnliche Beispiele von der Wirkung des Geistes Gottes auf die Herzen derer, die sich seinem Einfluß auslieferten, könnte ich in Menge erzählen.

Doch zurück zu dem Werk in Bolton, das sich ausbreitete, bis kein Haus mehr in der Stadt war, das nicht irgendwie in den Bereich der Erweckung hineingezogen gewesen wäre.

Hätten wir ein größeres Lokal zur Verfügung gehabt, so hätten wir Abend für Abend vor einer Zuhörerschar von etwa zehntausend Menschen predigen können. Bei dem beschränkten Raum, den wir hatten, blieb uns aber nichts übrig, als in die Temperenzhalle so viele hineinzulassen, als diese fassen konnte, und in verschiedenen anderen Lokalen der Stadt Gottesdienst für die übrigen Leute zu halten.

Eine wunderbare Bekehrung ereignete sich unter den Fabrikbesitzern. Einer derselben war dermaßen vom Geiz besessen, daß es hieß, es sei Hopfen und Malz an ihm verloren. Er hatte lange aufs äußerste widerstrebt; wider alles Erwarten kam er aber endlich eines Tages zu mir aufs Zimmer. Im Laufe der sehr ernsten Unterredung, die ich mit ihm hatte, bekannte er sich offen als großer Geizhals und erzählte mir sogar, daß er eines Tages zu Gott gesagt habe, wenn Er ihm noch hunderttausend Pfund gäbe, könne Er ihn seinetwegen in die ewige Verdammnis schicken. Natürlich erschrak ich nicht wenig über eine solche Gotteslästerung; aber ich bemerkte auch, daß er selbst die Sache nicht leicht nahm, sondern vom Gefühl seiner schweren Schuld niedergebeugt war.

Hierauf las ich ihm einen Teil des sechsten Kapitels im Evangelium Matthäus vor, und als ich an die Stelle kam: „Trachtet zuerst nach dem Reich Gottes und nach seiner Gerechtigkeit, so wird euch solches alles zufallen", beugte er sich vor und horchte gespannt zu, als seien ihm diese Worte etwas ganz Neues. Nachdem ich ihm den Vers wiederholt hatte, fragte er mich mit dem größten Ernst: „Glauben Sie das?" „Gewiß!" antwortete ich. „Es ist Gottes Wort." „Wenn das wahr ist", rief er aufspringend, „so gebe ich Christus sofort alles." Wir knieten nieder, und während ich ihn Gott im Gebet darbrachte, schluchzte er wie ein Kind. Von Stund an war er ein anderer Mensch. Sein Geiz war geschwunden. Er machte sich allen Ernstes an die Arbeit und stellte sogar auf eigene Kosten einen Stadtmissionar an; kurz, er tat zur Förderung des Reiches Gottes, was er konnte.

Auch in Bolton wie andernorts hielt meine Frau reichgesegnete Versammlungen für Frauen und Jungfrauen, zu denen der Zudrang bisweilen ein so großer war, daß die Temperenzhalle kaum ausreichte.

Im April siedelten wir nach Manchester über, obwohl wir beide von der Überanstrengung der letzten Monate sehr erschöpft waren. Im Gegensatz zu Bolton waren dort die Kongregationalisten in der Mehrzahl, und ich mußte zu meinem Leidwesen bald bemerken, daß die Brüder der verschiedenen Denominationen nichts weniger als einig waren, ja, daß sogar unter denen, die sich zur Förderung der Erweckungsbewegung verbündet hatten, keineswegs der Geist der Liebe herrschte. Das betrübte den Geist Gottes und lähmte die Arbeit, und obwohl sich der Herr von Anfang an zu dem Wort bekannte und viele vom Tod zum Leben durchdrangen, nahm die Erweckung nicht im entferntesten die Ausdehnung wie in Bolton an, wo kein Haus von derselben unberührt geblieben war. Was eigentlich das Hindernis war, weiß ich nicht recht; vielleicht war auch ich selbst schuld, daß Wort und Geist nicht die gleiche durchschlagende Wirkung ausübten wie anderswo.

Dennoch stellte sich in unserer Abschiedsversammlung, in der wir aufforderten, es möchten alle, die einen wirklichen, durchschlagenden Segen erfahren hätten, aufstehen, heraus, daß es eine viel größere Anzahl war, als sowohl die Geistlichen wie ich selbst vermutet hatten. Wir blieben bis zum ersten August in Manchester und durften zu unserer Freude sehen, daß das Werk stetig zunahm.

Aber sowohl die Kräfte meiner Frau wie die meinigen waren erschöpft, und obwohl uns die Brüder vorschlugen, sie wollten einen eigenen Versammlungssaal für uns bauen lassen, während wir uns in Wales ausruhten, fühlten wir doch, daß es an der Zeit war, nach Oberlin zurückzukehren, wo wir sehnsüchtig erwartet wurden.

Am 3. August 1860 schifften wir uns daher in Liverpool ein und traten nach einem überaus herzlichen Abschied seitens unserer Freunde die Heimreise an.

Wir hatten während unseres anderthalbjährigen Aufenthalts in England wenig Ruhe genossen, und wer öfters zur See gewesen ist, wird sich nicht wundern, daß die Heimreise nicht gerade zu unserer Erholung beitrug. Wir kamen im Gegenteil ziemlich erschöpft heim, und es war mir durchaus nicht zum Predigen zu Mute. Weder Zeitpunkt noch Verhältnisse waren jedoch dazu angetan, daß ich der Ruhe hätte pflegen können. Es waren nicht nur viele neue Studenten im Seminar, sondern es hatten sich während unserer Abwesenheit auch viele Fremde im Ort angesiedelt, so daß wir zur Zeit viele Unbekehrte unter uns zählten und die Brüder der Ansicht waren, man müsse sofort die nötigen Schritte zur Einleitung einer Erweckung tun. Während meines Aufenthalts in England hatte sich die Gemeinde dermaßen vergrößert, daß es ratsam erschienen war, sie zu teilen, und es wurde mir nun der Vorschlag gemacht, bald in der Kapelle der Anstalt, bald in der Kirche zu predigen. Da ich es aber nicht für zweckmäßig hielt, meine Kräfte zu zersplittern, versammelten wir beide Gemeinden in der Kirche, und wir Brüder teilten uns die Arbeit, so zwar, daß das Predigen hauptsächlich mir zufiel.

Die täglichen Gebetsversammlungen waren außerordentlich gut besucht, und ich verwendete allen Fleiß darauf, sie möglichst fruchtbar zu gestalten. Außer zweimal am Sonntag predigte ich fast jeden Abend in der Woche, hielt überdies die Besprechungsstunden und hatte täglich eine Menge Unterredungen mit solchen, die mich in meiner Wohnung aufsuchten. Diese an mich gestellten Anforderungen mehrten sich von Woche zu Woche; denn die Bewegung griff immer mehr um sich, so daß es den Anschein hatte, als gedenke Gott gründlich im Ort aufzuräumen. Nachdem ich aber vier Monate lang mit Aufgebot meiner ganzen Kraft gearbeitet und Tag und Nacht wenig Ruhe gehabt hatte, wurde ich eines Sonntagnachmittags, als ich von einer der gesegnetsten Versammlungen, die ich je erlebt habe, heimkam, von heftigen Fieberschauern befallen, so daß ich mich legen und zwei bis drei Monate lang das Bett hüten mußte. Wie dies gewöhnlich der Fall ist, so hatte auch hier der Predigerwechsel ein Nachlassen der Bewegung zur Folge. Nicht, daß eine plötzliche Reaktion eingetreten wäre, aber die Zahl der Bekehrungen verminderte sich allmählich, die Wochengottesdienste wurden weniger fleißig besucht, und als ich nach Verlauf von einigen Monaten die Arbeit wieder aufnahm, war wohl reges geistliches Leben in der Gemeinde zu verspüren, aber von einer wirklichen Erweckung war keine Rede mehr. Erst im nächsten Sommersemester zeigte sich ein Wiederaufflackern der Bewegung unter den Studenten.

Im allgemeinen sind die Sommermonate mit ihren Vorbereitungen für die Examina, den mancherlei Festlichkeiten, Ausflügen, Stiftungsfeierlichkeiten und dergl., viel zu unruhig, um der Förderung religiösen Lebens günstig zu sein, und das ist sehr bedauerlich.

Ehe ich zum letzten Mal nach England ging, hatte ich bemerkt, daß sich in Oberlin mehr und mehr die Ansicht einschlich, es seien während des Semesters keine Erweckungen mehr zu erwarten, sondern nur während der Wintermonate. Allerdings sprach das niemand je in klaren Worten aus; aber es war offenbar der allgemein herrschende Eindruck. Mich aber hatte nur der Gedanke so lange in Oberlin festgehalten und überhaupt zur Annahme der Stellung daselbst veranlaßt, daß sich mir dort eine einzigartige Gelegenheit böte, für Bekehrung und Heiligung so vieler junger Seelen wirken zu können. Häufig schon war ich nahezu entschlossen gewesen, mich ganz der Evangelisationsarbeit zu widmen; aber es war mir dann immer entgegengehalten worden, daß gerade unsere langen Ferien der günstigste Zeitpunkt zur Abhaltung von Erweckungsversammlungen sei, daß meine Gesundheit die Arbeit, welche solche mit sich brachten, nicht das ganze Jahr hindurch aushalten würde, daß ich aber im Frühjahr, Sommer und Herbst bei weitem am meisten Gutes in Oberlin ausrichten könnte. Das schien mir seine Richtigkeit zu haben, und deshalb hatte ich meine Tätigkeit in Oberlin noch jahrelang fortgesetzt, nachdem ich mich gedrungen gefühlt, mich ganz der Evangelisationsarbeit zu widmen. Als man mir nun wiederholt nach England schrieb und mich bat, ich möge doch im Interesse der Anstalt meine Heimkehr beschleunigen, antwortete ich unumwunden, wenn man von vornherein von der Möglichkeit absehe, daß während des Sommersemesters eine Erweckung unter den Studenten stattfinde, könne ich Oberlin nicht länger als mein Arbeitsfeld betrachten.

Die eigentliche Erntezeit für uns hier in Oberlin ist das Herbstsemester. Sie beginnt mit dem 1. September, wenn die neuen Studenten eintreten, von denen die meisten unbekehrt sind. Meiner Ansicht nach mußte dieser Zeitpunkt dazu benutzt werden, die Bekehrung der neuen Studenten zu sichern. Das war denn auch im Jahre unserer Heimkehr der Fall, und damit war zu der Ansicht, als könne während des Semesters keine Erweckung stattfinden, der Gegenbeweis geliefert.

Von da an wurde den zur Förderung von Erweckungen gemachten Bestrebungen viel weniger entgegengearbeitet als in den vorhergehenden Jahren. Vielmehr zeichnete sich seither gerade die Zeit des Herbst- und Frühjahrsemesters durch eine jährlich wiederkehrende Erweckung unter den neu eingetretenen Studenten, sowie unter der beständig wechselnden Einwohnerschaft des Ortes aus, wie das zur Aufrechterhaltung eines gesunden, religiösen Lebens höchst nötig war. Sehr viele unserer Studenten beteiligten sich an der Arbeit und durften besonders ihren Kommilitonen vielfach Wegweiser zum Leben werden. Sowohl die allgemeinen, als auch die speziell für Jünglinge eingerichteten Gebetsversammlungen waren reich gesegnet, und Gott bekannte sich zu den Bemühungen der Brüder und Schwestern.

Seit 1860 habe ich, trotz der dringenden Aufforderungen, die ich von Gemeinden aus Osten und Westen erhielt, nicht mehr gewagt, eine eigentliche Evangelisations- oder Erweckungsarbeit anzunehmen. Durch Gottes Gnade konnte ich in Oberlin noch manches Jahr für Ihn wirken; aber größeren Anstrengungen fühlte ich mich nicht mehr gewachsen.

Im letzten Winter 1866/67 hatten wir unter der Einwohnerschaft Oberlins die mächtigste Erweckung, die wir seit 1860 erlebt hatten; aber wie schon früher einmal brach ich inmitten derselben zusammen und konnte den Versammlungen nicht mehr beiwohnen. Die Brüder setzten die Arbeit jedoch fort. So bin ich denn mit meinem Bericht über die Erweckungen, deren Augenzeuge ich sein durfte, bis zum 13. Januar 1868 gelangt. Am gestrigen Sonntag hatten wir einen feierlich ernsten Gottesdienst in der Hauptkirche. Nachdem ich von dem Widerstreben gegen den

Geist Gottes gesprochen hatte, forderte ich zuerst alle diejenigen, die sich dem Namen nach zu Christus bekannten und bereit waren, sich ein für allemal zu rückhaltloser Hingabe an das Wirken des Heiligen Geistes zu verpflichten, auf, sich zu erheben und es Gott mit uns gemeinsam zu geloben. Fast alle gehorchten der Aufforderung ohne Verzug. Danach wandte ich mich an die Unbekehrten und ersuchte diejenigen, welche die redliche Absicht hätten, allen Widerstand gegen den Geist Gottes aufzugeben und sich Christus auszuliefern, ebenfalls aufzustehen, damit wir sie im Gebet Gott darbringen konnten. So viel ich von der Kanzel aus sehen konnte, standen fast sämtliche Anwesenden auf. Nachdem wir sie in ernster Fürbitte dem Herrn ans Herz gelegt hatten, entließen wir die Versammlung.

SCHLUSS

Nie vielleicht zeigte sich Finneys Leben und Wirken fruchtbarer, als in den letzten Jahren und Monaten. War seine Leistungsfähigkeit nach außen hin auch natürlich beschränkt, so ging doch von seiner geheiligten Persönlichkeit und seinem ganzen Wandel eine wunderbare Segenskraft auf die Gemeinschaft aus, an deren Spitze er vierzig Jahre lang gestanden und in der er so viel gewirkt hatte.

Der letzte Tag, den Finney auf Erden verbrachte, war ein stiller Sonntag. Er hatte denselben im Familienkreis gefeiert; gegen Abend war er mit seiner Frau ein wenig hinausgegangen, um dem Kirchengesang zu lauschen. Als er sich niederlegen wollte, stellten sich plötzlich heftige Schmerzen ein, die vom Herzen auszugehen schienen. Seine Leiden sollten jedoch nicht lange währen; gegen Tagesanbruch, am 16. August 1875, ging er kurz vor Abschluß seines dreiundachtzigsten Lebensjahres zur Ruhe ein.

Vorstehender Bericht schildert ihn hauptsächlich in seiner Eigenschaft als Evangelist und Prediger der Gerechtigkeit; aber seine Wirksamkeit als Theologe und Vertreter der christlichen Philosophie stiftete in Welt und Kirche nicht weniger Gutes, als seine evangelistische Tätigkeit, und die Leser werden gewiß erfreut sein, noch etwas über die letzten Lebensjahre des so reich gesegneten Evangelisten zu erfahren. Als Herr Finney seinen Bericht mit dem Jahre 1868 schloß, war er noch Pastor an der Hauptkirche und Professor an dem Predigerseminar in Oberlin. Im Jahre 1872 legte er sein Amt an der Gemeinde nieder, hielt aber bis Juli 1875, also bis wenige Tage vor seinem Tode, seine Vorlesungen im Seminar. Erlaubten es seine Kräfte, so predigte er dann und wann, so z. B. noch im letzten Monat seines Lebens, einmal in der ersten und einmal in der zweiten Gemeinde.

Trotz seiner langen, angestrengten Tätigkeit schien er die Last der Jahre nur wenig zu empfinden. Seine Haltung war noch aufrecht wie die eines jungen Mannes; seine Geisteskräfte hatten nicht abgenommen, und er behielt bis an sein Ende die Frische und Lebendigkeit des Denkens, Fühlens und der Phantasie, die ihn sein Leben lang gekennzeichnet hatten.

Die Beschreibung von den Erfolgen, welche er nach dieser Richtung hin erzielte, würde die Herausgabe eines weiteren Bandes bedingen. Sollte ein solcher aber auch nicht veröffentlicht werden, so werden doch die nachfolgenden Geschlechter die Segnungen jener Erfolge ernten.

Charles G. Finney

ERWECKUNG

Gottes Verheissung und unsere Verantwortung

Unsere gegenwärtigen Probleme werden auf keine andere Weise als durch eine tiefgreifende Erweckung zu lösen sein. Erweckung ist Gottes gnädiges Handeln an seinem Volk. Sie geschieht da, wo Christen ihre Beziehung zu Gott völlig in Ordnung bringen. Aus dem Inhalt: Was ist Erweckung? – Erfüllt sein mit dem Heiligen Geist – Gebetsversammlungen – Hindernisse für Erwekkungen – Falscher Trost für Sünder – Wachstum in der Gnade u. v. a. m. – *Ein Klassiker unter den Erweckungsbüchern!*

Paperback, 480 Seiten, Best.-Nr. 175803

Christoph Häselbarth

WIE WIR GEHEILT WERDEN KÖNNEN

Christoph Häselbarth und andere erfahrene Seelsorger haben in diesem Buch ihre Erfahrungen in der Seelsorge und im Heilungsdienst eingebracht. Dr. Peter Riechert ist gläubiger Arzt und Pastor. Er und einige andere christliche Ärzte haben ebenfalls ihre medizinischen und seelsorgerlichen Erfahrungen zur Zusammenstellung dieses Buches beigetragen.

Da hinter sehr vielen Krankheiten seelische Ursachen stehen, gibt dieses Buch wertvolle Hinweise, wie diese seelisch bedingten Krankheitsauslöser angegangen werden können (besonders durch Vergebung) und wie gezielt um Heilung gebetet werden kann.

Paperback, 184 Seiten, Best.-Nr. 175702

Mahesh Chavda

DIE VERBORGENE KRAFT DES BETENS UND FASTENS

Gott hat uns einen Weg gezeigt, wie vermeintliche Niederlagen in einen herrlichen Sieg verwandelt werden können. Wenn wir uns mit überwältigenden Schwierigkeiten konfrontiert sehen, sei es im physischen, familiären oder finanziellen Bereich, tragen wir den Schlüssel der „verborgenen Kraft des Betens und Fastens" in uns.

Paperback, 180 Seiten
Best.-Nr. 175891

Dr. Michael Brown

WO IST BLOSS DIE KRAFT GOTTES GEBLIEBEN?

Ruhen die Charismatiker im Geist – oder liegen sie k.o. am Boden?

Warum werden trotz Gebet so wenige Kranke geheilt, erfahren so wenige Menschen keine tiefgreifende persönliche Veränderung. Warum zeigt sich – trotz ausdauerndem geistlichen Kampf – so wenig Veränderung in unserer Gesellschaft? – Dieses Buch gibt Antwort auf dringliche Fragen. Finden Sie heraus, was die Kraft Gottes zurückhält!

Paperback, 192 Seiten, Best.-Nr. 175875

Dr. Michael Brown

WIE ERLÖST SIND WIR WIRKLICH?

Das unsanfte Erwachen

Seit vielen Jahren haben wir in unseren Gemeinden eine defekte Botschaft verkündigt – und nun haben wir als Resultat eine defekte Gemeinde. Dieses Buch stellt uns die Frage: Was für ein Wiedergeburtserlebnis hatten wir, wenn es kein Opfer von uns verlangte, keine Trennung von der Welt und keinen Haß auf die Sünde hervorbrachte. Durch das Lesen dieses Buches können wir herausfinden: „Wie erlöst sind wir wirklich?" Es ist Zeit für ein unsanftes Erwachen.

Paperback, 132 Seiten, Best.-Nr. 175890

Dr. Michael Brown

DIE SELBSTZUFRIEDENEN ERSCHÜTTERN

Der Ruf an das Volk Gottes, aufzustehen und das Evangelium offensiv zu predigen

Die alttestamentlichen Propheten, Johannes der Täufer, Jesus Christus und die neutestamentlichen Apostel hatten eines gemeinsam: Sie erschütterten die Selbstzufriedenen. Auf die Sündhaftigkeit der Gesellschaft legten sie den Finger. Ihre Botschaft versiegelten sie oftmals durch ihr eigenes Blut. Lassen wir uns auch heute noch von ihrer Botschaft herausfordern, um den Zeitgeist in all seiner Gottlosigkeit mit dem Evangelium zu konfrontieren!

Paperback, 196 Seiten, Best.-Nr. 175897

Andreas Herrmann

FÜR IMMER EIN OPFER?
NEIN DANKE!

Wie man siegt, bevor man besiegt wird

„Andreas Herrmann setzt hier konsequent und lebenspraktisch um, was ‚erneuertes Denken' im Licht der Möglichkeiten Gottes und seiner Liebe bedeutet. Vom Opfer zum Sieger, weil wir in Jesus alles haben, war wir brauchen." *Dr. Roland Werner*

„Es war für mich in meinem Leben so wichtig zu lernen, was Andreas Herrmann hier beschreibt: Wir sind nicht das Produkt unserer Vergangenheit oder unserer Familien, sondern das Produkt des Kreuzes." *Maria Prean*

Paperback, 117 Seiten / Best.-Nr. 175705